万顷沙站站台

万顷沙站出入口

万顷沙站列车剪影

万顷沙站站厅

横沥站站台

横沥站人文空间

横沥站站厅

横沥站口袋公园

番禺广场站站台

番禺广场站智慧服务台

番禺广场站站厅

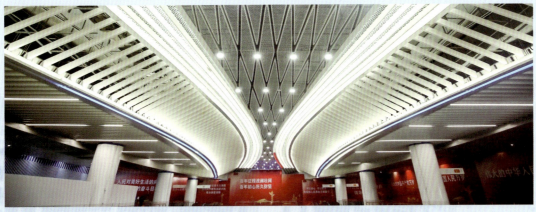

番禺广场站智慧照明

南村万博站站台

列车视角的站台

南村万博站站厅

智慧灯光效果

沙溪站站台

列车进站

沙溪站站厅

嵌入式智慧乘客信息系统

龙潭站站台

龙潭站便民母婴室

龙潭站车控室

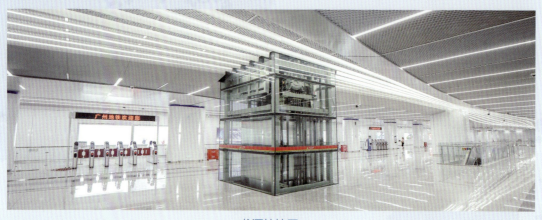

龙潭站站厅

磨碟沙站站台

磨碟沙站乘客服务系统

磨碟沙站站台

磨碟沙站站厅

冼村站站台

冼村站站厅

冼村站站台

冼村站文化橱窗

万顷沙车辆段全貌

综合楼远眺

盖下库区

段场控制中心

陇枕停车场全貌

综合楼及陇枕控制中心远眺

陇枕控制中心塔楼屋顶光伏

陇枕控制中心大厅

无人值守洗车机棚

停车日检库

市广路站站台

市广路站站厅

市广路站站厅

市广路站站台

广州南站站台

广州南站站厅

广州南站站厅

广州南站列车出站

陈头岗站站厅

陈头岗站口袋公园

陈头岗站列车出站

陈头岗站地面景观

陈头岗停车场及上盖全貌

陈头岗停车场全貌

陈头岗停车场上盖

盖下库房

湾区蓝与活力橙——市域D型列车

车厢

"湾区蓝"市域D型列车

列车蓄势待发

湾区纵贯线 市域新速度
——广州市轨道交通十八号线和二十二号线设计解析

农兴中 郑 翔 刘健美 王迪军 袁大军 主编

人民交通出版社

北京

内容提要

广州市轨道交通十八号线和二十二号线工程是在粤港澳大湾区轨道交通一体化发展背景下建成的国内首批160km/h全地下市域快速轨道交通。工程设计从设计标准、系统技术、土建技术、车辆技术、施工技术、环保技术、服务能力、系统安全性与可靠性等多方面进行了集成创新，设计成果丰富，创造了多个"首次"，填补了国内都市圈快速轨道交通网络层级体系和系统制式的空白，可为后续国内各大城市群和都市圈快速轨道交通线路建设发挥以点带面的示范作用。

本书通过对设计工作的总结和对市域快速轨道交通设计理念与技术的探索，凝练成"市域快速轨道交通发展概述、线路规划与客流服务、践行绿色品质地铁设计理念、车站与区间关键技术、智慧地铁赋能运营管理、高效车辆基地提升运维服务、全寿命周期数字地铁设计、精细设计管理、总结与展望"九章，以期呈现两线工程的丰富设计成果、亮点与创新。

本书可供从事轨道交通设计和施工建设的专业人员，以及相关专业院校师生学习与参考。

图书在版编目（CIP）数据

湾区纵贯线　市域新速度：广州市轨道交通十八号线和二十二号线设计解析/农兴中等主编. — 北京：人民交通出版社股份有限公司，2024.4
ISBN 978-7-114-19190-9

Ⅰ.①湾… Ⅱ.①农… Ⅲ.①城市铁路—轨道交通—设计—研究—广州 Ⅳ.①U239.5

中国国家版本馆 CIP 数据核字（2023）第 236032 号

Wanqu Zongguan Xian　Shiyu Xin Sudu——Guangzhou Shi Guidao Jiaotong Shiba Hao Xian he Ershi'er Hao Xian Sheji Jiexi

书　　名：	湾区纵贯线　市域新速度——广州市轨道交通十八号线和二十二号线设计解析
著 作 者：	农兴中　郑　翔　刘健美　王迪军　袁大军
责任编辑：	刘彩云　高鸿剑
责任校对：	孙国靖　宋佳时
责任印制：	刘高彤
出版发行：	人民交通出版社
地　　址：	（100011）北京市朝阳区安定门外外馆斜街3号
网　　址：	http://www.ccpcl.com.cn
销售电话：	（010）59757973
总 经 销：	人民交通出版社发行部
经　　销：	各地新华书店
印　　刷：	北京印匠彩色印刷有限公司
开　　本：	787×1092　1/16
印　　张：	23.25
字　　数：	472千
版　　次：	2024年4月　第1版
印　　次：	2024年4月　第1次印刷
书　　号：	ISBN 978-7-114-19190-9
定　　价：	188.00元

（有印刷、装订质量问题的图书，由本社负责调换）

审查委员会

主　审： 丁建隆　刘智成　刘　靖　张志良

副主审： 史海欧　林志元　王　建　邹　东　王　晖
　　　　　黄　辉　金　辉　廖　景　孟雪艳　雷振宇
　　　　　贺利工　马　明　邓剑荣　何　坚　徐明杰
　　　　　何治新　张楚潘　龚小聪　何铁军

审委会： 郑　石　吴晔晖　吴　疆　周桔红　莫暖娇
　　　　　王　玮　黄德亮　徐建国　马　卉　吴　梦
　　　　　肖　锋　罗燕萍　谢国胜　翁德耀　林　珊
　　　　　湛维钊　孙元广　伍永胜　王阳明　唐亚琳
　　　　　陈晓丹　涂旭炜　李鲲鹏　孙　菁　罗　辉
　　　　　翟利华

编写委员会

主　编：农兴中　郑　翔　刘健美　王迪军　袁大军

编委会：吴殿华　周　智　蔡涵哲　金大龙　易诗轩
　　　　刘丽萍　顾　锋　耿鸣山　罗炎桢　裴行凯
　　　　胡丽君　李　平　雷　涛　罗唯平　蒋时波
　　　　黄洁涛　刘增华　何金福　黄先健　刘淑燕
　　　　赵云云　唐志扬　章邦超　王海君　陈惠嫦
　　　　柏文峰　王静伟　饶美婉　王　昕　王亚平
　　　　罗信伟　周海成　张亚丽　王幼鹏　邹成路
　　　　何冠鸿　朱　江　陈　超　罗华朋　梁创佳
　　　　邓澄远　李　平　尹华拓　叶凯伦　姚　璐
　　　　陆灵威　朱能文　黄钟涛　陈仰光　时钟鸣
　　　　赵美君　吴君乾　刘鑫美　郑力中　冯　超
　　　　林晓鸿　王秋实　范永华　许　钊　吴　辉
　　　　何春媚　张晓波　田灯旺　梁　笛　罗　慧
　　　　张晓波　龚辉波　关耀东　黄伟欣　李倩云
　　　　林　俐　陈朝文　周超辉　覃羽丰　卓政威
　　　　向路玖

前言

2019年2月，中共中央、国务院印发了《粤港澳大湾区发展规划纲要》，指出"粤港澳大湾区是我国开放程度最高、经济活力最强的区域之一，在国家发展大局中具有重要战略地位。建设粤港澳大湾区，既是新时代推动形成全面开放新格局的新尝试，也是推动'一国两制'事业发展的新实践"。

2019年9月，中共中央、国务院印发了《交通强国建设纲要》，提出"建设现代化高质量综合立体交通网络，构建便捷顺畅的城市（群）交通网，构筑多层级、一体化的综合交通枢纽体系"。

2021年2月，中共中央、国务院印发了《国家综合立体交通网规划纲要》，提出"加快建设交通强国，构建现代化高质量国家综合立体交通网，支撑现代化经济体系和社会主义现代化强国建设"。

上述一系列重要文件指出，粤港澳大湾区建设是国家重大战略，着力推进区域交通运输协调发展，实现从注重规模向注重质量效益转变，实现交通方式向一体化融合转变，推动粤港澳大湾区实现高水平互联互通，促进多种轨道网络融合发展，打造"轨道上的大湾区"，为大湾区交通基础设施建设指明了方向。

2017年，国家发展改革委、住房城乡建设部、交通运输部、国家铁路局、中国铁路总公司联合出台《关于促进市域（郊）铁路发展的指导意见》。指导意见中明确提出，至2020年，京津冀、长江三角洲、珠江三角洲、长江中游、成渝等经济发达地区的超大、特大城市及具备条件的大城市，市域（郊）铁路骨干线路基本形成，构建核心区至周边主要区域的1小时通勤圈。

按照广东省关于城际铁路"统一规划、统一标准、统筹运营"工作部署，自主运营城际铁路，推动地铁城际一体化融合发展的新要求，推动"城际向下、地铁向上"与"区域城市充分互联"发展新格局，探索跨越"行政区域边界"和"技术等级边界"双重融合的轨道交通高质量发展新路径。

广州市是国家中心城市、广东省省会、珠三角核心城市，同时也是我国重要的国际商贸中心、对外交往中心、国际性综合交通枢纽城市以及南方国际航运中心。广州市轨道交通十八号线、二十二号线（以下分别简称"十八号线"和"二十二号线"）承载了串联湾区城市、覆盖核心区的重要功能。两线作为都市圈大运量高密度快速轨道交通系统，与城市轨道交通、城际铁路融合发展，将广州市重点发展的南沙区与主城区紧密相连，实现两者之间的快速连接，将南沙打造成为承载国际综合交通枢纽的重要功能区、服务粤港澳大湾区的区域交通中心及支撑国际化滨海新城的绿色智慧交通示范区，为国家级新区建设起着举足轻重的作用。

广州地铁设计研究院股份有限公司（以下简称"广州地铁设计研究院"）作为十八号线、二十二号线工程项目总体总包及设计总承包单位，在广州地铁集团有限公司的领导下，会同各建设单位克服重重困难，倾注大量心血。经过多方努力，十八号线首通段于2021年9月28日、二十二号线首通段于2022年3月31日顺利开通。

十八号线、二十二号线工程是建立介于城际铁路和城市轨道交通系统之间，兼具高速度等级、大运量、高密度地铁运输服务能力的都市圈快速轨道交通系统工程，填补了国内都市圈快速轨道交通网络层级体系和系统制式空白，为粤港澳大湾区轨道交通一体化、国内各大城市群发展、都市圈快速轨道交通线路建设，发挥了以点带面的重要示范作用。本书的编写基于实现粤港澳大湾区高水平互联互通，推动广东省干线铁路、城际铁路、市域（郊）铁路、城市轨道交通"四网融合"的建设和发展需要，基于推动践行轨道交通"规划一张网、出行一张票、联通一串城"的发展理念和着力构建轨道交通互联互通、互运互维的新发展格局，是对十八号线、二十二号线工程设计工作和经验的总结，凝练了笔者对市域快速轨道交通（市域快线）设计理念与技术的思考与探索，以期呈现两线工程的丰富设计成果、亮点与创新。

十八号线和二十二号线工程在设计全过程中贯穿落实：高品质绿色地铁设计，打造绿色地铁、低碳地铁、品质地铁、人文地铁；高水平智慧地铁设计，打造智慧地铁、高效智慧运维系统、智慧监测系统；全寿命数字地铁设计，在设计全过程、全专业推动建筑信息模型（BIM）数字化应用。

作为市域快速轨道交通示范工程，十八号线和二十二号线的规划、设计、建设与运营无疑是探索创新的过程，率先应用了多个"国内"首次：

国内首批160km/h全地下市域快速轨道交通，实现都市圈城市快速轨道交通系统高速度等级、大运量、高密度运输服务多重功能。

国内首次采用兼顾高速度等级、地铁服务模式的全地下160km/h市域快速轨道交通车辆，具有载客量大、快速乘降、高品质服务等特点。

国内首次采用适应160km/h市域快速轨道交通的钢弹簧浮置板轨道减振系统。

国内首次采用高速等级CBTC系统（基于通信的列车自动控制系统）及LTE（长期演进）技术信号系统，实现高密度追踪、局部共线运营条件下的"大站停＋站站停"组合运营的灵活运输组织模式。

国内首次在 160km/h 市域快速轨道交通全地下线路采用刚性接触网供电系统和单相组合式同相供电技术，试验速度达到 176km/h，提高了供电可靠性及牵引网服役能力。

国内率先采用大带宽光传送网络及云平台搭建通信系统，借助云计算、大数据、宽带无线通信等先进技术，为乘客及运营人员提供多维度、全息化的通信服务。

国内首次在地下线路中采用基于工业互联网与物联网的轨道交通智慧车站管理系统——穗腾 OS2.0。

国内首批按线路级建设及能效目标考核的线路，首次采用综合智能环控设备监控系统，首次实现在全线车站制冷机房全年平均综合制冷性能系数不低于 5.0，空调系统制冷性能系数不低于 3.5 的能效目标。

值此书出版之际，对长期以来关心、支持广州地铁建设的各级政府相关部门，对十八号线和二十二号线规划、勘察、设计、建设、运营过程中付出辛勤努力的各级领导、专家学者、各界人士、各参建单位和技术人员，致以崇高的敬意和衷心的感谢！

本书可供从事轨道交通设计和施工建设的专业人员，以及相关专业院校师生学习与参考。由于我国轨道交通多网融合以及市域线路规划设计的理论与实践正在不断迭代，专业技术涵盖内容广泛，文中不妥之处在所难免，敬请广大读者批评指正。

编 者

2023 年 09 月于广州

目录

第 1 章　市域快速轨道交通发展概述 ·· 001
 1.1　市域快速轨道交通 ·· 003
 1.2　市域快速轨道交通规划与建设现状 ·· 004
 1.3　广州市域快速轨道交通建设 ·· 008
 1.4　广州市轨道交通十八号线和二十二号线工程 ··································· 009
 1.5　本章小结 ··· 011

第 2 章　线路规划与客流服务 ·· 013
 2.1　线路规划与功能定位 ·· 015
 2.2　高标准时空目标 ··· 017
 2.3　线路平顺设计 ·· 021
 2.4　公交化出行服务 ··· 022
 2.5　运营模式 ··· 024
 2.6　本章小结 ··· 026

第 3 章　践行绿色品质地铁设计理念 ·· 027
 3.1　车辆高品质服务 ··· 029
 3.2　高水平服务车站 ··· 037
 3.3　高质量安全保障 ··· 054
 3.4　高性能地铁设施 ··· 076
 3.5　人文关怀设计 ·· 107
 3.6　低碳绿色设计 ·· 113
 3.7　本章小结 ··· 122

第 4 章　车站与区间关键技术 ········· 125

- 4.1　工程地质及勘察 ········· 127
- 4.2　大跨车站结构设计 ········· 131
- 4.3　区间隧道设计 ········· 151
- 4.4　设计与施工关键技术及创新应用 ········· 168
- 4.5　本章小结 ········· 214

第 5 章　智慧地铁赋能运营管理 ········· 215

- 5.1　综合业务云平台 ········· 217
- 5.2　智能化乘客服务 ········· 221
- 5.3　调度指挥系统 ········· 227
- 5.4　全方位车站管理系统 ········· 236
- 5.5　关键设备智能运维系统 ········· 240
- 5.6　智能化安全设施 ········· 253
- 5.7　本章小结 ········· 259

第 6 章　高效车辆基地提升运维服务 ········· 261

- 6.1　车辆基地概况 ········· 263
- 6.2　资源共享 ········· 269
- 6.3　品质段场 ········· 270
- 6.4　智能运维 ········· 273
- 6.5　绿色段场 ········· 276
- 6.6　本章小结 ········· 278

第 7 章　全寿命周期数字地铁设计 ········· 279

- 7.1　BIM 协同设计 ········· 281
- 7.2　智能设计与开发 ········· 290
- 7.3　施工阶段应用 ········· 294
- 7.4　运维阶段应用 ········· 301
- 7.5　CIM 平台示范应用 ········· 302
- 7.6　本章小结 ········· 303

第 8 章 　精细设计管理 　305

8.1 　设计管理创新 　307
8.2 　设计管理效能提升 　312
8.3 　精细化设计 　323
8.4 　本章小结 　334

第 9 章 　总结与展望 　335

9.1 　总结 　337
9.2 　展望 　339

第 1 章

市域快速轨道交通发展概述

湾区纵贯线 市域新速度
——广州市轨道交通十八号线和二十二号线设计解析

随着我国城市群的发展，城市轨道交通、城际铁路、市域轨道交通等在城市发展中的作用日益凸显，城市群、都市圈对城际交通的需求也越来越大。国内外超大城市在发展市域轨道交通时往往都面临同样的问题：既有市域轨道交通与城市轨道交通形成的城市轨道交通线网运行距离长且出行耗时长，缺乏与私家车出行的竞争优势，从而影响并制约城市群的发展。国外发达国家城市轨道交通、铁路系统经过150~200年的发展已相对完善，因此很多国外城市的市域轨道交通较多利用早期建成的铁路线改造而成。伦敦、巴黎、纽约、东京为应对郊区人口的增长，都是将已建成的大量市域轨道交通转化为城市交通服务，使乘客通过郊区铁路换乘城市轨道交通线路进出城市中心。在郊区进出城客流规模不大时，这种换乘模式能够承受。但随着郊区人口以及私家车拥有量的快速增长，入城客流激增，换乘节点压力加大，入城交通拥堵加剧，城市快速轨道交通建设被提上日程。伦敦、巴黎、纽约均是在20世纪初建成放射状的铁路网，市中心形成若干座火车站，并在20世纪30—40年代建成城区轨道交通基本线网。东京则是在第二次世界大战前形成放射状的JR（国铁）和私铁线网，在山手环线上形成若干交通枢纽；第二次世界大战后迅速建成轨道交通基本线网。随着城市空间的不断扩张，市域快速轨道交通是继干线铁路、城际轨道交通和城市轨道交通之后发展前景光明的轨道交通制式，是城市群交通、经济一体化的需要，是带动其他产业发展的纽带，更是建立资源节约型经济增长模式的优选方式。

1.1 市域快速轨道交通

市域快速轨道交通，简称市域快轨，又称市域快线，为城市轨道交通线路制式的一种。随着中国社会经济的发展及城市规模的不断扩张，城镇群、都市区、城市密集区、城市毗邻区等一些概念相继提出，城市空间格局有了新的变化。同时国内一些特大、大型城市为了疏解中心城区部分职能及人口，纷纷在中心城区外围设置新区，导致城市通勤出行距离进一步拉大，通勤出行范围进一步变广。为了满足新区"高时效、高规律、高频率"的通勤出行，同时鉴于轨道交通所具有的大运量、快速准时、绿色低碳的特点，部分城市纷纷建设市域快线，将轨道交通线路作为新区发展的骨干公交，满足区域多样化发展的需求。市域快线是适应并支持城市发展的一种快速、大运量、公交化的交通方式，国内已有城市正对此进行规划和建设。

1.1.1 定义

市域快线，指大城市市域范围内的客运轨道交通线路，服务于城市与郊区、都市圈中心城市与外围城市及重点城镇间，服务对象以通勤乘客为主，以通商、通学等其他乘客为辅，服务范围一般在100km之内，车辆速度范围为120~160km/h，出行时间控制在1h以内。

1.1.2 功能定位

市域快线是城市在其规模发展到较高阶段时，为满足乘客市域间快速出行需求（特别是市域向心通勤需求）而演变的公交化、大运量、快速便捷的高速轨道交通运输系统，是城市综合交通体系的重要组成部分。市域快线服务于城市内长距离出行，具有提高城市中心城区快速易达性，实现核心区与近郊新城、城市副中心、大型交通枢纽之间快速通达，带动城市外围组团、城市副中心及新城发展等功能。

1.1.3 特点

市域快线的技术特征和标准应体现其快速、大间距、运营组织灵活，以及客流潮汐性等特点，故应在铁路技术规范标准和地铁技术规范标准的基础上，重点对市域快线的特点进行分析。

（1）线路长。市域快线线路长度比一般城市轨道交通要长，城市轨道交通线路长度一般仅有 10～20km，我国市域快线线路长度普遍在 20km 以上。市域快线主要服务于城市中心区以外，且距大城市、特大城市和超大城市中心城区外 20～100km 半径内的城市功能属性和经济属性一致的城市和城镇组团。

（2）站距大。市域快线线路的平均站距比一般城市轨道交通要长得多，一般为 2～5km。

（3）运行速度快。市域快线可根据不同区域情况，配备设计速度为 120～160km/h 的不同车辆断面与供电制式的市域快线车辆。车型包括：市域 A 型列车、市域 B 型列车、市域 D 型列车。市域快线的服务目标应使通勤交通出行时间不大于 1h。

（4）座席比例高。由于市域快线运营速度快、站间距长，因此为提高乘车舒适性，需提高车厢内座席比例，车厢内有效空余地板面站立乘客密度不宜大于 4 人/m²。

1.2 市域快速轨道交通规划与建设现状

市域快线使城市中心区与外围城市以及外围城市之间构建了大容量、快速、通畅、准时、便捷的公共交通系统，在优化城市空间布局和交通出行结构、保障居民出行需求、缓解交通拥堵等方面发挥着重要的作用。

1.2.1 轨道交通行业体系发展现状

当前，世界级城市群均配备有高效的一体化交通网络，特别是轨道交通的支撑作用显著，轨道交通发展与区域发展需求结合，形成了多层次轨道交通网络体系（图1-1）。

高速铁路：出行距离 300km 以上，服务城市群与城市群之间的跨区域出行。

城际铁路：出行距离 100～300km，服务城市群内部城市间的出行。
市域快线：出行距离 50～70km，服务都市圈通勤出行。
城市轨道交通：出行距离 40km 以下，服务中心城区。

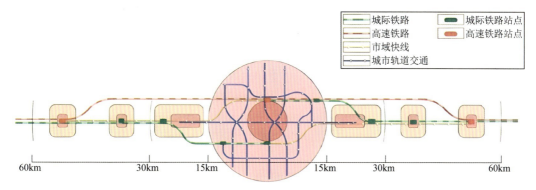

图 1-1　多层次轨道交通网络体系

其中，随着城市群的逐步发展、区域内城市间合作交流的扩大以及部分超大城市都市圈的建设，市域快线将进入快速发展阶段。

从世界轨道交通发展来看，当前世界范围内的区域快速轨道交通，采用 160km/h 及以上高速度等级实现城市间快速通达的线路，均在城市外围设站，对于城市核心区服务有限；对于城市核心区直接连通的大运量、高密度服务模式的快速轨道交通线路，没有任何线路采用 160km/h 及以上高速度等级。

从国内轨道交通发展来看，随着我国超大城市第一圈层轨道交通网的完善，轨道交通的建设视野逐渐转向全市域的快速互联，如北京、上海、广州等超大城市；同时，由于城市功能中心分散，需要利用轨道交通快速联系城市组团，引导城市发展，如东莞、佛山、温州等城市。

当前，国内已运营的城市轨道交通线路，服务范围通常以市区为主，其线路平均长度为 20～30km，平均站间距通常为 1～3km，多采用速度等级 80～120km/h 的地铁制式列车，全程运营时间多在 30～60min（公交化运营），旅行速度介于 30～50km/h，最小行车间隔 2～3min，高峰小时客流断面 3 万人次以上。

国内已运营的城际铁路线路，作为区域城市群内铁路网，服务范围通常以城际出行为主，其线路平均长度 80～100km，平均站间距通常在 10km 以上，多采用速度等级 160～200km/h 的铁路制式列车，全程运营时间 2～3h，最小行车间隔通常在 5～10min，主要解决城市间的长距离商务出行客流。城际铁路线路系统的选择与线路速度等级、站间距的关系示意如图 1-2 所示。

因此，国内区域快速轨道交通系统虽然需求强劲，但因缺乏既能够满足城市及区域快速通行需要，又能够直接服务于城市核心区的大运量高密度地铁运营模式的快速轨道交通系统的成功应用，导致国内已建快速轨道交通系统的适用范围、功能定位、技术标准等尚需进一步明确和优化。

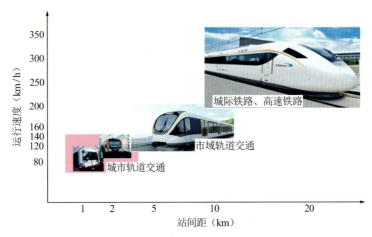

图 1-2 轨道交通线路体系与速度等级、站间距的关系示意图

1.2.2 国外发展现状

与我国城市轨道交通建设正处于起步或者发展阶段不同，国外发达国家大城市轨道交通已经基本稳定。从国外发展经验来看，由于城市扩张、卫星城的发展和城市规划等原因，城市规模不断扩大，需要合理引导城市的扩张，多数城市的市域快线正是在这种背景下应运而生。市域快线主要承担通勤职能，因此其在城市轨道交通网络系统中的主要形态基本以放射线为主，需要考虑的主要是如何衔接中心城区的轨道交通网。如图 1-3 所示，目前主要形成了以巴黎为代表的"穿城而过"、以东京为代表的"接入中心城市边缘"和以纽约为代表的"终止于市中心"三种线网结构形态。前一种形态呈现为直径线，后两种形态表现为半径线。

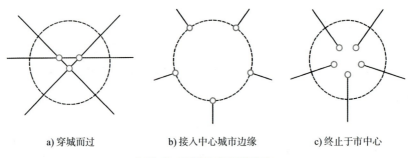

a) 穿城而过　　　　　　b) 接入中心城市边缘　　　　　　c) 终止于市中心

图 1-3 市域快线线路形态

第 1 种形态以巴黎区域快轨（RER）为主要代表。巴黎既有的 5 条呈放射形的市域铁路以市内的 5 个火车站为终点，分别服务于不同方向客流。后修建的区域快轨线以地下线形式穿过城市中心区，连接贯通两端的市域铁路，建立了郊区与市中心区之间的快速通道，同时为乘客提供便捷的换乘条件。伦敦的市域快线也是这种形态。巴黎大区的轨道交通线网的层次清晰、分明，主要由市区地铁、区域快轨、市域铁路构成。市区地铁系统线路短，站间距短，服务范围主要为巴黎市区；为支持郊区新城的建设和发展，将部分既有市域铁路改造成区域快轨，分别采用设计速度为 140km/h、130km/h 的 Z20900、M184 等车型，

为巴黎大区提供通勤服务。区域快轨与市区地铁是两个独立的系统，在穿越中心城区段时与地铁线路平行，通过换乘站实现与地铁线网的协同。区域快轨线网包含多条支线，站点分布外密内疏，运营组织灵活。

第 2 种形态以日本东京市域快线为典型代表。东京轨道交通总体布局为环线加放射线，即连接城郊的市域快线与环线联动进而实现运输功能，山手环线与武藏野环线将地铁和市域快线有机衔接。柏林的 S-Bahn 也是这种形态。东京都市圈轨道交通经过百年发展，在空间网络布局方面，形成了以山手线为界，环内以地铁为主，市域快线通过山手环线换乘的"内地外铁"的轨道交通线网；在运营组织方面，实现了市域快线与城市地铁最大限度的贯通运营。市域快线设计速度为 120～130km/h，运用大站快线等运营组织模式，旅行速度可达到 60km/h，其中筑波快线的旅行速度达到了 78km/h，实现了快速串联东京都市圈"一都三县"的功能。

第 3 种形态以纽约市域快线为典型代表。纽约大都会区通过通勤铁路模式实现郊区与市中心的快速联系，市域快线直接通向市中心区车站，形成长放射状网络，主要以中心区的 3 座车站（纽约中央车站、宾夕法尼亚车站和大西洋车站）为起点，向长岛、纽约北部郊区和新泽西 3 个方向辐射，形成辐射半径 50～60km 的多支线网络系统。

国外超大城市的市域快线共同点是：在城市由"城市单中心"结构向"都市圈多中心、组团式"结构发展时建设而成，建设时充分利用了原有铁路系统的改造升级，线路设计速度均在 120km/h 以上，采用灵活的运输组织方式，实现了城市外围组团与城市中心区的快速联系，市域快线线网能独立成系统。不同点是：市域快线线网结构形态以及与市区地铁线网的相互关系各异，在市域快线线网空间结构形态方面，巴黎为贯穿式、东京为"环+放射"式、纽约为多点放射式；在市域快线与市区地铁线网的相互关系方面，巴黎为"并行+多点换乘"、东京为"灵活组织+最大限度贯通运营"、纽约为多点换乘。从总体来看，在以日本为代表的亚洲国家与在以法国英国为代表的欧美国家相比，两者市域快线的技术特征有所不同。

1.2.3 国内发展现状

市域快线在巴黎、纽约、伦敦、东京、柏林等国际大都市已有广泛的实践。目前，国内超大城市在发展轨道交通时也均意识到一个重要问题：既有市域线与城市线形成的城市轨道交通线网，服务长距离出行且耗时长，缺乏与私家车的竞争优势，从而影响、制约超大城市郊区新城的发展。近年来，中国各大城市市域快线也在迅速发展，北京、上海、广州、深圳、南京、成都等十余座城市已开通运营市域快线。

从国内城市市域快线实际运营来看，主要表现出以下 3 个方面问题：

（1）市域快线与城市布局的适应性问题。上海、苏州等城市在早期轨道交通线网规划中参照巴黎 RER 模式规划了贯穿中心城区的市域快线，但由于中国轨道交通建设滞后于城市化发展，在轨道交通基本网尚未形成时，市域快线沿线设站需求强烈，规划市域快线难以实施。如上海地铁1号线、2号线、9号线快线功能未能实现，苏州规划快线走廊也让位于城区地铁线路。

（2）市域快线与城区线衔接便捷性问题。目前，国内建成运营的市域快线中85%为半径线，且大多数终止在城市中心城区的边缘，一方面换乘节点少，可换乘线路少，换乘压力较为集中；另一方面市域快线需要在外围车站换乘城区轨道交通线路，使得进出城出行时间加长。如北京地铁昌平线的西二旗站，未来南延工程建成后，昌平线深入中心城区，将大大提升市域快线与城区线衔接的便捷性。

（3）市域快线运营组织的灵活性问题。国内已建成的市域快线多数仍采用类似城区轨道交通的运营组织模式，但市域快线服务的外围地区出行目的更加多样化，单一的运营组织模式难以适应居民出行需求，部分城市已开始探索实施快慢车运营组织，如广州市轨道交通十四号线、二十一号线全天候开行快慢车。

1.3 广州市域快速轨道交通建设

广州作为中国城市轨道交通里程第三城，未来的轨道交通里程将继续大幅增长。《广州市轨道交通线网规划（2018—2035）》（以下简称《线网规划》）为广州构建了快速地铁A、快速地铁B、普速地铁组成的城市轨道交通系统，总规模达到53条共2029km，与上一轮规划对比，新增30条共1004km线路。

广州都市圈市域快线的发展经历了早期探索发展阶段、中期市域一体化阶段，目前正在进入湾区一体化阶段。

（1）探索发展阶段：中国尚未形成市域快线的相关标准，规划建设了广州市轨道交通三号线，线路速度等级为120km/h，采用大站快线运营模式。

（2）市域一体化阶段：满足城市外围组团客流进入市中心1h的时空目标，规划建设了广州市轨道交通十四号线、二十一号线，线路速度等级为120km/h，采用快慢车组合运营模式。

（3）湾区一体化阶段：市域快线服务范围进一步拓展至湾区层面，实现"3060"时空目标（广州主城区与副中心、外围城区30min互达，广州与周边城市中心60min互达），规划建设广州市轨道交通十八号线、二十二号线、二十八号线等线路，线路速度等级为160km/h，采用"快慢车组合+跨线直通"运营模式。广州都市圈市域快线互通网络如图1-4所示。

图1-4 广州都市圈市域快线互通网络

1.4 广州市轨道交通十八号线和二十二号线工程

广州市轨道交通发展至今,虽在支撑城市空间扩展、优化土地利用布局等方面取得了巨大成就,但同样面临着市域快线难以满足市域快速通勤的要求。随着广州城市空间格局的进一步拉开,构建市域快速轨道交通线网、进一步完善优化广州城市轨道交通网络体系已迫在眉睫。十八号线和二十二号线作为联系南沙副中心与广州中心城区、广州东站枢纽的快速轨道交通线路,要求实现全线 30min 直达的时空目标,满足最大客流断面 2.85 万人次/h(远期 3.5 万人次/h)的输送需求,并须满足穿越核心区密集建筑和居住区的工程及环保要求。

按此目标,既有地铁制式无法满足快速出行的时空目标需求,既有城际铁路系统无法满足大运量输送、高密度运营以及穿越中心城区的环保要求。为此,十八号线和二十二号线工程基于都市圈核心快速连接的时空目标,按照大运量、高密度运营服务要求,从设计标准、系统技术、土建技术、车辆技术、施工技术、环保技术、服务能力、系统安全性与可靠性等方面进行了集成创新,达到了兼具高速度等级、大运量、高密度地铁运输服务能力的目标。

1.4.1 工程简介

十八号线自万顷沙至广州东站,经南沙区、番禺区、海珠区及天河区,线路长 61.3km,全地下敷设,设站 9 座,平均站间距 7.6km。

二十二号线自番禺广场至芳村,经番禺区、荔湾区,线路长 30.8km,全地下敷设,设站 8 座,平均站间距 4.4km。

两线均采用 160km/h 速度等级市域列车,8 辆编组,AC25kV 架空接触网供电。如图 1-5 所示,作为广州市轨道交通线网中的两条市域快线,两线承担连通万顷沙、广州南站、广州东站、白鹅潭四大枢纽,辐射琶洲、广州站、白云机场三大枢纽,实现南沙副中心(自贸区、新区)至广州中心城区及广州东站枢纽 30min 的时空目标,将为打造广州成为我国"国民经济和社会发展第十三个五年规划纲要("十三五"规划)"提出的国际性综合交通枢纽,巩固广州的国家重要中心城市地位,实现粤港澳大湾区轨道一体化发展,引

图 1-5 广州市轨道交通十八号线和二十二号线工程

领湾区市域快速轨道交通网络形成提供重要支撑。

1.4.2 项目主要历程

2017年3月15日，广州市城市轨道交通第三期建设规划（2017—2023年），获得国家发展和改革委员会批复。

2017年7月31日，广州市轨道交通十八号线工程可行性研究报告，获得广东省发展和改革委员会批复。

2017年9月1日，广州市轨道交通二十二号线工程可行性研究报告，获得广州市发展和改革委员会批复。

2017年10月31日，广州市轨道交通十八号和二十二号线于番禺广场站组织召开项目开工誓师大会。

2019年10月16日，广州市轨道交通十八号和二十二号线市域快速轨道交通国家示范性工程项目申请报告，获得中国城市轨道交通协会批复，标志着两线正式成为市域快速轨道交通示范工程。

十八号线：

（1）2017年12月1日，十八号线首幅地下连续墙在横沥站开槽施工。

（2）2018年11月30日，十八号线首台盾构机在横番4中间风井—横番5盾构井区间始发。

（3）2019年12月6日，十八号线首座车站横沥站主体结构封顶。

（4）2019年12月20日，十八号线首座车站横沥站机电安装进场施工。

（5）2020年7月10日，十八号线首段区间横番4中间风井—横番5盾构井区间开始铺轨。

（6）2021年1月3日，十八号线南村万博站—沙溪站区间最后一台盾构机吊出。

（7）2021年3月25日，十八号线冼村站暗挖完成，实现全线"洞通"。

（8）2021年3月31日，十八号线陇枕停车场"三权"移交。

（9）2021年4月20日，十八号线全线"长轨通"。

（10）2021年5月14日，十八号线全线电通。

（11）2021年6月3日，十八号线全线轨行区"三权"移交。

（12）2021年8月20日，十八号线全线车站"三权"移交。

（13）2021年9月18日，十八号线首通段通过工程竣工验收。

（14）2021年9月28日，十八号线首通段开通试运营。

二十二号线：

（1）2017年12月7日，二十二号线首幅地下连续墙在市广中间风井开槽施工。

（2）2018年8月28日，二十二号线首台盾构机在市广中间风井—市广路站区间始发。

(3) 2019年12月10日,二十二号线首座车站市广路站主体结构封顶。

(4) 2020年3月20日,二十二号线首座车站市广路站机电安装进场施工。

(5) 2020年9月10日,二十二号线首段区间市广中风井—广州南站区间开始铺轨。

(6) 2020年12月24日,二十二号线陈头岗停车场完成"三权"移交。

(7) 2021年3月23日,二十二号线番市中间风井—番市2盾构井区间右线最后一台盾构机吊出。

(8) 2021年3月31日,二十二号线番禺广场站—番市1盾构井区间暗挖完成,实现全线"洞通"。

(9) 2021年3月31日,二十二号线市广路站—陈头岗站区间轨行区"三权"移交。

(10) 2021年6月2日,二十二号线全线"长轨通"。

(11) 2021年7月10日,二十二号线全线电通。

(12) 2021年7月15日,二十二号线全线轨行区"三权"移交。

(13) 2021年8月18日,二十二号线全线车站"三权"移交。

(14) 2021年9月18日,二十二号线首通段通过工程竣工验收。

(15) 2022年3月31日,二十二号线首通段开通试运营。

1.5 本章小结

市域快线是城市规模发展到较高阶段时,为满足市域快速出行需求(特别是市域向心通勤需求)而演变的公交化、大运量、快速便捷的快速轨道交通运输系统,服务范围一般在100km之内,车辆速度范围为120～160km/h,出行时间控制在1h以内,具有线路长、站距大、运行速度快、座席比例高的特点。

随着城市群的逐步发展、区域内城市间合作交流的扩大以及部分超大城市都市圈的建设,区域快速轨道交通将进入快速发展阶段。国外发达国家市域快线主要形成了"穿城而过""接入中心城市边缘"和"终止于市中心"三种线网结构形态。近年来,中国各大城市市域快线也在迅速发展,随着我国超大城市第一圈层轨道交通网的完善,轨道交通的建设视野逐渐转向全市域的快速互联,如北京、上海、广州等超大型城市;另一种是由于城市功能中心分散,需要利用轨道交通快速联系城市组团,引导城市发展,如东莞、佛山、温州等城市。

广州作为中国城市轨道交通里程第三城,广州未来的轨道交通里程将继续大幅增长。《线网规划》指出,构筑市域高速地铁,拉近南沙副中心、外围城区与中心城区间的时空距离。十八号线和二十二号线作为广州市轨道交通线网中的两条市域快线,承担连通万顷沙、广州南站、广州东站、白鹅潭四大枢纽,辐射琶洲、广州火车站、白云机场三大枢纽的功能,实现南沙副中心(自贸区、新区)至广州中心城区及东站枢纽30分钟的时空目标,将为打造广州成为"十三五"规划提出的国际性综合交通枢纽,巩固广州的国家中心城市地位,实现粤港澳大湾区轨道一体化发展。

第 2 章
线路规划与客流服务

湾区纵贯线　市域新速度

——广州市轨道交通十八号线和二十二号线设计解析

线路规划是轨道交通建设的基石与根源，线网规划是在城市发展战略、总体规划、土地利用规划的基础上，根据客流预测分析，充分考虑交通与城市发展之间的关系，选择方便市民出行、能适应城市可持续发展的布局。线路规划主要目的是增强城市的辐射能力，以高品质的供给引导交通方式串联起城市重点发展区域。十八号线和二十二号线工程正是在粤港澳大湾区轨道交通一体化发展的背景下，为适应大湾区及城市群区域、介于城际铁路和城市地铁出行距离之间，以及传统城际铁路制式和地铁制式层级之间的一种全新应用。两线在实现客流合理疏导，满足不同乘客的差异化出行需求的同时，还应满足区域内的互联互通需求，提供高质量的客流服务，使轨道交通建设与运营效益进入良性循环，保持可持续发展的态势，因此，线路规划也面临更大挑战和更高的标准要求。

2.1 线路规划与功能定位

2.1.1 规划背景

粤港澳大湾区由香港、澳门两个特别行政区和广东省的广州、深圳、珠海、佛山、惠州、东莞、中山、江门、肇庆等珠三角九市组成，总面积约 5.6 万 km^2，是中国开放程度最高、经济活力最强的区域之一，在国家发展大局中具有重要战略地位。

2017 年，《政府工作报告》提出要推动内地与港澳深化合作，研究制定粤港澳大湾区城市群发展规划，发挥港澳独特优势，提升在国家经济发展和对外开放中的地位与功能。

2019 年 2 月 18 日，中共中央、国务院印发《粤港澳大湾区发展规划纲要》。按照规划纲要，粤港澳大湾区不仅要建成充满活力的世界级城市群、具有全球影响力的国际科技创新中心、"一带一路"建设的重要支撑、内地与港澳深度合作示范区，还要建成宜居宜业宜游的优质生活圈，打造高质量发展的典范。

《粤港澳大湾区发展规划纲要》提出了构建大湾区综合交通运输体系的时空目标，力争实现湾区主要城市间 1 小时通达；广州南沙构建"半小时交通圈"。

广州市是广东省省会、珠三角核心城市、国家中心城市、国家历史文化名城、我国重要的国际商贸中心、对外交往中心和国际性综合交通枢纽城市、南方国际航运中心。

南沙新区是粤港澳合作的国家级新区，国家新型城市化综合示范区，内地与港澳、国际接轨的服务平台，广州国家中心城市的海上门户。南沙新区是广州城市空间重要的南极，加强南沙与主城区的联系，对于继续夯实南拓战略，支撑广州双核双城发展，聚焦南沙新区和自贸区，落实"一带一路"倡议，建设粤港澳大湾区，构建珠三角世界级城市群，有着非常重要的意义。

根据广州市城市发展规划，广州积极与周边城市对接，规划多条市域快线，实现广州与周边城市轨道交通一体化衔接。

在大湾区一体化发展的背景下，2022 年 6 月 15 日，国务院印发《广州南沙深化面向世界的粤港澳全面合作总体方案》（以下简称《南沙方案》），将南沙区发展规划正式定位为国家战略。《南沙方案》指出：按照以点带面、循序渐进的建设时序，以中国（广东）自由贸易试验区南沙片区的南沙湾、庆盛枢纽、南沙枢纽 3 个区块作为先行启动区，总面积约 23km²，充分发挥上述区域依托交通枢纽快捷通达香港的优势，加快形成连片开发态势和集聚发展效应，有力带动南沙全域发展，逐步构建"枢纽带动、多点支撑、整体协同"的发展态势。南沙枢纽成为南沙及广州发展综合交通规划体系中铁路枢纽的重要一环，助力以南沙新区、广州南部中心为节点，在湾区入海口地区形成汇集高速铁路、城际铁路、城市轨道交通、货运铁路等多层次铁路、连通全国主要发展区域、湾区主要城市与广州城市主要节点的轨道交通格局。

2.1.2 轨道交通建设规划

广州市城市轨道交通第三期建设规划（2017—2023 年）考虑带动城市发展、市民交通出行需求及网络联通、结构优化，在目前已建成和在建城市轨道交通线路的基础上，拟建设 10 条（段）城市轨道交通（含既有线路的延长线），总长 258.1km，站点 114 座。近期建设线路情况见表 2-1。

广州市城市轨道交通第三期建设规划（2017—2023 年）　　　　表 2-1

序号	线路名称	区段	长度（km）	车站（座）
1	三号线东延段	番禺广场—海傍	9.6	4
2	五号线东延段	文冲—黄埔客运港	9.7	6
3	七号线二期	大学城南—水西北	21.8	11
4	八号线北延段	白云湖—广州北站	20.0	9
5	十号线	石牌桥—西塱	19.9	14
6	十二号线	浔峰岗—大学城南	37.6	25
7	十三号线二期	朝阳—鱼珠	33.6	23
8	十四号线二期	广州火车站—嘉禾望岗	11.6	7
9	十八号线	万顷沙—广州东站	62.5	9
10	二十二号线	番禺广场—芳村	31.8	6
	合计		258.1	114

2.1.3 线路功能定位

广州将着力打造高标准的都市圈轨道交通网，适应广州空间结构和分散多枢纽布局，加强广州与周边城市道交通衔接，扩大广州城市都市圈辐射范围。

广州市提出轨道交通建设规划"应突出对南沙新区、南沙自贸区的支持，着重规划建设南沙新区与中心城区和南站、机场等重大枢纽衔接的快速轨道联系"，并提出南沙自贸区进入广州中心城区高标准时空目标。

十八号线和二十二号线将承载串联湾区城市、覆盖核心区的重要功能。十八号线规划南延至中山、珠海，北延至花都、清远；二十二号线规划北延至白云机场，东延至东莞，辐射深圳。两线作为都市圈大运量高密度快速轨道交通系统，与城市轨道交通、城际铁路融合发展，服务城市群多层次轨道交通体系。

十八号线沿线经过南沙区、番禺区、海珠区和天河区，自南向北依次连接了南沙区的万顷沙枢纽、番禺区的番禺广场、海珠区的琶洲片区以及天河区的珠江新城和广州东站，定位为南沙快线，实现广州中心城区、南沙新区的快速轨道交通联系，支持南沙新区、南沙自贸区发展，同时连通中心城区线网，补充南北轴向客流走廊，并增强广州东站的综合交通枢纽功能。

二十二号线沿线经过南沙区、番禺区和荔湾区，自南向北依次连接了南沙区的万顷沙枢纽、番禺区的番禺广场、广州南站地区和荔湾区的白鹅潭地区，带动沿线地区的开发建设，定位为广州南站快线，实现南沙、番禺、荔湾与广州南站的快速轨道交通联系，并增强广州南站的综合交通枢纽功能。

十八号线和二十二号线在规划、设计、建设中，结合国家战略的最新要求，为支持粤港澳大湾区一体化战略、南沙新区作为国家重要战略平台的发展，在本期建设的起终点基础上，充分预留了继续向南、向北延伸的条件，未来实现与广州白云国际机场、庆盛站等交通枢纽以及清远、中山、珠海、东莞、深圳等湾区重要城市中心区的连通，成为穿越广州市核心区南北向两条重要走廊。

2.2 高标准时空目标

2.2.1 助力广州主副中心一体化发展，组建大湾区核心区南北向通道

国家"十三五"规划提出建设北京、上海和广州等国际性综合交通枢纽。广州作为珠江三角洲城市群核心城市，广州综合交通枢纽是三大全国性综合交通枢纽之一和国际性综合交通枢纽，是全球交通网络的重要节点，国际性综合交通枢纽的定位将为广州新一轮发展战略提供强有力的支撑。

根据广州市城市发展规划，广州市轨道交通建设规划"应突出对南沙新区、南沙自贸区的支持，着重规划建设南沙新区与中心城区和南站、机场等重大枢纽衔接的快速轨道联系"，并对十八号线提出南沙自贸区进入广州中心城区 30min 的高标准时空目标。

十八号线和二十二号线的规划建设对于市域快线的线网建设具有显著的推动作用，对

于市域快线的发展具有显著的示范作用。两线将广州重点发展地区——南沙区与主城区紧密相连，实现两者之间的快速连接，对于将南沙新区打造为珠三角世界级城市群的枢纽型城市，为国家级新区建设起着举足轻重的作用，对于支持南沙自贸区国家战略，将南沙打造成为粤港澳全面合作示范区，建设具有世界先进水平的综合服务枢纽，打造成国际性高端生产性服务业要素集聚高地，倾力打造世界级大都会起着至关重要的作用。

《粤港澳大湾区发展规划纲要》以香港、澳门、广州、深圳四大中心城市作为区域发展核心引擎形成世界级城市群参与到国际竞争中，大湾区总体形成坚持极点带动、轴带支撑、辐射周边，推动大中小城市合理分工、功能互补，进一步提高区域发展协调性，促进城乡融合发展，构建结构科学、集约高效的发展格局。同时，要求将城际铁路打造成为粤港澳大湾区联系各个城市的重要轴带，实现粤港澳大湾区主要城市 1h 通达，促进粤港澳大湾区的一体化发展。

在粤港澳大湾区的新背景下，十八号线预留了向南、向北延伸的条件，为粤港澳大湾区城际铁路的建设提供了穿越广州市中心城区的核心南北向走廊。通过南北向城际铁路与十八号线的贯通运营，实现广州与中山中心区 45min 通达、广州与珠海中心区 1h 通达以及珠海与中山中心区 45min 通达。十八号线采用公交化运营管理模式，打造湾区内部高出行标准，是支持大湾区的一体化发展的重要快速轨道交通线路。

2.2.2 合理确定站点设置，尽可能提高线路顺直性

十八号线和二十二号线作为广州首批设计速度 160km/h 市域快线，如何根据技术条件确定线站位是两线研究重点与难点。

基于两线功能定位与建设目标，结合沿线发展重点片区，同时也考虑列车启停的影响，线路在设计过程中确定了"以明确的时空目标为指导""与城市轨道交通线网融合""与城市、区域规划相协调"的线站位选取原则。

（1）以明确的时空目标为指导

线站位选取符合两线以时空目标为前提的功能定位。在不影响运营组织、功能定位的前提下，结合现状及规划支撑，适当考虑沿线重点片区覆盖核心区适当加密。

根据广州市总体规划要求，线路实现广州东站枢纽与南沙区万顷沙枢纽 30min 通达的目标，并预留南北延伸的条件，未来实现白云机场枢纽与南沙区 1h 内通达的目标。

根据时空目标的要求，线路选线顺直，区间优先不采用限速曲线，保证全线的旅行速度。

（2）与城市轨道交通线网融合

结合广州市城市轨道交通线网调整考虑线站位方案，线路承担城市轨道交通线网的快线功能，应实现直接乘车、便捷换乘。

线路设计在站位选取中，考虑十八号线和二十二号线在番禺广场设置同台换乘及同期

跨线运营，在龙潭设站与环线十一号线换乘，在磨碟沙设站与规划东西向快线二十八号线换乘等，在广州市重要枢纽万顷沙站、广州东站、广州南站设置车站，保证了与各层级轨道交通的衔接，实现广州市城市轨道交通层面的快线与慢线网络的结合。

（3）与城市、区域规划相协调

线路站点设置与城市、区域发展相适应，服务沿线重点发展轴带，锚固区域发展中心及重要节点。

如图 2-1 所示，十八号线自南向北依次连接了南沙区万顷沙枢纽、番禺区的番禺广场、海珠区的琶洲片区以及天河区的珠江新城和广州东站，二十二号线自南向北依次连接了南沙区万顷沙枢纽、番禺区的番禺广场、广州南站地区和荔湾区的白鹅潭地区。沿线主要发展片区已建成，线路串联广州市核心组团，站点周边人口岗位数量充足，将为本线的客流增长提供有力保障。

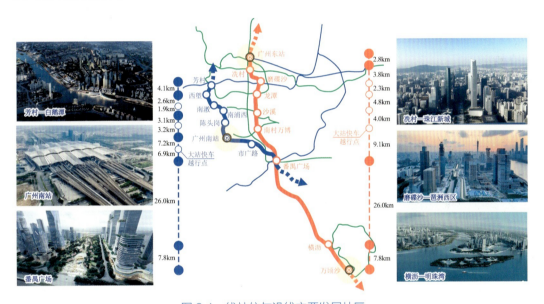

图 2-1　线站位与沿线主要发展片区

2.2.3　深化速度选型，确保列车持续运行速度达到 160km/h

影响列车最高运行速度的主要因素除了列车性能外，还取决于点对点可达性规划目标、线路条件、技术标准、工程投资、能耗、运营成本、安全性及环境保护等因素。选择合理速度等级的车辆，对于轨道交通线路在城市规划与建设中扮演重要角色，有着重要的先决作用。

考虑十八号线和二十二号线的市域快线的功能定位，两线分别承担从南沙区至广州东站和广州南站 30min 的目标，推荐采用"大站停 + 站站停"组合的运营组织方案，对设计速度等级进行了全面充分的研究，重点选择 160～250km/h 的车辆开展了对比分析。在满足两线功能定位和时空目标的条件下，160km/h 列车线路适应性较好，相比 200km/h 列车和 250km/h 列车工程投资节省显著,最终确定采用 160km/h 速度等级列车。列车运行速度控制如图 2-2 所示。

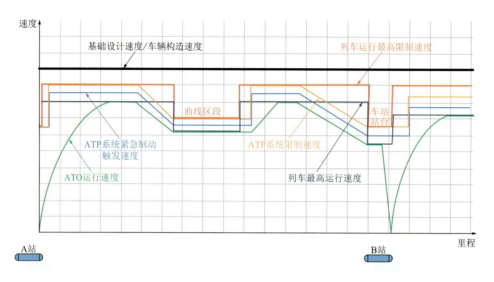

图 2-2　列车运行速度控制图

注:ATO 为列车自动驾驶;ATP 为监督下的人工驾驶。

在确定速度选型的基础上,行车与线路、轨道、信号、车辆等多专业联合,满足列车顶棚速度不超过 176km/h,实现列车正线持续运行速度达到 160km/h。十八号线列车提速试验现场如图 2-3 所示。

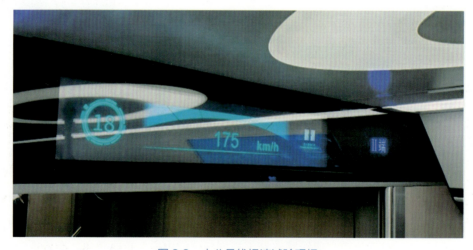

图 2-3　十八号线提速试验现场

2.2.4　越行站采用单岛四线形式,实现列车不限速越站

南村万博站、沙溪站、龙潭站、磨碟沙站、市广路站均采用单岛四线形式,正线在外侧,停车线在内侧,正线和停车线之间设置隔墙,实现大站快车在外侧直向不限速通过。南村万博站、沙溪站配线如图 2-4 所示。越行站站台配置如图 2-5 所示。

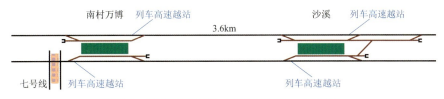

图 2-4 越行站配线图（南村万博站、沙溪站）

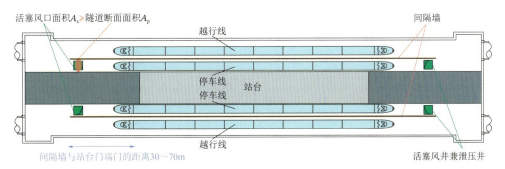

图 2-5 越行站站台配置示意图

2.3 线路平顺设计

十八号线和二十二号线作为广州首批速度达到 160km/h 的全地下市域快线，《地铁设计规范》（GB 50157—2013）已经不能作为主要技术标准进行参考。而两线公交化服务的高标准与穿越中心城区段避让众多控制点的需求，完全套用《城际铁路设计规范》（TB 10623—2014）又无法实现，因此两线线路设计标准的确定直接影响到下游专业的设计，这也成为两线的设计重难点。

经过对《地铁设计规范》（GB 50157—2013）、《城际铁路设计规范》（TB 10623—2014）、《铁路线路设计规范》（TB 10098—2017）等众多规范的研究，两线基本确定了最小曲线半径、超高时变率等数据，并顺利通过了技术标准审查与咨询审查，为设计提供了参考的标准。十八号线和二十二号线线路技术标准如图 2-6 所示。

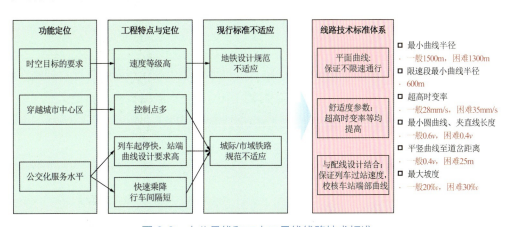

图 2-6 十八号线和二十二号线线路技术标准

v-设计速度

（1）曲线设计保速度

平面曲线是对速度制约的首要因素，考虑到线路平均运距大、乘客旅行时间久的特点，两线提高了舒适性标准，相对于《城际铁路设计规范》（TB 10623—2014），两线在最大允许欠超高取值中，对于一般情况提出了更高标准，采用了《地铁设计规范》（GB 50157—2013）中的 60mm 的标准，在困难地段，应优先保证列车不限速通过，局部可采用 90mm 的困难值。

（2）参数选择高标准

两线缓和曲线取值时，相比于《地铁设计规范》（GB 50157—2013），对超高时变率 40mm/s 的标准做了适当提高，采用了《城际铁路设计规范》（TB 10623—2014）中的一般情况 28mm/s、特殊情况 35mm/s 的标准取值；在此前提下，圆曲线长度、夹直线长度、平竖曲线距离道岔的距离均按《城际铁路设计规范》（TB 10623—2014）中的高标准进行选取。

（3）线路设计重平顺

十八号线在设计过程中，线路设计按建设目的靠拢，保证了区间的旅行速度，快车达速比至 75%，如图 2-7 所示，仅磨碟沙—冼村及冼村—广州东站 2 区间未达 160km/h，在本线轨道平顺性验收中，轨道质量指数（TQI）均值上行、下行分别为 2.77mm、3.05mm，远高于标准要求。

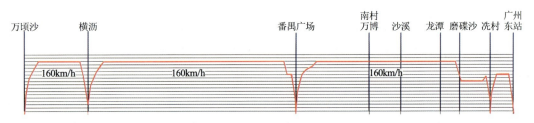

图 2-7　十八号线大站快车牵引曲线

2.4 公交化出行服务

十八号线和二十二号线建成运营后，将与广州市轨道交通线网以及珠三角城际线网中多条线路换乘，因此对十八号线和二十二号线的系统服务水平分析应从轨道交通网络化运营的角度统筹考虑。十八号线和二十二号线换乘情况分别见表 2-2 与表 2-3。

十八号线换乘线路一览表　　　　　　　　　　表 2-2

序号	车站名称	换乘线路
1	万顷沙	十五号线、三十八号线；肇顺南城际、中南虎城际、广东西部沿海高速铁路等
2	横沥	十五号线、三十二号线
3	番禺广场	三号线、十七号线、二十二号线

续上表

序号	车站名称	换乘线路
4	南村万博	七号线
5	沙溪	十三号线
6	龙潭	十一号线
7	磨碟沙	八号线、十九号线、二十八号线
8	冼村	十三号线
9	广州东站	一号线、三号线、十一号线，穗莞深城际等

二十二号线换乘线路一览表　　　表2-3

序号	车站名称	换乘线路
1	番禺广场	三号线、十七号线、十八号线
2	市广路	二十六号线
3	广州南站	二号线、七号线、佛山市轨道交通二号线；武广高铁、广深港客运专线、广佛环线、广珠城际、广莞惠城际等
4	陈头岗	佛山市轨道交通四号线
5	南浦西	十九号线
6	南漖	四十三号线
7	西塱	一号线、广佛线、十号线
8	芳村	一号线、十一号线、二十八号线

将换乘线路分为两类，第一类是城市轨道交通线路，第二类是城际铁路，服务水平分析如下。

城市轨道交通线路的服务特点是运营里程相对较短、行车间隔较小、运能大，其针对的乘客数量大、出行距离较短，大量乘客特别是换乘乘客在相关车站频繁上下车。选取几条典型线路进行分析，见表2-4。

典型换乘线路（城市轨道交通）概况表　　　表2-4

线路	运营情况	系统选型	最高运行速度（km/h）	定员（人）	高峰行车间隔（min）	区间最大站立密度（人/m²）
一号线	已运营	6A	80	1860	现状约2.8（21对/h）	约6.2
三号线	已运营	6B	120	1460	现状约2.3（26对/h）	约8.1
十一号线	在建	8A	80	2144	规划初期3.6（17对/h），远期2.2（28对/h）	初期4.5，远期4.5
十号线	在建	6B	80	1460	规划初期3（20对/h），远期2（30对/h）	初期5.0，远期4.5

城际铁路的服务特点是运营里程相对较长、行车间隔相对较大，其针对的乘客通常为长距离出行乘客。选取几条典型线路分析，见表2-5。

典型换乘线路（城际铁路）概况表　　　　表 2-5

线路	运营情况	系统选型	最高运行速度（km/h）	定员（人）	高峰行车间隔（min）
广珠城际	已运营	CRH1A（远期为 CRH6）	200（站站停列车 140）	大站停列车：808；站站停列车：1545	近期 5（2 对/h 大站停 + 10 对/h 站站停），远期 4（3 对/h 大站停 + 12 对/h 站站停）
穗莞深城际	已运营	CRH6	140（琶洲支线 160）	大站停列车：586；站站停列车：1545	规划初期 4.6（4 对/h 大站停 + 9 对/h 站站停），远期 4（4 对/h 大站停 + 11 对/h 站站停）
广佛环线东段	在建	CRH6	160	大站停列车：586；站站停列车：1545	规划初期 7.5（2 对/h 大站停 + 6 对/h 站站停），远期 6.6（2 对/h 大站停 + 7 对/h 站站停）

可以看到，换乘的城市轨道交通线路行车间隔较小。其中，已运营的一号线和三号线的高峰行车间隔在 2~3min，后期将逐步向 2min 靠近，规划的市区城市轨道交通骨干线初期高峰行车间隔在 3~4min，远期基本为 2min。而换乘的城际线路行车间隔相对较大，规划初期高峰行车间隔在 5~8min，远期在 4~7min。

十八号线和二十二号线属市域快线，运营里程超过 60km，客流特性介于城市轨道交通与城际铁路之间，应考虑合理的行车间隔，既满足各年限预测客流需求和提供合理的服务水平，也能保证一定的运营经济性。通过分析对比换乘线路的行车间隔，结合本线预测客流和列车定员，十八号线远期高峰行车间隔小于 3min（≥20 对/h），二十二号线现阶段预测客流相对较小，远期高峰行车间隔在 4min（15 对/h）左右。同时，考虑线路延伸、新线接入、规划调整等因素，十八号线和二十二号线客流存在较大的增长空间，两线系统规模按不低于 24 对/h 设计。

参照市区城市轨道交通线路全日分时段服务水平，考虑市域快线客流特征，十八号线和二十二号线远期高峰行车间隔为 3~4min（15~20 对/h），平峰行车间隔为 5~7min（8.5~12 对/h），低峰行车间隔为 8~10min（6~7.5 对/h）。在采用大站停与站站停组合运营的模式下，由于大站列车开行对数较少，建议采用定点服务的模式，在起终点站保证大站列车整点发车，以方便乘客出行，提高本线客流吸引力。

2.5　运营模式

通过车辆制式、信号系统、土建设施等关键技术保障，十八号线和二十二号线构建了快慢车组合 + 跨线直通运营的运输组织模式，具备开行跨线路大站快车的条件，实现市域快线快慢车运营与跨线运营的协同组织，提升沿线客流出行便捷性。

2.5.1　快慢车组合模式多样，快车停靠站点可动态调整

如图 2-8 所示，推荐的快慢车组合运营方案下，十八号线大站快车停靠万顷沙、横沥、番禺广场、冼村、广州东站，二十二号线大站快车停靠番禺广场、广州南站、南浦西、西

罫、芳村。在实际运营阶段，可以根据运营客流出行规律，适当调整大站快车停靠站点，实现运营组织与客流需求的匹配，精准投放运能。

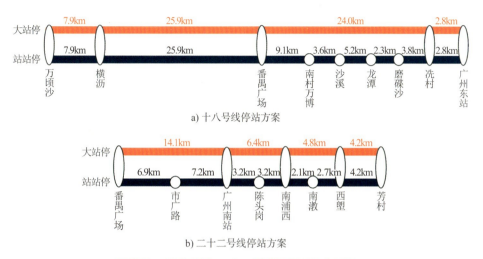

图 2-8　十八号线和二十二号线推荐停站方案图

2.5.2　跨线直通运营与独立运营可灵活选择

如图 2-9 所示，十八号线和二十二号线在番禺广场站交会，初期形成 Y 形线路，十八号线正线在外侧，二十二号线正线在内侧。

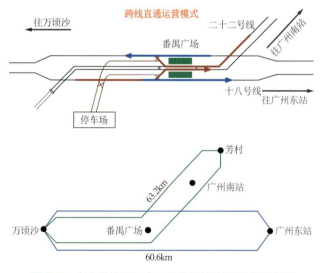

图 2-9　十八号线和二十二号线跨线直通运营示意图

番禺广场站设计为双岛四线形式，如图 2-10 所示，车站南端设置渡线用于跨线直通列车的开行，同时也满足陇枕停车场收发车的功能要求。十八号线和二十二号线在设计时，各系统和土建设施均考虑运营灵活性，两线具备既可以跨线直通运营也可以独立运营的条件，以应对运营阶段需求的灵活调整。建议后续类似线路需提前谋划，从线网层面对相关线路间的互联互通需求和必要性、运营模式等进行全面论证，对于需互联互通的线路，应深入研究后确定合理的系统制式、互联互通节点方案等。

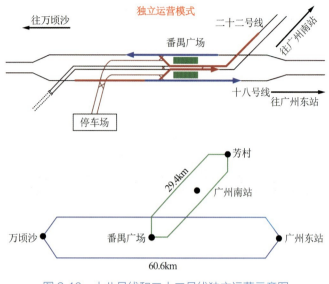

图 2-10　十八号线和二十二号线独立运营示意图

2.6　本章小结

　　本章分别介绍了十八号线和二十二号线工程的线路规划、功能定位、时空目标、线路设计、客流服务与运营模式等内容。在线路规划方面，十八号线和二十二号线将承载串联湾区城市、覆盖核心区的重要功能，实现南沙新区与中心城区的快速轨道交通连接，同时承担连通万顷沙、广州南站、广州东站、白鹅潭四大枢纽，辐射琶洲、广州火车站、白云机场三大枢纽的功能，与城市轨道交通、城际铁路融合发展，服务城市群多层次轨道交通体系。

　　在客流服务与运营组织方面，十八号线和二十二号线建成运营后将与广州市轨道交通线网以及珠三角城际铁路线网中多条线路换乘，客流特性介于城市轨道交通与城际铁路之间，推荐两线采用高密度的公交化运营，远期高峰开行约 15～20 对/h，同时系统规模不低于 24 对/h，兼顾合理的服务水平和一定的运营经济性。考虑到沿线客流出行需求的多样性，两线构建了快慢车组合＋跨线直通运营的运输组织模式，具备开行跨线路大站快车条件，实现市域线快慢车运营与跨线运营的协同组织，满足乘客多样化和差异化服务需求，为都市圈客流快速便捷出行提供有力支持，具有都市圈大运量高密度市域快线代表性。

第 3 章

践行绿色品质地铁设计理念

湾区纵贯线　市域新速度
——广州市轨道交通十八号线和二十二号线设计解析

人民地铁为人民，地铁的规划建设主要就是为了解决民生痛点、难点问题，提高出行便捷度和幸福感。广州地铁设计研究院秉承"绿色节能、智慧智能、站城一体、以人为本、艺术美观、经济合理"的设计理念，通过优化设计不断提升地铁服务品质满足市民的需求。

十八号线和二十二号线全方位贯彻高品质地铁设计理念，从多个方面提出品质升级方案。为乘客提升候车与乘车过程中的出行体验，以高水平的地铁设施给予乘客高质量的安全保障。同时结合人文关怀和低碳绿色的理念，力求以社会效益和城市发展为核心，将乘客的出行体验提升到一个全新的高度。

3.1 车辆高品质服务

车辆是城市轨道交通系统的核心部件，也是乘客在整个出行过程中直接接触之处，因此对其速度、乘降、舒适性等方面都有很高的要求。随着广州轨道交通建设向高速度、大运量的方向发展，出行服务对车辆设计提出了更高的要求。为满足乘客对于高品质出行的需求，十八号线和二十二号线车辆就设计理念进行了深层次的研究。

3.1.1 高速度、快速乘降、高舒适性的乘坐体验

（1）高速度

目前市域快线列车运营业绩空白。温州轨道交通S1线为市域铁路，于2019年开通运营，线路以高架为主，车辆设计速度为140km/h，4节编组，两动两拖；北京地铁大兴机场线于2019年开通运营，车辆设计速度160km/h，8节编组，四动四拖，采用动车组市域D型车，均未能真正体现都市圈大运量高密度市域快线列车的功能。

十八号线和二十二号线车辆设计速度160km/h，8节编组，六动两拖，线路全隧道、全刚性接触网均以设计速度160km/h运营条件进行设计，运营环境复杂，在国内外都是首创，需深入分析全隧道列车的气密性与舒适性，研究减振降噪声技术，突破刚性接触网受流技术，解决轮轨动力学、空气动力学、弓网匹配性、列车安全性、可靠性评估技术等系列难题，技术有突破、有创新，具有鲜明的代表性。研究成果形成了市域列车技术规范，填补了城市轨道交通160km/h市域列车空白。

（2）快速乘降

十八号线和二十二号线不同于传统的地铁A、B型车，也不同于动车组列车，市域列车考虑旅行时间短、旅客出行快捷等因素，采用站站停与大站直达相结合的运营模式，满足都市生活圈的出行需求，具有鲜明的地铁列车服务特点。因此，两线列车充分考虑市域车辆快启快停、大载客能力、大开度车门及宽敞车窗等特点，采用轻量化车体，满足强度、刚度、车体耐碰撞性能等方面要求；采用大载重设计，中间车设4对门，采用横纵结合的座椅布置方式，其载客量多于动车组载客量（AW3），多约20%；适应不同站间距要求，

列车具备快速起停、大功率持续运行等特点，故采用了大功率、架控、轻量化的牵引系统方案，车辆布置如图3-1与图3-2所示。

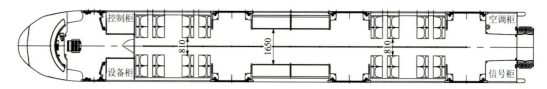

图3-1 头车布置示意图（尺寸单位：mm）

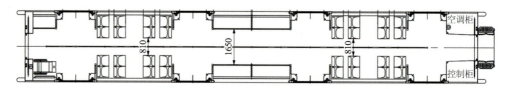

图3-2 中间车布置示意图（尺寸单位：mm）

（3）高舒适性

目前，160km/h动车组大多运营在空旷的区域，列车运行时产生的噪声、舒适性问题对列车客室内的影响较少。

十八号线和二十二号线列车的中间车设置4对车门，基于列车车门数量，以及隧道内气压变化、轮轨噪声、气动噪声、隧道壁面反射等因素，列车技术难度大，需结合隧道真实环境进行仿真计算和试验验证，并需要通过动模型试验和风洞试验，进一步验证车辆性能，以实现高规格的"舒适"体验。为此，十八号线和二十二号线从密封设计、压力保护以及车门、贯通道、通风系统等部件优化设计方面系统提升车辆气密性。

动车组基于空气动力学的列车头型优选和优化，采用适用于全隧道160km/h高速运行的流线型头型，能够有效减小空气阻力、列车进出隧道压力波，以及减小气动噪声；同时，隧道内部以最真实的运行环境作为研究输入，对车辆越站、过变截面隧道、过通风井和站台时的空气动力学性能进行分析，综合考虑运行环境中，空气动力学效应对车辆头型、断面、通风、空调、设备舱等设计的影响，并指导和优化了车辆设计。车下采用全密封设备舱，在对车体设备形成良好保护作用的同时，还有利于减少列车气动阻力，并能够有效隔离车体设备噪声；客室采用压力波控制等技术，能减缓车外压力剧烈波动对车内压力变化的影响，乘客在乘坐时，不会因为车内压力波动引起耳膜的压迫感，乘坐体验更舒适。列车降噪措施如图3-3所示。

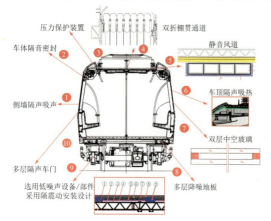

图3-3 列车降噪措施示意图

3.1.2 智慧列车

1）自动化与智能化

在确保运营安全性、可靠性、可用性的前提下，充分体现以人为本的现代控制管理理念，十八号线和二十二号线列车采用计算机技术、网络技术、数据传输技术等现代技术，实现最大程度、全方位的自动化和智能化，以提高运营效率，降低工作人员的劳动强度。列车的运行通常由控制中心集中控制，控制中心能对全线列车集中自动控制和自动调整，严格按照预定的时刻表（运行图）组织列车的运行。当列车运行秩序需要调整时，控制中心可在最短时间内实现调整，同时操作人员能随时有效地对列车运行进行人工干预。

2）智能运维系统

广州地铁基于全寿命周期理念，运用大数据及工业互联网技术，通过采集并挖掘海量设备状态数据，建立状态评价导则。依据对设备的日常巡检、在线状态监测、故障诊断和诊断性试验检查所提供的信息，综合判断出设备状态，在设备发生故障前安排检修，改变以往不顾设备状态"一刀切"地定期安排试验和检修，使得设备运行安全可靠、检修成本合理。

十八号线和二十二号线采用物联网、工业大数据等技术，在城市轨道交通机电系统领域首次构建健康评价体系、关键设备的可靠性模型和剩余寿命预估模型、关键设备的故障预测模型、状态评价导则、状态检修管理规范，为向更广泛领域的推广使用提供可借鉴经验。主要有：

（1）线路数字化 GIS（地理信息模型）模型

本工程依托 BIM（建筑信息模型）技术建立线路的数字化 GIS 模型，实现运营资产和维修的智能化和精准管理。传统城市轨道交通线路交付运营后，竣工图纸和资产移交资料无法形成与现场实物的精准对应，不仅资产管理难度极大，运营维修也常常无法精确定位，十八号线和二十二号线利用 BIM 技术建立线路的数字化 GIS 模型（图3-4），通过三维可视化模拟，建立与现场实物的精确对应，有效提升实物资产管理和运营维修的效率。

（2）基于健康管理的车辆、信号智能运维系统

目前城市轨道交通行业都在进行智能运维系统研究，实现的仅仅是监测系统在线显示，并没有通过数据的积累进行数据挖掘，起到预判的作用。而广州地铁在国家"863"项目及国家工程实验室项目中，已有技术沉淀，可以进行数据监测、数据挖掘分析。

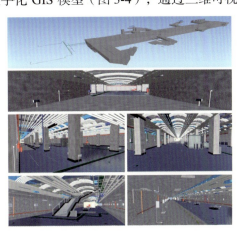

图3-4 线路数字化 GIS 模型

十八号线和二十二号线车辆、信号专业智能运维系统设有弓网检测系统、走行部监测系统、车顶及车底图像识别系统、轮对探伤系统、轴承监测系统、信号监测采集系统等，通过集成轨旁信息、车载信息、车地无线通信、列车检修系统数据收集、分析、处理，对车辆、信号系统实时状态在途监控，并通过大数据分析、挖掘，对故障隐患进行预判，借助强大的智能化感知系统，实时感知列车"健康"状态。列车运行途中出现异常时，可自动预警和远程维护。同时，借助智能感知系统，能在列车处于"亚健康"状态时就及时介入维护，也能探测线路状况，指导线路维护，使列车的运行更加安全可靠。使用智能运维系统，提高了车辆及信号系统的使用率，降低了设备全寿命周期的运维成本。

十八号线和二十二号线打造国内首个智能运维系统（图3-5），不仅仅能实现监测数据在线实时监控，而且还结合广州地铁20多年运营经验，将数据进行分析、挖掘，提高列车设备可靠性，提高列车使用率，同时节省人力，降低全寿命周期维修成本。

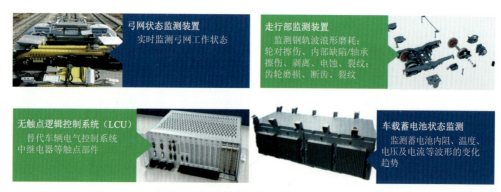

图3-5 列车检修智能运维平台示意图

3.1.3 绿色列车

1）主辅一体化牵引变流器（图3-6）

大功率、架控、轻量化的牵引系统方案保证强大的牵引和电制动性能，确保快速起停，列车牵引平均加速度(0～160km/h) $\geqslant 0.53m/s^2$，远远大于动车组平均加速度(0～160km/h) $\geqslant 0.38m/s^2$，架控式牵引控制方式保证牵引系统高的冗余性。整列车配备12个独立的转向架动力单元，当一个转向架动力单元故障时，有足够的冗余保证列车依然满足平均加速度 $\geqslant 0.53m/s^2$ 的要求；中间车设置4对双开塞拉门，车门宽度 $\geqslant$ 1300mm，方便乘客到站后快速上下车。根据市域快线的需求，十八号线和二十二号线制定的列车加减速能力、乘降能力、载客能

图3-6 主辅一体化牵引变流器

力将是国内外首创，属于国际领先水平。

2）刚性接触网受流技术

目前国内城市轨道交通已开通线路中，刚性接触网最高运行速度 120km/h；国铁中刚性接触网最高运行速度 140km/h。160km/h 速度等级轨道交通线路供电均采用柔性接触网供电系统。

刚性接触网通过与受电弓配合形成受电弓与接触网系统（以下称弓网系统），依靠弓网之间的滑动电接触实现对列车牵引系统的供电。刚性悬挂相比柔性悬挂有较明显的特点和优势，其结构简单，可靠性高，安装维护方便，节省隧道净占空间，可有效降低建设及维护成本。因此，在城市轨道交通中，刚性接触网得到越来越广泛的应用与关注。刚性接触网国内首次应用于 2003 年 6 月建成投入运行的广州市轨道交通二号线，取得良好的运行效果。

随着城市规模不断地快速扩大，人们居住在郊区工作在市区的这一格局正逐渐形成，为了实现人们每天要在一小时内穿越市郊到达市中心的需求，需要设计运行速度更快的市域快线。交流刚性接触网的电压等级较高，相对于直流系统具有更长的长供电臂，适合站间距较大的市域快线。

通过对国内外铁路隧道内刚性接触网悬挂系统方案的深入调查分析，结合最高运行速度 160km/h 的需求，十八号线和二十二号线设计时，在已有的刚性悬挂系统方案基础上，总结出 160km/h 刚性悬挂系统的关键问题。针对各个关键问题，重点研究高速下弓网关系，以弓网关系佳、全寿命周期服役能力强为目标导向，对接触网安装方案、安装精度、接触网设备选型和受电弓选型分别提出需求；通过深入研究刚性接触网悬挂方案，提高国产化率，优化腕臂机构，改良底座接触面，研发适应于滑槽的腕臂安装方案，易于安装和调整。

十八号线和二十二号线采用交流 27.5kV 输电，最高运行速度达 160km/h，正线为全地下形式。纵观国内外，本工程首次在 160km/h 市域快线正线全部采用架空刚性接触网，AC25kV 牵引供电制式，且满足 24 对/h 高密度运行要求。同时，刚性接触网运营维护便利、故障率低、抗断线能力强，大大提升了全寿命周期牵引网服役能力。

参考干线铁路交流刚性接触网的使用经验，我国目前在刚性接触网跨距的选取、悬挂结构性能的分析、弹性定位线夹的使用、锚段关节形式的确定、弓网仿真的验证等关键技术上已经有一定的积累和研究，但是全线全地下高密度运行特征尚属首次。因此，十八号线和二十二号线针对这些关键技术开展160km/h 或更高速度的受电弓与交流刚性接触网的弓网动态仿真研究并成功应用，对提高弓网运行的可靠性，完善 AC25kV 刚性接触网的基础理论、设计规范及评价体系，具有重要意义。

3）单向组合式同相供电技术

我国的铁路电气化工程建设正在飞速发展，但在实现高速、重载电力牵引的过程中，现阶段牵引供电系统仍然存在以下不足：

（1）过分相问题

为了使电力系统三相电网的负荷平衡，电气化铁路接触网采用了分段分相供电方式。在分相供电时，由于牵引变电所内变压器两相输出不同且不可控，不同牵引变电所输出电压幅值、相位无法做到完全一致，无法满足机车受电弓平滑连续地受流的要求。因此，在既有牵引供电系统中，不同牵引变电所之间与单个牵引变电所内均设置了电分相装置。电分相系统造价高，可靠性低，由于其机械、电气上的弱点，还会导致速度和牵引力的损失。

（2）以负序为主的电能质量问题

电气化铁路正朝着高速、重载的方向发展，高速铁路牵引功率的增大也带来了更为严重的负序问题。牵引供电网接入的是三相公共电网，而电力机车是单相交流负载，具有不对称性，会在电力系统中产生大量负序电流。负序电流会增加输电线路上的损耗，造成变压器附加发热，降低电网中的电能质量，同时还会影响电力二次设备的正常运行，干扰继电保护和自动装置，影响系统安全稳定运行。

（3）经济运行问题

节能环保是人类工业生产所追求的重要目标，是重要的国家战略。就牵引供电系统运行而言，牵引供电系统的经济运行则是节能环保的具体体现。影响系统经济运行的因素较多，值得关注的影响系统经济运行的因素包括再生制动能量的有效利用、牵引变压器的利用率。随着传动技术的进步，具有再生电能反馈功能的电力机车或动车组得以普遍采用。再生制动电能可通过能量存储设备进行存储，在适当时机释放出来供相关设备使用，或者反馈至电网供给其他用户。由于电力牵引的单相特性，其反馈至电网的电能亦具有不对称性，可影响其他三相电力负荷，因此直接反馈给电网具有一定的局限性。牵引变压器利用率的提高则有利于减少牵引变压器的安装容量，可减少铁路部门的变压器固定电费，同时也减少了对电力系统的容量资源占用。

以十八号线和二十二号线工程为依托，开展同相供电技术系统应用研究，提出适用于城市轨道交通 AC25kV 单相牵引供电的新一代同相供电装置的系统技术方案，明确电路拓扑方案、系统保护方案、成套装置关键技术指标，针对过分相及其造成的列车速度和牵引力损失问题、以负序为主的电能质量问题提出完整的系统解决方案，该系统可有效减少线路上的电分相，提高系统功的可靠性，彻底解决电气化铁路以负序为主的电能质量问题，提高牵引供电系统的整体技术水平，在技术方案、核心设备制造、控制和保护技术方面发挥示范作用。

高速、重载电气化铁路这种大容量的单相负荷，加大了系统中的负序电流，电压不平衡度严重。针对牵引供电系统的电能质量问题，主要研究如下内容：

①研究全线无断电区牵引供电系统解决方案：结合同相供电技术牵引供电系统供电能力和可靠性的综合指标，容量配置原则，实现组合式拓扑和平衡式拓扑的可靠性与容量之间的综合最优匹配方案；确定全线牵引变电所同相供电装置协调控制方案，同时研究基于

同相供电技术的牵引供电分区综合保护方案。

②研究牵引供电系统电能质量、能量调度与管理方案：基于同相供电技术研究负序、谐波和无功的一体化解决方案，确定技术指标和容量配置方案；基于大功率储能技术列车再生制动能量综合利用解决方案，实现牵引负荷的削峰填谷，同时提高牵引供电系统供电的可靠性。

同相供电装置的系统技术方案如图 3-7 所示。在同相供电系统中，当牵引负荷功率小于或等于同相供电装置额定容量的 2 倍时，牵引变压器和同相供电装置分别供给牵引负荷功率的 1/2，此时负序电流得以完全补偿，由此引起的三相电压不平衡度为零；当牵引负荷功率大于同相供电装置容量的 2 倍时，同相供电装置按其额定容量供给，多余部分由牵引变压器 TT 供给，此时有剩余负序电流流通并造成三相电压不平衡，但它产生的三相电压不平衡度满足国标要求。

与传统牵引供电系统相比，同相供电系统能够产生较为明显的经济效益。传统牵引供电系统也能够回收利用列车再生制动能

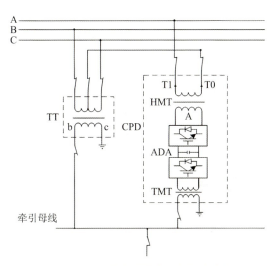

图 3-7　同相供电装置的系统技术方案

TT-牵引变压器；HMT-高压匹配变压器；TMT-牵引匹配变压器；ADA-交直交变流器；CPD-同向供电装置

量的一部分，但供电臂短，利用率低，另一部分反送回电网，经实测，某高铁牵引变电所能量反馈率约 2.5%（扣除了牵引网内再生能量利用后，从变电所向电网反馈的能量比例）。按单所同相设计后牵引变电所总安装容量 40MVA、平均负荷率 25%、牵引变电所能量反馈率 2.5%、反馈能量回收利用率 80%。

3.1.4　舒适列车

（1）气密性

车辆良好的气密性可以有效保障乘客的舒适性，十八号线和二十二号线主要采用以下手段保障车辆气密性：

①车体一体化设计，外观呈流线型，减少列车气动阻力。

②选用具有气密性的车辆部件，包括气密性型带辅助锁闭车门、气密性贯通道等，并设置压力波保护装置，从密封设计和压力保护等方面系统提升车辆气密性，实现比肩动车组的气密性指标，车辆动态密封性指数 $\zeta > 6s$。

③车下采用全密封设备舱，有效隔离车体设备噪声传递客室。

④采用复合地板、隔声垫，优化空调风道结构、加装废排消音装置等，有效降低噪声

源,提高乘客舒适度。

(2)车辆内饰

十八号线和二十二号线车辆内饰简约现代,整体通透明亮(图3-8),极大地提升乘坐体验感。

图3-8 车辆内饰

①客室端墙采用木纹贴膜方案,侧顶板采用黑色镜面电子标识,提升客室层次感、美观协调性。

②客室空间宽敞(车内高度2150mm),两侧灯带及顶部环形顶灯(LED灯),车门上方43英寸(1英寸=25.4mm)液晶显示屏(LCD屏)及端部28英寸LCD屏丰富线路信息,如图3-9所示。

图3-9 LCD屏

(3)站立舒适度

考虑到目前广州市轨道交通新线设计列车站席通常按照5人/m²的舒适度作为设计运输能力的标准,如十四号线、二十一号线,而十八号线和二十二号线属市域快线,为广州南部地区的快速联系通道，线路运营长度较长，乘客对舒适度要求更高，列车车厢站席密度按不超过 4 人/m² 控制。

3.2 高水平服务车站

车站作为乘客和列车之间的"中转站"，是城市轨道交通系统的重要组成部分。十八号线和二十二号线的车站设计充分考虑到乘客对于安全、舒适及人性化需求，并在传统的平面设计中融入新元素，让传统与现代完美融合，打造出一个温馨、舒适、安全及人性化的全新车站，为乘客提供一种全新的视觉服务，既能给乘客提供一个舒适安全的候车环境，又能充分体现城市特色。

3.2.1 大空间大气象车站空间

（1）高度和跨度的提升

建筑空间规模在高度和跨度上的提升带来空间感受上的质的变化，奠定了舒适、通透的大空间打造基础。为打造大空间大气象车站空间，十八号线和二十二号线的车站设计在高度、宽度以及特殊处理等方面都进行了优化设计。

①高度：尽量提高站厅公共区净高，同时采用无柱结构取得协调的空间高宽比。

标准站厅装修后最大净高不小于 4.2m，大型站、枢纽站站厅净高不小于 5m，标准站台装修后净高不小于 3.6m。

十八号线车站站厅净高最大的车站——万顷沙站的站厅净高达到 7m，为了使站厅空间高宽比例协调，在加高层高的同时需增加站厅层的横向空间感及通透感，万顷沙站取消了站厅层的结构中柱，尽量上抬顶板、下压中板，以增加站厅层的高度，如图 3-10 所示。站台有柱断面较无柱断面底板边支座弯矩减小 7.6%，跨中弯矩减小 30%。

图 3-10 万顷沙站无柱站厅

②宽度：尽量采用无柱站台，将无效空间转换为有效空间。

车站站台设计标准采用13m单柱，12m无柱。洗村站、磨碟沙站、龙潭站、沙溪站四个站点均采用无柱空间，其中洗村站公共区采用地下三层大跨无柱结构形式（图3-11），结构形式采用厚板结构，便于架设模板，施工效率高；底板设置两排抗拔桩，减少底板厚度，避免深厚结构底板而增加施工难度。洗村站目前为广州地铁建成的最大断面的地下三层大跨无柱结构车站。

③特殊处理：站厅公共区采用抽柱、挑高处理，可赋予车站空间宽阔感。

车站主结构以3柱4跨框架结构为主。番禺广场站（图3-12）标准段采用3柱4跨框架结构，负三层站厅公共区范围采用抽柱

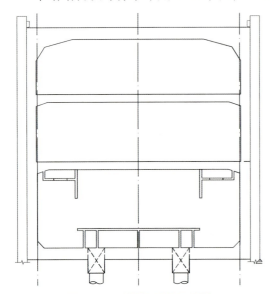

图3-11 洗村站结构示意图

处理，抽柱后中间跨的跨度达23.5m，抽柱范围双柱采用直径1.4m/1.0m变截面钢管混凝土柱。为满足负一、负二层物业开发高和跨度需求，在站厅公共区顶板上方设置型钢混凝土托换梁，并利用托换层回填满足结构抗浮需求。全站共有三处挑高空间，采用中跨楼板镂空形式，对该空间四周钢管混凝土柱节点进行特殊处理，满足后期装修要求。

图3-12 番禺广场站

（2）视野开阔、流线顺畅的站厅公共区

①站厅层大端按照功能需求布置设备区，剩余空间划入站厅公共区；站厅公共区面积控制为5000m^2。标准站厅层公共区平面如图3-13所示。

②站台（图3-14）要求每两节车对应布置一组垂直交通（楼扶梯、电梯）。

③站厅（图3-15）非付费区的纵向长度要求不少于两跨半，长度不少于22m。

④站厅疏散距离控制在 50m 内,两个出入口距离一般控制在 100m 内,当有条件在中部增加紧急疏散口,两个出入口按流线需求布置。

⑤车站公共区空间开阔,有效降低地下交通建筑的压抑感。交通流线顺畅,为市民出行带来便利。

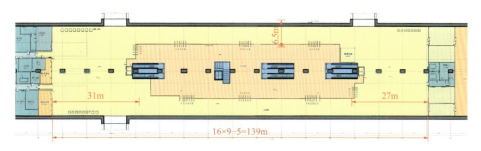

图 3-13 标准站厅层公共区平面

图 3-14 站台层

图 3-15 站厅层

3.2.2 车站装修

十八号线和二十二号线的车站空间(图 3-16)采用全新的设计理念,全方位打造展示广州地铁新形象和满足轨道交通新时代特征的标志性车站空间。十八号线车站整体采用流线型的美学设计,塑造灵动飘逸的层次感和舒展流畅的空间感;二十二号线车站则采用钻石切割式的菱形元素,追求极致细节的建筑工艺和现代时尚的材质肌理,每条线的设计元素贯穿一致,天地墙的形式和构图相互呼应,浑然一体。

a) 国际现代空间

b) 科技活力空间

c) 时尚美观空间

图 3-16 车站空间

（1）一体化设计理念

如图 3-17 所示，车站从建筑空间出发，充分运用空间一体化的设计原理，最大限度地利用车站空间，优化土建形式，整合设备末端，注重提升乘客的空间感和舒适度，营造开阔大气的视觉效果，体现空间环境的人性化设计；同时将车站空间内的各元素按一个整体来设计，既考虑自身特点，更考虑相互关系，各元素互相协调、互相包容。

图 3-17　一体化设计车站空间

（2）精致优雅的色彩质感

如图 3-18 所示，两线采用灰白色系的材料搭配，突出金属质感和虚实对比，同时将充满活力的线路色点缀其中，淡雅而从容、简约而时尚。十八号线线路色采用"湾区蓝"，二十二号线路色采用"活力橙"，也呼应了线路的区域定位和未来发展。

图 3-18　精致优雅的色彩质感

（3）全新的导向标识系统

十八号线"湾区蓝"与二十二号线"活力橙"代表广州"引领国际，智慧发展，走向世界"的发展理念。两线以国际现代、智慧活力、一体化的装修风格定位，对导向标识系统进行全面的升级，以符合新线的发展目标和设计需求为原则，在牌体造型、版面内容与信息智能化、安装布置区域变化等方面进行革新。牌体造型通过造型设计、元素排列组合，用彩色符号区分不同的信息内容，提升导向信息的辨识度，更打破了语言障碍。在保证导向信息识别清晰的基础上，导向标识系统与车站环境协调统一，达到简洁、美观的效果。站台导向标识如图 3-19 所示。

图 3-19　站台导向标识

根据车站装修风格特点,导向牌的安装尽量减少或取消吊挂的安装形式,采用墙柱悬挑或镶嵌式安装,同时导向牌底色采用更加轻盈素雅的浅色,在保证导向信息识别清晰的基础上,与车站环境更加协调统一,如图 3-20 所示。

图 3-20　导向牌

如图 3-21 所示,导向牌设计与车站装修相结合,比如增加嵌入式或墙体、柱面悬挑式导向牌,以及利用现场结构作为导向载体,将导向内容直接植入到装修表面。导向及设备遵循整体化的原则,考虑导视系统与车站装修的协调性,将导向标识与车站装修进行风格统一,相关设备通过整合,提升车站整体化的效果,提高使用效率。

图 3-21　站厅导向标识

（4）专业的光环境设计

车站引入间接照明设计,采用多种照明形式组合,让车站照明更加柔和舒适,提升车站建筑的高级感和纵深性;同时运用智慧照明控制系统,控制并调节色温和色调,根据需要可以实现和定制充满艺术表现力的光环境场景（图 3-22）,让车站更具未来感和科技范。

图 3-22　专业的光环境设计

（5）人性化的服务配套

全线车站公共厕所集中设置在车站站台层的公共区，总建筑面积不小于 70m²，便于乘客形成惯性记忆，提高全线统一性。人性化考虑配套空间及功能使用（图 3-23），配套第三卫生间无障碍设施，打造智能关爱型母婴室。员工用房增加茶水间与淋浴区域，提升员工工作幸福感。

图 3-23　人性化的服务配套

3.2.3　城市门厅与口袋花园

应广州市政府及相关部门提升城市轨道交通周边区域设计品质的要求，新线轨道交通站点周边地区设施空间设计在满足功能和用地的基础上，针对不同区域特点和设计条件，以"接点成线"和"以点带面"的创新性思路，选取部分出入口作为景观提升示范点打造，形成良好的示范效果。

1）陈头岗站

陈头岗站位于广珠城际停车场附近，北接南浦西站，南接广州南站。用地以南为陈头岗上盖开发项目。地面附属景观设计有效地处理了地铁站点与交通设施（公交车站、出租车、非机动车等）的衔接，在相对规整的用地内实现了对地面附属的遮挡和美化的景观元素多元化体现。

（1）平面布局

如图 3-24 所示，陈头岗站地面附属的用地范围和设施设备布置相对规整，并且在东南侧有较宽的沿街面，因此本站点在交通衔接处理和组织使用者流线设计上有较高的要求。

平面布局沿临街车道一字展开，自北向南依次布置非机动车停车区域、车站出入口、出入口集散广场、安全出口、矮风亭及下沉式冷却塔。整体功能分区动静分离，车站北侧非机动车停车区和地铁出入口为动态分区，南侧结合了景观打造的安全出口、矮风亭及下沉式冷却塔为静态分区，为不同使用者提供相应的品质空间，同时最大化避免了人流方向的交叉和重叠。

图 3-24　陈头岗站 D 出入口总平面图

（2）地面建筑

陈头岗站地面建筑均采用标准化、模数化的设计手法，在设计到建设落地过程中都能较好把控效果。车站出入口采用经典的"飞顶"造型，安全出口、下沉式冷却塔和矮风亭均采用轻盈、通透的设计手法，结合遮挡植物后达到美观、消隐、和谐的目标，为进一步营造高品质景观空间打下坚实的基础。

（3）园林景观

陈头岗站地面景观植物配置以公园化的手法打造，首次采用多层次组合的植物形态，打破以往车站出入口及附属景观规整、单调的刻板印象，形成层次丰富、生机盎然的园林空间，如图 3-25 所示。在植物配置设计中大部分选择本土常用植物，局部选取茎叶繁茂、净化能力强的品种如细叶芒、蒲苇等，既满足观赏性也与周边市政绿化和谐统一，同时为打造海绵城市、雨水花园提供有利的条件。

图 3-25　陈头岗站 D 出入口园林绿化实景图

地面铺装摆脱以往较均质、缺少变化的设计手法，引入了颜色、尺度均有变化的铺装形式，以纵向深灰色铺装条带结合浅色混合铺装，形成兼具清晰引导性和铺装趣味性的设计。在静态分区局部结合休闲坐凳的区域内，使用不同铺装材质区分步行、非机动车通过空间和休息空间。休息空间选用的荔枝面芝麻黑花岗岩石材无论从视觉上和行驶感受上都跟整体的透水砖铺装有较大差异，通过设计的手法对空间功能进一步细致划分，既加强了休息者的安全性和空间感受，也明确了通过交通空间的边界，让不同的使用者有更清晰的观感和更舒适的体验感。

2）横沥站

横沥站位于南沙明珠湾区——南沙新区重点打造的粤港澳合作核心区和区域性综合服务中心，位于广州市南沙区凤凰大道、凤凰二桥的西侧，横沥北路路口的西侧。周边有居民住宅区、大型商业用地。车站D出入口地面附属景观设计在集约的场地范围内，巧妙地整合了车站出入口、休憩广场、风亭组、绿化景观、种植池、座凳、非机动车停放区域和无障碍设施。景观设计有效地解决了与周边公交首末站区域和社会停车场的衔接关系，打造了高效率、具备多种交通工具交会的交通设施空间。同时利用特色木质座凳、种植池和特色乔木将交通设施空间进一步打造为高品质的园林绿化空间和城市广场。

（1）平面布局

如图3-26所示，横沥站D出入口地面附属的用地范围和建筑布置相对集中。西北西南侧为公交首末站以及社会停车场，整体作为一个交通交会处综合打造。由于四面为城市道路，本站点对不同类型交通方式的使用者的换乘、休息停留等活动的流线组织有较高的要求。平面布局以东侧集散广场为核心，布置车站出入口和非机动车停车区域。集散广场设置三个种植池座凳，增加围合感，提升场地的活力。西侧为风亭组及其绿地范围，整体空间布局避开风亭组等视觉不利因素，突出车站出入口、种植空间和铺装广场所围合的活力空间。

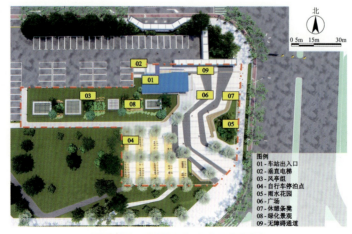

图3-26 横沥站D出入口平面图

(2)地面建筑

横沥站 D 出入口如图 3-27 所示，地面建筑采用标准化、简约化的设计手法。在满足防洪要求的前提下，以较易把控的涂料墙体为饰面，结合规整、层次丰富的地被种植形成综合立面，同时沿路设置行列树阵，将地面建筑最大化消隐处理，突出园林效果。车站出入口采用经典的"飞顶"造型，结合特色景观种植池，形成一个极具轨道交通元素特色的景观广场空间。

图 3-27　横沥站 D 出入口实景图

(3)园林景观

横沥站 D 出入口地面景观植物配置以常绿植物为主，局部点缀开花地被和灌木。结合木质座凳和种植池，打造四季常绿、四季花开的公共空间。

植物配置设计时大部分选择本土常用植物，在集散广场围合空间中选择大规格乔木如香樟、细叶榄仁，在空间上形成地被—灌木（低矮层）、车站出入口（中层）以及高大乔木（高层）的视觉层次感。

如图 3-28 所示，地面铺装以大尺度的斜线折曲线设计手法为亮点，利用深浅对比形成鲜明、独特的广场空间。在集散广场铺装中结合圆形铸铁树箅子，大面积硬质广场中点缀乔木，软景硬景有机结合。

图 3-28　横沥站 D 出入口铺装实景图

非机动车停车区域内，采用规整绿篱区分停车区与市政人行道，并在矩形停车场内阵列种植细叶榄仁，既保证视野的通透性，又将绿化引进整个场地，如图3-29所示。

图3-29　横沥站D出入口非机动车停车场实景图

（4）机电和给排水

车站地面附属景观项目整体考虑景观照明设计以及海绵城市的理念打造给排水系统，是在满足功能使用要求外提升打造项目标准的重要设计引入。

整体景观照明设计充分考虑了使用者的需求和安全性。项目景观照明设计选取深灰色金属材质方柱形高杆灯，造型与场地阵列的细叶榄仁以及非机动车停车设施整齐呼应。在较小的通道绿地侧设置草坪灯，为辅助通道提供基础照明且强化了园林氛围。

给排水系统设计合理布置给水管、灌溉点位以及雨水口，打造完善的以下沉绿地、雨水花园为主的海绵城市设施，加强绿地的滞留、吸纳，净化雨水的能力；场地铺装全部选用透水砖，提高下渗能力，在排水性能和防滑安全性上均有更好的提升与保障。横沥站D出入口照明和给排水设施如图3-30所示。

图3-30　横沥站D出入口照明和给排水设施实景图

（5）城市家具

横沥站地面景观设计中，适宜地布置不同类别的城市家具，提高了使用者的方便程度并保障使用者的安全，其中以城市座椅和非机动车车架为主，如图3-31所示。

场地大面积的非机动车停车区设置整齐划一的停车架，减少乱停乱放的现象。同时选取经久耐用的材质，降低维护更换的成本和避免人为/非人为损耗。

场地木质坐凳是本设计的一大亮点，多层次、大尺度的石材结合木材坐凳为停留者提供较舒适的环境，同时多层坐凳的设计也为集散广场远期举办多样化活动提供坚实基础。

图 3-31　横沥站 D 出入口城市家具实景图

3.2.4　枢纽综合体

结合轨道交通衔接工程建设的枢纽综合体，是按照"零距离"换乘、一体化建设运营要求，以便利出行、便捷换乘为主要目的建设而成的。枢纽综合体以轨道交通场站为核心，科学组织出入口、换乘设施、步行系统与城市生活服务设施，构建轨道交通场站及相关设施布局协调、交通设施无缝衔接、地上地下空间充分利用、轨道运输功能与城市综合服务功能有机衔接的一体化建设项目。

建设枢纽综合体，对轨道交通沿线土地进行存量挖潜和资源储备，有利于提高土地开发效益，将轨道交通引发的土地开发增值收益回馈于政府，支持轨道交通新线建设，形成良性循环；有利于为轨道交通提供稳定的客流，以支持轨道交通及各项城市建设的可持续发展，构建和谐城市；有利于改善出行条件，塑造城市风貌，切实推进轨道场站同步规划、同步选址、同步设计、一体化建设，形成城市功能区，实现土地高效集约利用；有利于打造一批"交通＋产业＋社区"的一体开放的城市功能区，全面推进和落实"轨道＋土地物业"的开发建设与资金筹集机制，推动轨道交通的可持续发展。

（1）西塱站枢纽综合体

西塱站枢纽综合体通过枢纽建设和上盖开发，打造与周边片区协同发展的产城节点与服务中心，带动广州西部实现老城市新活力的发展目标。在枢纽核心区创造丰富的空间层次，通过退台式的裙楼界面和标志性的超高层塔楼共同打造鲜明的门户形象。二十二号线与十号线之间形成大中庭空间，中庭中部设置巨型"伞"状结构，增强空间识别性。西塱枢纽综合体一体化换乘如图3-32所示。

a)

b)

图3-32　西塱枢纽综合体一体化换乘示意图

（2）陈头岗停车场枢纽综合体

陈头岗停车场为地面停车场一体化设计。实现了三个协同，即设计协同、工期协同、功能协同。陈头岗停车场结合盖下停车场结构，在盖上优化住宅与公建配套设施，整合周边开发用地，进行零换乘一体化设计。综合体总用地面积27.5ha，净用地面积25.8ha，总建筑面积92.9万 m^2，盖上建筑面积17.1万 m^2，净容积率为2.8。陈头岗停车场采用人车分流系统，盖上仅设置人行步道与必要的消防车通道，私家车通过地面直接进入盖下配套车库。

陈头岗停车场枢纽综合体上盖开发与分层功能分别如图3-33与图3-34所示。

图3-33　陈头岗停车场枢纽综合体上盖开发示意图

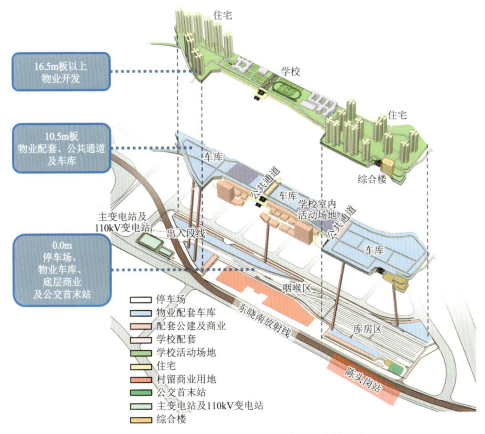

图 3-34 陈头岗停车场枢纽综合体分层功能示意图

根据停车场盖下布局与结构特点，结合周边城市肌理与景观控制要求，合理布置盖上功能。

①咽喉区：结合其盖下柱网不规则特点，盖上布置以多层及开放场地为主的公建配套设施。

②库房区：通过结构剪力墙—框架全转换措施，安排高层塔楼。

③非停车场盖上开发用地：结合其灵活布局特点，集中布置高层塔楼。

④用地东北角受到东晓南放射线切割的零星用地：考虑用地临城市规划的楚庭主变，布置主变电站与110kV物业主变电站。

3.2.5 交通接驳设施

1）一般交通衔接

为了充分贯彻落实加强交通衔接设施建设的要求，十八号线和二十二号线在可行性研究阶段编制交通衔接专项规划报告，后在实施阶段经与各区政府、交通部门沟通协调，确定两线车站的一般交通衔接方案。

十八号线和二十二号线是广州市首批在科研阶段提出交通衔接规划的线路，也是首次系统地完整实施交通衔接的线路，实现轨道交通与站点周边交通衔接设施同步建设，以最大程度地改善二十二号线与地面交通的衔接条件，延伸轨道交通服务，提高城市公共交通的整体服务水平，同时提升站点周边城市功能，引导城市空间布局优化。

车站周边一般交通衔接方案主要包括五方面内容：公交首末站、P+R（停车+换乘）停车场、公交停靠站、出租车及K+R泊位（临时停靠点）、自行车停车场等。横沥站地面交通衔接设施如图3-35所示。

图3-35　横沥站地面交通衔接设施

（1）公交首末站、P+R停车场

万顷沙站、横沥站、陈头岗站、市广路站等车站设置了公交首末站，万顷沙站、横沥站设置P+R停车场，满足日常通过"衔接交通方式（接驳巴士、自行车、步行等）+地铁"的模式去上班的通勤客流出行需求。

陈头岗站公交总站交通衔接设施如图3-36所示。

图3-36　陈头岗站公交总站交通衔接设施

（2）公交停靠站、出租车及K+R泊位

公交停靠站、出租车泊位结合车站出入口设置于车站出入口100m范围内，方便乘客出行，通过集散广场或步行道与车站出入口实现无缝衔接（图3-37）。

图 3-37　公交停靠站衔接车站出入口

（3）自行车停车场

十八号线和二十二号线在每个车站出入口周边征地范围内或利用行道树池间的道路设施，设置自行车停车场（图 3-38），最大程度地加大轨道交通的辐射范围，建立以人为本的衔接交通系统，满足城市交通"最后一公里"出行需求。

图 3-38　车站出入口周边自行车停车场

2）多用途临时接驳道路

十八号线和二十二号线开通前，南沙区、番禺区、海珠区部分车站周边尚未开发，规划道路尚未实施，为满足消防救援车辆出入及方便市民出行的需求，在万顷沙站、横沥站、沙溪站、龙潭站、陈头岗站设计了临时接驳道路与现状道路连通。

3.2.6　配线空间科学利用

十八号线和二十二号线受到 8 节编组市域 D 型车快慢线组合运行模式、全线换乘车站较多、埋深较大等因素影响，车站规模较大，存在较多的配线预留空间，从设计之初即考虑配线空间的预留开发利用，配线空间均与车站站厅公共区连通，预留消防疏散出口及通风口条件。通过对预留空间周边配套、客流、收益等商业开发价值分析，选取南村万博站、冼村站、市广路站、广州南站 4 个站作为近期商业开发站点。

（1）冼村站

冼村站为地下三层岛式站台车站，车站总长 725.7m，标准段宽 23.7m。车站共设置 3 个出入口（其中 A 口近期为紧急疏散口，远期与地块永久合建出入口）、3 个紧急疏散口、3 组风亭。冼村站设置双存车线，站厅及设备层除地铁功能区域外，存在较多预留空间，主要分为三个区域，预留开发空间 1：位于站厅层 39～51 轴，面积约为 2287m²，已设门方便检修；预留开发空间 2：位于设备层 38 轴～47 轴，面积为 1393m²，设 1 部检修楼梯与站厅层连通，已施作；预留市政过街空间 3：配线上方富余空间，预留为市政过街空间，与市政地下过街通道连通，面积约 1472m²。在东南角设 1 个出入口，与预留开发空间 1 之间设门方便检修。本站位于天河区金融中心，商业价值较高，为商业开发优先选点车站。

冼村站站厅层预留空间示意图与效果图分别如图 3-39 和图 3-40 所示，设备层预留空间示意图如图 3-41 所示。

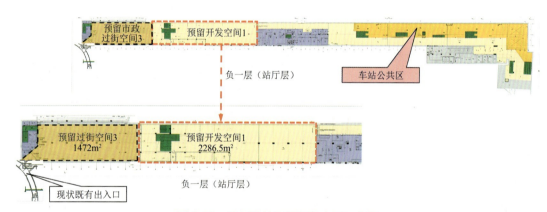

图 3-39 冼村站站厅层预留空间示意图

图 3-40 冼村站站厅层预留空间效果图

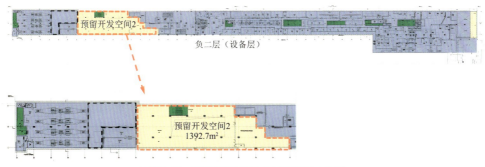

图 3-41 洗村站设备层预留空间示意图

（2）市广路站

市广路站为地下两层岛式站台越行车站，车站总长 450.8m，标准段宽 35.1m。车站共设置 6 个出入口、3 个紧急疏散口、7 组风亭。站厅层预留空间形成原因为配线上方自然形成空间。本站为资源中心确定的优先开发车站，站厅层 36~45 轴设有预留远期开发空间一处，面积为 3344m²，无车站管线穿越。

市广路站站厅层预留空间示意图与效果图分别如图 3-42 和图 3-43 所示，设备层预留空间示意图如图 3-44 所示。

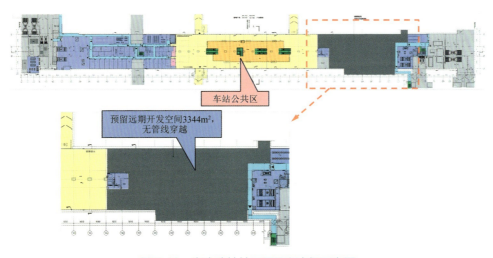

图 3-42 市广路站站厅层预留空间示意图

图 3-43 市广路站站厅层预留空间效果图

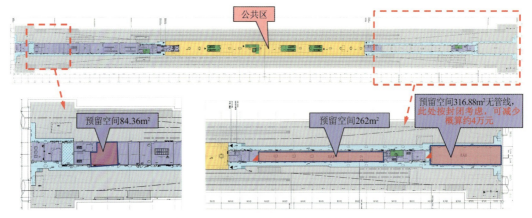

图 3-44 市广路站设备层预留空间示意图

3.3 高质量安全保障

安全是轨道交通的生命线，在十八号线和二十二号线的建设过程中，广州地铁始终坚持高标准、严要求，以高质量安全保障线路的建设与运营。十八号线和二十二号线通过高质量安全防灾体系构建，结合关键防灾设施，将消防设计、防洪防涝设计、人防工程等内容与高品质安全保障体系相结合，为线路运营保驾护航。

3.3.1 高质量安全防灾体系构建

防灾包括防火灾、风灾、水灾、地震和雷击等灾害，国家和广州市均设有气象、防洪和地震监视监测部门，发布的灾情预报更为可靠，故两线工程不考虑设置相应的监测设施。为了有效防止这些灾害发生造成的损失，考虑利用既有工程在控制中心设置的与气象、防洪、地震监视监测部门的联络设施，直接接收有关预报信息。两线工程防灾设计主要由车站防灾、疏散救援定点防灾、隧道紧急疏散、消防给水系统、排水系统、自动灭火系统、事故通风与防排烟系统、动力与照明和通信系统、火灾自动报警系统及环境与机电设备监控系统、综合监控、防雷接地和抗震设计等组成。

（1）防火设计贯彻"预防为主，防消结合"的原则，一条线路、一座换乘车站及其相邻区间的防火设计应按同一时间发生一次火灾计。

（2）全线所有建筑物按《火灾自动报警系统设计规范》（GB 50116—2013）要求，设置火灾报警及消防联动控制系统，火灾报警系统的指令具有优先权。

（3）若列车在一般区间隧道或长大区间隧道运行过程中发生火灾，通常情况下，列车即使失去一般动力，也能驶向前方车站或疏散救援定点，在车站、定点组织疏散乘客、利用其消防设施灭火和排烟。若出现列车无法驶入前方车站或疏散救援定点的情况，则通过开启中间风井或区间两端的车站或疏散救援定点的隧道风机，组织气流以分隔着火列车和非着火列车。并由列车司机组织乘客下车至疏散平台后再步行到最近联络通道，进入相邻隧道，乘客步行至相邻车站或区间紧急疏散口（中间风井或疏散救援定点）。一般区间隧道的疏散平台宽度不小于 800mm，长大区间隧道的疏散平台宽度不小于 1100mm（困难地段不小于 800mm）；疏散平台距轨面高度为 1230mm 或略低于车辆地板；联络通道的间距不超过 600m。

（4）所有车站及重要的建筑物均设置人员紧急疏散导向系统，全线运营设施均满足疏散要求。

（5）出入口及风亭的下沿高出室外地面 150～450mm，车站、车辆段和控制中心应根据区域防涝要求进行防涝设计。

（6）结构抗震设计按 7 度地震烈度进行抗震验算，并采取相应的构造处理措施，以提高结构的整体抗震能力。

（7）区间隧道通风系统/车站隧道、车站大/小系统（或疏散救援定点）排烟设备按 280℃工作 1h 设计。

（8）地面建筑设置防雷及防风设施。

3.3.2 消防设计

按照远期系统设计能力（运行速度），根据列车能否在火灾危险来临时间以内运行至车站，两线区间划分为常规区间、长大区间两种类别。长大区间设置疏散救援定点，为列车在隧道发生火灾提供疏散、救援场所。十八号线横沥—番禺广场区间为长大区间，设置四座中间风井，其中两座为疏散救援定点。

当列车在区间隧道发生事故或火灾时，应优先运行至洞外、前方车站或疏散救援定点，组织疏散、救援、排烟、灭火；当列车在区间隧道失去动力不能驶入前方车站或疏散救援定点时，由列车司机组织乘客通过侧向疏散平台、联络通道步行至车站、疏散救援定点、隧道紧急出口，或经过相邻隧道到达安全区。同时在隧道内合理组织气流，控制烟气流向，引导乘客迎着新风方向撤离，并及时排除烟气。区间隧道在不大于 600m 距离内设置上、下行线之间的联络通道，以便必要时乘客以最短时间撤离着火区间到达临时安全区域。

（1）疏散路线为：列车→疏散平台→联络通道→临时安全区域→安全区域。

（2）当列车在区间运行过程中发生火灾，列车尽量驶向前方车站或疏散救援定点疏散乘客，利用站、点的消防设施灭火和排烟；若出现列车不能运行到前方车站或疏散救援定点而停车在区间隧道内时，列车监控驾驶员将根据列车火灾位置组织疏散乘客，同时通过通信系统向控制中心及车站报告列车灾情和多数乘客疏散方向，控制中心根据多数乘客撤离方向、列车火灾位置和列车所在区间位置，确定相应的隧道通风系统火灾运行模式并启动相应模式进行火灾通风。

（3）当同一区间存在两列车追踪运行时，应设置中间风井，将火灾列车与非火灾列车分隔，车站与中间风井之间的区间按普通区间组织排烟及疏散。

（4）当区间隧道超过一定长度时，应设置紧急出口。紧急出口的距离应根据人员在区间隧道步行时间不超过 1h 确定；一般情况下，紧急出口的间距不大于 5km（困难情况 7km）；另根据两线"超长大区间紧急救援模式专题研究"结论确定。紧急出口宜结合中间风井设置，井内或就近设直通地面的防烟楼梯，有条件的宜设置消防电梯。疏散通道及楼梯的宽度不应小于 1.4m。

（5）对于长大区间，列车无法运行至车站进行疏散救援，应设置疏散救援定点，使列车运行至疏散救援定点进行疏散、救援。疏散救援定点之间（或与相邻车站）的距离由火灾规模、危险来临时间、列车在疏散救援定点的人员疏散时间、失去部分动力的列车运行距离及通风排烟等因素确定；根据两线"超长大区间紧急救援模式专题研究"，疏散救援定点或车站之间的最大距离不超过 13.5km。疏散救援定点是紧急出口的一种类型，其设计应符合下列规定：

①疏散救援定点宜与中间风井结合设置。

②疏散救援定点的轨行区行车方向左侧宜设置宽度不小于 2.3m 的疏散站台，与区间隧道的疏散平台连接。

③疏散救援定点轨道层设置临时避难区，避难区应设置防烟措施、自动灭火设施；相邻隧道的疏散平台或救援站台可作为临时避难区。

④紧急救援区域的上、下行线之间设防火分隔措施，等待区与轨行区之间设防火墙、防火门。

⑤避难区内设置不少于两部防烟楼梯，其疏散宽度通过疏散时间计算确定，且不小于 1.4m，其中一部应直通地面；防烟楼梯间宜双侧布置，使避难区内任一点至防烟楼梯间的距离不大于 50m；设置外部救援使用的消防电梯到达紧急救援站台，同时提供特殊疏散人员使用。

⑥疏散救援定点的地面应平整、稳固、不积水。

⑦疏散救援定点应设置防灾通风、应急照明、应急通信、广播、消防等设施；应急照明时间和照度，应根据人员疏散条件确定；按地下车站标准配置室内消火栓；设专用调度电话。

⑧疏散救援定点区域的轨行区设置信号标识、在列车驾驶系统设置虚拟站台，使着火列车在一定误差范围内停止在定点；当着火列车的后续列车需要利用疏散救援定点疏散，列车应停靠在疏散救援定点的排烟风机后方，以保障火灾区段排烟的有效性。

⑨疏散救援定点及两端区间隧道停车范围应设疏散指示标志，引导乘客尽快进入临时避难区。

（6）列车编组中每辆车之间设置带观察窗的分隔门，以阻隔烟气在车辆之间扩散。

（7）在火灾隧道内，隧道通风系统按与多数乘客疏散相反方向送风，及时排烟以配合疏散。作为乘客疏散的非事故隧道设防止事故隧道烟气污染措施。联络通道内设一道并列两扇反向开启的甲级防火门（明挖区间隔墙设置防火门注意开启后不应侵限）。

（8）当同一区间的其中一条隧道发生火灾时，相邻隧道的列车紧急制动，若区间隧道内有车时，其速度不应超过 25km/h。

（9）若在乘客疏散过程中需要采用救援列车时，列车的行驶速度不应大于 10～15km/h。

（10）隧道发生事故或火灾时，控制中心应根据疏散安全性和实际运行条件尽快制定疏散救援方案，并指挥事故区段内的列车司机执行相应操作，例如后续列车载客推送救援、相邻隧道列车在车站清客后参与紧急救援。

（11）列车在区间隧道发生火灾，在列车受电弓降下的情况下，确认牵引网继续供电不会造成火灾恶化后，可继续向牵引网送电，避免因断电造成大范围列车无法行驶。

（12）列车在区间隧道发生故障无法动车，区间救援疏散设计及运营组织方式应遵循以下原则：

①长大区间内列车数量多，列车故障时，后续列车载客救援。

②长大区间（横沥—番禺广场区间）列车故障导致区间阻塞时，视情况组织番禺广场以北小交路运营，尽量减少对"番禺广场—广州东站"段运营影响。

③长大区间的配线设计应使一列故障车处理下线退出运行的总时间控制在 35min 以内。

④长大区间在中部设置一处停车线（结合疏散救援定点设置），列车救援速度为 60km/h，控制救援走行时间不大于 20min，使一列故障车处理下线退出运行的总时间可控制在 30min 以内，与常规地铁线路列车救援水平保持一致。

（13）十八号线和二十二号线区间疏散方案见表3-1。

十八号线和二十二号线区间疏散方案 表3-1

区间	疏散设计方案（150s 发车间隔）	规模
万顷沙—横沥	1 座紧急口结合中间风井	长 100m、地下两层
横沥—番禺广场	1 座紧急口结合中间风井	长 100m、地下三层
	1 座疏散救援定点（设越行线）	长 450m、地下两层
	1 座疏散救援定点	长 205m、地下三层
	1 座紧急口结合中间风井	长 100m、地下三层
番禺广场—南村万博	1 座紧急口结合中间风井	长 100m、地下三层
南村万博—沙溪	无	
沙溪—龙潭	1 座紧急口结合中间风井	长 100m、地下三层
龙潭—磨碟沙	无	
磨碟沙—冼村	1 座紧急口结合中间风井	长 40m、地下三层
冼村—广州东站	无	
十八号线风井总和	8	
番禺广场—市广路	1 座紧急口结合中间风井	长 100m、地下四层

续上表

区间	疏散设计方案（150s发车间隔）	规模
市广路—广州南站	1座紧急口结合中间风井	长100m、地下两层
广州南站—陈头岗	无	
西塱—芳村	1座紧急口结合中间风井	长40m、地下四层
二十二号线风井总和	3	

3.3.3 防洪防涝设计

地下车站地面出入口平台面、风亭口下檐（或门下檐）以及能通至车站内的其他开口的高程在高于设防要求的同时，还应根据本区域水涝资料进行综合考虑处理，其下沿至少高出室外地面 300～450mm，必要时加设防水淹设施。遇城市特大暴雨灾害时，可考虑关闭人防门。

（1）车站防洪设计按照广州市政防洪标准设防要求和线路防洪评价报告执行。

（2）车站地面出入口平台面、风亭口下檐（或门下檐）以及能通至车站内的其他开口的高程在高于设防要求的同时，还应根据本区域水涝资料对其进行综合考虑、处理，其下沿至少高出室外地面150～450mm，必要时加设防水淹设施。

（3）车站及隧道与外界的连通孔洞应采取措施封堵严密，防止外界雨水进入车站或隧道内部。

（4）应适当增加排水设备的排水能力，并适当预留裕量。

3.3.4 人防工程

1）设防标准

（1）人防战时功能定位：两线平时为城市轨道交通线路，战时在拟定的核武器、生化武器、常规武器袭击和袭击后的城市次生灾害作用下，应具有保障人员安全交通、转移和物资运输的功能，车站战时宜作为紧急人员掩蔽部，也可作为物资储备场所。

（2）设防标准：按在工程投资增加不多的情况下，使车站纳入人民防空疏散体系及城市待疏散人员的紧急掩蔽场所为原则；本工程为甲类人防工程，防核武器抗力等级级别6级、防常规武器抗力等级级别6级；单线防护单元的紧急掩蔽人数按《轨道交通工程人民防空设计规范》（RFJ 02—2009）第4.2.3条执行，多线换乘车站合并设置防护单元时，紧急掩蔽人数不超过3000人；平战转换按30d、15d、3d三种转换时限要求实施不同防护功能的转换设计。

（3）本工程划分重点设防站和一般设防站两种标准，重点设防站防化等级为丙级，一般设防站防化等级为丁级。确定方式如下：与既有线换乘且必须合线设置防护单元的换乘车站，维持与既有线相同的防护等级进行设计；其余车站按一般设防站设计。

2）建筑设计

（1）防护单元设置：原则上一座车站（含换乘站）加一个相邻区间隧道为一个防护单元。两个防护单元之间的区间隧道正线上设置双向受力的区间防护密闭隔断门或防淹防护密闭隔断门一道，为各防护单元之间的分界。出入段线设置防护密闭隔断门和密闭隔断门各一道。十八号线的 9 座车站及与车站相连的地下区间共划分为 9 个防护单元，其中广州东站防护单元为重点设防，其余为一般设防。

（2）抗爆单元划分：防护单元内不划分抗爆单元。

（3）战时人员出入口设置：每个防护单元设置至少 2 个战时人员出入口，其中至少一个直通室外地面，可作为战时主要人员出入口。战时人员出入口与平时出入口结合设置，出入口宽度根据平时需要及战时人员疏散 0.3m/100 人的要求确定。战时人员出入口宜设置成不同朝向，出入口之间的距离不宜小于 15m。直通室外地面的战时主要人员出入口宜设置在地面建筑倒塌范围之外，当不能设置在倒塌范围之外时，口部应有防倒塌堵塞措施。除战时人员出入口以外的其他出入口，应在规定的平战转换时限内完成封堵。各站此类出入口优先选用防护密闭门进行垂直门式封堵，条件极其困难时，可采用封堵板进行垂直板式封堵，但须就近指定封堵板平时的存放位置。

战时人员出入口设置防护密闭门、密闭门各一道，形成密闭通道。防护密闭门外设洗消污水集水坑一个，当就近已有集水井时宜与就近集水井合并设置。

（4）人防连通口预留：为使轨道交通干线与人防工事联网成片，根据轨道交通沿线已建人防工事的情况和未来城建发展的需要，除防护密闭隔断门作为防护单元间的连通口外，每个防护单元另需设置两个人防连通口，原则上在车站每侧设一个（门洞尺寸 2000mm×2000mm），连通口优先设于出入口通道部位，并尽量靠近车站沿线的人防工程，但必须在防护清洁区内。无条件设在出入口通道部位时可设于车站站厅层。附近有人防工程时，连通口及连通口内防护密闭门应施工到位，保障城市人员战时的安全疏散和转移，附近暂无人防工程时，人防连通口作预留处理，在结构内衬墙预留供安装人防门使用的暗梁暗柱，暗梁暗柱以确保人防连通口二期施工及不突出结构内衬墙的原则设置。轨道交通沿线物业与车站连通进行地下空间开发时，应确保轨道交通人防功能不受影响。

（5）战时通风井的设置：平时通风井可作为战时通风井，不单设战时通风井。室外进风口应设置在安全和空气清洁的地点，设置在排风口、排烟口的上风侧和地面建筑倒塌范围之外或设置防倒塌棚架。通风道内第一道人防门框墙与竖井口的相对位置关系，应保证人防设备与上方井口投影之间的最小距离不小于平时门扇开启长度加 0.2m。

①一般设防站。每个防护单元至少分别设置一组战时进排风道，结合平时环控进风道设战时清洁式进风道；结合平时环控排风道设战时清洁式排风道，战时风道的进风道、排风道宜呈对角布置。

②重点设防站。重点设防站除需考虑清洁式通风外,还需考虑滤毒式通风。车站防护通风系统的除尘、滤毒设备和进风机房设于车站一端的新风道。车站的环控新风道和新风井,战时作为人防进风道和风井,不专设人防进风机房。在车站的另一端利用平时排风道作为战时清洁式排风道。在与战时新风道对角布置的战时人员出入口防护段内,设置战时供人员出入的防毒通道(简易洗消间),战时排风通过防毒通道超压排出。

③其他战时不用的通风竖井,在风道内优先采用钢结构防护密闭门实施门式封堵,不具备实施门式封堵条件的,可采用临空墙防护密闭封堵板在风道内做垂直封堵。采用垂直封堵板时,须就近指定封堵板的存放位置,一般存放于通风道内。

(6)无障碍电梯设置:直通防护单元内的无障碍电梯,采取门式封堵。

(7)管线密闭:引入防护单元内的电力、通信电缆、给排水管线及其他穿过防护段通向外部的管孔,均做防护密闭处理。穿越防护单元的给、排水管,应按《轨道交通工程人民防空设计规范》(RFJ 02—2009)要求在规定部位设置公称压力不小于 1.0MPa 的防护闸阀。

(8)房间设置:已有的办公、安全保卫、管理用房、通信、电话、车站控制室、通风机室及附属用房、人员饮用水间、蓄电池室等设备房、开水间、厕所、医务室等生活用房,均为平战两用房。

(9)建筑装修要求:本工程人员出入口防护段装修平时一次到位,防护段内顶棚装修高度高于人防门 300mm,侧墙装修采用可重复拆卸设计,并在每扇人防门处设置检修门一处,地面装修层水平,以满足防护设备平时启闭检修和战时迅速转换的要求,人防段装修与通道装修协调一致。其余(通风道及区间隧道)的防护段不考虑装修。

(10)引入枢纽的电力、通信电缆、给排水管线及其他穿过防护段通向外部的管孔,均做防护密闭处理。穿越防护单元的给、排水管,在工程结构内侧设置工作压力不小于 1.0MPa 的铜芯闸阀。

(11)口部设防:本工程所有部位的人防孔口防护设备(或设备预埋件)均随土建施工一次施工安装到位,不做预留。

①人员出入口防护。战时人员出入口安装既不影响平时人员通行又平战转换快捷的第四代出入口人防门,即钢结构无门槛双扇防护密闭门、钢结构无门槛双扇密闭门各一道。战时不用的出入口设置钢结构无门槛双扇防护密闭门一道。

②预留人防连通口及消防疏散通道防护。预留人防连通口及消防疏散通道采用门式封堵,设置钢结构活门槛防护密闭门一道。

③无障碍电梯防护。当无障碍电梯必须设置于防护区内时,设置钢结构活门槛防护密闭门一道。

④单元之间防护。防护单元之间设置一道双向受力防护密闭门。

⑤通风竖井防护。车站战时通风系统的风道防护段内设置集消波、滤尘、防护密闭功

能于一体的清洁式进/排风防护密闭门一道及进/排风机密闭门一道，形成风道内的清洁式通风系统，以满足清洁式通风和隔绝式防护的要求。对于重点设防站，在清洁式通风的基础上考虑增加滤毒式通风方式。在清洁式进风道平时预留滤毒设备安装条件，战时安装滤毒设备，以满足滤毒式和清洁式通风以及隔绝式防护的要求。重点设防站滤毒式超压排风与战时主要出入口结合，在战时主要出入口两道门框墙上设置防爆超压排气活门和密闭阀门。战时不用的通风竖井（含区间风井），一般情况下设置钢结构防护密闭门一道，土建条件困难时才可使用钢结构临空墙防护密闭封堵板进行垂直封堵。

⑥区间隧道防护。线路正线上两个防护单元之间设一道双向受力的区间防护密闭隔断门，且宜设置在线路直线段上，隔断门为单扇立转式防护密闭门、提升式防护密闭门。隔断门手动启闭，并提供门开启到位和关到位的电信号，由 BAS 系统（环境与设备监控系统）采集。隔断门原则上靠近车站端，便于安装、维护和管理。

3）结构设计

（1）抗力级别：本工程属甲类人防工程，防核武器抗力级别 6 级，防常规武器抗力级别 6 级，相应的地面空气冲击波超压为 0.05MPa。结构各个部位抗力应协调，在人防荷载作用下，保证结构各部位（如出入口、主体结构）都能正常工作。

（2）人防结构计算：工程结构计算应分为平时（包括施工期间）和战时两种使用状况计算，并应取其中不利情况进行构件截面设计，除按国家现行的有关规范、规定、标准，结构构件根据承载能力极限状态及正常使用极限状态的要求，分别进行承载能力的计算和稳定、变形及裂缝宽度验算外，尚应按《轨道交通工程人民防空设计规范》（RFJ 02—2009）要求，验算结构在核爆炸动荷载与静荷载共同作用下的承载能力，可不验算此工况下的结构变形，裂缝宽度，地基承载力及变形。其中战时使用状况的结构设计荷载，应包括规定的武器一次作用（动荷载）以及土（岩）体压力、水压力、结构自重等静荷载。动荷载应按规定的常规武器一次作用和规定的核武器的一次作用中的不利情况取值。动力计算采用等效静荷载法。

（3）等强设计：主体结构各部位及构件的抗力应相互协调。区间防护密闭隔断门门框墙按双向受力进行设计。出入口门框墙、防护设备应验算常规武器效应。

（4）出入口及竖井设计：战时人员出入口的防护密闭门外有顶盖段通道结构，按承受土（岩）体中压缩波动荷载与静荷载同时作用计算，不考虑由空气冲击波产生的内压作用。无顶盖的敞开段出入口通道部分宜按挡土墙进行设计。战时用的竖井，可不考虑空气冲击波内压作用，只考虑土（岩）体中压缩波的水平等效静荷载及土压力、水压力作用。作用于结构周边上的动荷载，按同时均匀作用在结构周边各部位进行设计。结构动力计算采用等效静载法，核爆炸动荷载等效静荷载的计算，按现行国家标准《轨道交通工程人民防空设计规范》（RFJ 02—2009）执行。

（5）战时使用的进风竖井、人员出入口，临近砖混结构地面建筑时若距离小于 0.5 倍建筑物高度，须设防倒塌棚架。

（6）密闭（防毒）通道：在防护段的密闭（防毒）通道（即防护密闭门与密闭门之间的通道）应采用整体现浇钢筋混凝土结构，不得设置沉降缝、伸缩缝。

（7）工程材料：动荷载作用或动、静荷载同时作用下，材料强度综合调整系数HPB300级钢筋为1.35，HRB400级钢筋及RRB400级钢筋为1.2，C55以下混凝土为1.5，掺入早强剂的混凝土，综合调整系数应乘以0.9的折减系数；混凝土弹性模量可取静荷载作用下的1.2倍。当按等效静荷载进行梁、柱斜截面受剪承载力及进行墙、柱正截面受压承载力验算时，混凝土及砌体的强度设计值应乘以折减系数0.8。

（8）荷载取值：工程的防护密闭门、临空墙、密闭隔墙的防护能力应与主体结构防护能力相协调。主要荷载参考取值如下：

①第一道防护密闭门及门框墙的等效静荷载标准值，口部为穿廊式或垂直式为200kN/m^2，当口部为直通式或单项式为240kN/m^2。

②临空墙上的等效静荷载标准值，口部为穿廊式或垂直式为130kN/m^2，当口部为直通式或单项式为160kN/m^2。

③密闭隔墙上的等效静荷载标准值为50kN/m^2。

④战时使用的出入口通道结构，作用在顶盖上的等效静载为70kPa，侧墙为50～55kPa，底板地下水位以上为50kPa、地下水位以下60kPa。

⑤直通地面的战时主要出入口的防倒塌棚架的等效静载：作用于柱子上的水平等效静载为15kPa；作用于顶板上的垂直等效静载为50kPa。

（9）战时人员出入口的多跑式楼梯踏步和休息平台的荷载，应按构件正面和反面不同时受荷分别计算，作用方向与构件表面垂直，核武器等效静载正面为60kN/m^2、反面为30kN/m^2。

防倒塌棚架核武器等效荷载为15kN/m^2（水平）、50kN/m^2（垂直）；立柱尺寸不小于250mm，墙与柱不得拉结。相邻防护单元之间的隔墙按照两侧不同时受荷分别计算，其水平等效静荷载标准值为50kN/m^2。

常规武器等效静载需根据实际情况按规范计算得出。

（10）防护设备门框墙的设计与计算：门框墙应根据周边嵌固情况及门洞相对尺寸，划分为侧墙、上挡墙及下门槛等独立部分，并分别设计与计算，并应考虑由门扇传来的等效荷载标准值及门框墙上的等效静载标准值同时作用按照完全弹性进行计算，并且当剪跨比不大于1时按照托架进行设计；当剪跨比大于1时按照悬臂梁进行设计。上挡墙和门槛除按照水平荷载作用计算外，尚应进行竖向荷载作用下的承载力验算（水平荷载和竖向荷载可按照不同时作用考虑）。

（11）门框墙相连墙体、顶底板要求：与门框墙连接的通道墙等结构，应能承受由托架或悬臂梁根部传来的弯矩、剪力和轴力，门框墙门前门扇启闭操作范围至密闭门段通道，通道的顶板、侧墙和底板厚度不应小于300mm。

（12）平战转换设计。

①轨道交通工程进行一次性的平战转换设计。实施平战转换的结构构件在设计中满足转换前、后两种不同受力状态的各项要求，并在设计图纸中说明转换部位、方法及具体实施要求。

②临战时实施平战转换不采用现浇混凝土，对所需的预制构件在工程施工时一次做好，并做好标志，就近存放。

③常规武器和核武器爆炸动荷载作用下，临战垂直封堵构件的等效静荷载可按《轨道交通工程人民防空设计规范》（RFJ 02—2009）中防护密闭门荷载取值。

④当受条件限制，主体结构的外墙或顶盖无覆土，且其厚度小于防早期核辐射最小防护厚度时，在紧急转换时限内按设计要求覆土。

4）通风设计

（1）设计标准：战时一般设防站人防通风按清洁式通风和隔绝式防护设计，重点设防站人防通风按滤毒式通风、清洁式通风和隔绝式防护时内循环通风设计。

（2）通风量设计标准：清洁式通风新风量按不小于 $5\sim10\text{m}^3/\text{h}\times$ 掩蔽人数确定。滤毒式通风新风量按 $3\text{m}^3/\text{h}\times$ 掩蔽人数确定，车站新风量按下列两者较大者计取：

①掩蔽人数×单人新风量标准。

②防护单元总有效容积V×漏风系数+换气次数×防毒通道容积$v = V \times 4\% + 50 \times v$。

重点设防站人防加压风机风量按清洁式通风和滤毒通风的新风量大者取。

（3）隔绝式防护设计：隔绝式防护时间标准为3h。隔绝防护时，车站所有风道封闭，不与外界空气交换，可由环控系统进行公共区内循环通风。

（4）清洁式通风设计。

①进风：由设置于车站一端的人防门式进风系统将新风送至新风道防护区，而后由平时环控系统的兼配人防加压风机（当风量不匹配时，单独设置）进一步通过大系统风管续送至车站公共区即战时人员掩蔽区，至此实现人防清洁式进风过程。

②排风：首先由平时环控系统兼配的人防加压风机（当风量不匹配时，应单独设置）通过大系统风管将风从车站公共区送至排风道防护区，而后由设置于车站另一端的人防门式排风系统将风送至风井再出地面。

（5）滤毒式通风设计：新风首先经过设置于车站一端清洁式进风道两道人防门之间滤毒室中的过滤吸收器将其过滤清洁后，由滤毒专用风机将新风送至新风道防护区，而后由平时环控系统的兼配人防加压风机（当风量不匹配时，应单独设置）进一步通过大系统风管续送至车站公共区即战时人员待蔽区，至此实现人防滤毒式进风过程；滤毒式通风的排风则是通过设置于战时主要出入口两道门框墙上的密闭阀门和防爆超压排气活门来实现超压排风。

（6）通风设计平时到位标准：环控系统设计平时到位标准为人防加压风机（兼用或单设）及其与大系统风管相连的短接风管、转换阀门等所有内容均随平时环控设备安装一步到位，并说明转换方法。平战转换内容仅为实现人防通风工况而必需的各类阀门的开启和关闭。

（7）管线敷设：各战时人员出入口的防护密闭门和密闭门框墙上设置 DN50 的镀锌钢管作为气密测量管，滤毒式新风道内防护密闭门和密闭门框墙上设置监测、气密、压力、阻力等镀锌钢管作为测量管，两端有防护密闭措施。

空调水管穿越防护区非防护区时，管径一般不允许超过 DN300 钢管管径，并在防护区内侧设置 1.0MPa 铜芯闸阀，当管径较大时，也可加法兰短管，临战封堵。

5）给排水设计

（1）战时洗消：车站各战时人员出入口简易洗消冲水量按 $0.8m^3$ 考虑，各受污染的密闭通道按 $5L/m^3$ 的标准储存一次冲洗用水，战时采用两组玻璃钢组装水箱储水作为战时洗消用水源，储水量为 $2×5m^3$，两个水箱分别靠近两处战时人员出入口位置，临战前设置，配备手摇泵及管道泵增压送水，保证洗消软管出水口工作压力不小于 0.1MPa。

（2）战时用水：战时考虑饮用水和洗消用水，采用成品商业瓶装水作为人员饮用水水源，人员饮用水标准为 3L/(人·d)，人员饮用水的储水时间为 3d，桶装水分别存储于车站站台、站厅层，并按 1 台/50 人配置饮水机，选用 18.9L/桶的桶装水。

（3）战时干厕设置：各车站设战时使用的男、女干厕所各一个。干厕所宜设在战时排风口处，在平时预留位置，在临战前用轻质隔断隔开。干厕所内设置便桶，便桶数量按男干厕每 50 人设一个，女干厕每 40 人设一个。掩蔽人员中男女比例按 1∶1 计算，旱厕面积可按每个便桶 $1.0m^3$ 计算。

（4）穿越防护区管线要求：所有给排水管穿过结构外墙、最外侧一道人防门框墙、临空墙时，均应采用刚性穿墙套管（带翼环），并应在内侧（防护区）加装 1.0MPa 防护闸阀。给排水管穿越防护单元间防护密闭隔墙（如区间隔断门框墙）时，在隔墙两侧均须加装 1.0MPa 防护闸阀，做法见《给排水专业国家标准图集》（02S404）。闸阀近端离结构内侧不宜大于 200mm，并应有明显的启闭标记。

（5）每个防护单元平时的厕所战前应将污水池放空以备战时隔绝防护时使用。

6）电气设计

（1）人防工程电源由两部分组成：平时电源（由车站变电所引来两路 380V 低压）和战时应急电源［主要由 EPS（紧急电力供给）组成］，战时应急电源 EPS 由车站蓄电池室应急电源提供，以放射形式向各负荷供电。

（2）战时负荷分级：战时应急照明和通信报警设备为一级负荷，战时进风机为二级负荷，其他战时负荷为三级负荷。

（3）战时负荷应按下列规定分为三级。

①一级负荷：应急照明、通信报警设备。

②二级负荷：重要的通风与给排水设备、电动密闭阀门、电动防护设备。

③三级负荷：不属于一级负荷、二级负荷的其他战时人防负荷。

（4）战时电源供电方式：人防工程电源由平时电源和战时应急电源两部分组成，人防工程电源设集中配电柜，战时应急电源 EPS 由车站蓄电池室应急电源提供，以放射形式向各负荷供电。平时，三级负荷由一路车站电源供电；二级负荷由两路车站电源供电，末端切换；一级负荷由两路车站电源和战时应急电源供电，平时电源和战时应急电源平战时应能在末端互相转换。当车站电源中断时，切除所有战时二级、三级负荷，由车站蓄电池室 EPS 保证对战时应急照明等一级负荷的供电，蓄电池连续供电时间不应小于 3h。蓄电池组及配套设备为平战两用。

（5）战时应急电源：蓄电池组主要用来保证对战时一级负荷的供电，战时一级负荷主要是战时应急照明和通信报警设备。战时人员掩蔽部的通信报警设备按 1.0kW 考虑；战时应急照明主要考虑人员掩蔽区和人员出入通道的照明，采用高效节能灯作为应急照明，并应满足照明场所的照度、显色性和防眩光等要求。

（6）照明灯宜采用悬吊式。当平时采用吸顶灯时，应考虑供电时间在临战前加设防掉落保护网。

（7）所有过防护密闭墙的强弱电气明暗管线均应做防护密闭处理，在运营前完成密封。防护密闭处理从防护区引到非防护区的照明回路应在防护密闭门内设置短路保护措施，或单独设照明回路。

（8）从电缆井引入的高压、低压电缆和通信电缆在穿越顶板和外墙进入人防内部时，不得以留孔方式引入，必须改为穿防护密闭钢管，一缆一管引入，且预留适量备用管。

（9）从防护区引到非防护区的照明回路应在防护密闭门内设置短路保护措施，或单独设照明回路。由人防防护密闭门门框墙引出至防护密闭门外的照明线路，应在门框墙内安装熔断器保护。

（10）车站蓄电池室为平战两用功能。战时当人防电源中断时，切除所有战时二、三级负荷，由车站蓄电池室保证对战时应急照明等一级负荷的供电，蓄电池连续供电时间应不小于 3h。

7）平战功能转换及时间要求

（1）使用功能转换

总体原则是在满足车站使用的前提下，最大限度地利用好车站平时使用功能，实现平时到战时使用功能的快速转换。

①人防疏散干道：战时转换为人防疏散干道，按平时线路的交通组织，与各车站就近的人防工程连片成网，保障城市人口在紧急转换时限内安全疏散转移。

②人员待蔽部：平时使用的站厅层、站台层，战时转换为人员掩蔽部或临时人员待蔽部。

③战时辅助用房:战时需要与平时使用的附属房间结合。如办公室、值班室、开水间、控制室、仓库等不作转换。

④预留必要的生活保障用房:平时预留干厕所和水箱瓶位置。

(2)防护功能转换

车站应确保在各个转换时限内完成所有转换项目,符合战时使用和防护标准。根据人防战技要求,平战功能转换时限为:早期30d,临战15d,紧急状态下为3d。凡是钢筋混凝土构件要求在施工时一步到位,其他平战功能转换措施应在以上三个不同期限内,根据工程转换的难易程度按时完成。按以下四种情况实施防护功能转换。

①一步到位:战时人员出入口的防护密闭门、密闭门、区间正线上的防护密闭隔断门安装一步到位;战时不用的平时出入口通道防护密闭门、风道的防护密闭门平时安装到位;站端的防护密闭隔断门、钢筋混凝土外围护结构、防护密闭隔墙、密闭隔墙土建施工一次到位;所有预埋件、预埋套管均应与土建施工一次到位;防爆波地漏、防爆波清扫口、给水引入管和排水出户管等一次施工到位。

②早期转换:所有战时使用的物资、器材筹措和构件加工按早期转换完成。

③临战转换:对外出入口及孔口的封堵,战时设备的安装按临战转换完成。

④紧急转换:各种管线穿钢筋混凝土防护密闭墙、密闭墙,战前做好密闭处理,各种管线接口、吊架、支架到位。战时不使用的电线、电缆应在紧急转换时限内全部接地。并完成防护单元连通口的转换及综合调试工作,达到战时使用要求。

(3)内部设备及系统的转换

①人防通风系统的平战转换

战时使用的人防通风系统,平时可不安装。人防通风系统中连接密闭区内、外的所有管道,均设有两道密闭阀门。战时可按命令信号,迅速执行清洁式通风或隔绝式防护等两种通风方式的转换。工程进入临战前,连接密闭区内、外的各种通道、管道(井道)应严密关闭或封堵。密闭区的严密性应予检测,如不合格必须进行检查、封堵,直至合格。否则掩蔽人员不得进入,工程不可使用。

②给排水平战转换

穿越防护外墙的给排水管线应在防护墙内侧加设隔断阀门(抗力不小于1.0MPa)。穿越防护密闭隔断墙的给排水管线应在隔墙两侧加设隔断阀门(抗力不小于1.0MPa),或隔断措施。所有穿越防护外墙、密闭隔断墙的给排水管线应加设密闭刚性穿墙套管(带翼环)。

③配电系统的平战转换

利用平时照明配电系统实现对战时正常照明的配电。利用平时应急照明配电系统实现对战时应急照明的配电。从最近的平时动力配电箱和战时应急电源配电箱引接战时动力电源,相应的平时动力配电箱应按战时动力设备容量预留动力配电回路。平时低压配电母线上（交直流切换屏）应预留战时应急电源引入回路，开关容量按 100A 设置。战时应急电源引入回路与平时电源引入回路之间应设电气连锁，当使用战时应急电源供电时，应切除所有非战时负荷。设备安装时，只预埋穿线钢管及预留战时动力配电及控制箱的安装位置，在临战前转换时限内完成布线和配电箱的安装及调试。

当电力系统电源中断供电，且短期内无法恢复时，可由以下三种方式引入战时应急电源：

a. 由就地人员出入口通过埋管引接地面临时移动电源。

b. 由人防连通道引接就近人防工程或区域电站的电源。

c. 由在工程内敷设人防应急供电用电缆（可升压干连各站），并在各站设 50kVA 的降压变配电柜取得电源。

3.3.5 关键防灾设施

1）疏散平台

在城市轨道交通中，疏散平台是在列车故障或其他异常情况下能够确保迅速、有序地从隧道内组织乘客尽快疏散至安全区域必备的安全通道。疏散平台系统由平台踏板、平台支架、钢步梯、扶手及其连接构件组成。平台踏板采用玻璃纤维复合材料板（以下简称改性复合材料板），平台支架采用钢横梁+钢斜撑结合结构，扶手采用玻璃纤维复合材料圆管。

疏散平台设置在正线区间行车方向的左侧，平台完成面至轨面垂直距离为 1100mm，在距疏散平台面 950mm 处设置疏散扶手。平台面上高度 2000mm 范围为人员疏散区域，除了扶手、疏散指示灯、消防报警设备（凸出隧道壁小于 5cm）等一些必要的辅助疏散设备外，不能安装其他系统设备、电缆等，以保证乘客在疏散过程中的安全。疏散平台安装效果图如图 3-45 所示。

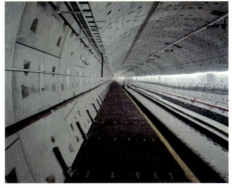

图 3-45 疏散平台安装效果图

十八号线和二十二号线隧道管片外径 8.5m，内径 7.7m，管片厚度 1.6m，首次采用预埋套筒及外挂槽道作为锚固方式，取代了传统钻孔的安装模式。相对以往的城市轨道交通线路，疏散平台最大宽度增加至 1.7m，跨度增加至 1.6m，较大的疏散平台可为疏散救援提供相对安全的疏散空间，提高乘客的疏散效率，但对整体疏散平台结构受力、施工安装等各方面要求高。为了满足施工进度的要求，疏散平台构件在满足承载力、耐火性能及施工便利等要求下，采用一种适用于现场快速安装的疏散平台方案。其主要是外挂槽道通过紧固螺栓固定在隧道壁上，平台支架无须采用化学锚栓，通过 T 形螺栓与外挂槽道紧固连接，平台板采用标准块和调整块拼接组合安装模式，通过可靠的连接件与平台支架固定。其设计亮点如下。

（1）材料轻量化：在满足耐火极限 1h 的前提下，采用轻质、绝缘性好、耐热、组装简单等优异性能的改性复合材料平台踏板，对平台板进行轻量化设计后，有效提高平台踏板施工安装效率，同时减少了材料使用量，降低了材料成本。

（2）平台宽度较大：采用 7.6m 直径的大盾构隧道断面，随之疏散平台宽度较大，通常为 1200～1700mm。采用标准块和调整块拼接的结构组合形式，可批量化生产平台板，在无轨测量的条件下，适应隧道尺寸误差及安装误差，提高疏散平台安装工艺性能。

（3）大跨度结构：平台支架间距为 1.6m，平台宽度最大为 1.7m，为地下区间大跨度平台结构，平台支架采用钢横梁＋钢斜撑的组合形式，通过 T 形螺栓与外挂槽道紧固连接，且钢斜撑具有连接调整的裕量，有效提高现场疏散平台拼装施工的效率。

（4）装配式安装：基于外挂槽道及预埋套筒进行安装，平台支架通过 T 形螺栓与外挂槽道紧固连接，平台扶手通过紧固螺栓与预埋套筒固定连接，替代传统的钻孔方式，避免了锚栓打孔作废、二次打孔等情况发生。在平台支架安装有问题的情况下，可拆卸 T 形螺栓重新调整安装；平台扶手固定支座可根据预埋套筒的变化位置实现安装要求，提高疏散平台的安装调整效率，也实现随时安装更换及维护的要求。

（5）抗高风压：标准块和调整块的平台板与平台支架通过可拆卸式连接构件固定，在平台板较轻的情况，通过可靠的连接构件固定连接，能抵抗最大设计速度 160km/h 的列车所产生的高风压。

2）FAS 系统（火灾自动报警系统）

火灾的早期发现对消防救灾来说具有极其重要的意义，而地下车站和区间隧道由于空间狭小，消防救灾十分困难，火灾的早期发现和早期扑救对消防救灾来说显得尤为重要。因此为保障线路的安全运营，线路应设置 FAS 系统。

FAS 系统按中央、车站两级调度管理，中央、车站、就地三级监控的方式设置，对全线及各建筑进行火灾探测、报警和控制。FAS 系统负责实现火灾探测、向车站控制室及线路运营控制中心（Operating Control Center，简称 OCC）发出火灾警报、报告火灾区域、与综合监控系统（Integrated Supervision Control System，简称 ISCS）及环境与设备监控系统（Building Automation System，简称 BAS）配合或独立实现对消防设备的联动控制。

（1）主要设计原则

①FAS 系统按"预防为主，防消结合"的基本工作方针和安全适用、技术先进、经济合理的基本要求进行设计，并应符合本地公安消防部门的有关规定。FAS 系统设计应有利于消防管理体制的实施。

②FAS 系统所用火灾探测器、控制器等主要消防设备，必须选用国家消防电子产品质量监督检测中心检测合格的产品。对我国已经实施强制性产品认证的火灾报警设备必须选用通过 3C 认证的产品。

③FAS 系统采用控制中心和车站两级管理，控制中心、车站、就地级三级监控方式设置，在控制中心设置中央级 FAS 系统实现对全线的消防集中监控管理。FAS 系统的中央级调度管理及监控功能、车站级调度管理功能及监控功能由 ISCS 系统完成。FAS 系统分别在控制中心级、车站级与 ISCS 系统集成。

④FAS 系统在 ISCS 系统中集成，FAS 系统的中央级功能由中央级 ISCS 系统实现，FAS 系统的车站级功能由车站级 ISCS 系统和火灾报警控制盘（FACP）实现。FACP 及以下按独立运行要求设计。全线网络或车站级 ISCS 系统故障情况下，系统具有降级运行功能。

⑤FAS 系统在车站与车站通信系统合用广播（PA）子系统和视频监控（CCTV）子系统。火灾时，由 ISCS 系统实现对 PA、CCTV 的消防联动切换控制。在车辆段、停车场综合楼设专用消防广播系统，由 FAS 系统实现火灾情况下的消防联动切换控制。

⑥FAS 系统在各站点内设置一套独立的消防电话系统。

⑦主变电站 FAS 系统直接在相邻车站的车站级综合监控系统中集成。

⑧电气火灾和消防电源监控系统由低压配电专业负责设计，火灾自动报警系统预留相关接口。

⑨车站内面向乘客的防火门监视纳入门禁系统或防火门监控系统设计，区间联络通道防火门纳入 FAS 系统监视。

⑩地下区间隧道不设置消防电话插孔。

（2）系统功能

中央级 FAS 系统设于线路控制中心，车站级 FAS 系统设于各车站车控室、车辆段及其他重要建筑物的消防控制室，现场级为现场设备。火灾时，控制中心（OCC）自动转换为消防救灾指挥中心，统一调度、指挥全线的消防救灾。FAS 系统除具有中央、车站、现场三级监控功能外，还具有全线系统维护、维修等功能。

（3）中央级 FAS 系统主要功能

在本线控制中心设中央级 FAS 系统，其功能由 ISCS 系统完成，其主要功能有：

①接收、显示并储存全线主要火灾报警设备的运行状态。

②接收由车站级设备传送的各探测点的火灾报警信息，发出声光报警信号、显示报警部位，并进行火灾信息数据储存和管理。

③确认区间火灾，下达地下区间火灾模式命令。

④通过闭路电视或调度电话等手段帮助确认火灾灾情。

⑤根据火灾发生的实际情况，自动选择预定的解决方案，向车控室及其他消防控制室发出消防救灾指令和安全疏散命令。

⑥控制中心通过外线向本市消防局119报警台进行火灾报警，向消防部门通报灾情。

⑦组织指挥全线消防救灾工作，统一调度车站范围内消防救灾人力物力，向车站级下达有关消防控制指令，指导车站级消防救灾。

⑧接受通信系统时钟信号并向各车站级FAS系统下发。

⑨预留与本市消防部门远程监控中心的接口。

（4）车站级FAS系统主要功能

FAS系统在各消防控制室设置图形工作站，其主要功能有：

①接收、存储、打印辖区火灾报警信息，火灾时车站级工作站自动弹出火灾报警区域的平面图，显示具体报警部位。

②可以通过人工方式确认火灾。

③接收、显示、储存辖区FAS系统设备及消防设备、气体灭火系统的相关设备的状态、实现故障报警，并向综合监控系统转发辖区FAS系统设备、消防设备的状态。

④自动生成报警信息、设备状态信息的报表，并可对报警信息、设备状态信息进行分类查询。

FAS系统在消防控制室设置FACP，其主要功能有：

①接受辖区FAS系统现场设备、自动灭火系统发来的火灾报警信息，发出声光报警，以自动和人工两种方式确认火灾，生成火灾模式指令并向BAS系统发出火灾模式指令，向车站级综合监控系统发送火灾信息。

②实现对相关消防设备的自动控制。

③接收并转发FAS系统现场设备及监控设备的状态、实现故障报警。

④接收综合监控系统时钟信息，保证系统时钟同步。

（5）现场级设备的主要功能

①实现火灾信号的自动探测。

②实现现场手动报警信号的收集。

③发出火灾报警声光信号。

④实现对相关专用消防设备的监控。

（6）系统的维护功能

FAS系统在车辆段设1台维修工作站，全线配置用于维修的笔记本电脑3台。各车站维修工班配置 1 台维修工作站。维修工作站的主要功能有：

①接收、显示、储存、统计、查询、打印全线 FAS 系统设备的状态信息，设备发生故障时维修工作站发出报警信息，提醒维修人员及时采取措施。建立 FAS 系统设备保养维修计划及档案，保证设备以最佳状态运转。

②对全线各站点 FACP 进行远程软件下载、程序修改升级、远程维护、故障查询和软件故障处理等操作。

（7）消防联动控制

①车站消防联动控制由 FAS、BAS 和 ISCS 共同完成。FAS 系统实现对各站点的火灾的探测及报警，向 BAS 系统发送火灾模式命令，并实现对专用消防设备的联动控制：如消防水泵，防火卷帘，门禁门锁，AFC 的闸机/非消防电源切除等。BAS 系统实现对火灾、平时都需控制的机电设备如排烟风机、照明、导向设备、电梯等系统进行联动。ISCS 系统实现对火灾需联动的通信设备如广播、闭路电视、乘客信息系统进行联动。

②主变电站、车辆段的消防联动控制由 FAS 系统独立完成。

3）水消防系统

（1）设计方案

车站和区间消防给水系统采用临时高压系统，站内在疏散口部合适位置设置消防泵房及消防储水池，消防水池有效容积 144m³。地下区间每条隧道分别从地下车站消火栓环状管网上引入一根消火栓给水干管，沿隧道右侧布置，使车站和区间形成环状消防供水管网。

区间消火栓系统每 50m 布置一个消火栓口，不设消火栓箱。站台端部适当位置设置 2 套消防器材箱；当区间长度超过 2km 时，在每一个区间联络通道处均设消防器材箱。消防器材箱内设消防水龙带及水枪。

车站附近室外地面可供消防车靠近的位置设置消防水泵接合器，其数量应满足火灾时供给消防系统全部流量。接入器引入管应引接至消火栓系统最上一层的环网之上。在距水泵接合器 40m 范围内，设与接合器供水量相当的地上式消火栓。

（2）设计亮点

①本工程首次在广州地铁采用消防专用内外涂环氧树脂钢管，相对以往的镀锌钢管，消防专用内外涂环氧树脂钢管具有防腐蚀性能好、管道摩擦因数低、使用年限长等优点。在区间采用该管材，降低了区间消火栓管的水头损失，减小车站供入区间消火栓管的水压。

②区间管道支架基于外挂槽道进行安装，现场无须切割、焊接，无须在盾构管片上钻孔，减少对混凝土管片的损坏，极大提高了安装效率。

4）自动灭火系统

（1）设计方案

自动灭火系统采用高压细水雾自动灭火系统。自动灭火系统的保护范围为全线各地下车站及风井的信号设备室（含电源室）、通信设备室（含电源室）、综合监控设备室、民用通信设备室、警用通信设备室、自动售检票设备室、UPS（不间断电源）整合室、蓄电池室、应急照明电源室、环控电控室、站台门控制室、变电所的控制室、0.4kV 开关柜室、36kV 开关柜室等。

高压细水雾自动灭火系统能够接收 FAS 系统的指令或通过人工操作，实现泵组及阀组的启动，正确实施对细水雾向目标区域的导向。高压细水雾对保护对象实施冷却、窒息、隔绝辐射热和除烟等多种方式的保护，可以有效地防止电气设备的火灾通过电缆、油向外蔓延，从而达到控火或灭火的目的。

（2）设计亮点

相对于以往的惰性气体类（以 IG541 为代表）和卤代烃类（以 HFC-227ea/4.2MPa 为代表）气体灭火系统，以水作为灭火介质的高压细水雾系统具有如下优势：

①灭火介质容易获取，灭火的可持续能力强。

②优良的火情抑制能力，既起冷却作用又有效隔绝辐射热。

③能有效去除火灾区域内的烟气。

④无浓度方面的限制，对人体无害，环保性能高。

⑤重复启动及持续控火和灭火能力较强。

⑥无须高压储存灭火介质，解决了线路运营期间对车站工作人员及维修人员的潜在危险性。

5）隧道通风防排烟系统

（1）设计方案

在区间发生火灾的情况下，通风防排烟系统为乘客、消防人员以及工作人员提供足够的新鲜空气、排除烟气，为乘客安全撤离事故现场创造有利条件。隧道通风排烟系统包括区间隧道通风系统和车站隧道通风系统。

①区间隧道通风防排烟系统

区间隧道通风系统主要负责两个车站（疏散救援定点）之间的区间隧道通风与排烟，包括自然通风（夜间停运时）、活塞通风与机械通风三种方式。正常运行时，利用列车行驶产生的活塞效应，通过活塞风道实现隧道与地面的换气。同时，根据区间隧道的长度以及配线的设置等情况，在折返线等特殊位置还设置了不同类型的通风设施，如射流风机、推力风机及相关设施，在列车非正常运行时，通过特定风机的组合运行，在隧道内组织特定方向的纵向气流，有效控制隧道内温度、风速、压差等。

十八号线和二十二号线隧道风机布置在区间隧道的两端，即每个车站的两端，对应每条隧道分别在列车进、出站端设置面积 $32m^2$ 的活塞风道至地面，每端设两台 $100m^3/s$ 隧道风机，风机前后设消声器及控制转换风阀，可以实现设备相互备用。

②车站隧道通风防排烟系统

车站隧道通风系统的排风设备布置在车站的设备用房区内，负责车站隧道的通风与排烟，以及在车站站台火灾时协助车站大系统排烟，气流组织方式采用轨顶和站台下排风，在车站隧道停车所在区域的轨顶以及有效站台下设置土建式排风道,排风比例为轨顶(OTE)排 60%,站台下(UPE)排 40%,补风来自车站两端的活塞风井、相邻区间隧道和站台门开启时来自站台的漏风。

十八号线和二十二号线车站隧道排风机(TEF)采用左、右线分线设置,每条车站隧道排风量为 60m³/s。典型车站隧道通风系统如图 3-46 所示。

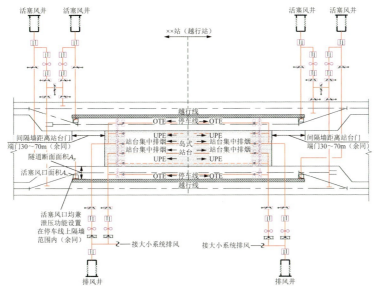

图 3-46　典型车站隧道通风系统示意图

(2)设计亮点

①超长大区间的系统设计

十八号线和二十二号线区间线路较长,十八号线平均站间距 7.6km,最大站间距 25.9km,为横沥—番禺广场区间。超长大区间应充分考虑突发事故的紧急救援及人员疏散,合理配置隧道通风系统风机及控制模式,控制隧道断面风速不小于 2.0m/s,最大风速不得大于 11m/s。

根据线路方案及运营模式,综合考虑长大区间隧道的防灾疏散、温度控制、通风换气、牵引阻力控制、压力变化控制的要求,在超长大区间设置 4 座中间风井,划分 5 个通风区段,其中第二处与第三处中间风井与疏散救援定点结合设置,如图 3-47 所示。无中间风井火灾气流组织与有中间风井火灾气流组织示意图分别见图 3-48 与图 3-49。

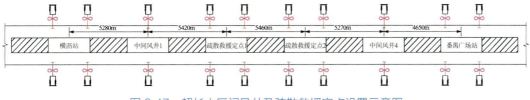

图 3-47　超长大区间风井及疏散救援定点设置示意图

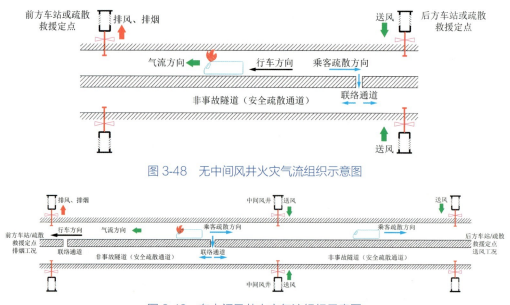

图 3-48　无中间风井火灾气流组织示意图

图 3-49　有中间风井火灾气流组织示意图

②疏散救援定点的系统设计

超长大区间结合中间风井设置 2 处疏散救援定点，当列车在该区间运行过程中发生火灾时，列车尽量驶向疏散救援定点疏散乘客，利用定点的消防设施灭火和排烟。疏散救援定点的隧道通风系统配置功能与车站一致，如图 3-50 所示。

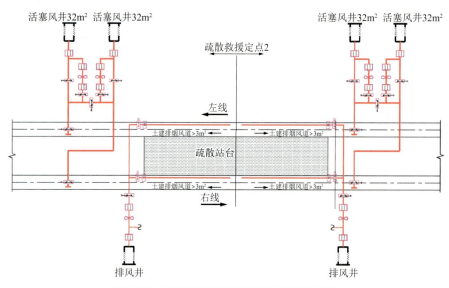

图 3-50　疏散救援定点隧道通风系统示意图

疏散救援定点的救援站台可作为临时避难区，避难区内设置不少于两部防烟楼梯。疏散站台及防烟楼梯间均设防烟措施，前者相对轨行区维持正压，并低于防烟楼梯间前室的正压。中间风井具备乘客紧急疏散功能，当列车发生火灾且停在区间隧道内时，自动联动中间风井疏散楼梯启动加压送风模式，为乘客疏散提供安全路径。

③复杂配线及运营模式的系统设计

十八号线和二十二号线设有越行线、双存车线、单渡线、出入段线、联络线等多种配线。线路的配线连通了左右线或别的线路，形成大断面，对事故运行气流组织有不利的影响，需采取相应的措施来克服不同线路连通所带来的影响。同时，十八号线和二十二号线设计速度为 160km/h，列车在隧道内高速行驶，所引起的隧道空气动力效应对隧道内的设施有较大影响，因此，需综合考虑安全性及系统功能性，设置推力风机或射流风机等辅助气流措施，见图 3-51。

图 3-51　配气流组织辅助设施

6）防淹门

（1）主要设计原则

①以地下线路穿越河流或湖泊等水域的轨道交通工程，应在进出水域的两端适当位置设防淹门。为便于检修和保养，全线统一采用防淹防护密闭门。

②防淹防护密闭门系统设备应选用安全、可靠、成熟的产品。

③防淹防护密闭门系统具有中央、车站、就地三级监视和车站、就地二级控制功能。按相对独立设计，其中央监视和车站监视（值班员工作站监视）功能由环境及设备监控系统实现。

④为满足系统检修的需要，防淹防护密闭门系统除具有正常的操作控制与显示功能外，还必须有模拟操作与显示的功能。

⑤防淹防护密闭门系统控制室除具有开关门控制功能外，还应能对防淹防护密闭门开关门过程中在任何位置的暂停和暂停后的开门或关门控制功能。

⑥防淹防护密闭门的关门控制与牵引供电之间不设电气和机械联锁。

⑦信号系统的允许关门信号为防淹门系统关闭隧道的一个联锁条件。

（2）防淹门设置位置

十八号线在万顷沙站北端区间穿越下横沥水道，横沥站北端区间穿越上横沥水道及蕉门水道,番禺广场站南端区间穿越沙湾水道,南村万博站北端、沙溪站北端、龙潭站南端区间穿越珠江及三枝香水道,磨碟沙站北端、冼村站南端区间穿越珠江。二十二号线在陈头岗站北端、南浦西站南端区间穿越大石水道,南浦西站北端、南漖站南端区间穿越珠江。

为防止下穿上述水道的区间隧道因突发事件破裂后,水倒灌进入区间隧道和车站,造成事故范围扩大,十八号线在万顷沙—横沥区间风井北端、横沥站两端、番禺广场站南端、横沥—番禺广场区间两个疏散点的南端及北端、南村万博站北端、沙溪南北端、沙溪—龙潭中间风井南端、磨碟沙站北端、磨碟沙—冼村区间风井设置12处28扇防淹门。二十二号线在陈头岗站北端、南浦西站两端、南漖站南端4处设置8扇防淹门。两线防淹门设置位置如图3-52所示。

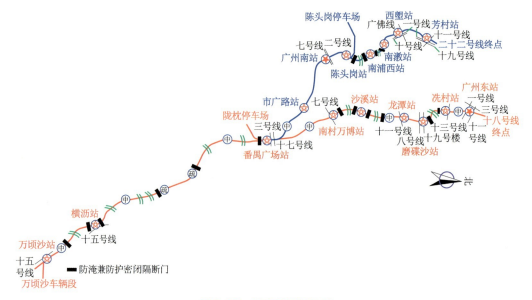

图3-52 防淹门设置位置

3.4 高性能地铁设施

地铁设施是地铁系统的重要组成部分,也是提升乘客服务质量的重要保障。设计过程中需着重考虑设置安全和实用设施设备,满足列车运行需求并为乘客提供必要的帮助。

3.4.1 市域快线通风空调系统

十八号线和二十二号线车站规模较大,相较于常规地铁8A编组列车的车站,规模增加约100%,高度增加约30%,越行站宽度增加约63%;建筑空间规模在高度和跨度上的提升带来空间感受上的质的变化,奠定了舒适、通透的大空间;同时也给通风空调系统带来空调负荷及通风风量增加、输送距离增长、阻力增大、能耗增加等问题。同时,两线列车最高速度160km/h,全地下运行,且越行车辆全速越站,列车在隧道内高速运行产生的气动效应对司乘人员及设备设施有较大影响。

因此，本工程从负荷计算、管路设计、水力计算、运行模式及压力控制等全方位优化，制定精细化设计标准，采用多项新技术、新设备及新工艺，在满足系统功能和最大节能效果的前提下，更有利于设备安装集成化，加快了安装进度，"碳"寻轨道交通模式下的智慧化通风空调系统。

1）风系统设计标准

钢制风管流速设计标准见表 3-2。

钢制风管风速限值 表 3-2

风管类型	风速（m/s）	风管类型	风速（m/s）
大系统机房内主风管	6～8	大系统不开风口支风管	5～8
大系统机房外主风管	6～9	大系统开风口支风管	5～6
小系统机房内主风管	≤7	小系统支风管	3～5
小系统机房外主风管	6～8		

设备选型阻力不宜超过表 3-3 中的限值，若个别特殊车站经管路优化后若仍无法满足，应提供阻力计算表和图纸与总体确认。

设备风压限值表 表 3-3

设备	风压限值（Pa）
大端排热风机全压限值	≤600
小端排热风机全压	≤550
大端空调器余压	≤600
大端回排风机全压	≤600
小端空调器余压	≤550
小端回排风机全压	≤550

注：新风道、排风道阻力取值≤80Pa；排烟风道阻力取值≤60Pa。

2）水系统标准

为控制水管流速，减少比摩阻沿程阻力。表 3-4 为最不利环路各管径限定流速和比摩阻。其他支路比摩阻建议取值＜200Pa/m，并保证各环路水力压力损失不应超过 15%。

水管流速与比摩阻限值表 表 3-4

管径	控制流速（m/s）	比摩阻（Pa/m）	管径	控制流速（m/s）	比摩阻（Pa/m）
DN25	≤0.41	≤150	DN100	≤1.09	≤150
DN32	≤0.49	≤150	DN125	≤1.27	≤150
DN40	≤0.57	≤150	DN150	≤1.43	≤150
DN50	≤0.67	≤150	DN200	≤1.72	≤150
DN65	≤0.81	≤150	DN250	≤2.0	≤150
DN80	≤0.93	≤150	DN300	≤2.2	≤150

管路布置对管路阻力有较大影响，应尽量顺、平、直，尽量减少直角弯头和三通；当必须设置弯头时，尽量设置顺水弯头或顺水三通，布置如图 3-53 所示。

形式简图	流向	阻力系数
	2→3	1.5
	2→3	0.5

弯头类型	阻力系数
	ζ
	0.5ζ

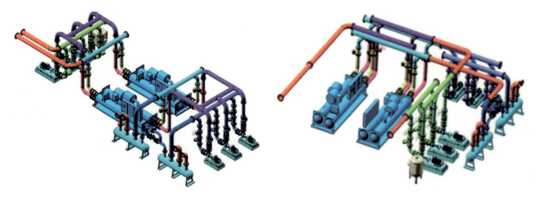

图 3-53　管路连接示意图

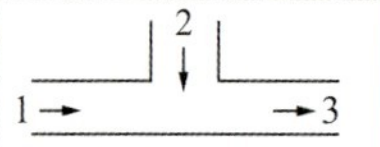

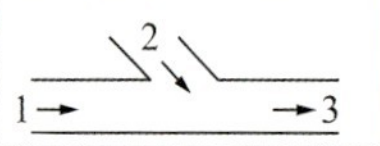

冷水机房采用标准化布置，如图 3-54 与图 3-55 所示。

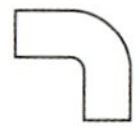

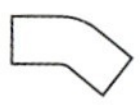

图 3-54　冷水机房长方形布局

图 3-55　冷水机房正方形布局

3）能效标准

（1）主要设备变频及能效要求

主要设备变频及能效要求见表 3-5。

主要设备变频及能效要求表　　表 3-5

设备名称	能效要求	设备名称	能效要求
隧道风机	风机 2 级能效，电机 1 级能效	冷水机组	名义工况下 1 级能效，设计工况 2 级能效
车站隧道风机	变频，风机 1 级能效，电机 1 级能效	水泵	变频，电机 1 级能效
车站风机	大系统回排风机变频；6.3 号及以上风机 1 级能效；6.3 号以下风机 2 级能效；电机 1 级能效	冷却塔	变频，电机 1 级能效
组合式空调器	变频，风机 1 级能效	多联空调	1 级能效
柜式空调器	风机 1 级能效，电机 1 级能效		

（2）能耗目标

两线车站应实现空调系统制冷性能系数不应低于 3.5，总冷量 ≤ 2326kW 的车站制冷机房全年平均综合制冷性能系数（COP）不应低于 5.0，总冷量 > 2326kW 的车站制冷机房全年制冷性能系数（COP）不应低于 5.2 的能效目标。

①制冷机房 COP：

$$\text{COP}_{机房} = \frac{Q_{主机冷量}}{W_{主机} + W_{冷冻水泵} + W_{冷却水泵} + W_{冷却塔}} \tag{3-1}$$

②空调系统 COP：

$$\text{COP}_{全系统} = \frac{Q_{主机冷量}}{W_{主机} + W_{冷冻水泵} + W_{冷却水泵} + W_{冷却塔} + W_{大系统} + W_{小系统空调}} \tag{3-2}$$

式中：$W_{大系统}$——大系统能耗（含小新风机、回排风机、空调器）；

$W_{小系统空调}$——小系统各空调系统能耗（含回排风机、空调器）。

4）压力舒适度标准

（1）列车动态密封指标：$\zeta > 6s$。

（2）压力舒适度标准：车辆内压力变化率 < 800Pa/3s。

（3）对列车进出隧道洞口、经过区间通风道、进出车站等不同位置以及列车加减速和匀速运行处的车辆内压力变化率进行校核，当不能满足第（1）、（2）条的要求时，应采取经济合理的压力变化控制措施。

3.4.2 自带泄压功能实现地下车站 160km/h 越行

随着都市区域范围的逐渐扩大，轨道交通线路建设也随之由中心城区线路向市域快线、城际铁路转变，为提高网络整体运能、提高乘客输送效率，近年来列车的速度在逐渐提高。列车在隧道内高速行驶，所引起的隧道空气动力学效应对列车运行安全性、经济性和司乘人员的舒适性都带来严重的影响。目前建成运营的轨道交通线路，为克服地下车站列车高速运行带来的影响通常采用如下方式。

（1）列车经过地下车站，采取降速通过，不另外采取泄压措施。

（2）列车经过地下车站，采取增加隧道断面积或泄压措施，如设置单独的泄压孔及泄压井、横通道等。

上述方式存在如下缺点：列车需要进行降速处理，无法实现高标准时空目标；采用单独的泄压措施，则增加土建成本，造成资源浪费。

为了克服上述技术缺陷，匹配"大站停+站站停"组合运营模式，十八号线和二十二号线在设计时首次将地下越行车站的活塞通风系统设置与减缓压力措施结合，如图 3-56 所示，泄压孔兼活塞风孔设置在停车线上方，且在分隔墙的范围内，泄压井与活塞风井合设，其面积不小于孔洞所在位置的断面面积，与泄压孔兼活塞风孔通过活塞风道连通。在不降速的前提下，有效降低气动效应影响，不需采取额外的泄压措施，节省了土建空间，同时也减少对地面环境的影响，助力实现高标准时空目标。

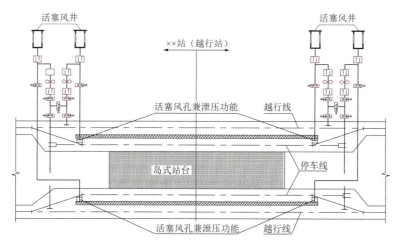

图 3-56 地下越行车站自带泄压功能示意图

3.4.3 抗压的隧道风阀

十八号线和二十二号线隧道断面大且区间长,并采用快车全速越站的运营模式,位于隧道上方用于隧道通风系统的电动组合风阀,由于其承受的风压大,且风阀面积较大,为防止叶片及风阀结构变形,对行车安全造成隐患,风阀的安全可靠尤为重要。

设计团队通过对现有的高铁、城际及市域快线开展广泛调研,研究规范条款,与国内多个风阀厂家进行技术交流、探讨,全程参与风阀设计、招标及研发生产,还邀请了国内轨道交通各大设计院的专家针对高风压工况大型组合风阀进行了专家研讨会,最终设计出的电动组合风阀得到了专家们一致认可。

如图 3-57 所示,电动组合风阀单元阀体采用 3mm + 2mm 厚镀锌钢板连接成双层叶片,叶片为机翼形,长度不超过 1m,具有承压高特点;叶片两端均采用有机硅胶密封互相搭接,侧阀座采用 U 形不锈钢,以保证叶片之间,叶片与阀体间的密封;底框架采用 22 号通长槽钢焊接,保证每个单体阀底框四边均落在基础或风阀墙上,驱动杆采用 ϕ38mm(壁厚 5mm)无缝钢管,钢管两头带螺纹结构,以提高风阀强度及安全系数。对于叶片有坠落隐患的风阀,设置防护网,螺栓固定在底框,进一步确保风阀安全可靠。这些设计及措施均属于国内首创,最大限度提高风阀强度及安全系数。

图 3-57 隧道通风电动组合风阀现场图

高风压电动组合风阀的设计及创新,在市域快线、城际铁路以及高铁等高车速、高风压线路建设中具有普遍适用性、前瞻性。

3.4.4 减负的车站隧道排热系统

十八号线和二十二号线隧道内的风压、风速及振动高于常规的地铁线路,车站隧道排热系统的轨顶风口插板阀设置在轨行区正上方,安全隐患大,且插板阀调节功能差,实际工程应用中基本处于闲置状态。本工程通过模拟计算,结合以往工程实际,优化轨顶风道布置结构。

(1)取消了传统轨顶风口处的插板阀,减少了阀体本身及阀体安装,给轨行区带来的安全隐患。

(2)取消插板阀,降低了施工难度,缩短工期。

(3)通过近、远端轨顶风口的开孔大小差异化设计,使各轨顶风口的排风量基本保持均匀,有效提升了各轨顶风口的利用效率。

排热风口布置如图 3-58 所示。

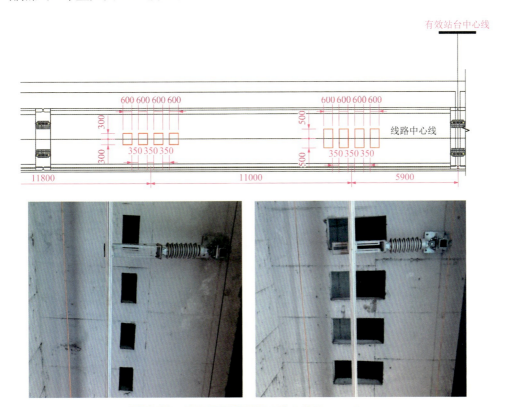

图 3-58 排热风口现场图(尺寸单位:mm)

3.4.5 换乘车站的冷源新模式

随着地铁线网规模日渐增大,换乘车站也越来越多,且出现了多线换乘。对于换乘车站的冷源设置，以往采用两条或多条线路单独设置冷源，即设置单独的冷水机组、水泵及冷却塔等水系统设备，这些设备均需占用较大的土建空间，特别是冷却塔放置在室外，对于换乘车站来说，协调难度较大，且影响地块的商业价值。

十八号线和二十二号线车站规模大，换乘站较多，在国内首次对同期规划的换乘车站提出冷源共享模式。根据同期规划，建设时序相差 5 年以内的换乘车站，空调冷源采用共享方案，即不论何种换乘形式，只在一条线路设置冷源，一套水系统设备，冷水机房设置在换乘节点附近，靠近不同线路车站负荷中心的位置，以减少输送能耗损失。冷源共享模式如图 3-59 所示，该模式具有以下优点。

（1）节约用地，节省初投资。冷源共享模式节省了换乘线路的冷水机房、冷却塔用地，特别是冷却塔，减少征地范围，节约初投资，且降低了对室外环境的影响。

（2）节能。冷源共享模式采用多条线路共享冷源，减少冷水机组台数，增大单台冷机容量，大冷量设备具有更高的能效。

（3）节省运营管理费用。冷源共享模式采用共享冷源，多线换乘车站的设备少，运行管理工点少、人员维护成本低，更便于管理。

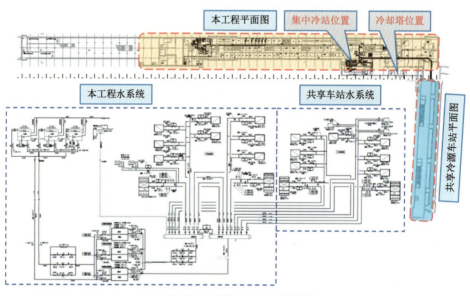

图 3-59　共享冷源车站示意图

3.4.6　高压细水雾灭火系统

轨道交通是一个复杂庞大的系统，设备众多，为保证线路的正常运营和消防安全，尽可能减少火灾发生后的经济损失及快速恢复线路的正常运营，沿线地下车站及附属建筑物的重要电子电气设备用房需要采用自动灭火系统进行保护，本工程采用低碳环保的高压细水雾灭火系统，如图 3-60 所示。

高压细水雾灭火介质采用常见的饮用水，水源容易获取，灭火的可持续能力强，对人体无害，低碳环保。灭火机理是使用经过特殊构造的细水雾喷嘴，通过水与雾化介质作用而产生水微粒，水微粒有较大的比表面积，利于吸收火场热量，蒸发而产生体积急剧膨胀的水蒸气，上述过程一方面冷却燃烧反应，另一方面，水蒸气的大量产生能降低封闭火场的氧浓度而起到窒息燃烧反应，达到双重物理灭火的效果，此外细小的水颗粒有效地吸收并分散热辐射，具有优良的火情抑制能力，既起冷却作用又有效隔绝辐射热，还能有效去除火灾区域内的烟气，减少人员伤亡。

图 3-60　高压细水雾灭火系统现场图

3.4.7　给排水在线监测系统

给排水系统运用现代化的计算机、通信和数字化控制技术，对系统中的各种水位、设备工作状态等信息进行实时监测，实现设备高效、低耗的最优化控制，达到经济运行的目的，同时为运营部门优化给排水系统的检修和运行管理提供有效的数据支撑。给排水在线监测系统如图 3-61 所示。

图 3-61　给排水在线监测系统

（1）远传水表计量

车站具有用水点多且分散的特点，十八号线和二十二号线各车站在进水总管、卫生间、环控机房、冷却塔补水等主要用水点采用远传水表计量，并将相关用水数据经通信接口上传至 BAS 系统，相比于传统的机械式水表，极大提高了计量效率。

（2）消防设施远程监控

消防水池及消防增压设施受 FAS 系统的监控，车控室可显示消防水池正常、最高、最低报警水位信号，运营维护人员可对各水池的水位得到及时的掌控。其他与消防相关的设备（消防增压设备、自动灭火设备等）由就地控制器和 FAS 系统实现车站控制进行相应的监视与控制。车站控制室还可以通过 BAS 系统对车站至区间消防接管上的手动/电动两用蝶阀实行监控，区间消防管道发生爆管事故时可由 BAS 系统实现远程快速关闭。

（3）排水设备自动化控制

排水设备（潜污泵、污水密闭提升装置、一体化污水处理设备等）可根据集水井或水箱的水位信号自动控制水泵的启停，设备的运行信息（运行时长、故障、流量、压力等）由设备自带的就地控制器进行记录与控制，其中部分关键信息（开、关、故障）由车站 BAS 系统进行采集和存储，以供工作人员调用和相关数据处理，部分关键的远程控制操作也由车站 BAS 系统实现车站级控制。

3.4.8 全线无断电同相供电系统

运行经验表明，在传统交流牵引供电系统采用分段供电方式下，牵引变电所出口处及分区所设置的电分相存在过分相问题、电能质量问题、供电能力问题。为了解决上述问题，十八号线和二十二号线牵引供电系统采用全线无断电同相供电技术，牵引变压器采用斯科特（Scott）接线，设置全套同相供电装置，同时取消牵引变电所出口处以及分区所设置的电分相，在不同供电分区之间设置地面电子开关过分段装置，实现列车全线无断电运行。

1）同相供电装置

十八号线和二十二号线采用同相供电装置（图 3-62），将原有牵引变电所的两相变换为一相，取消了变电所处电分相，由同相供电装置实现有功传递，使得供电臂的负荷在三相电力系统的分配更加对称，满足国标要求。其将牵引变电所的两个主要供电设备，即变压器和补偿装置分为相对独立的两个部分，而二者在功能上又能相互配合。

图 3-62 同相供电装置

单相组合式同相供电方案的原理是：将牵引变压器和高压匹配变压器构成一种供电容量不等、电压幅值不等、电压相位垂直的特殊类型的不等边的 Scott 变压器。正常运行情况下，牵引变压器和同相补偿装置同时为牵引负荷供电，以牵引变压器为主要供电设备，同相补偿装置辅助供电的同时负责对电力系统三相电压不平衡度进行调整，实现负序电流的补偿。电能质量测试如图 3-63 所示。

图 3-63　电能质量测试图

（1）同相供电装置（变流器输出）电压与牵引网电压同相位，减少列车过分相，可大大提高列车运行的技术速度，提高线路通过能力，增加运力。

（2）由主变压器担负主要供电任务，同相供电装置提供部分功率，系统侧三相电流对称，从而有效抑制负序电流，兼顾无功补偿、谐波抑制、电压稳定等功能，减少对外部电源的影响，提高牵引供电系统对外部电源的适应性。

（3）提高牵引变压器容量利用率。采用交流同相供电技术增大牵引供电臂长度，能够促进在线运行列车再生制动电能相互利用，降低牵引供电系统对电网的功率需求，减小牵引变压器容量，提高牵引变压器利用率、增大牵引变电所间距、提高牵引供电系统可靠性、节约供电系统的投入成本，减少电力系统的用电，大大增加节能效果。

2）地面电子开关过分段装置

地面电子开关过分段装置（图 3-64）通过传感器感知列车位置信息，控制电子开关阀组的通断将供电臂电压连接至中性区，实现列车无感知通过，设备维护费用低，列车断电时间极短、显著抑制电磁暂态，实现列车无感知过分相。

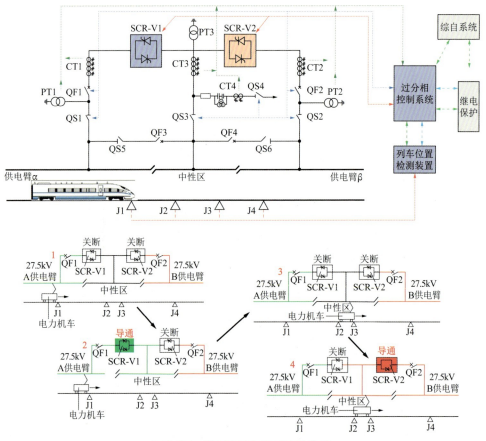

图 3-64 地面电子开关过分段装置

电力电子开关寿命长、维护工作量小，晶闸管阀组过载能力强、响应快、易控制、寿命长、可靠性高，列车断电时间极短，显著抑制电磁暂态，实现列车带电无感知过分相（段），列车可不降速、安全通过分相（段）区，特别是对于长大坡道路段，可以明显提高列车的通过能力，避免"停坡"事故的发生，保证线路上列车安全运行。

（1）地面电子开关过分段装置可以将列车过分相（段）时的断电时间控制到最短，使列车的速度损失最小。

（2）地面电子开关过分段装置响应速度快，开关切换时间短，可以精确控制开关的分断与合闸时间，从根本上避免了列车过分相（段）时过电压与过电流的产生。

3.4.9 刚性架空接触网

（1）全地下 160km/h 的刚性架空接触网系统

十八号线和二十二号线是国内首批设计速度达 160km/h 的全地下市域快线，地下线路全线采用刚性架空接触网进行授流，并于 2021 年 3 月电力动车试验中跑出 176km/h，为国内地铁最高试验速度。

160km/h 刚性架空接触网系统（图 3-65）缩短了列车旅行速度，具有高运行可靠性、高维护便利性及故障影响范围小的特点。

（2）预埋套筒+外挂滑槽安装

接触网吊柱底座采用预埋套筒+外挂滑槽（图3-66）的固定方案，该方案为国内地铁首次采用。与传统后植锚栓方案相比，该方案解决了后植锚栓施工对隧道二次衬砌的破坏和扰动，根除了后植锚栓钻孔过程中产生大量噪声和粉尘的问题，作业环境好，提高了接触网安装效率。且便于运营期更换及增加各种设备，经济效益显著。

图3-65 刚性接触网

图3-66 预埋套筒+外挂滑槽

（3）基于轨行区大数据的无轨施工

基于轨行区大数据的无轨施工是指利用隧道全断面3D扫描，结合已有CPⅢ数据、隧道限界设计值，通过大数据计算实现自动化限界检查，模拟出线路最佳调线调坡数据，再以此为依据进行无轨施工。

接触网无轨施工（图3-67）解决了施工现场作业交叉严重、施工位置容易发生冲突等问题。相较于有轨施工，无轨施工在轨道铺设前实施悬挂安装工序，能提前介入施工，提高生产效率，减少交叉施工，降低劳务成本，对比传统有轨施工可有效缩短工期。

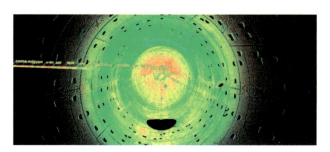

图3-67 接触网无轨施工

3.4.10 智能牵引供电

（1）一次设备智能化与自动化

目前国内外城市轨道交通领域尚无供电设备全覆盖、电压等级全涉及的完备供电设备在线监测技术体系。十八号线和二十二号线应用一次设备智能化与自动化关键技术，一次设备增加传感装置或专门研制的设备对运行状态进行监测与分析，具备高可靠性、智能化、环境友好、低能耗等技术特征，满足模块化、标准化、可视化等技术要求。一次设备智能化与自动化技术路线与自动化现场设备实景如图3-68与图3-69所示。

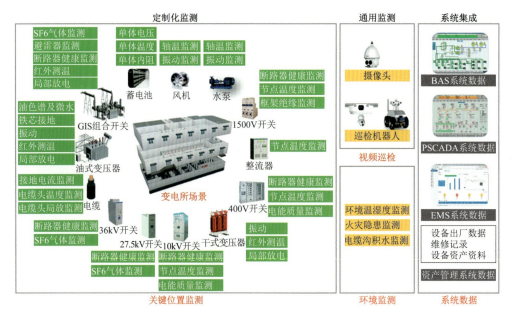

图3-68　一次设备智能化与自动化技术路线

PSCADA-电力监控系统；EMS-能源管理系统

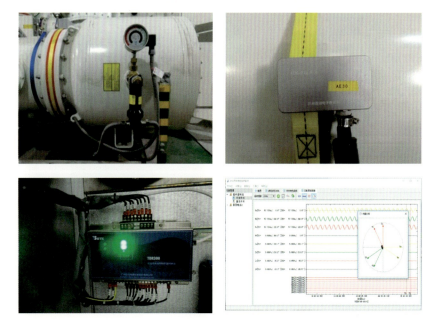

图3-69　一次设备智能化与自动化现场设备实景

十八号线和二十二号线主要从一次设备在线监测设备、干式变压器智能终端、断路器动作特性监测装置、接触网远程可视化验电接地装置等方面，实现供电设备就地化在线监测与智能分析处理，全面提升供电设备智能化和自动化水平，进而为智能牵引供电全寿命周期智能运维管理平台的应用开发提供数据来源和理论依据。

（2）基于全线电气拓扑结构的二次设备网络化

变电所综合自动化系统组网如图 3-70 所示。对于涉及多间隔的保护（如母线主保护、数字通信电流保护等），各保护测控一体化装置间采用基于 IEC 61850 标准（电力系统自动化领域全球通用标准）的 GOOSE（面向通用对象的变电站事件）独立光纤网络方案，解决传统 IEC 103 保护规约的过程层数据信息共享能力差、保护级差配合难以满足保护选择性与速动性、工程设计与实施难度大、抗干扰能力不强、不具备状态自检测、功能拓展难、经济成本较高等痛点。传统保护方案与 GOOSE 网络化保护方案对比分析如图 3-71 所示。保护网络采用冗余、零自愈时间的高可靠通信网络，数据传输接口采用以太网接口。

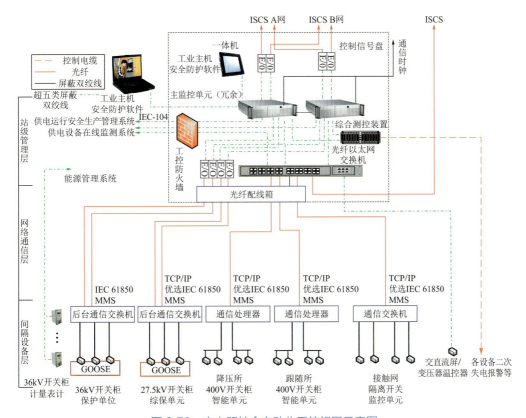

图 3-70　变电所综合自动化系统组网示意图

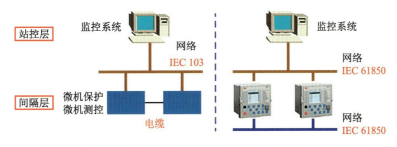

图 3-71　传统保护方案与 GOOSE 网络化保护方案对比分析图

十八号线和二十二号线线路总长度约 92km，采用联闭锁控制电缆投资总额约为 300 万元,若全部采用光缆,则节约设备投资约 180 万元。且由 4 名工人 10 个工作日的工作量缩减为 2 名工人 2 个小时的工作量,使用光缆接线取代控制电缆接线,大大缩短现场接线施工工期,有效减少施工成本。

25kV 牵引供电系统保护搭建站间 GOOSE 双网,25kV 牵引网保护,同相供电系统保护、过分相系统保护接入该 GOOSE 双网,实现过程层信息的共享,并依托 GOOSE 通信机制保证通信的快速性和可靠性,共同实现全线牵引网的数字化快速保护。GOOSE 网络化保护、联闭锁工程实施与数字化距离保护最小化停电区间故障隔离及保护配合的逻辑关系如图 3-72 与图 3-73 所示。

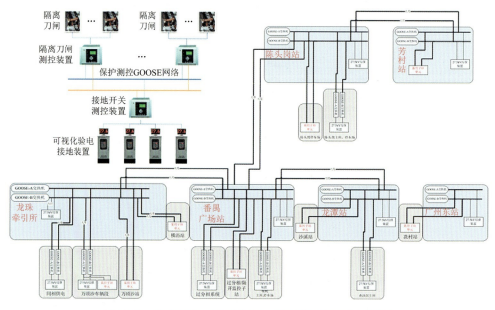

图 3-72 GOOSE 网络化保护、联闭锁工程实施示意图

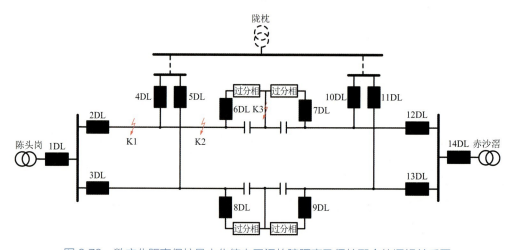

图 3-73 数字化距离保护最小化停电区间故障隔离及保护配合的逻辑关系图

隔离开关和接地开关依托保护系统的 GOOSE 网络采集全线断路器、刀闸位置信号进

行逻辑组态编程，输出闭锁节点，实现电动隔开、接地开关的操作闭锁功能。

本系统采用 IEC 61850 通信协议，构建以逻辑闭锁为核心的网络化保护方案，实现规约标准化、传输信息化，提升全线过程层数据信息的交互性。利用软硬件闭锁双重防护，进而节约线缆成本，提高系统运行控制的可靠性。

（3）智能牵引供电系统全寿命周期智能运维管理平台开发

十八号线和二十二号线智能牵引供电系统全寿命周期智能运维管理平台采用单独组网的系统构成方式，分为数据采集、智能分析、智能应用三层架构，如图 3-74 所示。在各个车站设置站级系统来实现设备的实时监测、实时和历史趋势分析、预测趋势分析（故障预测），在中央级设置中央级监测系统来实现全线设备的实时监测、健康状态评估、寿命预估、故障统计分析、维修策略生成与优化。平台界面如图 3-75 所示。

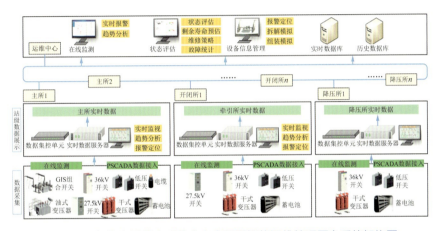

图 3-74　智能牵引供电系统全寿命周期智能运维管理平台系统架构图

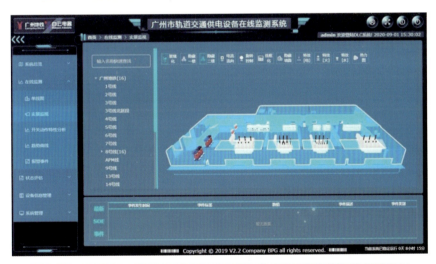

图 3-75　基于 3D 模型的智能牵引供电系统全寿命周期智能运维管理平台

本关键技术在十八号线和二十二号线成功应用后，通过对直接发生的人工、机械使用（汽车、作业车、打磨车、检测车等综合台班）和管理费等统计分析后，可得出经济效益约

1934.89万元/年。此外，本技术还提升了轨道交通供电专业设备的运维效率，优化资源配置，为延长运营时间、提升服务品质奠定基础，满足市民美好出行需求。

智能牵引供电系统全寿命周期智能运维管理平台实现供电系统全景数据驾驶舱、状态评估、智能告警、统计分析、报表输出等功能。为供电设备生产、检修、运行、预试、调度、项目管理各业务的标准化、规范化管理提供有效的信息支撑平台，实现供电设备出厂、投运、运行、检修、退役过程全寿命周期健康状态管理，为供电系统安全稳定运行提供决策支持，提高运行维护效率，全面提升智能运维管理水平。整体性地把轨道交通供电系统运维工作由现在的人工运维、计划运维向数字运维、状态运维转变，实现供电系统整体的安全管控及对设备状态主动感知的智能化精准维护维修。

（4）智能牵引供电系统多区域全流程安全作业管控平台研制

国内在电力行业已有微机五防系统、工作票系统等局部功能产品，但在轨道交通领域，针对交流牵引供电系统安全作业方面，国内外目前还没有类似的平台化产品和全线型的完善解决方案，大部分采用的是人工方式。

本工程首创了覆盖线网运维作业全过程的安全智能防误操作方法，建立动态拓扑网络模型、防误规则库和专家诊断系统，实现大规模线网供电运维操作实时防误、安全区动态识别。研发基于模糊图像增强、精准位置感知、多元信息校核的设备状态多判据识别技术，实现弱光环境下设备状态的可靠检测和精准识别。发明接触网远程可视化自动验电接地一体化技术，实现全线网并行自动接地操作，安措部署时间从近1h减少到5min以内。该平台全过程逻辑模型如图3-76所示。

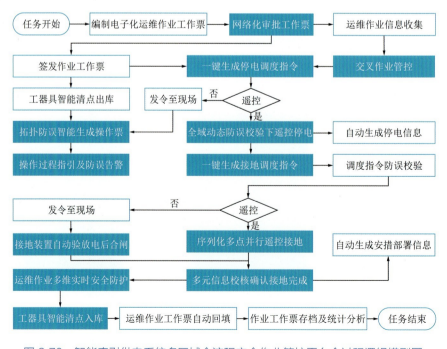

图3-76 智能牵引供电系统多区域全流程安全作业管控平台全过程逻辑模型图

本工程研究智能牵引供电系统多区域全流程安全作业管控平台和网络化拓扑安全管控技术，从全线网整体性安全管控出发，通过集成管控、业务融合、动态识别、专家诊断等技术手段，解决各作业区域之间多工位、多专业交叉作业等安全管控难题，消除多业务系统信息孤岛现象，实现标准化、智能化、可视化的供电运维安全管控。提升乘客、运维人员及电气设备的安全保障水平。缩短运营期间应急抢修时间，最大限度降低事故影响。综合操作屏和检修平台设备现场如图3-77所示。

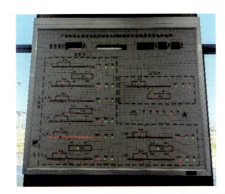

图 3-77　综合操作屏和检修平台设备现场实景

3.4.11　基于光环境深化的智能照明系统

十八号线和二十二号线进行了智能照明系统的优化设计工作，在原有线路的方案设计基础上，考虑乘客舒适性、智能化、绿色节能等因素对智能照明系统进行深化设计。

正线车站首次采用了RGBW（四色型像素）灯具，智能照明系统采用DMX512控制方式，首次将室外泛光照明的控制逻辑运用至室内照明，为车站整体光环境提供丰富的氛围效果，提高乘客搭乘体验感。其中，重点站站厅层采用RGBW的暗藏灯，站台层站台门RGBW暗藏灯可联动列车快慢线和进出站信号调整颜色和动态效果，如图3-78所示。

图 3-78　站台层暗藏灯RGBW动态变化效果

同时，重点站站厅层首次采用可变色温直线灯具，通过智能照明系统的 DALI 控制模块，可根据客流、天气等情况调节灯具的冷暖色调，提供更舒适的照明环境。

该系统设计在原线路方案基础上扩大了智能照明系统控制范围，不仅可对公共区灯具实现调光调色功能，还可实现对设备区走廊、站台板下层照明、导向照明、广告照明等各类照明进行远程监控，有利于运营人员监控照明工作状态，根据运营实际情况灵活远程控制灯具。

智能照明系统设计是基于由广州地铁设计研究院电气工程所主导的科研项目"城市轨道交通车站光环境研究"的研究成果对车站整体光环境进行深化设计。本项目从整体光环境舒适度的角度上对车站内各类光源间（含广告照明、导向照明等）和灯具装修间的关系进行了定制化设计，并通过全新的 VR（虚拟现实）手段对番禺广场站整体光环境进行了近乎 100%光环境还原的仿真模拟（图 3-79），系统内的灯具参数、装修材料的反射系数等均根据实测值进行模拟，光环境还原度为全国领先水平，十八号线是全国轨道交通行业内首个应用光环境设计的轨道交通线路，番禺广场站灯光现场效果如图 3-80 所示。

图 3-79　番禺广场站 VR 仿真模拟效果

图 3-80　番禺广场站灯光效果

3.4.12　模块化装配式站台门

十八号线和二十二号线是国内首批成功采用全过程模块化装配式站台门技术的线路，该技术从根本上解决了传统的站台门安装方案组装工序繁琐、工业化程度低等问题，提升了安装质量，节省了调试时间和提高了门体的可靠性和稳定性。

传统的站台门安装调试工作往往受制于轨道、土建、装修等专业，普遍存在现场安装条件恶劣、交叉施工、工期紧张的情况，安装方式主要以散件现场组/拼装为主，以部件/零件等为单元进行现场安装，工业化程度低、工序及零部件繁多、安装效率低、质量稳定性较差、产生建筑垃圾多、管理难度较大，进而影响了站台门系统调试进度及运营可靠性。

模块化装配式站台门以整体门单元为模块，在工厂将各部件完成装配、调试和测试等工作，运输到现场后，以"搭积木"的方式快速完成安装拼接，单个站台门模块单元完成安装仅需 15min，相比传统安装方式缩短安装工期高达 75%以上，极大提高了现场安装调试效率、工艺质量，并降低了人力成本，减少现场材料堆放，避免交叉作业，提升了现场安全文明施工管理水平。模块化站台门吊装与安装如图 3-81 与图 3-82 所示。

图 3-81　模块化站台门吊装现场

图 3-82　模块化站台门安装现场

3.4.13　新时代嵌入式乘客信息显示屏

为进一步提升车站乘客信息显示效果，优化车站公共区空间布局，十八号线和二十二号线在国内首创全线采用 PIDS（公共信息显示系统）乘客信息显示屏采用嵌入站台门顶箱活动盖板，如图 3-83 所示。信息屏采用 86 英寸 LCD 高清 4K 显示屏，每侧站台设置 14 块信息屏，每块信息屏播出画面的划分区域可达 10 个或者以上，每屏/每区域可独立控制，显示更多资讯信息。信息屏可显示不同车厢的拥挤程度、车次信息、车站应急播报等内容。屏幕采用嵌入式安装，屏面与盖板表面贴平，信息屏活动盖板组件通过支撑气弹簧支撑，在实现整体美观性的同时保障了盖板开关操作的便利性。信息屏嵌入式设计还充分考虑了减振、防尘、防潮、绝缘等措施，从而有效保障了在地铁运营环境下的可靠性及使用寿命，同时，为满足运营管理需要，每个显示屏均具备独立开/关控制功能。

图 3-83　新时代嵌入式乘客信息显示屏实拍图

3.4.14 动态风压下的智能站台门

为适应 160km/h 高速列车通过及快慢车、环控运营模式等要求,站台门系统不仅要面临最大活塞风压的结构强度、疲劳、功能等问题,还需要满足开关门过程中有一定动态风压情况下系统功能正常,不影响行车组织的要求。

十八号线和二十二号线在行业内首创运用了基于 PID(比例、积分和微分)控制的站台门门控单元双闭环智能控制技术,解决了动态风压导致的滑动门快关门故障的行业难题。通过运用 PID 控制提高 DCU(牵引控制单元)智能化程度,系统可对乘客阻挡、动态风压等导致门体开关门遇阻的诱发因素进行精准区分。如为风压遇阻,站台门 DCU 系统可对电机输出关门力进行智能动态调整,优化 DCU 软件设计,通过智能优化站台门动态开关门运动曲线,可满足动态风压下开/关门的要求,确保站台门按时、准确关闭。如判断为乘客阻挡,则采用站台门防夹保护系统,避免屏蔽门夹伤乘客,在保障乘客安全的前提下,有效提升了系统性能。另外,本工程还国内首创搭建了一套超大型轴流风机(250kW)站台门动态风压测试平台,对实际运用工况下的动态风压进行模拟测试,实现全场景测试,如图 3-84 所示。经风压测试检验,站台门开关门系统功能、性能指标正常,满足本工程风载条件下运行的结构稳定性与系统可靠性,为本工程运营开通奠定了坚实基础,自开通以来,站台门运行优良,未出现动态风压开关门故障的情况。

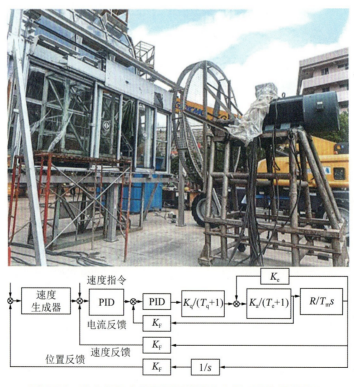

图 3-84 站台门动态风压开关门解决方案(平台及算法)

3.4.15 高平顺及低振动轨道结构

针对十八号线和二十二号线运营速度高、列车轴重大、发车间隔短、运营交路灵活及穿中心城区等特点，广州地铁设计研究院采取了一系列高平顺、少维护及低振动的轨道结构设计创新措施。研究成果已在该工程中得到成功应用，技术成熟可靠，可推广应用至粤港澳大湾区城际铁路、市域快线及一般地铁项目中。所形成的高平顺、少维护及低振动轨道结构技术方案、理论体系及新研发产品等成果的推广应用，可大幅提升列车运行平稳性及市民乘车舒适性。列车运行带来的环境振动及噪声也可得到有效控制，最大限度地降低对乘客与沿线居民的影响。另外，便维护、少维护及智能运维设计理念的落实，大幅降低工务人员的作业强度、难度，精简运维队伍，达到控本增效目的。

1）研发了频率与荷载弱相关型钢弹簧浮置板轨道

国内外其他轨道交通工程中，钢弹簧浮置板轨道的运营速度不超过 140km/h，本项目研发并铺设了世界设计速度最高（运营速度 160km/h、试验速度 176km/h）的频率与荷载弱相关型钢弹簧浮置板轨道（图 3-85），为两线下穿特殊敏感点提供了更优选择。

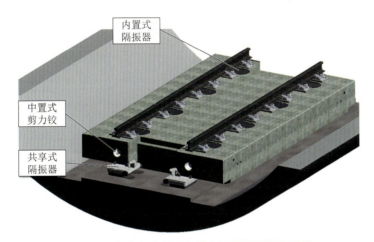

图 3-85　频率与荷载弱相关型钢弹簧浮置板轨道

该新型钢弹簧浮置板轨道由钢轨、扣件、预制浮置板、内置式隔振器、共享式隔振器、中置式剪力铰及基底组成。结构充分考虑安全性、稳定性及适用性，具有频率与荷载弱相关、参振质量大、拼装化程度高、隔振器刚度及阻尼可调、纵向及横向限位可靠、中置式可更换剪力铰、多级高平顺过渡、实时监测及多重安全保障措施等技术特点。

（1）新产品研发全流程

为了能够有效模拟高速列车与浮置板轨道之间的动态相互作用，评估浮置板轨道不同支座刚度、不同行车速度条件下快速车辆的行车安全性与平稳性，广州地铁设计研究院开展了浮置板轨道振动特性仿真，基于轮轨耦合动力学理论，建立了高速列车—浮置板轨道耦合动力学模型，完成了理论分析、系统设计、模具设计制造、室内试验、施工研究及线上试验等工作,如图3-86所示。

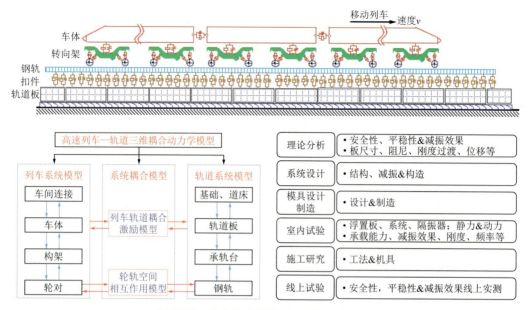

图3-86 动力学分析模型及主要研究内容

(2)频率与荷载弱相关

内置式隔振器包含联合支撑弹簧和静载支撑弹簧两种,该创新设计方案有如下优势(图3-87):列车车轮经过时,随着隔振器所受荷载增大,联合支撑弹簧参与受力,使浮置板动态下沉量保持在合理范围,保证行车安全;此时由于列车簧下质量参与浮置板系统振动,自振频率也不会增加过大,保证减振效果达13dB以上,经第三方测试,隧道壁减振效果为15dB。

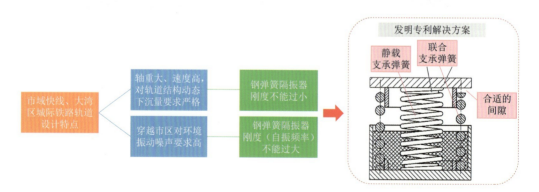

图3-87 内置式隔振器设计创新点

列车车轮未直接作用于钢弹簧浮置板时,参振质量小,但由于联合支撑弹簧不参与受力,浮置板系统保持较低的刚度,系统自振频率也能保持车轮经过时的水平,实现自振频率与荷载弱相关,较大的振幅也能充分发挥阻尼液的阻尼效果,保证系统在变化动载条件下的振动控制效果。

施工阶段,仅静载支撑弹簧受力,其设计刚度可以适当降低,使其在浮置板静载状态下压缩量增大，以适应混凝土底座施工偏差，同时提升调平施工效率。

（3）隔振器刚度及阻尼可调

内置式隔振器采用双筒形式（图 3-88），可调整筒内隔振数量和型号，即使在运行阶段仍可对浮置板系统刚度进行调整，结合在线测试结果，调整相关参数，保证浮置板系统的安全运营及减振需求。

内置式隔振器可以通过调整阻尼液高度及参数的方式，在运行阶段对系统的阻尼进行调整，如图 3-89 所示。

图 3-88 双筒隔振器

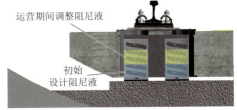

图 3-89 内置式隔振器阻尼液调整示意图

（4）纵向及横向限位

浮置板板端预留安装限位装置及共享式隔振器的空间，共享式隔振器高度低，由多个弹簧组成，其纵向、横向稳定性好，提供安全保障。共享式隔振器与设置位置分别见图 3-90 与图 3-91 所示。

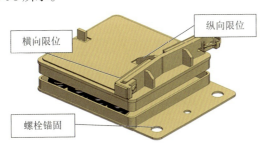

图 3-90 共享式隔振器

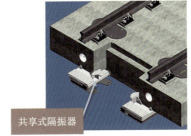

图 3-91 共享式隔振器设置位置

（5）中置式可更换剪力铰

预制浮置板板端采用内置式可更换剪力铰加强连接，保证剪力铰不凸出道床面，且可以在运营期间更换。传统上置式剪力铰与可更换中置式剪力铰分别如图 3-92 与图 3-93 所示。

图 3-92 传统上置式剪力铰

图 3-93 可更换中置式剪力铰

(6) 多级过渡

当列车高速运行于轨道上时，轨道支撑刚度的平顺性对列车行驶的安全性、平稳性以及乘客乘车舒适性等方面起着至关重要的作用。目前，普通地铁所采用的钢弹簧浮置板系统仅在普通道床与浮置板道床衔接位置加密少量隔振器，由于采用的隔振器单一，其过渡段长度、过渡段刚度等级划分均存在不足；本系统采用内置式双筒隔振器及共享式隔振器组合的方案，通过调整隔振器数量、钢弹簧数量、刚度等方式，一方面可实现加长过渡段长度，另一方面还可实现刚度多级过渡，确保列车高速、平稳运行，如图3-94所示。

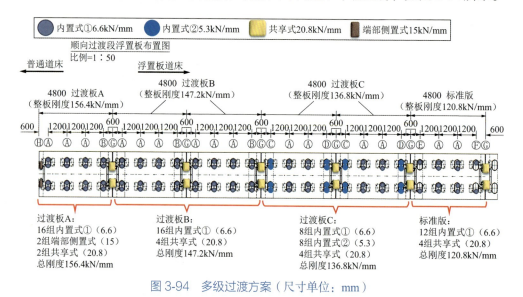

图3-94 多级过渡方案（尺寸单位：mm）

(7) 在线实时监测系统

为确保轨道结构安全，综合研究轨道长距离、长时间的安全性、动态特性、减振性能、车辆车速相关性等性能，本项目通过连续分布式、长时间跨度的技术手段，全面地评价不同位置、不同时段、不同车次、不同运营时期道床指标，以避免断面选择带来的差异，本项目研发了一整套在线实时监测系统（图3-95）。

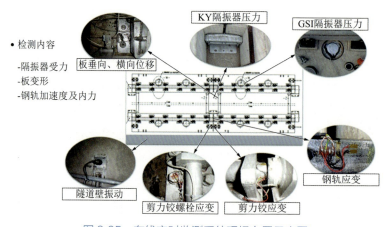

图3-95 在线实时监测系统现场布置示意图

2）提出了动刚度设计方法

本项目提出了一种适用于隔离式减振垫浮置板轨道系统的动刚度设计方法，包括减振垫设计刚度取值方法、测试方法、固有频率计算方法、浮置板轨道的施工质量或保养质量的检测方法以及减振效果的评估方法。该动刚度设计方法能满足项目设计需要，实现浮置板轨道施工质量或保养质量的快速检测与科学评估，同时也能对浮置板轨道的真实减振效果进行评价。

（1）减振垫刚度限值理论研究

基于车辆—轨道耦合动力学理论，本项目应用多体动力学软件建立与浮置板轨道试验段运营条件相同的仿真模型，计算确定满足《浮置板轨道技术规范》（CJJ/T 191—2012）安全性要求的减振垫刚度下限值；应用有限元软件建立隧道—地层耦合动力有限元模型，计算确定满足高等减振措施要求（10dB）的减振垫刚度上限值。基于安全性与减振效果，初步提出减振垫合理的常量刚度范围。

（2）减振垫动静刚度测试方法与评价方法研究

本项目针对减振垫动静刚度测试与评价方法，定义了动刚度评价采用的三种不同测试预压荷载，明确了不同预压条件下动刚度与对应评价指标的关系，提出了减振垫刚度测试结果在安全性与减振效果仿真分析中的选取方法。

（3）减振垫动静刚度测试及最终确定

本项目建立了隔离式减振垫浮置板轨道结构静力有限元模型，计算确定列车拟静力荷载作用下隔离式浮置板轨道减振垫服役荷载范围，成果纳入"广州市轨道交通十八及二十二号线工程正线轨道系统设备用户需求书"。在该荷载范围内测试减振垫在常温23℃/低温−30℃情况下的静刚度以及不同预压条件下（5Hz/10Hz/20Hz/30Hz）的动刚度；最后根据提出的减振垫刚度限值，选取了同时满足安全性和减振性的减振垫型号。

（4）减振垫浮置板轨道振动特性分析

考虑减振垫支承刚度频变特性，本项目分别采用无载状态（第一预压）以及有载状态（第三预压）下测得的减振垫频变刚度，建立隔离式减振垫浮置板轨道三维动力有限元模型，分析考虑减振垫频变刚度情况下浮置板轨道结构的振动特性。通过模态分析确定了浮置板轨道结构的固有振型，并通过计算考虑刚度频变特性条件下浮置板轨道的固有频率，识别出真正反映浮置板轨道第一阶固有频率的减振垫刚度。

（5）考虑减振垫真实载频变特性的减振效果分析

为研究减振垫真实载频变特性对减振效果的影响，本项目应用分数阶模型建立了可反映减振垫真实载频变特性的车轨耦合模型，对比选用不同刚度评价减振效果方法计算得到插入损失与考虑真实载频变特性计算得到的插入损失的差异，并提出了科学准确且便于工程应用的常量刚度评价方法。本项目提出的新方法，细化了减振垫刚度推荐范围，并对减振垫的减振效果进行科学评价。

（6）疲劳荷载前后减振垫刚度变化率测试与评价

在完成1∶1比例的疲劳加载试验后，本项目在减振垫上截取300mm×300mm的试样三件，并进行常温23℃/低温−30℃时减振垫静刚度以及有无/车载条件下5Hz/10Hz/20Hz/30Hz的动刚度测试；通过对比疲劳加载试验前后减振垫静动刚度变化率，科学评价减振垫疲劳耐久性能。

3）建立了高速度、大轴重城市轨道交通轨道减振设计评价体系

国内外尚无成熟的160km/h轨道交通轨道减振设计评价方法，本项目构建了适用于高速度、大轴重城轨交通的减振设计评价体系，填补了160km/h轨道交通轨道减振设计评价方法领域的空白。

（1）环境振动评价关键技术分析

轨道交通线路沿线环境振动影响的精准预测一直以来都是一个世界性难题，这是由它涉及的因素太多且复杂所决定的。目前，关于轨道交通线路沿线环境振动影响预测评估处于经验或半经验的状态，本项目通过对比城市轨道交通、高速铁路以及城际铁路环评报告，综合考虑工程的特殊性以及相关规范，明晰了环境振动评价范围、评价指标以及控制标准；结合类似工程现场振动对比测试分析，得到了适用于本项目的振动源强；提出了一种适用于160km/h轨道交通环境振动预测公式，并据此得出沿线建筑物的建议振动防护距离，提供设计参考依据。

（2）振动防护措施分析

本项目详细对比了不同高速铁路的环评报告以及城市轨道交通线路大量采用的振动防护措施，分析了高速铁路、城际铁路与常规城市轨道交通环评报告中推荐的环境振动防护措施异同点，经深度比选扣件类、轨枕类及道床类轨道减振措施及其他类型措施后，提出了系统的振动防护措施设计建议。

（3）轨道结构减振措施设计理论研究

轨道减振严格意义上应称为隔振，即列车对道床或隧道壁乃至地面的振动通过设置一些隔振措施来降低振动传递比，而目前国内外绝大多数的轨道结构减振产品均离不开质量弹簧系统。对于质量弹簧系统的轨道结构减振措施，其减振原理就在于通过调整结构的自振频率使之尽量远离扰动频率范围，最终降低振动传递比。

当车辆选型、行车速度等已基本确定的情况下，各种特征扰动频率值变化范围不会太大，因此，轨道减振措施的减振效果与其自振频率的选择息息相关。不过，自振频率的选择不能一概而论，主要目的在于所选择的自振频率f_0远离扰动频率f范围，减小振动传递比。

当城市轨道交通设计速度提高至160km/h后，列车对轨道平顺性提出了更高的要求，120km/h以下城市轨道交通中常用的减振扣件、弹性短轨枕、梯形轨枕等，由于刚度过低，列车经过时下沉量加大，将引起钢轨非正常波磨，养护维修量加大，使用寿命降低，也会影响旅客舒适性，另外整个系统的横向刚度及稳定性需要进一步验证。国外经验表明钢轨

动态下沉量决定了轨道养护维修成本和使用寿命。因此，轨道结构减振措施的设计也不能为了减小振动传递比而一味地降低轨道结构刚度，具体的刚度设计取值详见频率与荷载弱相关型钢弹簧浮置板、动刚度设计方法及预拼装式减振垫浮置板轨道相关研究成果。

4）形成了设计规范

十八号线和二十二号线工程具有线路全地下敷设、客流量大、市域客流占比高、通勤需求强烈、跨线运营、公交化运营等特点。针对新形势下高速度、大轴重轨道交通建设需求，结合旅客出行需求、线网特点和运营管理要求，本项目按照"安全可靠、功能合理、运行高效、融合创新、经济适用"的原则，对轨道静态铺设精度、钢轨、扣件、无砟轨道、道岔、伸缩调节器、减振轨道、无缝线路等方面进行深入研究，比选确定适用于高速度、大轴重轨道交通的技术标准，研究成果形成广东省地方标准《城际铁路设计细则》（DB44/T 2360—2022）、《城市轨道交通环境噪声与振动控制及评价标准》（DBJ/T 15-220—2021）。

（1）提升设计标准、保证高平顺性、高舒适性

①道岔选型标准提升，设计速度为160km/h时，车站正线上的道岔宜采用可动心轨道岔。

②钢轨廓形推荐采用60N廓形，钢轨定尺长优先采用100m。

（2）人性化设计，以人为本、绿色环保

①欠超高、超高时变率、欠超高时变率标准提升。

②结合大湾区城际铁路进入城市中心的特点，进一步明确轨道减振的设置要求。

（3）轨道标准化，便于养护维修

①根据装配式结构发展趋势，结合大湾区装配式轨道结构研究成果，给出无砟轨道选型方向。

②跨区间无缝线路，全线无轨缝，道岔均采用铝热焊。

③扣件、道岔选型宜标准化、系列化。

（4）响应互联互通

①超高设计保证各类运行车辆的舒适性。

②接口设计兼顾轨道电路、综合接地、杂散电流等要求。

5）研发了预拼装式减振垫浮置板轨道

本项目研发了一种预拼装式减振垫浮置板轨道，并实现规模化应用，满足高速度、大轴重城市轨道交通下穿城市中心的振动及噪声防护要求。首次在国内160km/h市域快线应用聚氨酯减振垫，形成了聚氨酯减振垫研究与应用成套关键技术。

如图3-96所示，预拼装式减振垫浮置板轨道由钢轨、扣件、预应力浮置板、弹性缓冲垫层、一体化凸台垫、减振垫、自密实混凝土层（含圆形向上凸台）及基底组成，可削弱轮轨振动向线路周边环境的传播，减振效果可达10dB以上。

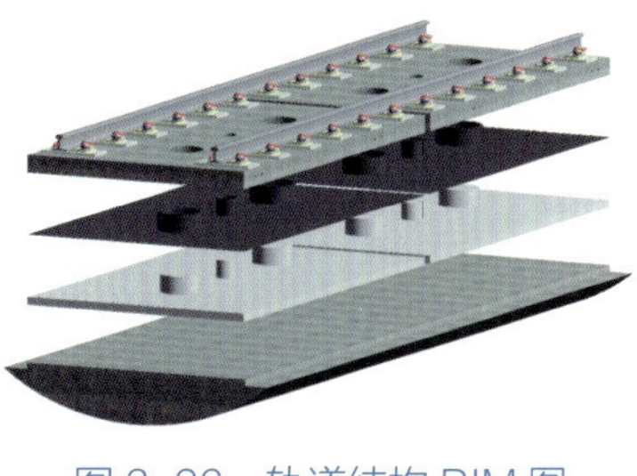

图3-96 轨道结构BIM图

（1）提出了适用于160km/h市域快线的新型预制板式轨道结构型式

本项目研发的新型预制板式轨道结构型式结合了CRTS I型板、CRTS III型板以及国内轨道交通装配式轨道结构的优点，提出的结构型式简化了施工工序、方便养护维修。

①相对于CRTS I型板，减少2道工序——限位凸台浇筑、凸台周边缓冲树脂浇筑。

②相对于CRTS III型板，使限位凸台可见，方便养护维修。

③相对于常规的减振垫浮置板，将板下中心水沟外移，解决了水沟的养护、清理问题；且减振垫侧面露出，可通过顶升预制板，更换减振垫，解决了减振垫更换困难的问题。

（2）完成了预制板式减振垫道床的理论研究及试验研究

本项目完成了长3.6m×宽2.4m×厚290mm板型的理论原理、试制试验、室内试验等方面的研究。

（3）成功通过176km/h的行车试验

目前本项目成果已成功应用于十八号线和二十二号线工程，经中国铁道科学研究院集团有限公司（铁科院）测试列车开展的176km/h的行车试验证明，本项目所采用的减振垫浮置板能够保证列车运行的安全性和平稳性。

（4）研究成果已推广应用于普通地段预制板式轨道

本项目结构设计以减振垫浮置板为前提，可将减振垫更换为隔离层，即可应用于普通地段的预制板式轨道。目前该结构已被广州地铁线网专题"时速80~250km轨道交通装配式轨道技术专题研究"、深圳地铁标准化研究项目"城市轨道交通装配式轨道关键技术研究与应用"采纳。

6）多措并举实现高平顺、少维护及低振动

（1）跨区间无缝线路+关键位置带复曲线可动心辙叉高速道岔组合设计

十八号线和二十二号线正线全线采用跨区间无缝线路，为国内城市轨道交通首例。正线及配线钢轨焊接采用闪光焊，轨顶面焊接平直度要求小于0.2mm，实现了长大区间钢轨零轨缝；道岔区钢轨接头采用高强度冻结接头，为兼顾轨道平顺性及施工、维护的便利性，轨缝采用与钢轨同材质的轨端片填充，消灭了道岔区钢轨接头。在列车高速运行及折返地段铺设带复曲线可动心辙叉道岔，提供了离心加速度突变缓冲区，消灭了辙叉有害空间，提升了列车过岔平顺性。上述组合方案的实施，大幅提高乘客乘车舒适性，并从源头上降低环境振动及噪声。

（2）高精度、施工维护便捷、维护量少的无砟轨道快速弹条扣件

①扣件为横向开关式设计，安装状态分为轨距块更换位、预紧位及工作位三种（图3-97），可实现工厂预安装；独特的"ω"形无螺栓弹条设计方案集有螺栓弹条受力稳定以及无螺栓弹条扣压力稳定的优点于一身。

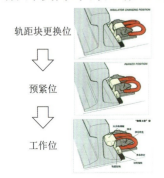

图3-97　开关式设计—三个工作位

扣件非接头处弹条设计弹程 14mm，单个弹条扣压力不小于 9kN；接头处弹条设计弹程 12mm，单个弹条扣压力不小于 8kN；轨面调高量−4～+26mm，调整级差 1mm；轨距调整量为−32～+28mm，调整级差 0.5mm；在 20～70kN 荷载范围内，快速弹条扣件系统弹性垫层静刚度为 30～50kN/mm，动静刚度比不大于 1.5。

②实现轨距 0.5mm 以内高精度调整：无砟轨道的轨距调整只能依靠扣件实现，本项目将调距扣板与毫米级轨距块组合，可实现轨距偏差控制在 0.5mm 以内，为提升轨道平顺性提供保障。

③"开关式"设计：安装状态分为轨距块更换位、预紧位及工作位三种，可实现工厂预安装，大大减少现场施工作业量，提升铺轨效率。

④独特的"ω"形无螺栓弹条设计（图 3-98）：集有螺栓弹条受力均衡以及无螺栓弹条扣压力稳定、养护维修方便的优点于一身；在扣压力、弹程等参数相仿的前提下，单根弹条质量仅为 0.6kg，是 W1 弹条质量的 83%、Ⅲ型弹条质量的 73%，节约资源。

⑤弹条横向安装：避免了 PR 弹条、e 形弹条容易随钢轨纵向移动的缺点，以及在扣压力损失较大时，导致弹条脱落的可能，使列车行驶更安全。

图 3-98　独特的弹条设计

⑥扣件的弹性分离式结构尽可能减少锚固螺栓承受的动态荷载，保证锚固系统性能的稳定性和可靠性。

（3）适用于高速度、大轴重城市轨道交通的双块式轨枕结构

作为双块式无砟轨道主要结构部件的双块式轨枕，为工厂化生产的预制部件。其外形尺寸设计、配筋与材料设计、与扣件的匹配设计、养护与检验方法等方面至关重要，直接关系到轨枕的模具制造、脱模工艺、养护工艺、尺寸精度、存放、运输与装卸、与道床板的兼容性、道床板裂缝的产生与发展、无砟轨道的耐久性等各个环节。因此双块式轨枕的设计和研究是双块式无砟轨道最为关键的技术内容之一。

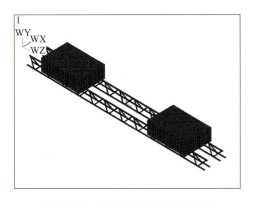

图 3-99　双块式轨枕有限元模型

项目组建立了双块式轨枕有限元模型（图 3-99），对轨枕块外形尺寸、桁架钢筋及轨枕块内部钢筋设置方案进行了全面分析，通过优化钢筋桁架及承轨台尺寸，降低轨枕制造成本，优化后的双块式轨枕混凝土、钢筋量均有所降低，混凝土由优化前的 0.083m³ 减少至优化后的 0.056m³，减少了约 33%；钢筋采用波长 182mm 波纹钢筋，钢筋量由优化前的 17.27kg 减少至优化后的 16.784kg，减少了约 3%。

通过对材料、人工、机械等费用进行测算，国铁 SK-1 型双块式轨枕一根造价 300 元，本项目研发的新型双块式轨枕一根造价 270 元，造价降低约 10%，有利于控制投资和减少成本，有利于新型双块式轨枕在城市轨道交通及城际铁路中推广采用。

（4）轨道质量指数（TQI）创城市轨道交通新纪录

2021 年 8 月，铁科院对十八号线和二十二号线工程进行了轨道动态几何状态综合测试。其中轨道动态几何状态测试内容包括高低、水平、轨距、轨向、三角坑、车体横向加速度、车体垂向加速度、TQI 等。车辆在 160km/h 速度等级下，轨道动态几何状态局部幅值和区段质量均远超标准要求。项目轨道质量指数创城市轨道交通新纪录。

十八号线车辆在最高运行速度 160km/h 速度等级下，轨道动态几何状态局部幅值和区段质量(均值)均远优于标准要求，其中上行 TQI 平均值为 2.77mm，下行 TQI 平均值为 3.05mm。

二十二号线车辆在最高运行速度 160km/h 速度等级下，轨道动态几何状态局部幅值和区段质量(均值)均远优于标准要求，其中上行 TQI 平均值为 3.04mm，下行 TQI 平均值为 3.39mm。

7）研发了新型 60kg/m 钢轨 9 号提速道岔

本项目研发了一种新型 60kg/m 钢轨 9 号提速道岔，首次将 9 号道岔侧向通过速度提高至 45km/h。将道岔导曲线半径加至 290m，并针对道岔易出现的基本轨伤损、尖轨伤损、固定辙叉磨耗、轨道几何尺寸不稳定等问题，采取了尖轨廓形优化、层流等离子体表面强化技术、尖轨防跳、辊轮滑床板、拼装式合金钢辙叉等一系列优化措施。

（1）道岔平面线型设计方案

本项目基于质点运动基本参数法和"直曲组合"线型设计原则，针对相离半切线型道岔线型以及 $R = 280m$ 和 $R = 290m$ 两种导曲线半径，通过调整相离值、转辙角等参数，提出了将 9 号道岔侧向容许通过速度至 45km/h 的 11 种道岔平面线型。并基于多体动力学和车辆—道岔系统动力学，通过拟定尖基轨降低值，精确模拟转辙器变截面廓形，建立了车辆—道岔耦合动力学仿真模型；考虑轮轨服役性能演变，采用标准车轮廓形，开展了车辆以速度 45km/h 侧逆向通过 9 号单开道岔的行车安全性、平稳性和轮轨磨耗特性评价。试验得到的脱轨系数与轮重减载率如图 3-100 与图 3-101 所示。

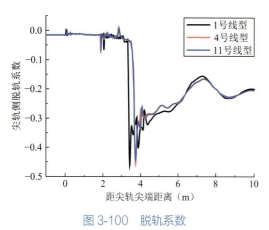

图 3-100　脱轨系数

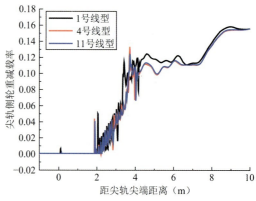

图 3-101　轮重减载率

（2）道岔尖轨廓形优化

设计团队运用 Pro/ENGINEER 的创建二维草图、三维零件实体模型及混合设计模块，结合其与生俱来的曲面实体集成的优点，创建了尖轨实体模型。利用 Pro/ENGINEER 与 ANSYS 之间的输出接口，将模型导入到 ANSYS 中，之后直接在 ANSYS 中建立基本轨及磨耗型踏面车轮实体模型，选取尖轨顶宽 20mm、35.5mm、50mm 三个断面进行接触应力计算，发现设置轨顶坡时，在尖轨顶宽 35.5mm 处仍由基本轨和尖轨共同受力，且尖轨所受接触应力状态设置轨顶坡优于不设轨顶坡；同时轨距角圆弧半径为 $R = 13$mm 时，尖轨的接触应力状态优于其他轨距角圆弧半径。轮轨接触实体模型与轮轨接触有限元模型如图 3-102 与图 3-103 所示。

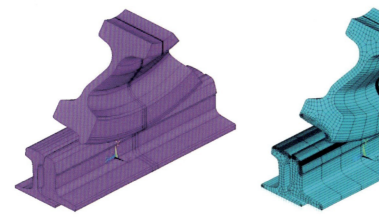

图 3-102　轮轨接触实体模型　　　图 3-103　轮轨接触有限元模型

（3）道岔结构创新设计

为降低尖轨扳动力、提高滑床板基本轨稳定性以及增加辙叉使用寿命，本项目还对新型道岔采用了尖轨廓形优化、层流等离子体表面强化技术、辊轮滑床板、弹性夹滑床板以及合金钢拼装辙叉等创新设计。

3.5 人文关怀设计

"让每一位乘客的旅途更加舒适"，是十八号线和二十二号线在设计理念中的核心价值，广州地铁致力于通过细节的设计，使每一位乘客能够感受到人性化和细节化的设计理念。使每一位来到广州地铁的乘客，都对广州地铁所提供的高品质服务有一个较高的评价，这也是广州地铁人的追求。

3.5.1 基于光环境深化的智能照明系统

（1）全新功能

十八号线和二十二号线采用可变色温灯具，可根据客流、天气等情况调节灯具的冷暖色调，实现精细化控制，有效提升车站整体光环境舒适性。智能照明系统可根据列车快慢车等情况调整灯具的颜色和动态效果，提供导向性功能，并采用全新的技术手段对全站整体光环境进行了近乎100%光环境还原的仿真模拟（图3-104），光环境还原度为全国领先水平，有效提高设计阶段车站照明设计精准度。此外，陇枕控制中心试点采用全新系统架构的物联网，整合数字化全过程维护，在任意的通用终端上均可实现全过程维护的功能。

图3-104　仿真模拟灯光效果

（2）绿色节能

智能照明系统可以结合公共区不同功能区域，如广告区域、自助售票区、闸机等区域，根据实际进行细分区域的精细化控制。各类暗藏氛围灯可根据运营实际情况进行单独调光，达到提高舒适性、节约能耗的目的。

（3）新媒体服务功能智能化

车站首次引入光电玻璃及LED（发光二极管）透明屏等智慧新媒体技术，结合空间的导向指引，实现智能化、人性化控制。其中，十八号线番禺广场站引入LED透明裸眼3D屏（图3-105），融合车站空间及智慧光环境控制系统，让车站根据需求，通过整体光环境及LED屏的内容进行定制化场景呈现，让车站更具有科技感及沉浸式体验。

图3-105　透明屏联动灯光艺术

3.5.2 导向标识系统

人性化导向系统（图3-106）与车站环境融合，简洁大气、时尚精致，设计时重新定义色彩系统，提升导向辨识度，设备整合设计，精细化标识制作。根据车站装修风格特点，导向牌的安装尽量减少或取消吊挂的安装形式，采用墙柱悬挑或镶嵌式安装。将导向标识与车站装修进行风格统一，以及将车站内自助设备、机电设备通过整合，让车站达到整体化的效果，提高使用效率。

图3-106 导向系统

3.5.3 服务区服务岛

服务功能集约化，车站将明确的功能服务空间界限明确化、特征化、形成乘客空间记忆点，如图3-107所示。

a) 服务空间特征化　　　　b) 服务空间界限明确化　　　　c) 服务集约化

图3-107 服务区服务岛

3.5.4 新时代智慧乘客信息系统

十八号线和二十二号线是国内首批全线PIDS乘客信息显示屏嵌入站台门滑动门盖板的线路，首创站台门状态及故障显示屏，并采用富有美学的胶囊屏形式，还首创站台门故障代码理念，并在胶囊屏实时显示，如图3-108所示，大大便于运营维护及乘客使用。胶囊屏可对列车车厢号、对位隔离、故障代码、开关门动画、障碍物探测等重要门状态及故障信息进行显示。

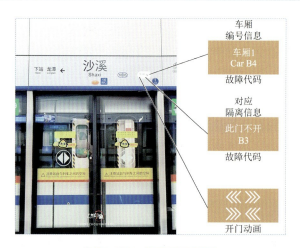

图 3-108　胶囊屏示意图

3.5.5　人性化交通衔接设施

交通衔接布局依照以人为本的理念，为乘客提供舒适、快捷的换乘空间。交通衔接设施沿着贯穿车站的客流步行主轴合理规划布局，并综合利用车站周边的地上和地下空间，实现土地集约化、布局紧凑化、换乘立体化。车站周边设置地面自行车停车场、公交停靠站、出租车泊位、公交站（总站、首末站）、P + R 停车场，如图 3-109 所示。

图 3-109　交通衔接设施

3.5.6　多种类便民设施

（1）高标准、人性化的便民设施

本工程人性化地考虑配套空间及功能使用，车站配套第三卫生间无障碍设施，打造智能关爱型母婴室，分类垃圾桶与浅色基调的车站装修风格协调和统一，如图 3-110 与图 3-111 所示。

图 3-110　卫生间及母婴室

图 3-111　分类垃圾桶

（2）人性化的文化植入

车站设置具有识别性的车站文创 IP，便于维护更新，与商业资源整合，通过不同装饰材料的运用与结合，并且不断更新迭代创新装饰手法，形成色彩斑斓的装饰构件，如图 3-112、图 3-113 所示。

图 3-112　文化装置

图 3-113　建筑装饰

本工程从乘客人性化需求出发考虑，在车站引入图书空间等便民空间，提倡全民阅读，提升车站服务及品质感，如图 3-114 所示。

图 3-114　图书空间

（3）换乘通道设置水平自动步道

十八号线和二十二号线首通段 3 座车站换乘距离较远：番禺广场站换乘通道长约 160m，磨碟沙站换乘通道长约 200m，南村万博站换乘通道长约 180m，为了提高乘客换乘效率，车站在换乘通道内部设置自动步道，提升了服务水平，如图 3-115 所示。

图 3-115　自动步道

（4）人性化安检设施布局

车站在土建阶段局部外扩通道，预留通道安检的区域，解决既有线车站安检需占用站厅公共区的问题，使车站客流组织更流畅，公共区整体效果更完美，提高客流通过效率，车站通道内安检如图 3-116 所示。

图 3-116　车站通道内安检

3.5.7　人性化设备区用房

（1）人性化提升

如图 3-117 所示，设备区用房整体色调以明亮、温馨为主，采用模数化冲孔天花、丝印木纹铝板墙身增强温馨感。灯具与照明采用直接光源与间接光结合显得空间明亮。柜子的门把手统一内置式，改善工作人员工作环境。

图 3-117　设备区用房灯光效果

（2）精细化设计

风口结合工作区域设置，统一侧出风。功能柜布局一体化，工作设备一体化。下进线改为上进线，既取消地面抬高又方便维修。IBP（综合业务平台）盘改为前面检修，取消背后检修预留的暗房，增大车控室办公活动空间。

（3）卫生间/茶水间空间布局提升

车站工作区域增加员工茶水区，男女卫生间增加设置淋浴区域。此外，天花装修底高程控制在大于 2800mm，为工作人员提供人性化服务设施，如图 3-118 所示。

图 3-118　人性化设备区用房

3.6　低碳绿色设计

绿色低碳设计理念是实现"双碳"目标的重要途径。在设计过程中，需要遵循绿色交通、节能环保、低碳运营等理念，打造低碳的轨道交通文化。十八号线和二十二号线在设计过程中，始终坚持绿色发展理念，在节约资源和保护环境的基础上，追求可持续发展。

3.6.1　海绵城市

本工程将海绵城市（图 3-119）的理念融入轨道交通建设中，充分发挥地面附属建筑、道路以及绿地等生态系统对雨水的吸纳、蓄渗和缓释作用，有效控制雨水径流，实现自然积存、自然渗透、自然净化的城市发展方式。

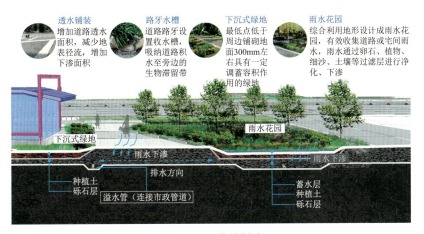

图 3-119　海绵城市

3.6.2 "碳"寻智慧化通风空调系统

1）高效节能单机设备

通风空调系统在设备招标阶段对单个设备的能效提出了较高要求，各设备采用一级能效且变频，对底层设备的能耗进行严格控制。

（1）冷水机组

两线冷水机组能效等级采用双一级要求，机组 COP（名义）最高 6.56，IPLV（综合部分负荷性能系数）最高 10.12，分别高出一级能效 0.66、2.02。冷水机组突破了以往单一螺杆机的选型，采用了磁悬浮、离心式冷水机组等多种机型以及多机头形式。冷凝器、蒸发器水侧阻力损失不大于 5m，冷水机组选型参数见表 3-6，冷水机组如图 3-120 所示。

高能效冷水机组选型参数　　　　表 3-6

车站	设计冷量（USRT）	输入功率（kW）	水阻（m）		压缩机类型		标准工况（COP）	IPLV	设计工况（COP）	数量（台）
			冷凝器侧	蒸发器侧	压缩机	机头数量				
万顷沙站	260	163.5	4.8	4.9	螺杆	2	6.01	7.57	5.63	2
横沥站	301	185	5.0	4.2	螺杆	2	6.10	7.7	5.73	2
番禺广场站	510	304.9	3.9	2.4	磁悬浮	3	6.446	9.978	5.88	3
南村万博站	377	217.2	4.0	2.4	磁悬浮	3	6.559	10.12	6.101	3
沙溪站	247	155	3.6	4.8	螺杆	2	6.01	7.61	5.6	3
龙潭站	406	242.7	3.7	2.5	离心式	1	6.55	9.31	5.884	3
磨碟沙站	277	176.8	4.9	2.9	螺杆	2	6.01	7.58	5.66	3
冼村站	471	279.9	3.6	2.4	离心式	1	6.359	8.7	5.919	3
市广路站	192	119.6	5.0	3.0	螺杆	1	6.05	7.55	5.70	3
陈头岗站	313	193.4	5.0	3.6	螺杆	2	6.04	7.62	5.70	2

注：USRT 为美制冷吨，1RT = 3.516kW。

图 3-120　多机型高能效冷水机组

（2）冷却塔

冷却塔应整体到货或现场部件组装，不允许现场单个零件拼装。塔体框架件、壳体面板以及风筒均采用镀锌钢或更高级别的防腐环保钢材制造。冷却塔要求变频电机变流量，变频电机在工频下，电机能效等级不低于 2 级能效标准。同时，要求布水应能适应冷却水变流量的特性，采用变流量喷嘴，使填料得到充分利用。

（3）空调机组

十八号线和二十二号线为国内首批全线变频空调机组采用 EC 风机（外转子永磁直流无刷电机）的线路。大系统空调机组表冷段采用内部可变风路形式，此种结构形式在国内轨道交通属于首创。

① EC 风机（图 3-121）

风机段用 EC 风机代替传统交流异步电机驱动的离心风机，EC 风机采用外转子永磁直流无刷电机，一体式直连无皮带传动设计，后向离心叶轮，具有高效、免维护的优点。采用 EC 风机的空调机组具有尺寸缩减、配置简单、高效节能、无须强制冷却、气流均匀、备用性能好、与其他专业接口简单等诸多优势。

② 可变风路表冷挡水段（图 3-122）

本工程大系统空调机组工频运行时，空调季总阻力损失不大于 400Pa，过渡季总阻力损失不大于 300Pa。为满足上述要求，非空调季，空调机组表冷段通过设置在机组内部的风阀进行开启转换，降低风路通过表冷器阻力，从而减少运行能耗。通过上述措施，可减少约 150Pa 阻力。大系统空调机组采用"EC 风机 + 可变风路表冷挡水段"措施后，每年综合耗电量节省约 20%。

图 3-121　多台同型号 EC 风机并联组合

图 3-122　组合式空调器内部可变风路装置

（4）永磁同步电机（图 3-123）

十八号线首次在车站水泵、大系统回排风机采用永磁同步电机。永磁同步电机相较于三相异步电机，具有效率高、功率因素高、无极变频调速、体积及质量相对较小等优点。采用永磁同步电机相较于三相异步电机每年总耗电量节省约 6%。

图 3-123　采用永磁同步电机的水泵

2）智能环控设备监控系统模式下的节能控制

（1）广州地铁高效通风空调系统的历程

轨道交通通风空调系统能耗是除牵引能耗之外的第一大能耗，在整个车站的能耗占比也是偏高的。广州地铁一直以来大力发展绿色低碳技术，积极构建可持续发展的轨道交通新生态。

既有线路以车陂南站的节能改造为代表，实现了制冷机房 COP5.8，空调系统 COP4.3 的目标，获得行业多个奖项和政府主管部门认可。新建线路以十三号线白江站和新塘站、十四号线嘉禾望岗站、二十一号线苏元站和天河公园站为代表，累计机房有效 COP 提升到 6.3，累计系统有效 COP 提升到 4.5 以上，达到国际领先水平。

十八号线和二十二号线是广州地铁高效通风空调系统在经过了多站示范后推广到全线应用的第一条线路，也是全国地铁首条按线路级建设及带能效运行目标考核的线路。

（2）控制系统架构

通风空调设备由智能环控设备监控系统进行控制，分为节能模块与非节能模块。系统采用扁平化的架构，实现减少系统层级、简化系统架构的目标，如图 3-124 所示。该系统以工艺为导向，从被控对象的属性出发，将工艺与监控系统相结合，发挥监控系统的最大功效。水系统设备（冷水机组、冷却塔、水泵）全变频设置，通过精确选型、精确计量、机房与末端设备风水联动串级控制、主动寻优控制、冷却塔湿球温度逼近度控制、冷水机组 COP 监测、冷水机房 COP 监测、空调全系统 COP 监测等实现高效节能控制。

图 3-124

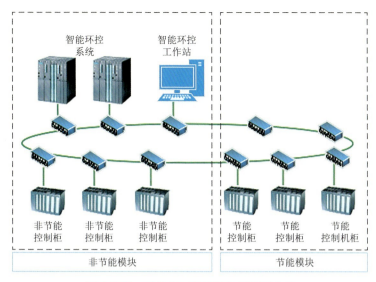

图 3-124 智能环控设备监控系统架构图

（3）能耗目标

两线车站实现空调系统制冷性能系数不应低于 3.5，总冷量 ≤ 2326kW 的车站制冷机房全年平均综合制冷性能系数不应低于 5.0，总冷量 > 2326kW 的车站制冷机房全年制冷性能系数不应低于 5.2 的能效目标。完成从站到线的跨越，实践车站空调系统的能效提升技术，既响应了低碳趋势，也是主动拥抱粤港澳大湾区和广州都市圈轨道交通一体化的实干之举。节能控制模块如图 3-125 所示。

 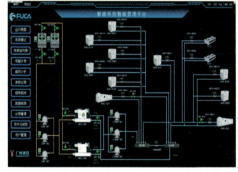

图 3-125 节能控制模块

3）车隧智能同步排热系统

为控制隧道温度，保证列车空调器的可靠及低耗运行，并最大限度地降低车站隧道排热风机能耗，十八号线和二十二号线轨排风机为国内首批采用左、右线分设排热风机的线路，匹配"大站停 + 站站停"组合运营模式，根据列车进、出站信号控制该侧风机启停及频率，避免无列车停靠时排热风机的无效运行及过度运行。排热系统布置如图 3-126 所示。

具体实施方案如下：

（1）智能环控设备监控系统采集列车进站及出站信号，并控制对应侧隧道排热风机运行模式。

（2）智能环控设备监控系统采集并监测车站隧道内温度。

（3）轨排风机的启、停时间与列车进、出站的信号时间的间隔是可调的。

（4）轨排风机在各种工况的运行频率是可调的。

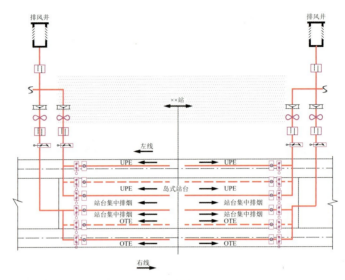

图 3-126　排热系统布置示意图

3.6.3　装配式应用

1）基于BIM成果的装配式冷水机房

传统机房的设计"五花八门"，受制于设计师的个人水平，极易出现机房布局异形、设备检修及人员通行空间不足等不合理现象；同时，传统机房现场施工工期较长，现场切割烧焊，严重影响现场安全文明施工要求及工期进度。

十八号线和二十二号线车站从设计阶段就开始推行装配式冷水机房布置，为冷水机房设备管线装配式施工奠定了基础。总体给出长方形和正方形两种最优布置参考图,工点根据车站的建筑布局择优布置。装配式冷水机房(图 3-127)在 BIM 成果的基础上,进一步优化,减少管路阻力,并通过对模型构件模块化拆分,工厂预制、模块运输、现场拼装,避免工程现场的交叉施工,降低业主的管理难度,大大缩短了施工工期,满足轨道交通紧凑的施工周期需求。

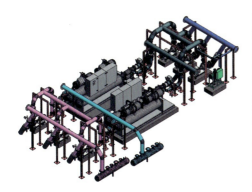 

图 3-127 装配式冷水机房

2)预制化成品风管及支吊架

传统空调保温风管及有耐火极限要求的风管,现场施工难度较大、过程繁琐、工期长、美观度低,特别是有耐火极限要求的风管现场制作随意性大,耐火性能无法保证,且施工空间狭小,现场安装困难。

在车站 BIM 成果的基础上,两线采用工厂预制成品双面钢板空调复合风管、双面钢板防排烟耐火复合风管及成品支吊架。所有产品在工厂一体加工完成,再以成品形式直接运输到工程现场。与施工现场手工制作工艺相比,工厂预制具备以下优点:

(1)安全性高,从工艺、流程上保证产品的一致性,质量更可靠。

(2)安装便捷、缩短工期,成品化产品供应,安装便捷,施工高效。

(3)安装成本低。

(4)美观耐用,风管外壁为镀锌板,防腐防潮。

综上所述,预制化成品风管及支吊架(图 3-128)确保了产品的精密度,在受控的环境下,产品质量和工艺得到了有效监督和保证,且整齐美观、方便安装、便于操作。

图 3-128 工厂预制成品风管及支吊架

3）冷却塔整体安装

冷却塔的性能对通风空调系统整体能效有较大影响，施工现场环境较差，单个零件组装会破坏构件表面防腐防锈处理，填料容易受损，且现场施工随意性较大，影响冷却塔性能。十八号线和二十二号线冷却塔采用整体到货或现场部件组装（图3-129），不允许单个零件的现场拼装，最大限度地保障了产品性能，确保了产品的精密度。标准化产品的生产及安装在缩短工期的同时更利于全线全寿命周期的低碳节能目标。

图 3-129　冷却塔整体组装

4）预制封堵

轨道交通工程在设计及施工过程中，由于施工的需要，一般会在沿线选择若干处明挖法施工的车站、区间结构，在其顶板、中板预留尺寸较大的施工作业孔洞，以满足盾构机、轨排等各种材料设备吊装需要。待相邻区段施工完成后，需要对这些孔洞进行封堵。典型的预留孔洞包括盾构吊装孔、盾构出土孔、轨排井孔等。但由于施工工期一般较紧，各道工序不可避免地需要交叉作业。因此，如何在保证板下轨行区正常作业的前提下，实现预留孔封堵便成了一项难题。

目前国内对于此类孔洞的封堵，常规做法是采用现浇钢筋混凝土板进行封堵。该方法需要支架搭设、模板制作、绑扎钢筋、混凝土浇筑和养护等一系列工序，施工人员劳动强度大，施工速度慢，对后续车站、区间的内部装修以及机电施工等工期进度影响较大。故需提出更快捷经济的封堵方案，以降低工期成本。

部分车站预留孔封堵的底模采用吊模法施工，吊模法是将承重梁支承于预留孔口，支承梁通过吊杆悬挂于板的下方，方木、模板铺设于支承梁上。吊模法施工的优点主要体现在以下几方面：①板下无支撑点，既方便了封堵施工，又实现了封堵与板下铺轨、管线安装、装修等工序的交叉作业，加快了整体施工进度。尤其在板下作业空间受限制无法支撑的情况下具有不可替代的作用；②封堵施工选用精轧螺纹钢作为吊杆，充分利用了高强钢筋的力学性能和其可在任意截面处采用锚具锚固的特点，既保证了施工安全，又降低了拆模难度，有利于板下成品保护；③所用材料均为工程常用材料，易于就地取材且加工安装简单，有利于降低工程成本。

预留孔洞封堵装配方案将预制构件通过节点与预留孔洞周边钢筋混凝土构件相连接，形成结构整体，封堵预留孔洞。该方案形成的结构整体的安全不仅仅取决于构件的质量，还取决于连接节点的可靠性。可靠的连接质量可以实现按设计的要求传递规定的内力，并且不会引起使用和观感上的问题。如果接头连接质量存在缺陷，轻则引起裂缝、渗漏等使用上的问题，重则影响构件与构件、构件与支撑结构之间力的传递，造成承载力及安全方面的问题，甚至引起结构解体、发生塌垮等严重后果。本工程将现浇悬挑板设置成明托架或暗托架，预制构件为带端部缺口的预应力钢筋混凝土板，通过企口连接将二者连接成一个结构整体。在该连接方案中，预制构件简支于现浇悬挑板（图3-130），企口连接节点只传递剪力，不传递弯矩，从而具有传力机理明确、施工便捷等优点，但也可能存在节点处变形较大、抗剪能力在采用暗托架连接时有所削弱等缺点。本项目通过试验和有限元模拟相结合的方法针对封堵板的力学性能进行了研究。

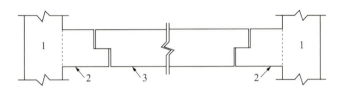

图 3-130　预留施工作业孔洞装配封堵方案示意图
1-现浇柱；2-现浇板；3-缺口板

十八号线根据工程筹划的开通时间节点划分为首通段和后通段。其中十八号线首通段于 2021 年 9 月 28 日开通运营。整个实施过程中，土建施工、机电施工工期压力都很大，交叉施工难以避免，研究减少尤其避免交叉作业的方案势在必行。

十八号线车站的封堵方式有三种：预制法、常规现浇法、吊模现浇法。根据各站点是否有对临时孔的快速封堵需求进行选择。

（1）对于要求快速封堵顶板、中板临时孔站点，采取预制法封堵。

（2）对于要求快速封堵顶板、中板站点，但是又不具备全预制构件封堵的情况，建议采用常规现浇法的方案，施工中采取吊模现浇法进行封堵。

（3）对封堵无工期要求的站点，不具备采用预制构件封堵条件的可采用常规现浇法封堵。

3.6.4　预埋套筒 + 外挂槽道

以往隧道内槽道的安装方法主要有打孔 + 化学锚栓方案和全预埋槽道方案。前者施工相对复杂，安装工效低，且施工作业环境差；后者管片厂施工较复杂，滑槽防腐性能和技术难以实现与管片同步寿命，且滑槽预埋后无法更换。

随着技术的进步，预埋套筒 + 外挂槽道方案逐渐成为优选方案，该方案预埋施工简单可行，检验检测非常简单，预埋后即可确保不会生锈。外挂槽道若有质量问题，经检测后可退换或者更换。安装工艺和检测均简单可行。三种隧道内槽安装方法对比如图 3-131 所示。

a) 打孔 + 化学锚栓方案　　b) 全预埋槽道方案　　c) 预埋套筒 + 外挂槽道方案

图 3-131　隧道内槽道的安装方法对比

十八号线和二十二号线在传统预埋套筒 + 外挂槽道方案的基础上，进一步加密套筒，套筒间距由 0.636m 调整为 0.424m。如图 3-132 所示，加密套筒后，仅在疏散平台、消防水管以及接触网处使用外挂槽道，其余管线通过支架直接与套筒连接。相比传统预埋套筒 + 外挂槽道方案，大大减少了外挂槽道的数量，节省了工程造价。

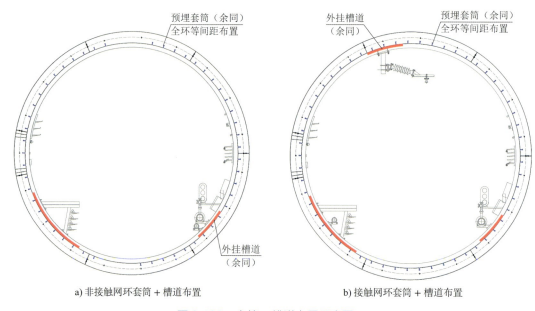

a) 非接触网环套筒 + 槽道布置　　　　　　b) 接触网环套筒 + 槽道布置

图 3-132　套筒 + 槽道布置示意图

3.7　本章小结

十八号线、二十二号线采用高品质、高质量、高水平的设施设备，辅以充分的人文关怀与低碳绿色设计，打造以服务社会为核心，以乘客为中心的优质地铁出行服务。

十八号线、二十二号线在设计过程中，以高速度、快速乘降、高舒适性的乘坐体验以及高密度的公交化出行服务打造智慧列车、绿色列车、舒适列车；以大空间大气象的车站空间为基础辅以出色的车站内外装修与便利的交通衔接打造高品质车站；以高质量高标准的安全防灾体系守护乘客的生命财产安全；以高水平的隧道通风、给排水、屏蔽门、电扶梯、轨道以及机电系统构建地铁设施；通过对照明系统、导向系统、服务设施、乘客信息系统以及针对乘客和员工的多种类人性化设施实现人文情感关怀；将海绵城市和节能减排的理念融入到车辆车站的整体设计当中，实现绿色地铁、低碳地铁。

作为国内轨道交通建设的领先企业，广州地铁拥有丰富的工程建设经验。在高品质地铁设计理念引导下，广州地铁也将积极探索新技术、新工艺在地铁领域的应用，不断提升轨道交通产品的运营服务能力。从运营服务到智慧运营，再从智能运营走向安全稳定运营，广州地铁一直坚守着高品质服务、高效运行、安全稳定的理念，为城市发展提供更高效、更优质的交通支持。高品质是广州地铁坚持走高质量发展之路不动摇的最核心竞争力。通过在产品技术上持续不断地创新和提升，满足市民乘客不断提升需求。

第 4 章

车站与区间关键技术

湾区纵贯线　市域新速度

——广州市轨道交通十八号线和二十二号线设计解析

广州市轨道交通十八号线和二十二号线是全国首例满足地铁服务水平的全地下160km/h 的市域快线示范工程，市域快线列车在实现高标准时空目标的同时，与城市轨道交通线网也紧密结合，实现高速度、大运量、高密度地铁运输服务等多重功能。十八号线和二十二号线工程全线均为地下铺设，相比于一般的城市轨道交通工程，本工程具备线路长、埋深大、地质条件复杂、地面建（构）筑物多、环境风险源多、设计施工难度大等特点。同时，车站需要满足更高标准的服务，空间跨度比一般的车站更大，区间隧道断面更大，长度更长。因此对结构设计施工提出了更高要求。

本章从十八号线和二十二号线结构设计施工关键技术及创新应用的层面，首先对结构所处工程地质与水文条件、工程地质分区及评价以及灾害与环境工程地质评价等勘察信息进行介绍，在此基础上，介绍大跨车站结构形式及其关键设计、区间隧道设计、附属结构设计、全线重难点与创新亮点等内容。

4.1 工程地质及勘察

4.1.1 工程地质条件

（1）地质构造

拟建场地在大地构造上位于华南褶皱系（一级构造单元），粤北、粤东北—粤中拗陷带（二级构造单元），粤中拗陷（三级构造单元）南部，东莞断陷盆地（四级构造单元）。

东莞盆地长度约 75km，宽约 12～13km，总体呈北东 50～60°方向展布，位于珠江三角洲东北部，东江下游，是一个中、新生代单斜状断陷—断坳型盆地，地处欧亚板块的东南边缘，区域上邻近太平洋板块和印度洋板块交接地带，以及大陆性地壳过渡到大洋性地壳的变异地带，盆地内岩浆岩活动相当频繁。区域构造上，东莞盆地位于瘦狗岭断裂南面，紫金—博罗大断裂西北面，黄埔—莲花山断裂东面，是一个自西而东，由北东转北东东走向的狭长形白垩—早第三纪断陷盆地。盆地北缘残丘地带见上白垩统砂岩、砾岩、泥岩与下古生界变质岩或燕山期花岗岩呈断层接触、坭心组泥岩与上白垩统岩层呈断层接触。盆地南缘残丘地带见上白垩统岩层超覆不整合在下古生界变质岩或燕山期花岗岩上。下古生界变质岩和燕山期花岗岩组成盆地的复合型基底，其上沉积了深厚的白垩—第三系地层。

东莞盆地在北东、东西向构造的复合控制下，东西、北西和北东向三组断层均较发育。影响十八号线的主要大断裂为新会—市桥断裂带、白坭—沙湾断裂带、南沙—东莞断裂组、广从断裂带、瘦狗岭断裂、广三断裂等，其中北西向的白坭—沙湾断裂带基本与本线路平行，并有多处小角度相交，其中与番禺广场至南村万博段线路呈叠合状态，对本项目影响相对较大。影响二十二号线的主要大断裂有广从断裂带、广三断裂、新会—市桥断裂带、白坭—沙湾断裂带等。

（2）地层与岩性

根据1:50000广州基岩地质图，十八号线和二十二号线沿线穿越的地层从新到老有：新生界第四系（Q）土层、新生界第三系（E）及中生界白垩系（K）碎屑岩、中生代三叠纪（T）及下古生代志留纪（S）侵入岩、元古代（PtY）变质岩。

①第四系（Q）

第四系包括全新统（Q_4）和上更新统（Q_3），其下缺失中更新统和下更新统。第四系由人工填土层（Q_4^{ml}）、海陆交互相淤泥、淤泥质土、砂土、粉质黏土（Q_4^{mc}）等，海陆相冲洪积粉质黏土层（Q_{3+4}^{al+pl}或Q_3^{al+pl}）和残积土层（Q^{el}）组成，覆盖于基岩之上。

②第三系（E）

第三系坭心组（$E_{1-2}b$）：深灰色，以发育大套深灰色钙质泥岩、泥灰岩、油页岩、粉砂岩夹砂岩，含油气，膏盐等矿产为主要特征。

第三系莘庄村组（E_1x）：暗红夹浅黑灰色，岩性以砾岩、砂砾岩为主，夹泥质粉砂岩、泥灰岩等，砂砾状结构，泥、钙质胶结，胶结程度较差，节理裂隙稍发育，砾岩及砂砾岩常相互穿插，呈互层产出，地层夹有石膏。

③白垩系（K）

白垩系上统大塱山组三元里段（K_2d^1）：岩性以紫红、棕红色的砾岩、砂砾岩为主，夹砂岩，钙质、泥质胶结，碎屑结构，厚层状构造。

白垩系上统三水组东湖段（K_2s^{2a}）：为内陆湖泊相为主的碎屑岩建造，岩性为棕红~紫红色层状或薄层状泥岩或粉砂质泥岩。

白垩系下统白鹤洞组广钢段（K_1b^2）：属内陆湖泊相为主的粗砂~细砂碎屑碳酸盐建造，为紫红、暗紫色钙质粉砂岩、砂岩以及灰色泥灰岩，岩性较硬，粉细粒结构，中厚层状构造。

白垩统白鹤洞组猴岗段（K_1b^1）：浅紫红色、暗紫色、棕紫色砂质砾岩、石英砂岩、（泥质）粉细砂岩和粉砂质泥岩。

④侵入岩（ηγ）

晚三叠世花岗岩（$T_3\eta\gamma$）：主要为华力西晚期侵入中粒混合花岗岩，呈浅肉红色、浅灰红色、浅灰色等，中粒结构，块状构造，矿物成分为长石、石英、少量黑云母等。

晚志留世花岗岩（$S_3\eta\gamma$）：为加里东期中晚期侵入，呈灰色、灰白色、青灰色等，局部夹少量闪长玢岩，粗晶结构，块状构造，裂隙发育。

⑤元古代（P_tY）

元古代云开岩群变质岩（P_tY）：由于岩石普遍经区域变质及混合岩化，其原有层序和沉积特征已难以确定。该套地层主要为混合花岗岩，花岗变晶结构、块状构造，岩性特征与志留纪侵入花岗岩接近，其界面位置不易确定。

4.1.2 水文地质条件

1）地表水

二十二号线沿线地表水体不发育，十八号线自南向北依次穿越广州市南沙区、番禺区、海珠区和天河区，沿线河道纵横、水塘密布。其中，沿线的主要河道有：

（1）万顷沙—横沥区间

AK7+300～AK7+780 里程段下穿下横沥水道，水域宽度约 450m。

（2）横沥—番禺广场区间

AK9+950～AK10+400 里程段下穿上横沥水道，水域宽度约 300m；AK14+840～AK15+250 里程段下穿蕉门水道，水域宽度约 400m；AK16+100～AK16+580 里程段下穿西沥水道，水域宽度约 200m；AK30+750～AK31+100 里程段下穿沙湾水道，水域宽度约 300m；AK33+100～AK33+310 里程段下穿市桥水道，水域宽度约 200m。

（3）南村万博—沙溪区间

AK46+690～AK46+950 里程段下穿三支香水道，水域宽度约 250m。

（4）沙溪—龙潭区间

AK48+340～AK48+800 里程段下穿珠江后航道，水域宽度约 450m。

（5）磨碟沙—洗村区间

AK55+500～AK57+100 里程段下穿珠江前航道，水域宽度约 1600m。受线路西侧狮子洋和南侧伶仃洋海平面控制，场内河流走向以东南向为主。

本场地内的河道均属珠江水系，水位和水量除受降雨影响外，受潮汐作用影响明显，潮汐类型为不规则半日潮，每天基本上有二涨二落，往复十分明显。河道径流水量年内分配不均匀，汛期为 4～9 月，流量占全年径流量的 80%～85%，最大月径流量一般出现在 5 月份或 6 月份。场地地表水主要补给来源为大气降水，主要的排泄方式为蒸发、径流等。

2）地下水

（1）地下水位

沿线海陆交互相冲积平原地貌区地下水水位埋藏浅，而台地区、丘陵区地下水埋藏相对较深。十八号线稳定水位埋深为 0.5～10m，线路末端丘陵地段水位较深，局部达 10m 以上；二十二号线稳定水位埋深为 2～4.5m。

沿线冲积平原地段地表水丰富，地下水主要由地表水下渗而成，一般与地表水具有直接的补给、排泄关系，冲积砂层透水性强，经分层水位观测，各透水层地下水水位高程基本相近，仅局部填土中的上层滞水水位偏高。台地、丘陵区地下水位则受局部地表水体或强透水层的发育特征直接影响。沿线地面起伏小，未揭露有直接涌出地面的高水头地下水。

地下水位的变化与地下水的赋存、补给及排泄关系密切，每年 5～10 月为雨季，大气降雨充沛，水位会明显上升，而冬季因降水减少，地下水位随之下降，水位年变化幅度为 1.0～1.5m。

（2）地下水类型

地下水按赋存方式分为第四系土层孔隙水、层状基岩裂隙水、块状基岩裂隙水和构造裂隙水。

①第四系土层孔隙水

第四系海陆交互相沉积砂层、冲积~洪积砂层为主要含水层。根据以往工程经验，上述砂层属中等~强透水层，地下水较丰富，渗透系数一般为1~20m/d。海陆交互相沉积淤泥、淤泥质土层富水性好，透水性弱。冲积~洪积土层、残积土层和岩石全风化带，含水较贫乏，透水性较差。人工填土中主要为上层滞水。一般而言，砂层中地下水具统一的地下水面，属潜水，但若出现多层砂层且上部有相对不透水层时，局部亦可表现为弱承压水性质。

②层状基岩裂隙水

层状基岩裂隙水主要赋存在碎屑岩的强风化带和中风化带中。由于岩石裂隙发育不均匀，并且大部分被泥质充填，地下水赋存条件较差，但局部裂隙发育地段或构造破碎带，其水量较丰富，具承压性。根据地区经验，渗透系数一般为0.5~1m/d（砾岩、含砾砂岩取大值）。

③块状基岩裂隙水

块状基岩裂隙水主要赋存在侵入岩和混合花岗岩的强风化带和中风化带中。地下水的赋存不均匀，在裂隙（断裂）发育地段，水量较丰富，具承压性。根据地区经验，渗透系数一般为0.5~1m/d。

④构造裂隙水

构造的含水性主要取决于构造的性质、形态、大小和构造部位等。断层破碎带厚度不均，其内部填充泥质不均，透水性呈现不均匀状态，富水性较好。由于岩层及构造破碎带的涌水量和透水性主要由其裂隙发育程度所控制，呈现不均匀性，存在局部有较大涌水量的可能。

4.1.3 工程地质分区及评价

根据沿线地面条件、地形地貌、第四系地层分布规律、基岩岩性分布特征，结合沿线地质构造特点、水文地质条件和试验成果，沿线工程地质和水文地质单元划分见表4-1。

岩土工程分区表 表4-1

线路	地质分区	分区范围	地貌单元	基岩岩性
十八号线	Ⅰ	万顷沙—西沥水道以北	珠江三角洲冲积平原（滨海沉积区）	花岗岩
		西沥水道以北—番禺广场南侧	珠江三角洲冲积平原（滨海沉积区）	碎屑岩
	Ⅱ	番禺广场—南村万博	台地地貌	花岗岩、混合花岗岩
	Ⅲ	南村万博—广州东站	珠江三角洲冲积平原（广州盆地沉积区）	碎屑岩
	Ⅳ	广州东站北侧	丘陵地貌	变质岩（石英岩、硅质砂岩），局部发育碎裂岩

续上表

线路	地质分区	分区范围	地貌单元	基岩岩性
二十二号线	I	番禺广场—钟村镇	主要为剥蚀残丘地貌,局部为平原和丘陵	花岗岩、混合花岗岩
	II	钟村镇—白鹅潭	珠江三角洲冲积平原	碎屑岩

4.1.4 灾害与环境工程地质评价

（1）场地地震灾害评价

根据区域地质资料，线路沿线贯穿多条断裂发育，沿线地层有淤泥、淤泥质土、可液化砂土，地层多呈交替、互层出现，分布不均匀，根据《城市轨道交通结构抗震设计规范》（GB 50909—2014）4.2.1 条有关规定，沿线场地属建筑抗震一般~不利地段。

十八号线和二十二号线穿越行政区域包括广州市南沙区、番禺区、海珠区和天河区，根据《中国地震动参数区划图》（GB 18306—2015），沿线II类场地基本地震动峰值加速度值为 0.10g，基本地震动加速度反应谱特征周期值为 0.35s；III类场地的基本地震动峰值加速度调整系数 F_a 为 1.25，根据公式 $a_{max}=F_a\times a_{maxII}$，确定III类场地基本地震动峰值加速度值为 0.125g，基本地震动加速度反应谱特征周期值确定为 0.45s。

根据《中国地震动参数区划图》（GB 18306—2015），本场地地震烈度为VII度。此外，根据《建筑抗震设计规范（2016 年版）》（GB 50011—2010）规定，各抗震设防类别建筑的抗震设防标准，均应符合现行国家标准《建筑工程抗震设防分类标准》（GB 50223—2008）的要求。根据该标准有关规定，城市轨道交通的地下隧道抗震设防类别应划为重点设防类，应按高于本地区抗震设防烈度一度的要求加强其抗震措施，地基及基础的抗震措施应符合有关规定，同时应按本地区抗震设防烈度确定其地震作用。

（2）场地地质灾害评价

线路主要沿城郊区域、城市道路穿行，地面条件较复杂，沿线地貌有珠江三角洲冲积平原地貌和丘陵地貌，工程地质I、III区为三角洲冲积平原地貌，II、IV区为丘陵地貌，局部为丘间冲洪积谷地，地形略有起伏，地面平坦，无可溶岩分布，无地下采空区，沿线未见崩塌、滑坡、泥石流等不良地质作用和地质灾害现象。

沿线不良地质作用主要表现为砂土液化、软土震陷、风化不均、孤石、断裂等，根据拟建工程的特点，结合场地所处地质环境条件，预测拟建工程在建设时可能引发或加剧的地质灾害为滑坡、堤岸崩塌、地面沉降等。

4.2 大跨车站结构设计

车站是轨道交通系统的重要组成部分，车站结构是车站的主要组成部分。地下车站结构应结合施工方法、建筑规模、使用功能、线路埋深确定，还应满足经济性要求。

目前大跨车站结构形式主要有复合墙结构和叠合墙结构。其中，复合墙方案是主体结构和围护结构间设置全包防水层，二者之间无连接，围护结构施工期间挡土止水，主体结构只承担使用期间的地下水压力和围护结构传递的压力，结构受力简单明确，防水效果好，节点处理简单。而叠合墙结构的顶、中、底板与刚性围护结构用预埋的钢筋连接器连接，两者共同承受使用阶段的荷载，内衬墙较薄，土建工程量相对较少。但是因预埋的钢筋连接质量无法保证，结构防水处理和结构节点处理难度很大，裂缝控制、防水效果相对较差，当有腐蚀性地下水时不宜采用。

根据广州地铁工程的设计与施工经验，并通过实例统计，目前广州地铁大多数车站采用复合墙结构方案，叠合墙结构方案使用相对较少。两种结构形式的受力模式都是合理的，但其防水效果存在一定的差异。

4.2.1 车站结构关键设计

1）车站结构设计影响因素

车站的结构形式及施工方法的选择需要考虑多方面因素的影响，主要包括：

（1）车站功能

车站是大量乘客集散的公共建筑，车站设计时，必须保证远期的客流在正常运营及事故情况下迅速地集散，并为乘客提供安全、舒适的环境条件。因此，每个车站应依据车站的性质、客流量、运营组织、周边环境条件等来确定类型及结构形式。

（2）施工难度

施工方法的选择应考虑工程本身施工难度、施工前期准备工作实施的难易程度、施工安全等方面。具体应从施工技术的成熟性、地面沉降控制、工期、工程造价、房屋拆迁、管线改移及处理措施等方面进行综合研究。

（3）施工对环境的影响

施工对环境的影响着重体现在对城市交通的影响、城市居民生活的影响、商业经济活动的影响以及环境污染等方面。特别是在交通繁忙地段的车站，如采用明挖法施工，其地面交通组织的成败是关系到施工方案能否成立的关键。

（4）投资的影响

结构形式与施工方法对车站的土建投资起着决定性的作用。土建投资主要包括土建工程费、房屋拆迁费及安置费、管线迁改费等。

（5）施工工期的影响

车站的土建施工工期不仅受全线总工期的制约，同时也直接影响到机电设备安装及装修的工期。对于有盾构始发、过站及终到要求的车站，车站土建工期还将影响区间的贯通工期。因此，根据相关工期要求，合理选择车站结构形式和施工方法十分重要。

2）车站结构设计

（1）万顷沙站

站址环境：车站位于南沙区万顷沙镇同安东围路以南、第六涌至第七涌之间，现状为农田。

地质情况：车站范围地层主要有耕植土、淤泥、淤泥质粉细砂、粉细砂、淤泥质土、粉质黏土、细圆砾、强风化花岗岩；车站基底主要位于淤泥质粉细砂层。本站地层较差，需进行软基处理，采用850mm@600mm的三轴搅拌桩进行加固，为避免较大沉降，底板结合围护结构临时立柱桩设置工程桩。

结构方案：本站为全线起点，设计为地下二层岛式车站，长407.78m、宽23.5m、深20m，采用明挖顺作法施工。围护结构建议采用地下连续墙加内支撑形式，主体结构形式为钢筋混凝土箱形框架结构。

交通疏解及房屋拆迁：车站位于现状农田，施工场地开阔，无须交通疏解。本站周边无房屋拆迁。

管线迁改：车站周边无管线。

周边建（构）筑物保护：周边没有需要保护的建（构）筑物。

（2）横沥站

站址环境：车站位于南沙区横沥岛中心位置，义沙东路、在建凤凰二桥西侧，周边是农田、河涌和少量农作构筑物。

地质情况：车站范围地层主要有淤泥质黏土、淤泥质粉细砂、砂质黏性土、全风化花岗岩、强风化花岗岩、中风化花岗岩；车站基底主要位于全风化花岗岩层。

结构方案：本站设计为地下三层岛式车站，长698.4m、宽24m、深30.5m，采用明挖顺作法施工。围护结构建议采用地下连续墙加内支撑形式，主体结构形式为钢筋混凝土箱形框架结构。

交通疏解及房屋拆迁：车站位于现状农田，施工场地开阔，站位所在的义沙东路为断头路，无需交通疏解。本站周边无房屋拆迁。

管线迁改：车站周边管线主要有在建凤凰二桥辅路的配套市政管线，车站已基本避开管线范围。

周边建（构）筑物保护：在建凤凰二桥。

（3）番禺广场站

站址环境：车站位于番禺广场及盛泰花园东区（已拆迁，现为公园）地块内，与东西向已建三号线及规划十七号线番禺广场站通道换乘，周边是番禺区政府、番禺广场、中银大厦、盛鑫国际商城等。

地质情况：车站范围上部为人工填土、淤泥质土、残积土、强风化花岗岩层，下部为中、微风化花岗岩层；车站基底位于中风化花岗岩层。

结构方案：本站设计为地下四层车站，长554m、宽45.2m、深39.37m，采用明挖顺作法施工。围护结构建议采用围护桩加内支撑形式，主体结构形式为钢筋混凝土箱形框架结构。围护桩入岩部分采用旋挖桩施工。

交通疏解及房屋拆迁：本站横跨兴泰路、盛兴大街，设置临时铺盖保证东西向通行。本站在番禺广场及盛泰花园东区地块内设置，需对番禺广场及盛泰花园东区部分建（构）筑物进行临时拆除。

管线迁改：车站周边管线较多，基本分布在现状道路两侧。主要有ϕ110mm煤气管、1孔100mm×100mm电力管、ϕ400mm污水管、ϕ400mm～ϕ800mm雨水管、ϕ1000mm给水管、电信光纤、ϕ160mm煤气管等等。车站站位已尽量避开管线，对于纵向侵入车站范围的管线建议进行永迁处理，横向跨越车站的管线采用悬吊处理。

周边建（构）筑物保护：站位东侧中银大厦以及三号线番禺广场站均需要进行保护处理。

（4）南村万博站

站址环境：车站沿番禺大道南北向敷设，站位设在道路东侧。站位北面地块为万博中心、番禺万达广场，东侧在建四海城，已建成海印又一城，南侧为已建成锦绣香江大型住宅区，西侧为长隆高尔夫练习场。

地质情况：车站范围地层主要有冲积洪积土层、花岗岩残积土、全风化混合花岗岩、强风化混合花岗岩、中风化混合花岗岩；车站基底位于中风化混合花岗岩层。

结构方案：本站设计为地下四层岛式车站，长422m、宽35.4m、深44.5m，采用明暗挖结合法施工。明挖部分围护结构建议采用围护桩加内支撑形式，主体结构形式为钢筋混凝土箱形框架结构。车站下穿七号线区间采用矿山法施工，距七号线明挖结构底板约3m，与围护结构桩基冲突，需洞内破除桩基，如图4-1所示。

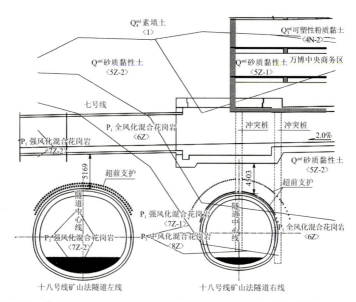

图4-1 十八号线南村万博站下穿七号线相互关系图（尺寸单位：mm）

交通疏解及房屋拆迁：本站站位设在番禺大道东侧，大部分位于地块内，车站跨规划路口部分设置临时铺盖保证规划道路东西向通行，同时还需对商铺进行拆迁或改造。

管线迁改：车站周边管线较多，基本分布在现状道路两侧。主要有$\phi500mm$ 与$\phi250mm$煤气管、12 孔 400mm × 100mm 电力管、$\phi400mm$ 污水管、$\phi400mm\sim\phi800mm$ 雨水管、$\phi1000mm$ 给水管、电信光纤、国防光缆、$\phi250mm$ 煤气管等。主要控制性管线为$\phi500mm$燃气管。车站站位已尽量避开管线，对于纵向侵入车站范围的管线建议进行永迁处理，横向跨越车站的管线采用悬吊处理。

周边建（构）筑物保护：站位东侧吉盛伟邦以及七号线南村万博站等建筑物均需要进行保护处理。围护桩入岩部分建议采用旋挖桩施工。

（5）沙溪站

站址环境：车站位于华南快速干线与沙溪大道交叉口西北象限，南北向布置，与高架华南快速干线并行，线位布置在西侧，避开桥梁桩基。站位现状东北侧为农田、池塘，西侧为信基沙溪酒店用品博览城、广州沙溪国际酒店用品城等批发市场。车站南、北区间下穿珠江。

地质情况：车站范围地层主要有素填土、淤泥质土层、中粗砂、粉质黏土、全风化泥质粉砂岩、强风化泥质粉砂岩、中风化泥质粉砂岩；车站基底位于强风化泥质粉砂岩层。

结构方案：本站设计为地下三层岛式车站，长 834.3m、宽 34.5m、深 30.5m，采用明挖顺作法施工。围护结构建议采用地下连续墙加内支撑形式，主体结构形式为钢筋混凝土箱形框架结构。

交通疏解及房屋拆迁：由于车站侵入华南快速干线匝道桥，施工期间，华南快速干线匝道桥保持 2 车道通行，番禺大桥收费站收费车道进行相应调整。车站主体基本位于信基沙溪酒店用品博览城、广州沙溪国际酒店用品城门前的地块内，该处有大型运输车辆停放，同时车站已侵入酒店用品城范围，需对其进行拆迁，因此建议对该范围临时围蔽，待车站施工完成后恢复路面。东侧车站主体侵入华南快速干线匝道，需对其进行局部拆除及改造，西侧车站主体及附属侵入周边的酒店用品城需对影响范围内的建筑进行拆除。

管线迁改：本站位于华南快速干线西侧，车站周边管线较多，主要有南北走向 DN200～DN500 铸铁给水管横穿车站主体、南北走向 DN600～DN1000 混凝土排水管横穿车站主体、东西走向 De160 燃气管穿车站主体、东西走向 600mm × 450mm 电力管沟横穿车站主体、南北走向 110kV 电力管线横穿车站主体，管线迁改方案以临迁为主，对于有用地条件的管线采用永迁方案。

周边建（构）筑物保护：华南快速干线高架结构以及批发市场等建筑物均需要进行保护处理。连续墙入岩部分建议采用双轮铣施工。

（6）龙潭站

站址环境：车站位于海珠区新滘中路与华南快速干线交叉口以西，下穿十一号线区间和出入段线，与十一号线大约垂直交叉。本站南侧为龙潭果树公园（海珠湿地保护区），北侧大部分为农田、溪流，存在民居、厂房、停车场、中石油加油站、小商铺等。

地质情况：车站范围地层主要有淤泥质土、粉质黏土、全风化含砂砾岩、强风化含砂砾岩、中风化含砂砾岩；车站基底位于强风化含砂砾岩层、中风化含砂砾岩层。

结构方案：本站设计为地下三层岛式车站，长450.6m、宽34.1m、深25.6m，采用明挖顺作法施工。围护结构建议采用地下连续墙加内支撑形式，主体结构形式为钢筋混凝土箱形框架结构。车站横跨龙潭涌处，河涌宽度约15m，车站采取倒边施工。

交通疏解及房屋拆迁：本站大部分位于地块内，车站横跨龙潭涌河边道路，需设置临时铺盖进行交通疏解。本站需拆除车站影响范围内的住宅等建筑。

管线迁改：车站周边管线较多，基本分布新滘路北侧。主要有ϕ800mm 污水管、ϕ800mm 给水管、电信光纤、ϕ200mm 煤气管等。车站站位已尽量避开管线，对于纵向侵入车站范围的管线建议进行永迁处理，横向跨越车站的管线采用悬吊处理。

周边建（构）筑物保护：十一号线龙潭站等建筑物均需要进行保护处理。连续墙入岩部分建议采用双轮铣施工。

（7）磨碟沙站

站址环境：车站位于海珠区新港东路八号线磨碟沙站以北、华南快速干线以西的规划路海洲路，车站南北布置。站位周边大部分为农田，存在办公楼、厂房、住宅区、在建建筑等。

地质情况：车站范围地层主要有淤泥及淤泥质土、淤泥质砂、全风化泥岩、强风化泥岩、中风化泥岩、微风化泥岩；车站基底位于中风化泥岩层。

结构方案：本站设计为地下四层岛式车站，长434m、宽34.5m、深28m，采用明挖顺作法施工。围护结构建议采用地下连续墙加内支撑形式，主体结构形式为钢筋混凝土箱形框架结构。车站横跨磨碟沙涌处，河涌宽度约22m，车站采取倒边施工。

交通疏解及房屋拆迁：车站位于未实施的规划路内，无交通疏解。本站需拆除车站影响范围内的住宅、厂房等建筑。

管线迁改：车站周边管线基本分布在新港东路北侧。主要有ϕ315mm 煤气管、8孔400mm×200mm 电力管、ϕ600mm 与ϕ1000mm 污水管、ϕ800mm 给水管、电信光纤、ϕ250mm 煤气管等。车站站位已尽量避开管线，对于纵向侵入车站范围的管线建议进行永迁处理，横向跨越车站的管线采用悬吊处理。

周边建（构）筑物保护：距离车站较近的住宅需要进行保护处理。连续墙入岩部分建议采用双轮铣施工。

（8）冼村站

站址环境：车站位于冼村路与黄埔大道交叉路口以南，沿冼村路南北向布设，与十三号线换乘，十三号线沿黄埔大道南侧东西向布设。站位西侧为拆迁中的冼村，东侧为恒大中心及维家思广场，黄埔大道路中为下穿隧道。

地质情况：车站范围地层主要有粉质黏土、全风化泥质粉砂岩、强风化泥质粉砂岩、中风化泥质粉砂岩、微风化泥质粉砂岩；车站基底位于中风化泥质粉砂岩层。

结构方案：本站设计为地下四层双岛式车站，长702.7m、宽24.3m、深27.75m，采用明挖顺作法施工，围护结构建议采用地下连续墙加内支撑形式，主体结构形式为钢筋混凝土箱形框架结构。

交通疏解及房屋拆迁：冼村路规划道路红线宽度为60m，车站位于路中，采用半铺盖，保持双向六车道+两人行道通行。本站需拆除车站影响范围内冼村的临街商铺和住宅等建筑。

管线迁改：冼村站位于天河区冼村路（黄埔大道至花城大道路段），现状市政管线包含给水、雨水、污水、燃气、电力与通信管道，在道路中央绿化带下还有一条高压电力隧道。所有管线走向大部分为沿冼村路南北走向，主要需迁改管线有76和58孔通信线、16线10kV电力线、DN300～DN1200球墨铸铁给水管、$\phi500mm\sim\phi600mm$混凝土排水管、$\phi500mm$污水管、DN200～DN300燃气管。由于车站开挖范围较大，几乎覆盖冼村路东半幅路，该道路以下管线均需处理。黄埔大道至金穗路段考虑冼村在进行改造拆迁，该路段的给排水管采取临时废除处理，金穗路以南段考虑临时接驳现状测出的给排水接户管至周边现状给排水管内。而电力和通信管则全线迁改至道路西侧，同时重新整合通信管道。

周边建（构）筑物保护：冼村临街商铺、住宅以及维家思广场等建筑物需要进行保护处理。连续墙入岩部分建议采用双轮铣施工。

（9）广州东站

站址环境：广州东站沿林和中路南北向布置，广州东站为国铁、一号线、三号线、十一号线、十八号线换乘的大型枢纽。站位下穿铁路轨道和站房，4条轨道交通线路呈井字布置。沿林和中路东侧分布若干高层建筑，包括天誉花园（32层）、新利大厦（21层）、建国酒店（28层）、帝苑大酒店（22层）、恒源大厦（24层）；林和中路西侧为广州东站公交站场架空平台（2层、地下四层），其中地下二层为东方宝泰购物广场，地下三层、四层为停车场；东站南侧为东站综合楼、出租车停靠站、南站房（8层），地下室为东站停车场；东站北侧为信号楼（10层）；广园快速路高架桥、广园路人行天桥、林和中路隧道出口、中山六院东侧的驾校场地；北侧是瘦狗岭军事禁区（山体）；车站北端配线下穿燕岭路（现状为高架桥），线路终点位于燕岭大厦西侧天鸿阁（24层）附近。林和中路、广园路的交通流量均很大。

地质情况：车站范围地层主要有粉质黏土、全风化含砂砾岩、强风化含砂砾岩、中风化含砂砾岩、微风化含砂砾岩；车站基底位于微风化含砂砾岩层。

结构方案：本站采用明挖+暗挖工法施工，站台暗挖、两端站厅明挖。车站长615m。

明挖站厅为地下四层结构，深 40.1m，采用明挖顺作法施工，围护结构建议采用围护桩加内支撑形式，主体结构形式为钢筋混凝土箱形框架结构。十八号线下穿一号线时与一号线车站底板保持 1.7m 以上净距，避开一号线车站的抗浮锚杆。暗挖两层车站结构下穿广九铁路，拱底埋深约 38.3m。

十八号线在一号线周边自南向北首先下穿火车站 H 区环形三层地下室，地下室距拱顶约 3.3m。十八号线车站大断面主隧道下穿一号线，一号线在此处采用浅基础，地上 2 层上盖。十八号线主隧道拱顶距浅基础最小距离为 2.2m，沿一号线纵向设置。

十八号线主隧道下穿一号线周边范围，结构断面图如图 4-2 所示，为了减少隧道施工对国铁股道和上面建（构）筑物的影响，矿山法隧道断面采用管幕法作为超前预支护手段，初期支护采用型钢钢架。

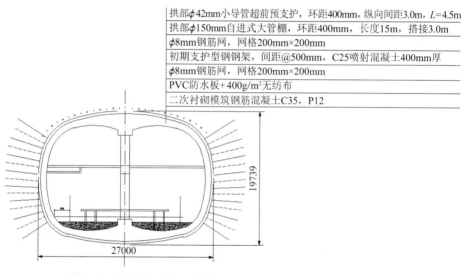

图 4-2 主隧道下穿一号线范围结构断面图（尺寸单位：mm）

十八号线主隧道下穿国铁股道，下穿距离约 150m，此段主隧道拱顶埋深约 22.8m。国铁 2~5 站台地面亭跨度较大，柱下设桩基础，桩基与主隧道顶板最小净距为 3.3m。

交通疏解及房屋拆迁：十八号线车站南站厅施工期间，需设置临时铺盖保证林和中路双向四车道 + 两人行通道通行。需对广州东站铁路行李楼以及地下室局部拆除或改造。

管线迁改：车站周边管线较多，基本分布在广园路及林和中路两侧。主要有 ϕ315mm 煤气管、4 孔 400mm×100mm 电力管、ϕ400mm 污水管、ϕ400~ϕ800mm 雨水管、ϕ1000mm 给水管、电信光纤、国防光缆、ϕ250mm 煤气管等等。车站站位已尽量避开管线，对于纵向侵入车站范围的管线建议进行永迁处理，横向跨越车站的管线采用悬吊处理。

周边建（构）筑物保护：广九铁路、广州东站站房、东方宝泰、建国酒店以及一号线和三号线车站等建筑均需要进行保护处理。围护桩入岩部分建议采用旋挖桩施工。

（10）市广路站

站址环境：车站西接广州南站，东联番禺广场站。位于番禺区市广路与金山大道交叉路口以东，沿市广路布置，站址北侧自西向东依次为越华织造厂、金三谷花园；站址南侧自西向东依次为祈福新邨商业商务办公楼、祈福酒店。

地质情况：本场地地貌属于台地地貌，地形稍有起伏，相对高差较小，本站岩土层从上至下依次为填土、粉质黏土、砂质黏性土、全风化～微风化混合花岗岩。地基主要位于全风化～微风化混合花岗岩层。

结构方案：本站设计为越行站，车站长450.8m、标准段宽35.1m、结构高度17.7～21.65m。车站结构为地下两层现浇钢筋混凝土框架结构，岛式车站。公共区为两层两跨结构，设备区为三层三跨结构。车站主体及附属主要采用明挖法施工，2号出入口、6号出入口通道由于受交通疏解条件限制，采用矿山法施工，暗挖通道长度19.8m，为单洞单跨马蹄形结构。2号出入口、3号出入口均与祈福集团地块连接，2号出入口通道与祈福013地块地下室结构连接，3号出入口通道预留远期连接接口条件。车站建设拆除市广路地下人行过街通道，建成后在车站顶板上方对过街通道进行复建。

交通疏解及房屋拆迁：车站分两期施工，一期围挡主要施工车站主体及北侧附属，施工期间施工影响范围内市广路地面交通需由双向10车道缩减为8车道通行。二期围挡主要车站南侧附属，施工期间保证市广路双向10车道通行。为实施附属需拆除北侧一处单层房屋，面积136.2m²。

管线迁改：车站周边管线较多。主要有ϕ250mm燃气管、37孔通信管、10kV电力管、ϕ800mm雨水管、ϕ1000mm给水管、ϕ400mm污水管等。车站站位已尽量避开管线，对于纵向侵入车站范围的管线进行永迁处理，横向跨越车站的管线采用悬吊处理。

周边建（构）筑物保护：周边没有需要保护的建（构）筑物。

（11）陈头岗站

站址环境：车站位于广州南站以北、广珠城际停车场附近，沿规划道路敷设，呈南北走向。预留与远期佛山市轨道交通四号线二期通道换乘接口。车站周边现状以居住、农田、公园、铁路用地为主，其中西侧为动车铁路用地，南侧为石壁村自留地和广州南站，东侧为拟进行综合开发的陈头岗停车场。

地质情况：车站范围地层主要有淤泥、粉质黏土、粉质黏土、全风化含砂砾岩、强风化泥岩、强风化粉砂岩、中风化粉砂岩。车站基底主要位于强风化泥岩层、强风化粉砂岩层、中风化粉砂岩层。

结构方案：车站设计为地下二层车站，全长647.6m，标准段宽为40.88m，底板埋深20.22～21.70m。车站顶、中、底板与中柱、内衬墙形成为一闭合框架，顶、中、底板设计为梁板体系；围护结构与车站主体结构采用复合式结构，主体结构采用明挖顺筑法施工。车站有效站台中心里程处车站为标准地下二层岛式车站。车站公共区与设备区横断面分别见图4-3与图4-4。

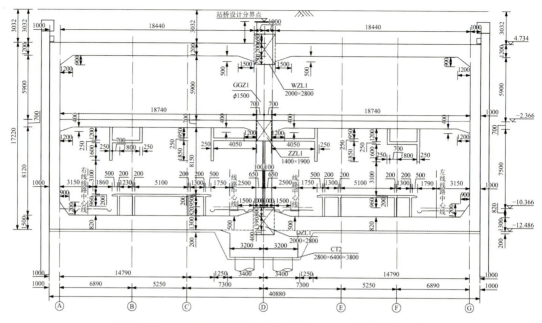

图 4-3 车站公共区横断面（尺寸单位：mm，高程单位：m）

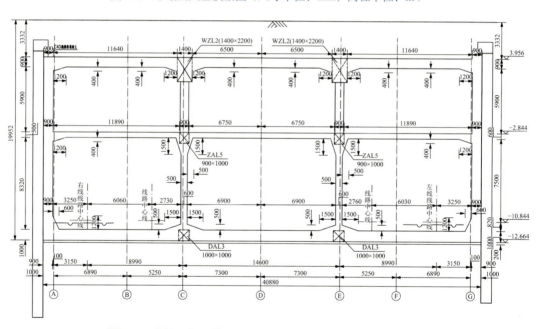

图 4-4 车站设备区横断面（尺寸单位：mm，高程单位：m）

交通疏解及房屋拆迁：本站无需进行交通疏解及拆迁。

管线迁改：本站无控制性管线。

周边建（构）筑物保护：本站周边无重要建构筑物。

（12）南浦西站

站址环境：车站位于番禺区东新高速公路桥西侧，现状西乡三路南侧，规划西乡三路北侧的地块内，车站沿东新高速公路南北向布置，周边现状为防护绿地及基本农田。车站东侧为东新高速公路高架桥，桥墩基础距离车站最近约 6～7m。

地质情况：车站范围地层主要有填土、淤泥质土、淤泥质粉细砂、淤泥质中粗砂、粉细砂、粗砂、淤泥质土、粉质黏土、全风化细砂岩、强风化细砂岩、中风化细砂岩、微风化细砂岩。车站基底主要位于中、微风化细砂岩层。

结构方案：本站为标准地下四层岛式车站，长 229.8m，标准段宽 23.1m、深约 38m，采用明挖法施工。车站结构为地下四层现浇混凝土结构，顶、中、底板与中柱、内衬墙形成闭合框架，顶、中、底板设计为梁板体系，标准段采用无柱形式，两端采用单柱双跨形式。车站主体结构纵断面与横断面分别如图 4-5 与图 4-6 所示。

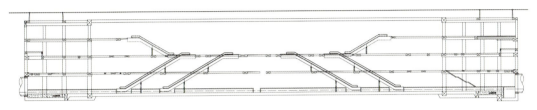

图 4-5　南浦西站主体结构纵断面图

东新高速为双向六车道高速公路，大桥由北引桥、主桥和南引桥组成。南引桥桥墩采用大伸臂盖梁板式墩，基础均采用钻孔桩基础，其中 46～53 墩平面尺寸为 3.6m×1.6m，基础为 2 根 ϕ1.8m 钻孔桩，承台厚 2.5m，54～63 墩平截面尺寸为 3.6m×1.4m，基础为 2 根 ϕ1.6m 钻孔桩，承台厚 2.0m，64～72 墩平面尺寸为 3.6m×1.2m，基础为 2 根 ϕ1.5m 钻孔柱。上部结构采用 30m 跨预应力混凝土装配式连续小箱梁。

管线迁改：车站原状场地为耕地、农田，站位已避开管线，无管线迁改。

周边建（构）筑物保护：东新高速南引桥需要进行保护处理，连续墙成槽时采用搅拌桩槽壁加固。

（13）南潡站

站址环境：车站位于玉兰路以东，沿环翠南路自西向东敷设，南接南浦西站，北接西塱站，北侧为立白地块，南侧为南潡村。

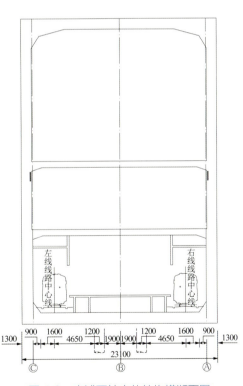

图 4-6　南浦西站主体结构横断面图
（尺寸单位：mm）

地质情况：自上而下为杂填土、素填土、淤泥、淤泥质土、淤泥质粉细砂、粉细砂、中粗砂、砾砂、可塑状粉质黏土、残积土、岩石全风化带、岩石强风化带、岩石中风化带、岩石微风化带。

结构方案：本站设计为地下二层岛式车站，长395m、宽21.7m、深25m，采用明挖顺作法施工。围护结构建议采用地下连续墙加内支撑形式，主体结构形式为钢筋混凝土箱形框架结构。

交通疏解及房屋拆迁：车站位于环翠南路，需拆除部分南潋村民房，施工前道路迁改至车站南侧，施工完成后回迁。

管线迁改：现状有通信、燃气、给水、污水、雨水等多条管线。施工前管线随道路迁改至车站南侧，施工完成后回迁。

周边建（构）筑物保护：周边需要保护的建（构）筑物主要有南潋村民房。

（14）西塱站

站址环境：车站位于花地大道南的北侧、一号线西塱车辆段地块内，线路平行于一号线西塱站，呈南北方向布置。车站周边现状主要为一号线西塱站、广州地铁运营办公用地、广钢地块与废弃的广钢铁路、西塱文体批发精品批发市场。花地大道南规划路的道路红线宽度为60m，站址现状为广州地铁运营办公楼（拟拆除处理）。

地质情况：本场地地貌属于海积、海陆交互冲积平原，白鹤洞碎屑岩台地边缘，本场地地形较平坦，相对高差较小，地面高程一般为6.78~8.97m。以道路、绿化以及车辆段建筑物为主。基坑开挖范围自上而下主要为：人工填土、淤泥、淤泥质土、淤泥质中粗砂、粉质黏土、残积粉质黏土、全风化~中风化粉砂岩、泥质粉砂岩、含砾粗砂岩，岩土施工工程分级为Ⅰ~Ⅳ级。基坑范围内分布人工填土成分及性质较不稳定，软土（淤泥、淤泥质土）强度低、触变易扰动，砂层自稳能力差，基坑开挖需采取支护措施。基坑范围内存在砂层潜水、基岩裂隙水，主要含水层为砂层、破碎风化层，地下水对基坑施工影响大，应做好在开挖时局部突然大量涌水的应急及防护措施，以确保基坑施工安全。西塱站工程地质纵断面如图4-7所示

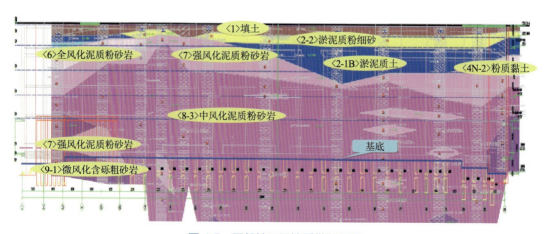

图4-7 西塱站工程地质纵断面图

结构方案：车站为二十二号线的第七座车站，与一号线、十号线、广佛线换乘。车站有效站台中心里程为YDK59+093.000，设计里程为YDK59+782.300～YDK60+008.100。车站为地下四层岛式四线换乘车站，全长225.8m，结构柱跨为12m；标准段外包宽度为38.15m，扩大段外包宽度为42.35m，扩大段底板最大埋深约35.88m（底板最低高程−26.431m），负一层预留一号线下地条件，地下二、三层预留地块开发接入条件，车站顶板近期覆土0.5～1.7m，远期无覆土，结构采用明挖法施工，车站设置5排抗拔桩，抗拔桩桩径ϕ1.2m和ϕ1.6m。

车站为16.5m岛式车站，有效站台中心里程处轨面高程（绝对值）为−22.520m，标准段二十二号线线间距20m；一号线车站为两岛一侧车站，有效站台中心里程处轨面高程（绝对值）为1.160m，标准段线间距为15.2和11.5m；标准段基坑宽度39.15m，地面平整后的高程约为8.000m，二十二号线轨面距离底板面高度0.82m，一号线轨面距离底板面高度0.58m，负四层标准段基坑深约32.880m、负四层底板厚度1.2m。车站效果图、标准段横剖面、纵断面分别如图4-8～图4-10所示。

图4-8 西塱站效果图

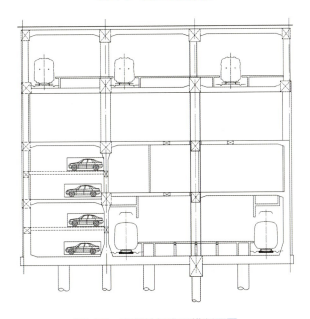

图4-9 西塱站标准段横断面图

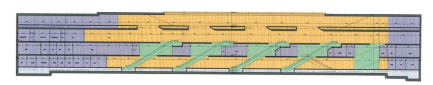

图 4-10 西塱站纵断面图

交通疏解及房屋拆迁：二十二号线西塱站交通疏解及围蔽施工，需拆迁西塱车辆段内部建构筑物 11497m²，拆除西塱车辆段外部建构筑物 389.2m²，总计拆迁面积 11886.2m²。西塱站施工总围蔽面积 28447.35m²，车站主体结构部分，一期围蔽 5365m²，二期围蔽 21563m²。车站施工围蔽阻断荔湾农副产品批发市场 1 号出入口，故在批发市场南侧广场拆除既有厕所位置。施工期需考虑一号线车站消防疏散要求，需在一号线与二十二号线车站间布置 4m 宽消防车道。

二十二号线西塱站附属结构需拆除西塱车辆段外部建构筑物 82.8m²，附属结构部分为 II、III、V 号出入口以及 1、2 风亭组和一号线换乘通道借地，围蔽面积为 3999.95m²，在原有车站施工借地范围外增加借地范围。

管线迁改：本站管线较简单，主要是 $\phi 800mm$ 供水管、$\phi 400mm$ 雨水管，$\phi 800mm$ 雨水管、$\phi 250mm$ 燃气管与车站主体有冲突，考虑将管线迁出车站范围。

周边建（构）筑物保护：周边主要建构筑物为既有一号线西塱站、广佛线西塱—菊树区间、广中大桥、西塱文体精品批发中心。

（15）芳村站

站址环境：芳村站为二十二号线第 8 个车站，为二十二号线（线路未北延时）的终点站。车站位于花地大道与芳村大道十字路口，沿花地大道南北向敷设，南接西塱站。本站为换乘站，与一号线、十一号线、二十八号线换乘。车站东面靠近一号线芳村站，北面紧挨珠江隧道，小里程端西侧为密集民房、住宅，大里程端西侧为在建白鹅潭国际金融中心基坑。车站周边现状为道路、商业、住宅、城中村房屋、室外停车场等，建筑物密集。车站总平面如图 4-11 所示。

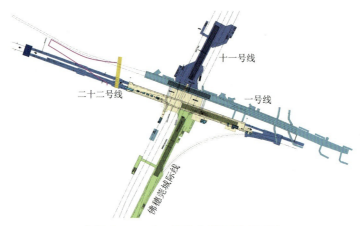

图 4-11 二十二号线芳村站总平面图

地质情况：场地内地层从上至下依次为填土、淤泥质土、硬塑状残积土、全风化粉砂、强风化粗砂岩（含砾）、强风化泥质粉砂岩、中风化粗砂岩（含砾）、中风化泥质粉砂岩、微风化粗砂岩（含砾）、微风化粉砂岩。基底主要位于微风化岩层，局部位于中风化岩层。车站范围内地质纵断面如图4-12所示。

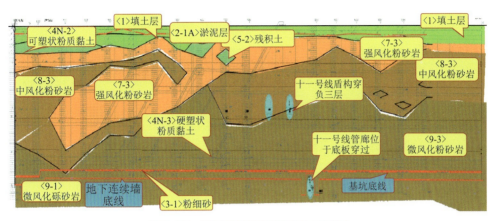

图4-12 芳村站地质纵断面图（局部）

结构方案：本站采用明挖顺作法，大里程接站后暗挖段，小里程左线接站前明挖段，右线接暗挖段。车站全长392.5m，标准段宽为25.500m，有效站台中心底板埋深37.074m。车站结构为地下四层现浇单柱双跨（大里程端局部双柱三跨）混凝土结构，顶、中、底板与中柱、内衬墙形成为一闭合框架，顶、中、底板设计为梁板体系；围护结构与车站主体结构采用复合式结构，主体结构采用明挖顺作法施工。车站范围内设置轨排井一座。车站标准段横断面见图4-13。

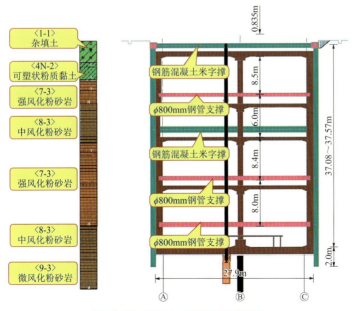

图4-13 芳村站标准段横断面图

交通疏解及房屋拆迁：车站施工围蔽占用花地大道且穿过花地大道与芳村大道交叉的十字路口，车站基坑分两期实施，中部采用横向铺盖，以满足车站施工和交通需求，车站的交通疏解分为六期进行。车站南区需要拆除影响范围内的住宅等建筑。

管线迁改：车站周边管线较多，基本沿花地大道南北向分布。主要有 15kV 电力管、ϕ800mm 给水管、ϕ800~ϕ1200mm 雨水管、电信光纤、国防光缆等等。车站站位已尽量避开管线，对于纵向侵入车站范围的管线进行永迁处理，横向跨越车站的管线采用悬吊处理。

周边建（构）筑物保护：市级文物同盛机器厂旧址、一号线芳村站和十一号线综合管廊等建筑均需要进行保护处理。连续墙入岩部分建议采用双轮铣施工。

4.2.2 大跨结构体系

大跨车站是指相对于普通有柱车站而言，车站公共区内无柱、跨度较大的车站。大跨车站一般是岛式双层地下车站，结构形式具有独特的建筑风格以及开阔的视野空间，车站有较强的通透感，给人以较好的视觉享受，如图 4-14 所示。目前广州地铁中应用无柱结构形式的有赤岗站、鹭江站、中大站、市二宫站和纪念堂站，但最大的站台宽度均小于 9m。

十八号线和二十二号线大跨车站的站台宽度范围为 10~14m，由于公共区不设柱，各层板跨度较大，受力和变形均较大，尤其对于顶板而言，覆土荷载大，变形和内力相对于其他构件均较大。为满足结构的设计要求，可采用顶板变截面板、顶板密肋梁、拱形结构、预应力顶板四种结构形式。

a) 高雄捷运无柱站站厅层

b) 高雄捷运无柱站站台层

图 4-14　大跨无柱车站

1）顶板变截面板方案

广州地铁中的赤岗站采用了顶板变截面板方案，车站结构横断面如图 4-15 所示。根据埋深和跨度不同来考虑是否设计抗拔桩，其中变截面板的厚度为 0.8~1.3m。变截面板的使用可以在满足结构强度、刚度以及挠度要求的前提下，减少跨中的板厚从而减少钢筋混凝土工程量，腋角与顶板的共同受力能一定程度上发挥近似拱的力学优势，有效减少顶板跨中弯矩，同时由于跨中板厚较小，净空高度较大，可以为车站内部各种管线布置提供更加充裕的空间，且在施工中模板相对简单，施工速度较快，设计中要考虑施作的腋角以及板与侧墙之间的刚度相差不能太大。

2）顶板密肋梁方案

在广州地铁已投入使用的车站中，鹭江站、中大站、市二宫站及纪念堂站均采用顶板密肋梁方案，梁高为 1.4m 左右，宽 1.0m，梁间距在 2m 左右，车站结构横断面如图 4-16 所示。该方案可以减少顶板厚度，节省钢筋混凝土工程量以及结构刚度较好，但由于梁较高，为了满足车站内部各种设备管线的布置要求，需要提高层高，同时施工时模板工程复杂，使得此类车站的施工速度较慢。

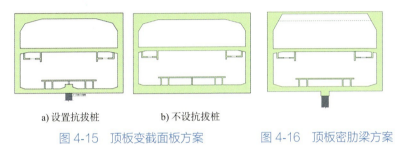

a) 设置抗拔桩　　　　b) 不设抗拔桩

图 4-15　顶板变截面板方案　　图 4-16　顶板密肋梁方案

3）拱形结构方案

拱形结构体系通常在暗挖法车站中使用，根据地质条件与开挖跨度可分为分离式车站、单拱式车站、双连拱式车站、三连拱式车站，根据车站功能需求分为单层车站及双层车站。在此主要介绍单拱双层车站结构形式，其结构横断面如图 4-17 所示。

单拱结构不会出现拱部应力集中现象，对地层位移影响控制简单、防水效果好，结构简单、断面受力明确，多用于岩石地层，但单拱大跨车站开挖难度大、施工技术复杂。

拱形结构可以减少顶板中部覆土厚度，对中柱受力有利，且充分利用混凝土抗压性能，减少弯矩和剪力，整个

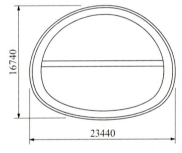

图 4-17　单拱双层车站（尺寸单位：mm）

结构的受力更加合理，节省工程造价，拱形上部的空间可以布置管线，有利于降低层高，减少车站基坑深度。

但本方案的缺点在于拱形结构的施作对施工管理要求高，顶板与底板支模、钢筋绑扎及混凝土的浇筑都需要严格工艺控制。

明挖法施工中采用拱形的地下车站较少，现有资料表明国内在青岛地铁三号线长沙路站已有成功应用，其形式为直墙拱形结构，剖面和效果图如图 4-18 所示。明挖拱形无柱车站优点在于可以减少开挖面，保证了车站中有足够的空间；顶板拱形的特点能够充分利用将上部荷载转化为板的轴力，有效地减少了板的弯矩，充分地发挥了混凝土材料的受压性能高的特点；同时顶板的高度增加，提升了上层的站厅台的宽阔性。该结构形式的缺点在于施工质量的要求较高，施工时模板搭设相对于普通结构更加复杂，同时也可能会增加基坑的开挖深度。

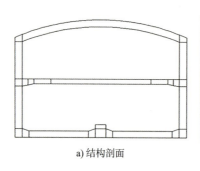 

a) 结构剖面　　　　　　　　　　b) 实际效果

图 4-18　明挖直墙拱形车站结构

4）预应力顶板结构方案

预应力技术在大跨无柱结构形式中使用不多，预应力的施加可以充分利用混凝土的抗压性能，减少混凝土的用量，减少板厚从而减轻自重，同时可以减少车站结构混凝土的裂缝，对于地下结构来说是有利的。

但目前车站设计使用年限是 100 年，而预应力结构使用年限能否达到 100 年仍然缺乏实际数据支持，同时地下水对于预应力结构使用的影响也不明确。而预应力结构中大多采用预制件，但预制件接头的渗漏水问题需要慎重考虑，在地下结构中使用更应充分论证。大跨无柱中预应力混凝土结构主要有两种结构方案：

（1）预应力密排框架箱形结构：该方案主要承重体系是由平行于区间断面、间距较密的框架组成，框架结构采用预应力技术，板、墙构件采用普通钢筋混凝土。该方案能够实现无柱大空间要求，视觉开阔，建筑布置灵活，空间利用率高，舒适度好，有利于减小偶然作用效应的影响范围，避免结构发生与偶然作用不相匹配的大范围破坏，节省材料。但施工工期较长，结构工程造价稍高。

（2）预应力变截面板结构：该方案中水平承重体系由平行于区间断面的变截面板组成，竖向承重体系为侧墙，纵向用暗梁连接。该方案满足无柱大空间的要求，视觉开阔，建筑布置灵活，空间利用率高，舒适度好，充分利用结构美，一般不出现裂缝、挠度小，施工较简便，但该种方案成熟度不如预应力密排框架箱形结构。

5）中庭无柱结构方案

为了有效缓解常规地下车站永久埋置于自然地面之下，在建筑空间设计及使用上存在透性差、光线差、人感到压抑、通风不良、无方向感等问题，广州地铁引入了中庭式车站。车站中庭空间概念一般是指扩大公共区中层板开孔尺寸，使站厅、站台公共区在空间上贯通、在视觉上通透，实现车站公共区整体空间的共享空间。中庭式结构的运用使得车站在空间、通风、采光等方面的感官效果有了明显改善。中庭车站体系运用于车站有如下优点：

（1）中空无柱结构打破了地下空间的压抑感，加强了地下空间与地上空间的联系，使地下空间获得更多的地上空间效果。

（2）中空无柱结构可以让乘客进站后第一时间留意列车运行情况，站台与站厅层空间整体性强，有助于乘客在站厅层清楚识别列车运行情况，另外也便于车站工作人员管理，及时发现和处理突发情况。

这类中庭车站一般在跨度比较小，且两边的走廊宽度比较窄时采用。两边的走廊采用特殊的结构加强措施悬挑出来，如广州地铁 APM 线（图 4-19）、台北捷运五号线中山纪念馆站（图 4-20）等。

图 4-19　广州地铁 APM 线　　　图 4-20　台北捷运五号线中山纪念馆站

4.2.3　大跨结构应用

为提高空间利用率，增加乘客的舒适感、空间感，十八号线和二十二号线车站采用了大跨度、大空间的设计理念，通过抽柱、减柱、无柱、加大层高等手段实现车站大跨结构，车站最大净跨达到 20m 以上。

大跨车站由于跨度较大，其内力和变形与普通的单柱双跨、双柱三跨车站有所不同，必须针对结构设计中的难点而采取相应的结构构造措施。

顶板无论采用密肋梁方案还是变截面板方案，侧墙与顶板相交处角点弯矩均过大，因此必须对该部位进行结构加强处理，通常的做法是在角点处加设大腋角。需要注意的是，腋角的设置要考虑是否会影响到建筑净高的要求。底板则通过加大底板厚度或结合抗拔桩减跨来达到受力要求。

广州地铁设计研究院坚持以人为本的大跨车站设计理念，避免了设备及管线布置受限等传统问题，优化车站使用功能，提升站内空间美感。

万顷沙站（图 4-21）为地下二层 13m 岛式车站，车站站厅层采用无柱结构，土建净高 7.5m；站台层为单柱 13m 岛式站台，纵向 9m 柱跨。

番禺广场站（图 4-22）为地下五层 14m 双岛四线换乘车站，站厅层土建净高 7.05m，站台层为单柱 14m 岛式站台，纵向 12m、横向 24m 柱跨，中庭最大镂空尺寸为 43m×22m。

冼村站（图 4-23）为地下三层 13m 岛式车站，站厅层土建净高 5.5m，站台层为 13m 无柱岛式站台。

图 4-21　万顷沙站

图 4-22　番禺广场站

图 4-23　冼村站

4.2.4　大跨结构材料

（1）番禺广场站

番禺广场站为双岛四线换乘站，十八号线在外侧，二十二号线在内侧，两条线的车站土建部分同步设计、同步实施，站南设二十二号线折返线、出入段线，十八号线与出入段线间设折返线，出入段线与二十二号线的单渡线，站北设二十二号线的单渡线。

番禺广场站主体结构长 540m，宽 50m，深 40m。车站主结构标准段采用三柱四跨框架结构，为满足建筑空间效果要求，负三层站厅公共区范围共 225m 长采用抽柱处理，抽柱后中间跨的跨度达 23.5m，抽柱范围双柱采用直径 1.4m 和 1.0m 变截面钢管混凝土柱（图 4-24）。为满足负一、负二层物业开发层高和跨度需求，在站厅公共区顶板上方设置型钢混凝土托换梁（图 4-25），托换梁尺寸 1.5m×2.7m，内置 2100mm×900mm×40mm×50mm 焊接工字钢，跨度 23.5m，并利用托换层回填满足结构抗浮需求。

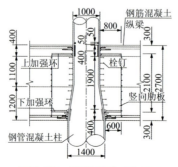

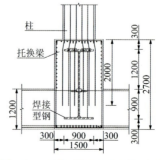

图 4-24　钢管混凝土柱节点　　图 4-25　型钢混凝土托换梁大样
（尺寸单位：mm）　　　　　　（尺寸单位：mm）

根据建筑方案，车站设置 3 处挑高空间，采用中跨楼板镂空形式，形成了 43m×22m、

39m×22m、26m×17m 三处开敞空间，并对该空间四周钢管混凝土柱节点进行特殊处理，满足后期装修要求；负一、负二层预留中庭和采光井设置条件，负一层中板预留两处中庭，采用中间两跨楼板镂空处理，尺寸分别 48m×22m、36m×22m，顶板预留两处采光井，其中一处为中间两跨顶板镂空处理，预留 48m×22m 采光井，一处为全四跨顶板镂空处理，预留 72m×50m 采光井，两处预留采光井近期设置大跨度钢结构雨棚。

（2）陈头岗站

陈头岗站为地下二层双岛 4 线车站，中间接出入场线明挖区间。主体结构全长 647.6m，标准段宽为 40.88m，底板埋深 20.22～21.70m。

根据《广州市住房和城乡建设委员会关于如意坊放射线系统工程（二期）等重点市政路桥项目前期工作协调会议的纪要》（穗建前期纪〔2018〕2 号）精神，"原则同意东晓南路至广州南站连接线工程与二十二号线陈头岗站站体合建方案，合建部分由广州地铁集团具体负责实施"。东晓南路—广州南站放射线高架桥双向六车道，与陈头岗站并行规划，走向基本一致，放射线高架桥墩通过车站柱子场地到底部承台桩基，车站主体范围内共 32 个桥墩需由车站柱预留衔接条件并承担桥梁荷载。

车站主体明挖段采用两种结构形式：公共区采用二层单柱双跨框架结构，结构宽为40.88m，顶板厚度 1200mm、中板厚度 700mm，底板厚度 1300mm，负一及负二层侧墙厚度 1000mm，柱截面为 ϕ1500mm 钢管混凝土柱及 ϕ1500mm 混凝土柱。设备区采用二层双柱三跨框架结构，结构宽为 48.6m，顶板厚度 900mm、中板厚度 500mm、底板厚度 1100mm、负一层侧墙厚度 900mm、负二层侧墙厚度 1000mm，柱截面为 800mm×1200mm 与 ϕ1500mm 钢管混凝土柱两种。上述 ϕ1500mm 钢管混凝土柱均兼做车站上部高架桥梁的桥桩。

陈头岗站位于规划道路下方，道路红线宽度 40m，车站宽度 40.88m。陈头岗站与东晓南路至广州南站连接线工程并行段高架桥下部结构合建实施，经计算分析，合建钢管柱直径 1.5m、壁厚 30mm，混凝土强度等级 C60。本站钢管混凝土柱从直径、钢管壁厚、混凝土强度等级均在以往应用案例基础上有较大提高和突破。

钢管混凝土柱的梁柱节点设计是整个结构设计中的一个关键点，区别于普通混凝土梁柱节点整体浇筑特点，钢管混凝土柱的梁柱节点混凝土被钢管分隔为内外侧不连续混凝土。梁的剪力及弯矩在节点梁端处达到峰值，剪力通过焊接在钢管柱上的钢托架传递至钢管柱，混凝土梁纵向受力钢筋锚固到环梁内传递弯矩。底部采用端承式柱脚，柱底与底板或底梁接口位置埋设竖向钢筋以提高钢管柱与底板或底梁连接整体性。

4.3 区间隧道设计

4.3.1 概述

（1）工程特点分析

传统列车在隧道内一般以不高于 100km/h 的速度运行，产生的隧道通风问题在轨道交通设计和运营已有了相当成熟的经验。十八号线和二十二号线功能定位为市域快线，列车运行速度快，车辆的最高设计速度最高可达 160km/h，现行规范对此类情况没有明确的限制标准。列车在内径 5400mm 隧道内运行速度达到 100km/h 以上时，乘客会有比较明显的耳鸣现象，增大隧道断面是缓解这种现象的措施之一，但目前国内最常广泛应用的为内径 φ5400mm 的盾构隧道，若采用其他内径的盾构隧道，盾构机需重新设计制造，管片模具也要重新设计制造，这将给十八号线和二十二号线的工程建设带来比较大的难度。

为此，结合十八号线和二十二号线工程建设的实际情况，在满足车辆选型、行车、通风空调、消防疏散、限界、轨道、接触网等专业要求的基础上，拟定不同设计速度（160km/h、200km/h 和 250km/h）对应的盾构隧道断面尺寸等相关参数，并从技术条件、经济指标、工期、盾构机类型与广州地质条件的适应性进行分析，给出相应的参考标准、结论和理由，力求得出科学安全、可靠性高、实施性强、经济效果好的盾构方案。

（2）市场调研分析

国内城市轨道交通大多采用双洞单线隧道，隧道内径 5.4m 或 5.5m，但一些大直径盾构隧道逐渐被应用于城市轨道交通工程。北京地铁十四号线采用管片外径 10m 的单洞双线盾构隧道，广州市轨道交通四号线南延段采用了管片外径为 11.3m 的单洞双线带中隔墙盾构隧道，武汉三阳路长江隧道采用了公铁合建一体化设计，在公路隧道下部预留了城市轨道交通位置，盾构管片外径 15.2m。部分大直径盾构隧道工程情况及隧道参数见表 4-2。

国内部分大直径盾构隧道情况表 表 4-2

名称	长株潭城际铁路隧道	广深港高铁狮子洋隧道	佛莞城际狮子洋隧道	广州市轨道交通四号线南延段隧道	广惠城际铁路隧道	穗深城际铁路隧道	南京长江公路隧道
设计速度（km/h）	200（城区160）	350（250以上）	200	80	200（东莞市内地下线160）	140～200	80
盾构外径（m）	9	10.8	13.1	11.3	8.5	8.5	14.5
管片厚度（m）	0.45	0.5	0.55	0.5	0.4	0.4	0.6
盾构内径（m）	8.1	9.8	12	10.3	7.7	7.7	13.3
管片宽（m）	1.8	2	2	2	1.6	2	2
分块	5+2+1	5+2+1	6+2+1	6+2+1	4+2+1	4+2+1	7+2+1
用途	铁路	铁路	城际	地铁	城际	城际	公路
设洞形式	单洞单线	单洞单线	单洞双线（无中隔墙）	单洞双线（中隔墙）	单洞单线	单洞单线	单洞3车道（双向6车道）
环缝纵向螺栓数	22颗	M36，22颗	M36，8×4+2=34颗	36条M30斜螺栓	M30，19颗直螺栓	M30，19颗直螺栓	42颗
纵缝环向螺栓数	M30，16颗	M36，8×3=24颗	M36，9×3=27颗	M36，9×2=18颗斜螺栓	M30，14颗直螺栓	M30，14颗直螺栓	30颗
盾构模式	9.34m 海瑞克复合土压平衡盾构机（开挖直径9.38m）	德国维尔特集团旗下 NFM 公司的膨润土—气垫复合式泥水平衡盾构，开挖直径 11.18m	13.46m 双模盾构	11.66m 泥水盾构	8.8m 海瑞克土压平衡盾构，盾体长9.6m。	8.78m 土压平衡盾构，开挖直径8.82m，整机全长81.175m	14.93m 泥水盾构

4.3.2 隧道区间结构设计

（1）分块分析

对于内径大于φ5400mm的单管单线区间盾构隧道，管片分块方式采用目前国内常用的"1＋2＋3"模式，即用一个封顶块、两个邻接块和三个标准块构筑衬砌环。具体为封顶块管片（F）圆心角为15°，标准块管片3块（分别为B_1、B_2、B_3）圆心角均为72°。邻接块管片左右各1块（分别为L_1、L_2）圆心角均为64.5°，纵向接头为10处，按36°等角度布置，管片衬砌环布置如图4-26所示。

日本作为目前世界上盾构隧道技术最发达国家之一，对近20年来修建的100多座盾构隧道的设计资料进行了统计分析，得出了隧道外径与钢筋混凝土平板型管片分块数的关系：外径为10～12m的隧道，分块数为8～11块，钢筋混凝土管片的弧长多为3.2～4.5m，标准块的重量大多为20～50kN；钢筋混凝土平板型管片外径为10m时，厚度为400～450mm，管片衬砌的幅宽多为1m。但是，随着盾构技术的发展及其装配能力的提高，管片的幅宽也逐渐增大，比如长株潭城际铁路隧道的管片幅宽为1.8m；广深港高铁狮子洋隧道管片幅宽为2.0m。

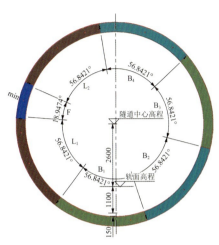

图4-26 单线区间盾构隧道管片分块图
（尺寸单位：mm）

对8.5m盾构进行分块分析，如图4-27所示，分别选取三种管片分块数（6块、7块、8块）进行对比分析，结果见表4-3。

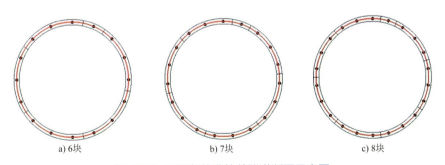

图4-27 不同版块分块数隧道断面示意图

不同管片分块数对比表　　　　　　　　　　　　　　　　表4-3

分块数	正弯矩最大值（kN·m/m）	对应轴力（kN/m）	负弯矩最大值（kN·m/m）	对应轴力（kN/m）	最大剪力（kN/m）	单点最大变形（mm）
6	536.78	1986.21	−508.58	2919.16	−386.17	17.488
7	516.71	2020.70	−491.38	2997.88	−392.88	17.593
8	508.48	2063.77	−481.03	3011.26	410.44	18.689

就单点最大变形量而言，一环分成8块与7块的差比一环分成7块与6块的差大得多：一环分成8块与7块，变形量的差为1.1mm，而一环分成7块与6块，变形量的差为0.11mm，即8块与7块的差是7块与6块的差的10倍左右；所以，考虑到变形因素，宜将一环分成7块或6块。

就内力来说，一环分成8块与7块，正负弯矩的差是7块与6块正负弯矩的差的0.4倍左右；而弯矩大的分块情况，其轴力反而小，对于管片衬砌结构的抗弯是不利的；剪力相差不大，而且管片衬砌结构的抗剪能力一般都能满足要求。所以，由于分块数目的减小，导致弯矩值的大大增加，而轴力反而减小，这样会大大地增加配筋量，使得工程造价增加；但是分块数目的过分增加，不但使得内力的减小效果不明显，同时使得整体刚度大大降低，从而导致管片衬砌结构变形大大地增加。另外，管片的数目太多，会增加接头的数目，一方面增加造价，另一方面使得拼装时工序增加导致时间加长，从而影响工期；若管片的数目太少，则管片的弧长和重量都很大，不利于拼装作业，要想从已经拼装好的盾构隧道内运输，至少要分成3块。故综合考虑以上各因素，宜采用将一环分成7块的分块形式。隧道断面如图4-28所示，基本几何参数见表4-4。

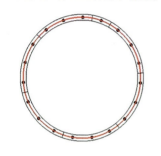

图4-28 盾构隧道断面示意图

隧道断面基本几何参数 表4-4

参数名	参数值	参数名	参数值
管片总数	7	关键块K的螺栓数	1
衬砌外直径D_1（m）	8.500	右相邻块B_1螺栓数	3
衬砌内直径D_2（m）	7.700	左相邻块B_2螺栓数	3
夹角θ_1（°）	9.47	标准块A螺栓数	3
夹角θ_S（°）	28.43		

注：θ_1为管片右侧第一个螺栓与管片右边缘的夹角；θ_S为关键块右侧与Y轴的夹角。

纵向螺栓几何参数与管片几何参数分别见表4-5与表4-6。

纵向螺栓几何参数 表4-5

编号	角度（°）	X坐标（m）	Y坐标（m）	编号	角度（°）	X坐标（m）	Y坐标（m）
1	71.05	1.32	3.83	8	260.52	−0.67	−3.99
2	90.00	0.00	4.05	9	279.47	0.67	−3.99
3	108.94	−1.31	3.83	10	298.42	1.93	−3.56
4	127.89	−2.49	3.20	11	317.37	2.98	−2.74
5	146.84	−3.39	2.22	12	336.31	3.71	−1.63
6	165.79	−3.93	0.99	13	355.26	4.04	−0.33
7	184.73	−4.04	−0.33	14	14.21	3.93	0.99

续上表

编号	角度（°）	X坐标（m）	Y坐标（m）	编号	角度（°）	X坐标（m）	Y坐标（m）
15	203.68	−3.71	−1.63	18	33.16	3.39	2.21
16	222.63	−2.98	−2.74	19	52.10	2.49	3.20
17	241.58	−1.93	−3.56				

管片几何参数　　　　表4-6

编号	名称	起始角（°）	终止角（°）	X坐标（m）	Y坐标（m）	计算半径（m）
1	关键块	61.58	80.52	0.00	0.00	4.05
2	左相邻块	80.52	137.36	0.00	0.00	4.05
3	标准块	137.36	194.21	0.00	0.00	4.05
4	标准块	194.21	251.05	0.00	0.00	4.05
5	标准块	251.05	307.89	0.00	0.00	4.05
6	标准块	307.89	4.73	0.00	0.00	4.05
7	右相邻块	4.73	61.58	0.00	0.00	4.05

（2）管片构造分析

盾构隧道常用的螺栓连接主要有三种形式：直螺栓、弯螺栓、斜螺栓（图4-29）。弯螺栓拼装连接工效更高，且容易更换，施工质量更容易控制，故推荐纵、环向采用弯螺栓连接方式。

a) 直螺栓连接　　　　b) 弯螺栓连接　　　　c) 斜螺栓连接

图 4-29　盾构隧道常用螺栓形式图

十八号线和二十二号线采用的盾构管片尺寸为内径7.7m、外径8.5m，结合上述计算结果拟采用"4＋2＋1"管片分块形式，参考既有成功经验，对该盾构管片的螺栓数量作如下建议：每块管线纵缝处设置2个纵缝连接螺栓，环缝处除封顶块为1个连接螺栓外，其他分块均设置3个连接螺栓。整个衬砌环的接缝连接包括19个环缝连接螺栓（建议M30）和14个纵缝连接螺栓（建议M30）。

螺栓孔可采用预埋套管做成等直径螺栓孔，也可采用芯棒制作成带有一定锥度的变直径螺栓孔。螺栓孔直径可按螺栓+3～+6mm控制。十八号线和二十二号线采用的盾构管片螺栓孔取36mm。

管片上宜预埋壁后注浆预埋件，注浆预埋件应带逆止阀装置。钢筋混凝土管片注浆预埋件迎土面应保留不小于40mm的素混凝土。十八号线和二十二号线采用的盾构管片除封顶块外，其他各块均预留1预留注浆孔。每环共6个注浆孔。

采用真空吸盘吊装的管片，应在内弧面预留拼装定位孔；每块管片上定位孔数量不应少于2个,定位孔宜为杯状结构,杯口直径不宜小于100mm,定位孔深度不宜小于150mm。十八号线和二十二号线采用的盾构管片每块设置2个拼装定位孔,每环共12个拼装定位孔。

(3)内力分析

取外径8.5m(内径7.7m)、外径9m(内径8.1m)、外径10.2m(内径9.2m)三种尺寸,每种断面选取0.5D、D、1.5D、2D四种埋深,共计12种隧道方案进行内力计算,计算结果见表4-7。

不同方案的内力计算结果　　　　　表4-7

方案	埋深(m)	隧道外径(m)	正弯矩最大值(kN·m/m)	对应轴力(kN/m)	负弯矩最大值(kN·m/m)	对应轴力(kN/m)	最大剪力(kN/m)
1	4.25	8.5m	122.17	667.72	−129.19	877.85	99.51
2	8.5	8.5m	256.73	1090.18	−259.07	1547.63	200.47
3	12.75	8.5m	463.22	1495.53	−496.38	2269.92	340.94
4	≥17	8.5m	516.71	2020.70	−491.38	2997.88	−392.88
5	4.5	9m	168.09	847.21	−196.05	1157.70	−148.44
6	9	9m	374.89	1396.60	−353.31	1956.32	278.30
7	13.5	9m	478.42	2019.00	−540.76	2836.51	389.05
8	≥18	9m	638.28	2624.10	−647.96	3736.27	510.91
9	5.1	10.2m	251.19	1216.76	−288.25	1632.97	−200.29
10	10.2	10.2m	498.07	2141.99	−534.03	2916.29	357.36
11	15.3	10.2m	678.31	3116.40	−723.74	4223.90	485.77
12	≥20.4	10.2m	873.29	4161.52	−892.92	5631.45	636.42

管片结构的配筋应首先满足结构的受力要求,依据管片结构内力的最不利截面配筋。管片可能最不利截面如下:正弯矩最大的截面、负弯矩最大的截面、剪力最大的截面。计算模型为:偏心受压构件。

(4)过江段抗浮计算分析

上覆土重力、管片自重、隧道内部静载、管片环间摩擦力和由于土体被上浮隧道挤压而发挥出的土体抗剪强度,以及管片环间由于有相对运动趋势或相对运动而发挥出的纵向螺栓抗剪强度,均可在结构的受力中起到抗浮作用。由于隧道内部的静载相对较小,将其作为安全储备在计算中不予考虑;盾构隧道不论是在建设中还是在运营中,管片错台都会对隧道防水产生重大危害,在运营期也会影响轨(路)面的平顺性,所以在抗浮计算中不应利用纵向螺栓的抗剪强度。鉴于上述分析,仅考虑上覆土重力、管片自重对应的最小覆土厚度进行验算即可。上覆土重力计算简图见图4-30,管片受力示意图见图4-31。

单位长度管片自重G为:

$$G = \pi(R^2 - r^2)\gamma_c \tag{4-1}$$

式中:R——管片外径(m);

r——管片内径（m）；

γ_c——管片重度（N/m³）。

单位长度管片上部土体有效重力 W 为：

$$W = \gamma' \left[2Rd + \left(2 - \frac{\pi}{2}\right)R^2 \right] \tag{4-2}$$

式中：γ'——土的浮重度（N/m³）；

d——上覆土最小厚度（m）。

为了避免建成后的隧道由于长年的河床冲刷和水流的下切作用使覆土减薄而引起隧道上浮，产生路（轨）面变形、管片错台、衬砌开裂、漏水等病害，进行运营阶段考虑大自然的营造力的抗浮计算也是必要的。由于最终形成的同步注浆层形状受地层和施工等因素影响很大，带有一定随机性。偏于安全考虑，将注浆层考虑为厚 Δ（$\Delta = D - d$）的一层均匀外壳，注浆层如图 4-32 所示。此阶段浮力大小为考虑注浆层后所排开水受到的重力。

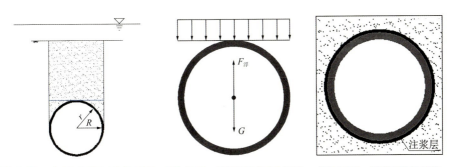

图 4-30　上覆土重力计算简图　图 4-31　管片受力示意图　图 4-32　注浆层示意图

则运营阶段的浮力 $F_浮$ 为：

$$F_浮 = \pi(R + \Delta/2)^2 \gamma_w \tag{4-3}$$

式中：γ_w——水的重度（N/m³）。

由力的平衡可知，管片稳定的条件为：

$$\gamma_G(W + G) \geqslant \gamma_F \lambda F_浮 \tag{4-4}$$

式中：γ_G——荷载分项系数；

γ_F——抗浮安全系数；

λ——抗浮折减系数。

当不考虑管片环间的摩擦力及上覆土的剪切强度时，运营阶段满足抗浮要求的上覆土最小厚度计算式为：

$$d \geqslant \frac{\gamma_F \lambda \cdot \pi(R + \Delta/2)^2 \gamma_w - \gamma_G[\pi(R^2 - r^2)\gamma_c + \gamma'(2 - \pi/2)R^2]}{2\gamma_G \gamma' R} \tag{4-5}$$

上述计算基于过江段满足航道要求和冲刷作用要求的前提进行验算。

十八号线和二十二号线盾构隧道沿线穿过的水体较多。十八号线由南往北依次穿过下横沥水道、上横沥水道、蕉门水道、西沥水道、沙湾水道、市桥水道、三枝香水道、沥滘水道、珠江东河道；二十二号线南往北依次穿过大石水道、东洛围水道。

对十八线下穿珠江进行检算，取盾构内径为 7700m，外径 8500m，幅宽 1600m，管片厚度 400mm。相关工程各参数取值如下：荷载分项系数 $\gamma_G = 0.9$，抗浮安全系数 $\gamma_F = 1.05$，抗浮折减系数 $\lambda = 1$，管片内外径分别为 $R = 4.25m$，$r = 3.85m$，管片重度 $\gamma_c = 25000N/m^3$，盾构隧道顶土层平均重度 $\gamma_1 = 17000N/m^3$，注浆层厚度 $\Delta/2 = 30cm$。计算得运营阶段最小覆土厚度 5.76m。

考虑过江段满足航道要求和冲刷作用（暂按 4m 考虑），而十八号线和二十二号线过江段的最小拱顶埋深约 10m > 5.76 + 4 = 9.76m，满足抗浮要求。

4.3.3 地下结构的防水与耐久性

1）结构自防水

（1）主体结构与地下水直接接触部分应采用防水混凝土，防水混凝土的抗渗等级不得低于 P8，并同时满足表 4-8 要求。

防水混凝土抗渗等级　　　　　　　　　　　　　　表 4-8

工程埋置深度 H（m）	设计抗渗等级
$H < 10$	P6
$10 \leqslant H < 20$	P8
$20 \leqslant H < 30$	P10
$H \geqslant 30$	P12

注：本表仅适用于处于Ⅰ~Ⅲ类围岩中的结构（包括明挖结构及矿山法结构）的防水混凝土。

（2）处于侵蚀性介质中防水混凝土的耐侵蚀要求应根据介质的性质按有关标准执行。

（3）防水混凝土结构厚度不应小于 250mm。

（4）盾构管片的抗渗等级不小于 P12，矿山法结构喷射混凝土衬砌的抗渗等级不小于 P6。

（5）防水混凝土底板下部混凝土垫层，采用 C20 细石混凝土，厚度一般取 100~150mm；在软弱土层中，厚度可结合基底处理方案统一考虑。

2）附加防水层

（1）防水材料包括卷材类、防水板类、涂料类等。

（2）卷材防水层应根据施工环境条件、结构构造形式、工程防水等级要求选择材料品种和设置方式，并应符合下列规定：

①卷材防水层宜为 1 层或 2 层。

②高聚物改性沥青防水卷材应采用双层做法，总厚度不宜小于 7mm。

③自黏聚合物改性沥青防水卷材宜采用双层做法，无胎基卷材的各层厚度不宜小于 1.5mm，聚酯胎基卷材的各层厚度不宜小于 3.0mm。

④合成高分子防水卷材单层使用时，厚度不宜小于 1.5mm；双层使用时，总厚度不宜

小于 2.4mm。

⑤膨润土防水毯的天然钠基膨润土颗粒净含量不应小于 5.5kg/m^2。

⑥沥青基聚酯胎预铺防水卷材的厚度不宜小于 4mm；合成高分子预铺防水卷材的厚度不宜小于 1.5mm。

⑦塑料防水板的厚度不宜小于 1.5mm。

⑧聚乙烯丙纶复合防水卷材应采用双层做法，各层材料的芯材厚度不得小于 0.5mm。

⑨卷材及其胶黏剂应具有良好的耐水性、耐久性、耐穿刺性、耐侵蚀性和耐菌性，其胶黏剂的黏结质量应符合现行国家标准《地下工程防水技术规范》（GB 50108）的有关规定。

（3）涂料防水层应符合下列规定：

①涂层防水所选用的涂料应具有良好的耐水性、耐久性、耐腐蚀性，并且无毒、难燃、低污染；有机防水涂料应具有较好的延伸性及适应基层变形能力。

②无机防水涂料厚度宜为 2~4mm，有机防水涂料厚度宜为 1.2~2.5mm。

3）耐久性设计

（1）地下结构设计应根据沿线工程地质、水文地质条件，结合周围地面既有建筑物、管线及道路交通状况，通过对技术、经济、环境影响、使用效果、可实施性等综合评价，合理选择施工方法和结构形式。

（2）本工程主体结构及其相连的重要构件安全等级一级、设计使用年限 100 年。

（3）结构按 7 度抗震设防烈度进行抗力计算，并在结构设计时采取相应的构造处理措施。

（4）区间隧道及联络通道防水等级为二级。

（5）结构的设计水位，施工期按 10 年内涝最高水位，使用期按最不利水位设计；并分别按最高水位、最低水位进行检算。使用期最高水位一般取为地面，对于山岗场地，最高水位取山岗的常水位。

（6）结构设计应满足强度、刚度、稳定性、耐久性及抗震、防水、抗浮要求，并采取防腐、防杂散电流措施。

（7）地下结构设计应按最不利情况进行抗浮稳定验算。隧道结构抗浮安全系数施工阶段不小于 1.05，永久使用阶段不小于 1.1。设计不宜采用消浮或底板锚杆。

（8）区间隧道及联络通道等隧道结构防水等级应为二级，顶部不允许滴漏，其他不允许漏水，结构表面可有少量湿渍。总湿渍面积不应大于总防水面积的 2/1000；任意 100m^2 防水面积上的湿渍不超过 3 处，单个湿渍最大面积不大于 0.2m^2，区间隧道的渗漏量不应大于 0.05L/(m^2·d)，任意 100m^2 防水面积上的渗水量不大于 0.15L/(m^2·d)。

4.3.4 新型防水材料研发

1）高性能防水材料研发

对于盾构法隧道管片用橡胶密封垫来说，优异的耐老化性能、较低的压缩永久变形和较高的拉伸强度无疑是非常重要的。优异的耐老化性能，能保证防水密封垫在高温高热、强紫外线以及冷热交替的环境中长时间使用而不发生脆裂或降解，从而具有较长的使用寿命。较低的压缩永久变形，能使密封垫在长期的受压状态下不发生大的永久变形，一旦解除压力，密封垫迅速恢复到受压之前的高度。具有低压缩永久变形性能的密封垫，在保温、隔热、防风以及使用寿命方面，都要比普通密封垫更为优异。拉伸强度的高低则决定了密封垫在安装过程中是否容易破损以及在今后的使用过程中的寿命长短，一般来讲，拉伸强度越高，密封垫的耐磨性、抗撕裂性就越好，使用寿命越长。

在传统的配方体系中，这三者的性能常常不能兼顾：使用硫黄硫化体系的配方，虽然具有优秀的拉伸性能，但是耐老化性、压缩永久变形都比较一般，即使硫黄硫化体系又划分出有效硫化体系和半有效硫化体系，但仍然无法满足高性能密封垫的要求；使用过氧化物硫化体系的配方，具有优秀的耐老化性能和较低的压缩永久变形性能，但是拉伸强度较低，易撕裂。因此本项目对不同配方的防水材料性能进行检测，研发出性能尤其是耐久性更高的防水材料。

2）基本配方及加工工艺

试验配方见表4-9。

试验配方（单位：质量份） 表4-9

硫化剂	配方编号				
	1号	2号	3号	4号	5号
硫黄	2	0.5	0	2	0.4
BZ	1.5	1.8	0	1.5	0.8
PZ	0.8	0.8	0	0.8	0
TMTD	0.5	0.5	0	0.5	0
DM	1.5	2	0	1.5	0.8
DTDM	1	1	0	1	0
14S-FL	0	0	3	3	3
HVA-2	0	0	1	1	1

注：配方其余组分及用量（质量份）为：三元乙丙橡胶，100；氧化锌，5；硬脂酸，1；炭黑N550，120；石蜡油，70；重质碳酸钙，20；其他辅料，10~20。

3）拉伸性能测试

不同硫化体系的挤出胶片的拉伸性能见表4-10。

不同硫化体系挤出胶片的拉伸性能 表4-10

拉伸性能	配方编号				
	1号	2号	3号	4号	5号
邵尔A型硬度	75	69	66	75	69
100%定伸（MPa）	5.0	2.3	2.1	4.5	2.5
拉伸强度（MPa）	11.9	11.5	7.8	10.9	11.1
伸长率（%）	554	549	410	523	495

由表 4-10 可以看出，高硫黄用量的 1 号配方硬度最高、拉伸强度最大；而单用过氧化物硫化的 3 号配方硬度最低、拉伸强度最低，并且与其他配方相差较大；而过氧化物和少量硫黄并用的 5 号配方拉伸强度明显得到了提高，与硫黄硫化配方差别不大。这个结果验证了拉伸强度与交联键类型的关系，按下列顺序递减：离子键 > 双硫键 > 单硫键 > 碳碳键。过氧化物硫化体系的交联键类型为碳碳键，键能较高，在应力的作用下会形成应力集中的情况，所以在承受应力时，整个交联网络不能均匀的受力，容易发生断裂，而在过氧化物的基础上添加少量硫黄后，交联键的类型有一部分变成了单硫键，有效地起到了释放应力的作用，减轻了应力集中的程度，所以拉伸强度有了较大的提高。

4）耐老化性能检测

不同硫化体系的挤出胶片的老化性能见表 4-11，可以看出，高硫黄用量的 1 号配方老化性能较差，在经过 100℃×168h 老化后，伸长率变化最大，而硫黄用量较少的 2 号配方老化性能也不甚理想，单用过氧化物硫化的 3 号配方老化性能非常优秀，硬度和伸长率的变化值都不大，而 5 号配方的老化性能比 3 号配方略差，但明显优于 1 号和 2 号配方，并且接近于 3 号配方。

不同硫化体系挤出胶片的老化性能　　　　表 4-11

拉伸性能 （100℃×168h 老化后）	配方编号				
	1 号	2 号	3 号	4 号	5 号
邵尔 A 型硬度	68	66	68	71	65
100%定伸（MPa）	10.2	6.7	4.3	5.4	3.8
拉伸强度（MPa）	12.3	11.9	7.9	11.5	11.7
伸长率（%）	332	367	392	400	441

5）压缩永久变形检测

除了要求的 23℃×72h、70℃×24h 两个条件的压缩变形之外，为了更好地评价其高温下的压缩变形表现，本项目又增加了 125℃×24h 条件下的实验，不同硫化体系的挤出胶片的压缩永久变形见表 4-12。可以看出，高硫黄用量的 1 号配方无论是常温还是高温压缩变形都很差，125℃的压变达到了 89%，基本上没有弹性恢复，而低硫黄用量的 2 号配方虽然比 1 号配方略好，但是总体来说依旧很差。过氧化物体系的 3 号配方压缩变形性能最优秀，常温和 70℃条件下都是个位数的变形率，即使在 125℃的苛刻条件下，依然有极为优秀的压缩永久变形性能。5 号配方过氧化物和少量的硫黄并用以后，压缩变形虽然略有下降，但是仍然非常优秀，远远优于硫黄硫化体系的其他配方。

不同硫化体系挤出胶片的压缩永久变形（单位：%）　　　　表 4-12

条件	配方编号				
	1 号	2 号	3 号	4 号	5 号
室温×72h	18	16	5	16	6
70℃×24h	23	20	7	18	10
125℃×24h	89	73	17	55	23

综合拉伸性能和压缩变形的结果，5号配方具有较好的物理性能及压缩变形能力，作为与常规配方的对比配方进行接下来的流水线小批量试生产并进行国家标准《高分子防水材料 第4部分：盾构法隧道管片用橡胶密封垫》（GB 18173.4—2010）规定的项目检测。

6）传统1号配方与5号配方成品性能对比

1号配方采用常规的热空气和微波硫化烘箱工艺，四段烘道温度分别为180℃—200℃—230℃—255℃，生产速度为6.5m/min；

由于氧的阻聚效应，过氧化物硫化体系不适用于热空气生产线生产，所以5号配方采用了法国进口的盐浴硫化生产线，该生产线目前处于国际领先水准；介质温度为235℃，生产速度为10.2m/min。

1号配方与5号配方按国家标准需求的检测结果见表4-13。

1号配方与5号配方成品性能检测结果对比 表4-13

项目		1号配方	5号配方
硬度		67	65
拉伸强度（MPa）		12.6	11.5
拉断伸长率（%）		541	441
压缩永久变形（%）	70℃×24h，25%	21	10
	23℃×72h，25%	13	7
热空气老化（70℃×96h）	硬度变化	4	1
	拉伸强度降低率（%）	12.2	3.4
	伸长率降低率（%）	15.4	4.2

5号配方的成品压缩变形性能表现极好，尤其高温下的压缩变形能力不到1号配方的50%；同时，5号配方在热空气老化方面性能变化率更是远低于1号配方，由此可以说明无论是短期还是长期的防水能力，5号配方的材料性能均明显优于传统配方。

通过对比可知，经过硫化体系的改良，5号配方的材料物理性能表现优异，压缩变形能力更好，具有更好的弹性恢复能力，耐老化能力变强，寿命有了极大的提高。但要验证其耐久性是否提高了10%，需对其百年后残余接触应力进行预测，并与传统材料的百年后残余接触应力进行对比。

7）防水材料耐久性试验

由于防水材料的耐久性需要经过漫长时间来验证，通常采用高温老化的方法缩短时间，但在现场难以提供高温环境，测试防水材料的耐久性。因此拟采用室内试验的方法对防水材料进行耐久性试验。

在工程中，为了提高弹性密封垫的高度，使得密封垫在较大的张开量情况下也拥有足够的防水能力，普遍采用中孔型特殊弹性密封垫断面形式以增加橡胶体积的可压缩空间。研究表明中孔形的断面形式，以及不同的材料对于密封垫压缩状态的应力松弛特性影响较大。

因此，为了评价新旧材料制成的密封垫的长期防水性能，将新型材料与传统材料应用于示范工程的密封垫断面形式，进行耐久性研究。

（1）短期应力松弛试验

图 4-33、图 4-34 分别为在常温条件下，两种材料密封垫接触应力及应力松弛系数σ/σ_0随时间t的变化曲线。

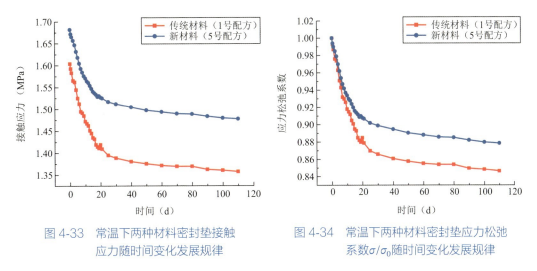

图 4-33　常温下两种材料密封垫接触应力随时间变化发展规律

图 4-34　常温下两种材料密封垫应力松弛系数σ/σ_0随时间变化发展规律

由图 4-33 可知，在张错量都相同的情况下，新型材料密封垫的初始接触应力为 1.682MPa，传统材料则为 1.604MPa，新型材料初始接触应力较传统材料提升了 4.9%。在已进行的时间内，两种材料的接触应力均进入平稳发展阶段，应力下降幅度减小且趋于收敛。截至到 110d，新型材料的松弛应力为 1.478MPa，传统材料松弛应力为 1.358MPa，新型材料松弛接触应力较传统材料提升了 8.8%。

由图 4-34 可知，在张错量都相同的情况下，两种材料在初始的 2d 内松弛系数变化较为相似，在接下来的时间内新型材料松弛系数下降较传统材料慢，说明其耐久性能更优秀。截至到 110d，新型材料的松弛系数为 0.879，传统材料松弛系数为 0.847，新型材料松弛系数较传统材料提升了 3.8%。

可以看到，在常温下无论是接触应力还是应力松弛系数，新型材料与传统材料相比均有显著的提升。

（2）长期老化应力松弛试验

图 4-35～图 4-37 分别为两种材料密封垫在不同温度条件下密封垫应力松弛系数σ/σ_0随时间的变化规律曲线。由图 4-35～图 4-37 可以看出，在张错量都相同的情况下，两种材料在初始的 3d 内松弛系数变化较为相似，在接下来的时间内新型材料松弛系数下降较传统材料慢，说明其耐久性能更优秀。在 30d 时，60℃下新型材料的松弛系数为 0.77，传统材料松弛系数为 0.71，新型材料松弛系数较传统材料提升了 8.5%；80℃下新型材料的松弛系数为 0.489，传统材料松弛系数为 0.438，新型材料松弛系数较传统材料提升了 11.6%；100℃下新型材料的松弛系数为 0.303，传统材料松弛系数为 0.265，新型材料松弛系数较传

统材料提升了 14.3%。

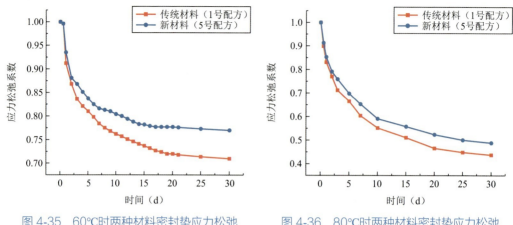

图 4-35　60℃时两种材料密封垫应力松弛系数 σ/σ_0 随时间变化发展规律

图 4-36　80℃时两种材料密封垫应力松弛系数 σ/σ_0 随时间变化发展规律

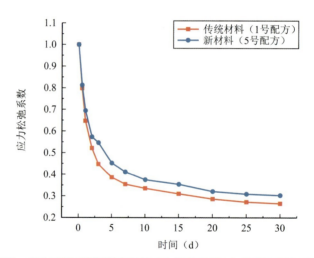

图 4-37　100℃时两种材料密封垫应力松弛系数 σ/σ_0 随时间变化发展规律

按所得结果来看，在常温时新型材料松弛系数提高 3.8%，60℃时提高 8.5%，80℃时提高 11.6%，100℃时提高 14.3%，总体上能够说明新型材料松弛系数比传统材料提高超过 10%。

（3）拟合分析

对密封垫老化应力松弛数据进行拟合，预测其在常温（20℃）下长期的应力衰减情况。

在一定温度范围内，密封垫的应力松弛特性随时间 t 的变化可以用橡胶动力学曲线的经验公式表示：

$$f(t) = B \cdot e^{-k \cdot t^a} \tag{4-6}$$

式中：B、a——与温度 T 无关的常数；

k——与温度 T 有关的速度常数。

而化学反应的速度常数 k 与温度 T 的关系服从阿累乌斯方程：

$$k = Ae^{-\frac{E}{RT}} \tag{4-7}$$

式中：A——指数因数（$\min^{-1}$）；

E——活化能（J/mol）；

R——摩尔气体常数，取 8.314J/（mol·K）。

联立可以得到应力松弛性能随时间变化的 P-t-T 关系式：

$$f(P) = B/10^{10^{(B_0+B_1(1/T)+B_2\log(t))}} \tag{4-8}$$

式中，$B_0 = \log(A/2.303)$，$B_1 = -E/2.303R$，$B_2 = a$。

假定橡胶试件在自然老化情况下的环境温度为 20℃，采用上式可推断自然老化条件下 15 年、30 年、50 年、100 年的应力松弛系数，从而得到密封垫之间相应的接触应力。

利用反应松弛系数随老化温度及老化时间（t）变化的 P-T-t 三元数学模型，并应用统计学软件 SPSS 对两种材料密封垫相同接缝张开量条件下的应力松弛数据进行非线性回归分析。非线性回归过程根据 Levenberg-Marquardt 算法进行迭代来估算回归参数，使得残差平方和最小化。本次回归设定残差平方和相对减小量接近 1.0×10^{-8} 时迭代结束。回归参数估计值如见表 4-14。

模型回归参数　　　　　　　　　表 4-14

材料类别	B	B_0	B_1	B_2	剩余标准差	R^2
传统材料（1 号配方）	0.963	5.417	−1914.305	0.418	0.081	0.972
新型材料（5 号配方）	0.966	5.799	−2076.002	0.421	0.056	0.978

注：R^2 表示拟合的模型能解释因变量的百分比

对于非线性的回归分析，残差均值平均不再是误差的无偏估计，因此不能使用线性模型的检验方法来检验非线性，从而不能使用 F 统计量来检验拟合方程的实用性。对于非线性的回归方程，判断估计曲线的优劣是要通过检验样本数据聚集在样本估计曲线的密集程度，从而判断其对样本数据的代表程度。估计曲线的拟合优度一般用判定系数 R^2 表示。

$$R^2 = 1 - \frac{\sum(y-\hat{y})^2}{\sum(y-\bar{y})^2} \tag{4-9}$$

式中：y——实际观测值；

$\bar{y}$——样本均值；

$\hat{y}$——曲线理论回归值。

显然，若所有观测值 y 都落在回归曲线上，那么 $R^2=1$，拟合是完全的；如果回归曲线没有解释任何离差，y 的总离差全部归于残差平方和，那么 $R^2=0$。因此 R^2 越接近 1，表示拟合程度越好。上表中各实验工况的 R 方均大于 0.9，表示拟合的模型能解释因变量 90% 的变化，拟合效果较好。

通过将试验拟合得到的各参数代入下式：

$$\sigma/\sigma_0 = B/(10^{10^{B_0+B_1/T+B_2\log(t)}}) \tag{4-10}$$

假定常温条件为 $T = 20℃$，对各老化年限 t 下的应力松弛量进行预测，预测曲线如图 4-38 所示。计算得到两种材料密封垫在常温 100 年后老化引起的应力松弛的松弛系数分别为 0.285，0.419。

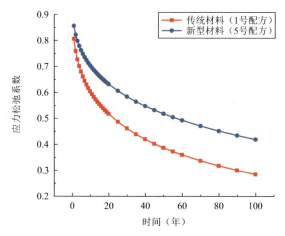

图 4-38　密封垫长期老化引起的应力松弛预测曲线

密封垫最终长期的应力松弛由短期的物理应力松弛及长期老化引起的应力松弛组成。前面的研究内容已经提到物理应力松弛主要发生在短期，老化则是一个长期的过程，故可以假设短期的松弛全部是由于物理松弛引起，长期的松弛全部由于老化引起。本文在实验中研究老化引起的应力松弛是基于物理应力松弛完成的情况下进行。因此，长期最终的应力松弛系数应等于短期的应力松弛系数与长期某一时刻老化引起的应力松弛系数的乘积。初始接触应力与最终应力松弛系数的乘积可计算得到最终百年预测的接触应力，将应力松弛数据汇总于表 4-15。

百年应力松弛数据汇总　　　　　　　　　　表 4-15

材料类别	初始应力（MPa）	百年应力松弛系数	最终接触应力（MPa）
传统材料（1 号配方）	1.604	0.285	0.457
新型材料（5 号配方）	1.682	0.419	0.705

使用百年后，各工况条件下的密封垫前期的短期应力松弛约占总松弛的 20%，后期的化学应力松弛约占 80%，因此对于密封垫来讲，百年的防水性能的下降主要是由于老化而产生的应力松弛引起的。

两种材料密封垫在常温 100 年后应力松弛系数分别为 0.285、0.419，其对应的最终接触应力分别为 0.457MPa、0.705MPa。可以看到，新型材料在防水性能上满足与传统材料相比提升 10% 的技术要求。

8）防水示范工程

防水示范工程选定为十八号线龙潭—磨碟沙区间 YDK54 + 120～YDK54 + 600（长约

480m）范围，盾构管片弹性橡胶密封垫硫化工艺由传统三元乙丙橡胶硫黄硫化体系变更为三元乙丙橡胶过氧化物硫化体系。龙潭—磨碟沙区间南起龙潭站，线路出龙潭站后向北行进，下穿台涌村民房及台涌工业区厂房，继续向北行进，穿越广东省轻工业技术学校，约1200m后，下穿黄浦涌向正北方向行进，在新港东路位置到达磨碟沙站。线路纵坡最大坡度为4.8‰，最小坡度为2‰，隧道顶最小埋深约17.5m、最大埋深约46.4m。区间隧道穿越主要地层有〈7-1〉、〈7-3〉、〈8-1〉、〈8-3〉、〈9-1〉泥质粉砂岩与砾岩地层，有拱顶位于〈7-1〉、〈7-3〉、〈8-3〉、〈8-1〉、〈9-3〉泥质粉砂岩与砾岩地层，局部拱顶存在〈6〉全风化泥质粉砂岩层。

盾构隧道内径为7.7m，外径为8.5m，横断面图如图4-39所示，管片衬砌圆环构造如图4-40所示。

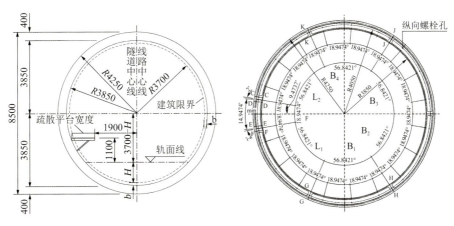

图4-39 龙潭—磨碟沙区间盾构隧道横断面图（尺寸单位：mm）　　图4-40 龙潭—磨碟沙区间盾构衬砌圆环构造图（尺寸单位：mm）

龙潭—磨碟沙区间盾构隧道接缝采用三元乙丙弹性橡胶密封垫的防水方式，环纵缝的防水构造图如图4-41所示，弹性密封垫断面图如图4-42所示。试验段范围的盾构管片成型质量较好，在盾构贯通后，清除洞内积水后进行防水效果调查，管片表面无渗漏水，管片表面无湿渍。2020年11月19日，龙潭—磨碟沙区间右线分部工程移交检查并通过工程验收。

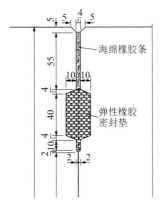 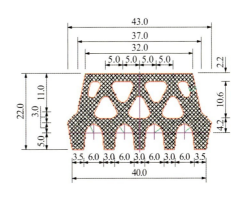

图4-41 龙潭—磨碟沙区间盾构隧道防水构造图（尺寸单位：mm）　　图4-42 龙潭—磨碟沙区间弹性密封垫断面图（尺寸单位：mm）

4.4 设计与施工关键技术及创新应用

4.4.1 南沙深厚软土隧道沉降变形防控技术

1）工程概述

十八号线万顷沙—横沥区间线路大致呈南北走向，南起万顷沙站，线路出万顷沙站后，沿西北方向下穿珠江街中心城区、美的工业园、平谦工业园后进入南江二路，沿南江二路往西北方向拐进农田沿凤凰大道北行，下穿下横沥水道后在规划横沥北路路口设置横沥站。万横区间左线起终点里程为 ZDK1+429.817～ZDK8+365.100，左线长 6942.806m（长链 7.321m）；右线起终点里程为 YDK1+429.817～YDK8+365.100，右线长 6936.111m（长链 0.626m）。区间设置 1 座中间风井和 1 座盾构井。区间共设 13 座联络通道，其中 4 号、10 号联络通道兼作废水泵房，3 号、8 号联络通道分别与盾构井、中间风井合建。万顷沙—盾构井区间左右线均从万顷沙站大里程端始发，盾构井小里程端接收。盾构井—中间风井区间左右线均从中间风井小里程端始发，盾构井大里程端接收。中间风井—横沥区间左右线隧道均从横沥站小里程端始发，中间风井大里程端接收。

区间周边重要建（构）筑物和管线主要有：珠江街民房、美的工业园厂房、平谦工业园厂房、珠江工业园厂房、凤凰二桥引桥、凤凰三桥主桥及引桥、广州造纸厂厂房、水池、油罐、凤凰三桥西侧输电塔、下横沥水道堤岸、珠江街泰安东路 2000mm×1200mm 雨水管、美的工业园下方 ϕ800mm 雨水管、造纸厂厂区内 ϕ900mm 钢水管等。

2）工程水文地质

本场地地貌属于珠江三角洲冲积平原（滨海沉积区），地形较平坦，相对高差较小，沿线地面高程一般为 -6.46～8.45m。

根据地质资料，区间场地范围的地层岩性及其特点自上而下依次为：〈1-1〉杂填土、〈1-2〉素填土、〈1-3〉耕植土、〈2-1A〉淤泥、〈2-1B〉淤泥质土、〈2-2〉淤泥质粉细砂、〈2-3〉淤泥质中粗砂、〈2-4〉粉质黏土、〈3-1〉粉细砂、〈3-2〉中粗砂、〈3-3〉砾砂层、〈4N-1〉软塑状粉质黏土、〈4N-2〉可塑粉质黏土、〈4N-3〉硬塑粉质黏土、〈4-2B〉河湖相淤泥质土、〈5H-1〉可塑状砂质黏性土、〈5H-2〉硬塑状砂质黏性土、〈6H〉全风化花岗岩、〈6〉全风化碎屑岩、〈7H〉强风化花岗岩、〈8H〉中等风化花岗岩、〈9H〉微风化花岗岩。

本工程场地软土层为淤泥层、淤泥质土层，呈流塑状，并具有含水率特高、透水性差、压缩性高、中等灵敏性、抗剪强度低、承载力低等特征，根据室内试验结果，淤泥层pH值范围值为 6.63～8.73，有机质含量范围值为 0.52%～4.55%，不固结不排水三轴剪切强度凝聚力标准值为 3.3kPa，摩擦角标准值为 2.5°；淤泥质土层 pH值范围值为 7.62～8.60，不固结不排水三轴剪切强度凝聚力标准值为 5.9kPa，摩擦角标准值为 4.2°。万顷沙—盾构井区间地质纵断面如图 4-43 所示。

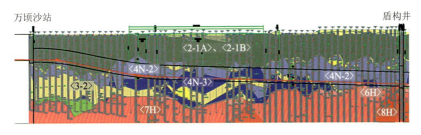

图 4-43 区间地质纵断面图（万顷沙—盾构井区间）

3）软基加固必要性

万顷沙—横沥区间位于广州市南沙区，需要穿越深厚的淤泥、淤泥质土等软土地层，软土的含水率大、承载力低、压缩性高，十八号线为设计速度 160km/h 的市域快线，对隧道沉降的控制要求非常高，因此采用了搅拌桩地面加固的软基处理方案。

万顷沙—横沥区间穿越〈2-1A〉淤泥、〈2-1B〉淤泥质土等软弱地层，在最初设计阶段就考虑了软基加固的处理措施，由于加固费用较高，曾有人提出质疑。为此，设计单位对软基加固的必要性、加固方案的比选、加固范围的确定等问题开展了专题研究，得到主要研究结论有：

（1）根据国内外相关工程的经验，未进行软基加固的盾构隧道在运营期的沉降量很大，达到稳定所需的时间也很长，且沉降呈现明显的不均匀性。为减小运营期隧道长期变形及周边环境扰动的影响，应对隧道周围软土层进行加固，优先考虑从地面加固。

（2）隧道外需设置足够宽度的加固区，以使隧道横向变形得到有效控制。建议全断面穿越软弱地层时隧道两侧的加固区宽度大于一倍隧道直径，或至少控制在一半洞径（4m）。

（3）地基竖向加固范围应进入隧道底以下一定深度。由于加固深度对沉降控制的效果显著，理论上有必要将搅拌桩穿透淤泥层并打入下部较好的土层中。建议加固区打入下部土层的深度控制在 0.5m 左右即可。

（4）与地面加固相比，洞内注浆对提高隧道抗变形能力的效果不明显，建议优先选取地面加固措施，注浆加固起辅助作用。在无地面加固的条件下，建议采取全周注浆孔注浆的方式，避免过多的开孔增加渗漏点。建议注浆长度不小于 3m。增加单孔注浆直径，能明显提高注浆加固的效果。但实际施工中，应结合施工条件和对应的施工工艺，确定合理的单孔注浆直径。

4）软基加固技术方案

区间从万顷沙站北端出发下穿〈2-1A〉淤泥、〈2-1B〉淤泥质土等软弱地层，本工程对隧道拱腰线以下存在淤泥质软弱地层的范围进行加固。根据详勘资料，软基加固范围为：Y（Z）DK1+442.817~Y（Z）DK1+824.877，纵向加固长度约 382.06m。加固范围地表环境空旷，周边为农田和鱼塘，无地下管线，满足地面加固场地条件。区间软基加固采用 ϕ850mm@600mm 三轴深层搅拌桩，加固区为 1.8m×2.4m 单元的栅格状。竖向加固范围为：隧道拱腰线至淤泥质地层（包括〈2-1A〉淤泥、〈2-1B〉淤泥质土、〈2-2〉淤泥质粉细砂、〈2-3〉淤泥质中粗砂等）以下0.5m为强加固区，隧道拱腰线以上至地面为弱加固区。水平加固范围为隧道结构边线外侧4m。

三轴搅拌桩加固技术要求如下：

（1）三轴搅拌桩直径850mm，桩中心距600mm。深桩身采用42.5级普通硅酸盐水泥，泥浆水灰比为0.45～0.55，强加固区水泥掺量建议值取20%，弱加固区水泥掺量建议值取8%。施工前必须进行工艺性试桩，数量不得少于2根，以保证搅拌桩达到设计所需要的桩长、直径以及强度等要求。

（2）搅拌桩垂直允许偏差不得大于1%，桩位偏差不得大于50mm，桩径偏差不得大于10mm。

（3）搅拌桩要求28d抗压强度应不小于1.0MPa。

（4）在搅拌下沉和提升过程中，控制下沉速度不大于1m/min，提升速度不大于0.5m/min。控制重复搅拌提升速度在0.8～1.0m/min以内，以保证加固范围内土体均得到充分搅拌。

（5）压浆阶段不允许发生断浆现象，输浆管道不能堵塞，全桩须注浆均匀，不得产生夹心层。发现管道堵塞时，立即停泵进行处理。待处理结束后立即把搅拌钻具上提或下沉1.0m后方能注浆，等10～20s后恢复正常搅拌，以防断桩。

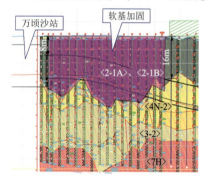

图4-44 软基加固段地质纵断面图

（6）相邻桩的施工间隔时间不能超过24h。若因故超时，搭接施工中必须放慢脚步速度保证搭接质量。若因时间过长无法搭接或搭接不良，应作为冷缝记录在案，并经监理和设计单位认可后，采取在搭接处补做搅拌桩或旋喷桩等技术措施，保证搅拌桩的施工质量。

软基加固段地质纵断面、软基加固平面与剖面分别如图4-44～图4-46所示。

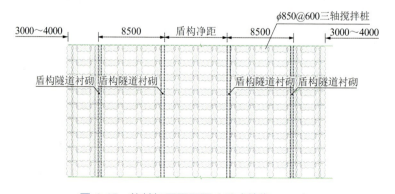

图4-45 软基加固平面图（尺寸单位：mm）

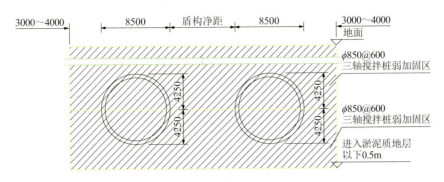

图 4-46 软基加固剖面图（尺寸单位：mm）

5）小结

目前隧道下穿软基段的工后沉降较小，可为今后同类型工程提供借鉴参考。关于软基加固的纵向长度，初步设计阶段长度约 1km，施工图阶段进行了优化调整，原因是施工图阶段线路方案进行了较大调整，区间需下穿珠江街房屋，无法在珠江街进行地面加固，施工风险很大，因此将软基段区间的纵坡调整至 25‰ 的极限值，从而将软基加固的纵向长度优化至 382m。虽然优化后软基加固的造价降低、工期缩短，但付出的代价是大纵坡在运营阶段列车能耗会增加，因此后续线路对于软基加固段线路纵坡的设计应综合考虑施工风险和运营能耗等问题。

4.4.2 高速行车条件下隧道预埋套筒 + 外挂槽道技术

1）工程概述

在隧道内安装电缆、管线、疏散平台、接触网等设备时，传统工艺采用混凝土植入锚固技术，其打孔对管片的力学性造成较大的影响，且施工作业环境差，对施工及结构的耐久性均造成不利影响。近年来，国内逐渐采用在盾构管片内预埋槽道以改善传统植入锚固技术，避免打孔对管片的损伤，施工作业环境也有一定的改善，但是，在实际应用中仍存在以下问题：

（1）预埋滑槽将铆钉与槽道均埋置于管片内部，对管片的分布钢筋及主筋的布置均有一定的影响。

（2）预埋滑槽不能更换，其耐久性难以保证。国内外关于钢材的一次性防腐涂层满足100 年的耐久性要求的研究资料极少，国内外类似滑槽的实际应用最长年限为 60 年。且钢材涂层在长期运营过程中，涂层容易脱落，一旦涂层脱落，钢材容易被锈蚀。

（3）管片内预埋滑槽工艺较复杂，对管片施工有一定影响。

（4）限于盾构拼装要求，需要在管片内全环预埋滑槽，造价昂贵。

为了改善隧道内打孔施工所带来的管片损伤问题，同时提供绿色环保的施工作业环境，提高施工效率，同时在满足结构使用功能的前提下，大幅度地降低工程造价。本工程创新性地提出了采用预埋套筒+外挂槽道的解决方案。

2）预埋套筒+外挂槽道技术方案

在管片生产时,根据隧道内部构件的需求进行预埋套筒,预埋套筒的间距由内部构件的重量所确定,预埋套筒的长度为90mm。隧道施工完成后,采用高强紧固螺栓将槽道(带孔)与预埋套筒连接安装于管片内,槽道的长度及安装位置根据内部结构需求确定,槽道的开孔长60mm、宽14mm,槽道的外部尺寸可根据支架安装的T形螺栓确定,接触网的连接螺栓宽度为64～72mm,固定其他专业支架(消防水管及疏散平台)的槽道宽度50～58mm。最后采用T形螺栓将支架与槽道进行连接,T形螺栓需与槽道相匹配,本工程中采用T形8.8级M16高强螺栓。

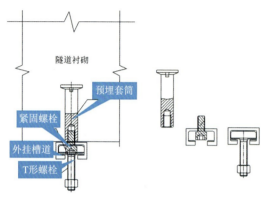

图4-47 预埋套筒+外挂槽道系统图

预埋套筒可简化管片制作的施工工艺,套筒埋置内管片结构内部,不易侵蚀;外挂槽道可大幅度减小槽道的钢材用量,同时容易更换,满足槽道的耐久性要求。采用预埋套筒+外挂槽道的方案(图4-47)较好地满足了隧道内部结构的安装问题,绿色环保、操作简单,造价相对预埋滑槽方案大幅减小,可广泛应用于城市轨道交通隧道、高速铁路隧道等长大隧道的内部结构安装工程中。

3）结构受力分析

预埋套筒直径较小,对管片受力影响较小,本节主要对160km/h行车速度下接触网下的外挂槽道进行分析。

隧道外挂滑槽连接接触网结构如图4-48所示,接触网结构包括汇流排、悬臂梁、吊柱,吊柱通过4个T形螺栓固定于两个外接滑槽,每个外挂滑槽通过螺栓固定于混凝土管片中的预埋套筒,预埋套筒沿滑槽长度方向的间距是424mm。汇流排间距为8m,线密度为6.0kg/m,将其重力等效为集中荷载施加在悬臂梁端部。通过ABAQUS软件对接触网及其固定端部约束进行建模,有限元模型如图4-49所示。为简化建模,忽略混凝土管片及滑槽的弧度,将其等效为平面结构。由于管片中预埋套筒的对周围混凝土受力影响范围较小,模型中预埋套筒附近混凝土厚度取全部隧道壁厚,其余区域取50mm厚。混凝土管片的抗拉强度设计值为1.89MPa,取弹塑性本构,采用C3D8R单元模拟。预埋套筒、螺栓、外挂滑槽、吊柱和悬臂梁为钢材,强度设计值为345MPa,取弹塑性本构,采用C3D8R单元模拟。模型中混凝土材料的上侧为固定端。吊柱与外挂滑槽间的螺栓采用C3D8R单元进行模拟,梁单元的上下表面分别与滑槽内侧和吊柱顶板下侧耦合,模拟螺栓与滑槽和吊柱的接触,接触面积分别为840mm²和402mm²,预紧力为7kN。

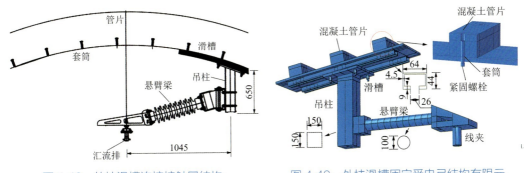

图 4-48 外挂滑槽连接接触网结构（尺寸单位：mm）

图 4-49 外挂滑槽固定受电弓结构有限元模型（尺寸单位：mm）

分析不考虑受电弓接触力作用时预埋套筒与外挂滑槽的受力，此时滑槽上承担的竖向荷载最大。预埋套筒和外挂滑槽连接结构及所在管片混凝土的应力云图如图 4-50 所示。预埋套筒受力主要表现为轴向受拉，较大应力区域出现在套筒下部与螺栓连接的位置，最大应力为 7.22MPa。套筒螺栓受力主要表现为轴向受压，较大应力区域出现在螺栓外侧固定滑槽位置，最大应力为 116MPa。混凝土最大拉应力主要出现在预埋套筒下端，最大应力为 1.24MPa。滑槽受力主要为其纵向和横向正应力，其中横向正应力主要出现在中部的开口处的弧形边缘上，分布区域较小，最大压应力为 27.5MPa；纵向压应力出现在滑槽开口间，最大应力为 15.4MPa，滑槽的局部稳定问题有必要验算。

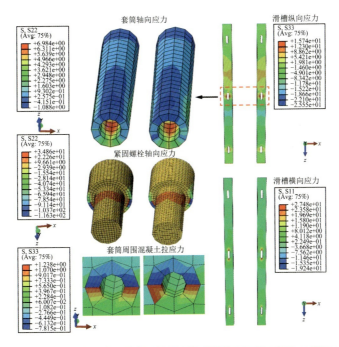

图 4-50 预埋套筒、外挂滑槽和混凝土管片接触网静力作用下应力（单位：MPa）

外挂滑槽在受电弓系统拉力作用下的一阶屈曲模态如图 4-51 所示，滑槽槽口发生整体扭转，并在与第一排螺栓接触处发生垂向和侧向的局部变形。将该屈曲模态作为初始缺陷，其幅值取外挂滑槽槽背宽度 1/100。对悬臂梁端部与汇流排连接的线夹底部中心点进行位移单调加载至破坏，其荷载位移曲线如图 4-52 所示，峰值荷载为 29.3kN，峰值荷载对应的位移为 1.40mm。滑槽破坏的峰值荷载远大于本模型静力作用下的最大荷载 2.3kN，可见本模型将不会发生稳定破坏；另外一方面，从峰值荷载下滑槽变形（图 4-53）可见，其破坏模式为材料强度破坏，而非局部稳定破坏，进一步表明本模型中外挂滑槽不发生稳定破坏。

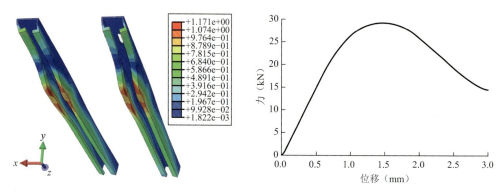

图 4-51　外挂滑槽一阶屈曲模态（单位：mm）　　图 4-52　位移单调加载下接触网荷载位移曲线

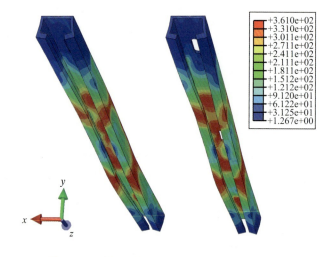

图 4-53　峰值荷载时外挂滑槽变形（单位：mm）

通过有限元方法分别研究外挂滑槽的最大静力、稳定及疲劳性能，取得如下结论：

（1）只考虑接触网自重时外挂滑槽固定连接出现最大静力响应，预埋套筒及螺栓主要表现为轴向受拉，最大应力出现在下部，幅值分别为 7.22MPa 和 116MPa，均未屈服；滑槽受力主要为其纵向和横向正应力，其中横向拉应力集中在开口处较小区域，幅值为 27.5MPa；纵向压应力分布在滑槽槽背螺栓孔之间，最大应力为 15.4MPa；混凝土最大拉应力出现在预埋套筒下端，最大应力为 1.24MPa。

（2）只考虑接触网自重荷载，自重荷载设计值约为 2.3kN，包含外挂滑槽一阶屈曲模态初始缺陷的接触网单调加载曲线峰值荷载为 29.3kN，峰值荷载状态下外挂滑槽破坏形态为材料破坏。由荷载水平及破坏形态可以判断滑槽不会发生稳定破坏。

（3）施加考虑列车竖向振动影响的弓网接触力幅值，套筒、套筒螺栓和外挂滑槽的动应力幅分别为 0.72MPa、13MPa 和 1.7MPa，远低于其疲劳截止限应力，不会发生疲劳破坏；混凝土最大拉应力为 1.24MPa，低于其疲劳抗拉强度 1.89MPa，混凝土材料也不会发生疲劳破坏。

4）小结

目前，十八号线已开通运营，经过列车长时间高速度运营的检验，预埋套筒+外挂槽道满足运营阶段的各项要求，预埋套筒+外挂槽道的方案施工简便快捷，为隧道内各附属支架的安装提供了一种解决方案。预埋套筒+外挂槽道的方案较好地满足了隧道内部结构的安装问题，绿色环保、操作简单，造价相对预埋滑槽大幅减小，可广泛应用于城市轨道交通隧道、高速铁路隧道等长大隧道的内部结构安装工程中。

4.4.3 小间距大断面矿山法隧道群关键设计技术

1）工程概述

横沥—番禺广场区间矿山法隧道位于番禺广场站南端，有十八号线左右线、二十二号线左右线、陇枕出场线与入场线共 6 条线路并行，线路大致呈南北走向，最小线间距 6m，线路平面最小曲线半径为 600m，线路最大纵坡 4.6‰。本区间矿山法隧道设置 3 个单洞双线隧道，自西向东依次为：

（1）西侧隧道为十八号线左线及陇枕入场线隧道，隧道起始于横沥—番禺广场区间 7 号盾构井，往北下穿东兴路后沿广场东路敷设到达番禺广场站南端。十八号线左线起终点里程为 ZDK34+210.113～ZDK34+469.400，全长 259.287m，陇枕入场线起终点里程为 SSK0+021.000～SSK0+281.680，全长 260.68m。本隧道为单洞双线隧道，因两条线路的线间距为渐变值，隧道开挖时以陇枕入场线作为掘进断面的法向方向，隧道开挖长度按陇枕入场线的里程计量。

（2）中间隧道为二十二号线左线与右线隧道，隧道起始于横番区间 7 号盾构井，往北下穿东兴路后沿广场东路敷设到达番禺广场站南端。二十二号线左线起终点里程为 ZDK34+206.893～ZDK34+469.400，全长 262.508m，二十二号线右线起终点里程为 YDK34+205.543～YDK34+469.400，全长 263.857m。本隧道为单洞双线隧道，因两条线路的线间距为渐变值，隧道开挖时以二十二号线左线作为掘进断面的法向方向，隧道开挖长度按二十二号线左线的里程计量。

（3）东侧隧道为十八号线右线及陇枕出场线隧道，隧道起点位于十八号线右线盾构隧道和陇枕出场线盾构隧道的北端，往北下穿罗家涌及东兴路后沿广场东路敷设，经过横番区间 6 号盾构井后继续往北到达番禺广场站南端。十八号线右线起终点里程为 YDK34+146.358～

YDK34+469.400，全长 323.042m，陇枕出场线起终点里程为 SSK+021.000～SSK+343.355，全长 322.355m。本隧道为单洞双线隧道，因两条线路的线间距为渐变值，隧道开挖时以陇枕出场线作为掘进断面的法向方向，隧道开挖长度按陇枕出场线的里程计量。

本区间矿山法隧道拱顶覆土 23.2～26.2m，隧道开挖面主要位于中风化～微风化花岗岩中，总平面图如图 4-54 所示。7 号盾构井东侧设置 1 号施工横通道，利用 1 号施工横通道进入东侧隧道掘进。6 号盾构井西侧设置 2 号施工横通道，利用 2 号施工横通道进入中间和西侧隧道掘进。十八号线右线盾构隧道和陇枕出场线盾构隧道分别从 5 号盾构井和陇枕出场线明挖段始发，到达东侧矿山法隧道后进洞，盾构机在矿山法隧道内平推至 6 号盾构井吊出。

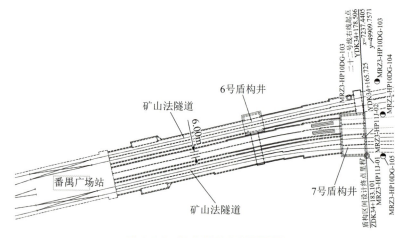

图 4-54 矿山法隧道总平面图

2）工程水文地质

（1）地形、地貌

本场地地貌属于珠江三角洲冲积平原（滨海沉积区），地形较平坦，相对高差较小，沿线地面高程一般为 6.12～8.18m，现状以施工场地、板房、河涌为主。

（2）岩土分层特性

①人工填土层（Q_4^{ml}）

〈1〉人工填土。杂填土呈棕黄色，砖红色等杂色，主要成分为黏性土、砂土及砖块、碎石、混凝土块等建筑垃圾，局部地段杂填土上部为混凝土路面，土层呈欠压实～稍压实，湿，为近代人工填土，未完成自重固结。素填土呈棕黄色，主要由黏性土、有机质等组成，为近代人工填土，欠压实，湿，未完成自重固结。

②海陆交互相层（Q_4^{mc}）

〈2-1B〉淤泥质土。灰黑色，流塑，主要由黏粒、粉粒组成，土质均匀，黏滑，含有机质，夹有较多淤泥，局部含砂粒，为高压缩性土。

〈2-3〉淤泥质中粗砂。深灰色、灰黑色，饱和，松散～中密，级配良好，成分为石英颗粒，含较多黏粒、砾砂、圆砾等，局部夹薄层淤泥。

③冲积—洪积土层（Q_{3+4}^{al+pl}）

〈4N-2〉可塑状粉质黏土。黄褐色，可塑，黏性好，土质不均，含较多石英砂粒，韧性干强度高，压缩性中等。

④残积土层（Q^{el}）

〈5H-1〉可塑状砾（砂）质黏性土。褐黄、灰白、灰绿等色，可塑，土质较均匀，主要由粉黏粒及砂粒组成，含较多石英，干强度韧性低，遇水易软化崩解，压缩性中等。

〈5H-2〉硬塑—坚硬状砾（砂）质黏性土。褐黄、灰白、灰绿等色，硬塑～坚硬，土质较均匀，主要由粉黏粒及砂粒组成，含较多石英，干强度韧性低，遇水易软化崩解，压缩性中等。

⑤岩石全风化带（$S_3\eta\gamma$）

〈6H〉全风化花岗岩。岩芯呈褐红色、褐黄色，原岩结构基本破坏，但尚可辨认，岩芯完全风化呈坚硬土状，土芯遇水易软化崩解，压缩性中等～低。该层在本场地广泛分布。

⑥岩石强风化带（$S_3\eta\gamma$）

〈7H〉强风化花岗岩。岩芯呈紫红夹褐黄色、肉红色，原岩风化强烈，裂隙很发育，岩芯呈半岩半土状或岩块状，岩质极软～软，岩块用手捏易碎，遇水易软化崩解，压缩性低。该层在本场地局部分布，该层岩石为极软岩～软岩，岩体极破碎。

⑦岩石中风化带（$S_3\eta\gamma$）

〈8H〉中风化花岗岩。岩芯呈肉红色、青灰色，粗晶结构，块状构造，成分主要为石英、长石、角闪石、黑云母，裂隙较发育，局部由于机械破碎造成岩芯较破碎，岩芯呈短柱、碎块状，岩质稍硬，RQD（岩石质量指标）为6%～53%。该层在本场地均有分布。本层饱和状态岩石抗压强度范围值为16.5～48.3MPa，为较软岩～较硬岩，岩体较破碎。

〈8H-1〉中风化安山岩。岩芯呈青灰色，深绿色，安山结构、少斑结构，块状构造，裂隙较发育，岩芯呈碎块状，局部由于机械破碎造成，岩质稍硬，RQD为17%～34%。该层在本场地零星分布。本层岩芯较破碎，为较软岩，岩体较破碎。

⑧岩石微风化带（$S_3\eta\gamma$）

〈9H〉微风化花岗岩。岩芯呈肉红色、青灰色，粗晶结构，块状构造，成分主要为石英、长石、角闪石、黑云母，裂隙稍发育，岩体较完整，岩芯多呈长短柱，少量呈碎块状，局部由于机械破碎造成岩芯较破碎，岩质坚硬，RQD为52%～78%。该层在本场地分布较为广泛，本层饱和状态岩石抗压强度范围值为42.0～62.4MPa，为较硬岩～坚硬岩，岩体较完整。

（3）水文地质条件

①地表水

场地地表水比较发育，罗家涌位于本场地范围内，河涌宽约18m，深约2.5m，河涌水味稍臭，河涌底无防渗处理，场地距离市桥水道约 0.5km，罗家涌与市桥水道相通，本隧道下穿罗家涌时，应考虑地表水的下渗影响。

②地下水

勘察范围内的地下水按赋存方式划分为第四系松散层孔隙水和基岩裂隙水。

第四系松散层孔隙水主要赋存于海陆交互相淤泥质中粗砂中，其含水性能与砂的形状、大小、颗粒级配及黏粒含量等有密切关系。〈2-3〉淤泥质中粗砂透水性一般为中等透水层。第四系其他土层中的人工填土透水性一般，而淤泥质土及冲洪积层透水性最弱。综合判断，除局部地段为潜水，本场地第四系松散层孔隙水主要为承压水。人工填土中主要为上层滞水。第四系含水层与基岩含水层间水力联系弱。

基岩裂隙水主要赋存于花岗岩强风化带及中等风化带中，地下水的赋存不均一。地下水的赋存不均一，在裂隙（断裂）发育地段，水量较丰富，具承压性。根据地区经验，渗透系数一般为 0.4~1.0m/d。基岩风化裂隙水为承压水，承压水水头高程为 -5.27m，多个含水层之间存在一定的水力联系。

③地下水位

本场地位于海陆交互相冲积平原地貌，地下水水位埋藏浅，钻孔初见水位埋深 0.70~2.80m（高程 1.43~7.22m），稳定水位埋深 1.40~5.98m（高程 1.63~3.20m）。地下水位的变化与地下水的赋存、补给及排泄关系密切，每年 5~10 月为雨季，大气降雨充沛，水位会明显上升，而在冬季因降水减少，地下水位随之下降，水位年变化幅度为 1.0~1.5m。

（4）地层物理力学参数

地质纵断面如图 4-55 所示，地层物理力学参数见表 4-16 与表 4-17。

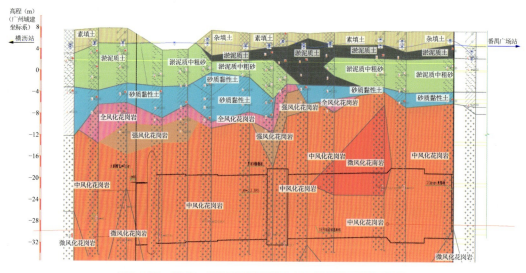

图 4-55 横沥—番禺广场区间矿山法隧道地质纵断面图

表 4-16 地层物理力学参数表（一）

岩土分层	岩土名称	时代与成因	天然密度 ρ (g/cm³)	天然含水率 w (%)	孔隙比 e	剪切试验 直接快剪 黏聚力 c (kPa)	剪切试验 直接快剪 内摩擦角 φ (°)	剪切试验 固结快剪 黏聚力 c (kPa)	剪切试验 固结快剪 内摩擦角 φ (°)	压缩系数 a_{1-2} (MPa⁻¹)	压缩模量 E_{s1-2} (MPa)	变形模量 E_0 (MPa)	弹性模量 E (MPa)	渗透系数 K (m/d)	单轴极限抗压强度标准值 烘干 f_d (MPa)	单轴极限抗压强度标准值 天然 f_c (MPa)	单轴极限抗压强度标准值 饱和 f_r (MPa)
〈1〉	人工填土层	Q_4^{ml}	1.85	28.9	0.880	12.0	7.0							0.1~2			
〈2-1B〉	海陆交互相淤泥质土层	Q_4^{mc}	1.71	43.6	1.208	4.5	5.6	10.0	7.1	0.82	2.78	3.5		0.001			
〈2-3〉	海陆交互相中粗砂层	Q_4^{mc}	1.85			1.0	25.0							7.000			
〈4N-2〉	冲洪积可塑状粉质黏土层	Q_{3+4}^{al+pl}	1.85	21.1	0.501	18.0	15.1	22.0	18.0	0.35	4.78	12		0.050			
〈5H-1〉	可塑状花岗岩残积土层	Q^{el}	1.87	30.4	0.883	20.4	19.8	25.0	20.0	0.44	4.48	16		0.400			
〈5H-2〉	硬塑—坚硬状花岗岩残积土层	Q^{el}	1.89	23.4	0.812	23.9	20.0	28.0	22.1	0.41	5.02	18		0.400			
〈6H〉	花岗岩全风化层	$S_3\eta\gamma$	1.93	18.9	0.657	30.0	21.2	35.0	23.6	0.37	4.98	25		0.400			
〈7H〉	花岗岩强风化层	$S_3\eta\gamma$	2.30	24.7	0.709	40.0	25.0	45.0	30.0	0.20	10.00	75		0.900			
〈8H〉、〈8H-1〉	花岗岩、安山岩中等风化层	$S_3\eta\gamma$	2.50			400	35.0					80	5000	0.900	40.0	36.0	20.0
〈9H〉	花岗岩微风化层	$S_3\eta\gamma$	2.60			1000	42.0						10000	0.500	82.0	59.3	47.2

表 4-17 地层物理力学参数表（二）

岩土分层	岩土名称	时代与成因	岩石地基承载力特征值 f_a (kPa)	土的承载力特征值 f_{ak} (%)	桩侧摩阻力特征值 钻、冲孔桩 q_{sa} (kPa)	桩的端阻力特征值 钻、冲孔桩（入土>15m） q_{pa} (kPa)	桩的极限侧阻力标准值 钻、冲孔桩 q_{sik} (kPa)	桩的极限端阻力标准值 钻、冲孔桩（入土>15m） q_{pk} (kPa)	锚固体与土体极限粘结强度特征值（一次常压注浆） q_{sik} (kPa)	锚固体与岩石粘结强度特征值 q_{rk} (kPa)	地基系数的比例系数（灌注桩） m (MN/m⁴)	岩层或土层基床系数（水平） K_h (MPa/m)	岩层或土层基床系数（垂直） K_v (MPa/m)	静止侧压力系数 K_0	土岩的泊松比 ν	岩土施工工程分级	隧道围岩分级
〈1〉	人工填土层	Q_4^{ml}							10		6	6	8	0.429	0.30	I～II（混凝土路面为IV级）	VI
〈2-1B〉	海陆交互相淤泥质土层	Q_4^{mc}		60	8		16		8		4	5	6	0.754	0.43	II	VI
〈2-3〉	海陆交互相中粗砂层	Q_4^{mc}		130	15		30		15		10	12	13	0.429	0.30	I	VI
〈4N-2〉	冲洪积可塑状粉质粘土层	Q_{3+4}^{al+pl}		140	26		52		25		15	20	25	0.429	0.30	II	VI
〈5H-1〉	可塑状花岗岩残积土层	Q^{el}		250	16		32		25		18	25	30	0.429	0.30	II	V
〈5H-2〉	硬塑-坚硬状花岗岩残积土层	Q^{el}		300	35（16）		70（32）		35（25）		35	35	40	0.389	0.28	II	V
〈6H〉	花岗岩全风化层	$S_3\eta\gamma$		400	70（16）	900	140（32）	1800	70（25）		45	38	45	0.370	0.27	III	V
〈7H〉	花岗岩强风化层	$S_3\eta\gamma$	600		100（16）	1500	200（32）	3000	100（25）		150	200	240	0.299	0.23	III～IV	IV
〈8H〉、〈8H-1〉	花岗岩、安山岩中等风化层	$S_3\eta\gamma$	3000							400		500	600	0.250	0.20	IV～V	
〈9H〉	花岗岩微风化层	$S_3\eta\gamma$	5000							500		1000	1200	0.220	0.18	V	

3）大断面、小净距矿山法断面计算

横沥—番禺广场区间隧道设计方案采用大断面、小净距矿山法隧道，其中，番禺广场站南端线间距较小，采用3个单洞双线的矿山法隧道，随着线路往南行进，线间距逐渐增大后转为盾构隧道。小净距隧道断面两种开挖顺序如图4-56与图4-57所示。

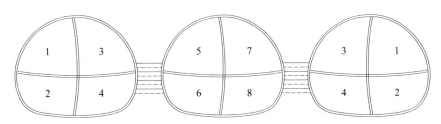

图4-56　小净距隧道断面开挖顺序示意图（CRD法）

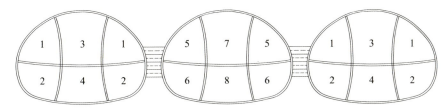

图4-57　小净距隧道断面开挖顺序示意图（双侧壁导坑法）

初期支护分别采用荷载—结构模型和地层—结构模型计算。荷载—结构模型计算时按单个断面计算，初期支护采用梁单元模拟，地层采用只受压弹簧模拟。地层—结构模型计算时把三个相邻的小净距隧道断面一起建模计算分析，并按照设计图纸的开挖顺序模拟分步开挖的施工过程，初期支护采用梁单元模拟，地层采用平面应变单元模拟，地层本构模型采用莫尔—库仑弹塑性模型，地层参数按地层物理力学参数表选取，计算时将微风化花岗岩弱化为中风化花岗岩，且中风化花岗岩的弹性模量按勘察报告的20%取，即$E = 0.2 \times 5000 = 1000$MPa。

二次衬砌采用荷载—结构模型计算，初期支护及二次衬砌采用梁单元模拟，初期支护与二次衬砌之间采用刚性只受压杆件模拟，初期支护外侧法向设置只受压弹簧单元模拟地层约束。初期支护弹性模拟折减一半。计算小净距隧道时把三个相邻的小净距隧道断面一起建模计算分析，用刚性只受压杆件模拟夹岩柱。二次衬砌计算时分别按水土合算和水土分算考虑，配筋取包络值。二次衬砌中隔墙后做，不承受竖向地层压力。

计算断面位置如图4-58所示，A5-B4-C4型断面模型及计算结果分别如图4-59与图4-60所示。

上述地层应力计算结果表明，小净距隧道夹岩柱（〈8H〉中风化花岗岩）的最大竖向压应力为1.44MPa，最大水平压应力为0.58MPa，而该地层的天然单轴抗压强度标准值为36MPa，故夹岩柱的承载力及稳定性满足要求。

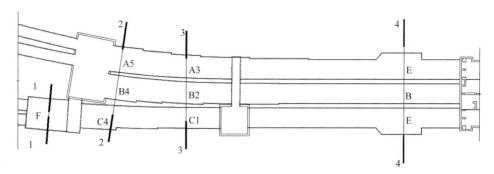

图 4-58 计算断面位置示意图

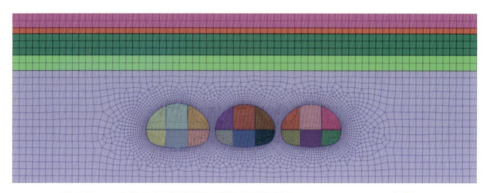

图 4-59 A5-B4-C4 型断面初期支护计算模型（MRZ3-HP11J-09 钻孔）

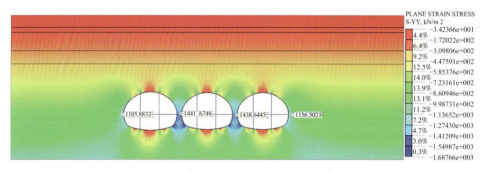

图 4-60 A5-B4-C4 型断面地层竖向应力（单位：kPa）

4）大断面、小净距矿山法隧道支护措施

大断面、小净距矿山法隧道洞身基本从〈8H〉中风化花岗岩和〈9H〉微风化花岗岩中通过，属于Ⅲ级围岩，局部拱顶为〈7H〉强风化花岗岩，属于Ⅳ级围岩。设计为三条大断面小净距隧道，隧道净距 1.677～4.561m，三条隧道的总开挖宽度约 50～60m，隧道断面如图 4-61 所示。采取的主要技术措施如下：

（1）对夹岩柱采用预应力对拉锚杆加固，并采用超前小导管作超前支护。

（2）先施工两侧的隧道，再施工中间隧道。对先施工的隧道加强监测，必要时架设型钢拱架加强并及时施作二次衬砌。

（3）采用静力爆破辅以机械开挖等非爆破开挖技术，减少对夹岩柱的扰动。

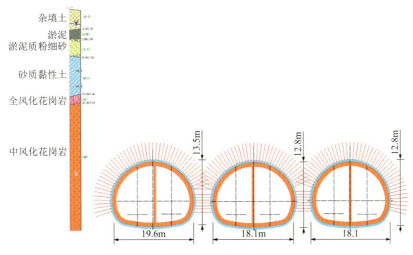

图 4-61 大断面、小净距矿山法隧道断面

大断面、小净距矿山法隧道各断面支护参数见表 4-18。

支护参数表　　　　　　　　　　　　　　　表 4-18

序号	断面类别	支护措施	施工工法	地层情况	围岩级别
1	A 型衬砌断面（14.7m×11.95m）	拱顶、拱肩及边墙（西侧）：ϕ22mm 早强砂浆锚杆，$L=3.5$m，环向间距 1m，纵向间距 1m，错开布置。 边墙（东侧）：ϕ25mm 对拉锚杆，环向间距 1m，纵向间距 1m，错开布置。 拱顶 150°：ϕ42mm×3.5m 超前小导管（Ⅲ级围岩设置单排，Ⅳ级围岩设置双排），$L=4$m，环向间距 0.3m，纵向间距 2m，注 M20 水泥浆	交叉中隔壁法	拱顶：〈7H〉〈8H〉 洞身：〈8H〉〈9H〉	拱顶：Ⅲ~Ⅳ级 洞身：Ⅲ级
2	A2 型衬砌断面（16.16m×12.22m）	拱顶、拱肩及边墙（西侧）：ϕ22mm 早强砂浆锚杆，$L=3.5$m，环向间距 1m，纵向间距 1m，错开布置。 边墙（东侧）：ϕ25mm 对拉锚杆，环向间距 1m，纵向间距 1m，错开布置。 拱顶 150°：ϕ42mm×3.5m 单排超前小导管，$L=4$m，环向间距 0.3m，纵向间距 2m，注 M20 水泥浆	交叉中隔壁法	拱顶：〈8H〉 洞身：〈8H〉	拱顶：Ⅲ级 洞身：Ⅲ级
3	A3 型衬砌断面（16.99m×12.39m）	拱顶、拱肩及边墙（西侧）：ϕ22mm 早强砂浆锚杆，$L=3.5$m，环向间距 1m，纵向间距 1m，错开布置。 边墙（东侧）：ϕ25mm 对拉锚杆，环向间距 1m，纵向间距 1m，错开布置。 拱顶 150°：ϕ42mm×3.5m 单排超前小导管，$L=4$m，环向间距 0.3m，纵向间距 2m，注 M20 水泥浆	交叉中隔壁法	拱顶：〈8H〉 洞身：〈8H〉	拱顶：Ⅲ级 洞身：Ⅲ级
4	A5 型衬砌断面（19.6m×13.78m）	拱顶、拱肩及边墙（西侧）：ϕ22mm 早强砂浆锚杆，$L=3.5$m，环向间距 1m，纵向间距 1m，错开布置。 边墙（东侧）：ϕ25mm 对拉锚杆，环向间距 1m，纵向间距 1m，错开布置。 拱顶 150°：ϕ42mm×3.5m 单排超前小导管，$L=4$m，环向间距 0.3m，纵向间距 2m，注 M20 水泥浆	双侧壁导坑法	拱顶：〈8H〉〈9H〉 洞身：〈8H〉〈9H〉	拱顶：Ⅲ级 洞身：Ⅲ级

续上表

序号	断面类别	支护措施	施工工法	地层情况	围岩级别
5	B型衬砌断面 （14.7m×11.95m）	拱顶、拱肩：ϕ22mm早强砂浆锚杆，$L=3.5$m，环向间距1m，纵向间距1m，错开布置。 边墙（两侧）：ϕ25mm对拉锚杆，环向间距1m，纵向间距1m，错开布置。 拱顶150°：ϕ42mm×3.5m单排超前小导管，$L=4$m，环向间距0.3m，纵向间距2m，注M20水泥浆	交叉中隔壁法	拱顶：〈8H〉〈9H〉 洞身：〈8H〉〈9H〉	拱顶：III级 洞身：III级
6	B1型衬砌断面 （15.4m×12.03m）	拱顶、拱肩：ϕ22mm早强砂浆锚杆，$L=3.5$m，环向间距1m，纵向间距1m，错开布置。 边墙（两侧）：ϕ25mm对拉锚杆，环向间距1m，纵向间距1m，错开布置。 拱顶150°：ϕ42mm×3.5m超前小导管（III级围岩设置单排，IV级围岩设置双排），$L=4$m，环向间距0.3m，纵向间距2m，注M20水泥浆	交叉中隔壁法	拱顶：〈7H〉〈8H〉 洞身：〈8H〉	拱顶：III~IV级 洞身：III级
7	B2型衬砌断面 （16.16m×12.22m）	拱顶、拱肩：ϕ22mm早强砂浆锚杆，$L=3.5$m，环向间距1m，纵向间距1m，错开布置。 边墙（两侧）：ϕ25mm对拉锚杆，环向间距1m，纵向间距1m，错开布置。 拱顶150°：ϕ42mm×3.5m超前小导管（III级围岩设置单排，IV级围岩设置双排），$L=4$m，环向间距0.3m，纵向间距2m，注M20水泥浆	交叉中隔壁法	拱顶：〈7H〉〈8H〉 洞身：〈8H〉〈9H〉	拱顶：III~IV级 洞身：III级
8	B3型衬砌断面 （16.99m×12.39m）	拱顶、拱肩：ϕ22mm早强砂浆锚杆，$L=3.5$m，环向间距1m，纵向间距1m，错开布置。 边墙（两侧）：ϕ25mm对拉锚杆，环向间距1m，纵向间距1m，错开布置。 拱顶150°：ϕ42mm×3.5m单排超前小导管，$L=4$m，环向间距0.3m，纵向间距2m，注M20水泥浆	交叉中隔壁法	拱顶：〈8H〉 洞身：〈8H〉	拱顶：III级 洞身：III级
9	B4型衬砌断面 （18.06m×12.76m）	拱顶、拱肩：ϕ22mm早强砂浆锚杆，$L=3.5$m，环向间距1m，纵向间距1m，错开布置。 边墙（两侧）：ϕ25mm对拉锚杆，环向间距1m，纵向间距1m，错开布置。 拱顶150°：ϕ42mm×3.5m单排超前小导管，$L=4$m，环向间距0.3m，纵向间距2m，注M20水泥浆	双侧壁导坑法	拱顶：〈8H〉 洞身：〈8H〉〈9H〉	拱顶：III级 洞身：III级
10	C型衬砌断面 （14.7m×11.95m）	拱顶、拱肩及边墙（东侧）：ϕ22mm早强砂浆锚杆，$L=3.5$m，环向间距1m，纵向间距1m，错开布置。 边墙（西侧）：ϕ25mm对拉锚杆，环向间距1m，纵向间距1m，错开布置。 拱顶150°：ϕ42mm×3.5m单排超前小导管，$L=4$m，环向间距0.3m，纵向间距2m，注M20水泥浆	交叉中隔壁法	拱顶：〈8H〉〈9H〉 洞身：〈8H〉〈9H〉	拱顶：III级 洞身：III级
11	C1型衬砌断面 （15.4m×12.03m）	拱顶、拱肩及边墙（东侧）：ϕ22mm早强砂浆锚杆，$L=3.5$m，环向间距1m，纵向间距1m，错开布置。 边墙（西侧）：ϕ25mm对拉锚杆，环向间距1m，纵向间距1m，错开布置。 拱顶150°：ϕ42mm×3.5m超前小导管（III级围岩设置单排，IV级围岩设置双排），$L=4$m，环向间距0.3m，纵向间距2m，注M20水泥浆	交叉中隔壁法	拱顶：〈7H〉〈8H〉 洞身：〈8H〉	拱顶：III~IV级 洞身：III级

续上表

序号	断面类别	支护措施	施工工法	地层情况	围岩级别
12	C2型衬砌断面 （16.16m×12.22m）	拱顶、拱肩及边墙（东侧）：ϕ22mm 早强砂浆锚杆，$L=3.5$m，环向间距1m，纵向间距1m，错开布置。 边墙（西侧）：ϕ25mm 对拉锚杆，环向间距1m，纵向间距1m，错开布置。 拱顶150°：ϕ42mm×3.5m 单排超前小导管，$L=4$m，环向间距0.3m，纵向间距2m，注M20水泥浆	交叉中隔壁法	拱顶：〈8H〉 洞身：〈8H〉	拱顶：Ⅲ级 洞身：Ⅲ级
13	C4型衬砌断面 （18.06m×12.76m）	拱顶、拱肩及边墙（东侧）：ϕ22mm 早强砂浆锚杆，$L=3.5$m，环向间距1m，纵向间距1m，错开布置。 边墙（西侧）：ϕ25mm 对拉锚杆，环向间距1m，纵向间距1m，错开布置。 拱顶150°：ϕ42mm×3.5m 单排超前小导管，$L=4$m，环向间距0.3m，纵向间距2m，注M20水泥浆	双侧壁导坑法	拱顶：〈8H〉 洞身：〈8H〉	拱顶：Ⅲ级 洞身：Ⅲ级
14	E型衬砌断面 （19.6m×13.78m）	拱顶、拱肩及边墙（靠近B型衬砌断面）：ϕ22mm 早强砂浆锚杆，$L=3.5$m，环向间距1m，纵向间距1m，错开布置。 边墙（靠近B型衬砌断面）ϕ25mm 对拉锚杆，环向间距1m，纵向间距1m，错开布置。 拱顶150°：ϕ42mm×3.5m 单排超前小导管，$L=4$m，环向间距0.3m，纵向间距2m，注M20水泥浆	双侧壁导坑法	拱顶：〈8H〉 洞身：〈8H〉〈9H〉	拱顶：Ⅲ级 洞身：Ⅲ级
15	E′型衬砌断面 （14.7m×11.95m～ 19.6m×13.78m）	拱顶、拱肩及边墙（靠近B型衬砌断面）：ϕ22mm 早强砂浆锚杆，$L=3.5$m，环向间距1m，纵向间距1m，错开布置。 边墙（靠近B型衬砌断面）：ϕ25mm 对拉锚杆，环向间距1m，纵向间距1m，错开布置。 拱顶150°：ϕ42mm×3.5m 单排超前小导管，$L=4$m，环向间距0.3m，纵向间距2m，注M20水泥浆	交叉中隔壁法	拱顶：〈8H〉 洞身：〈8H〉〈9H〉	拱顶：Ⅲ级 洞身：Ⅲ级
16	F型衬砌断面 （22.8m×16.79m）	拱顶90°：帷幕注浆，WSS 注浆（二重管无收缩双液注浆），M20水泥水玻璃双液浆，加固厚度4m； 拱顶150°：ϕ42mm×3.5m 双排超前小导管，$L=3.5$m，环向间距0.3m，纵向间距2m，注M20水泥浆； 拱肩及边墙：ϕ22mm 早强砂浆锚杆，$L=3.5$m，环向间距1m，纵向间距1m，错开布置	双侧壁导坑法	拱顶：〈7H〉〈8H〉 洞身：〈8H〉	拱顶：Ⅳ级 洞身：Ⅲ级
17	1号施工横通道 （8.7m×12.87m～ 8.7m×19.91m）	拱顶90°：帷幕注浆，WSS 注浆，M20水泥水玻璃双液浆，加固厚度4m； 拱顶150°：ϕ42mm×3.5m 双排超前小导管，$L=3.5$m，环向间距0.3m，纵向间距2m，注M20水泥浆； 拱肩及边墙：ϕ22mm 早强砂浆锚杆，$L=3.5$m，环向间距1m，纵向间距1m，错开布置	台阶法设临时仰拱	拱顶：〈7H〉〈8H〉 洞身：〈8H〉	拱顶：Ⅳ级 洞身：Ⅲ级
18	2号施工横通道 （6.7m×11.5m～ 6.7m×15.14m）	拱顶、拱肩及边墙：ϕ22mm 早强砂浆锚杆，$L=3.5$m，环向间距1m，纵向间距1m，错开布置	台阶法设临时仰拱	拱顶：〈8H〉 洞身：〈8H〉	拱顶：Ⅲ级 洞身：Ⅲ级

5）小结

横沥—番禺广场区间大断面小净距矿山法隧道面临两个难点，首先是夹岩柱的稳定性问题。大断面矿山法隧道对围岩的扰动比一般断面的矿山法隧道更大，对夹岩柱影响尤为剧烈。横沥—番禺广场区间矿山法隧道的夹岩柱最小厚度只有1.7m，设计对夹岩柱保护措施为：采用预应力对拉锚杆加固，并在小净距隧道上方采用超前小导管注浆加固夹岩柱顶部的围岩。控制爆破振速，减少对夹岩柱的扰动。

大断面小净距矿山法隧道需要解决另一个问题就是确定施工顺序及对先行洞的保护方案。横沥—番禺广场区间为三个大断面小净距矿山法隧道，根据计算和工程经验分析，三个断面的开挖顺序为：先开挖两侧隧道并施工二次衬砌后，后开挖中间隧道。中间隧道开挖时，两侧隧道先行洞已施工二次衬砌，二次衬砌按照单侧受水平压力的不平衡受力工况进行设计，确保先行洞的安全。

4.4.4 隧道S弯下穿珠江关键设计与施工技术

1）工程概述

十八号线磨碟沙—洗村区间南起磨碟沙站，向西北方向行进，下穿啤酒博物馆和珠江前航道，穿过珠江后拐向洗村路，沿洗村路向北行进约800m后到达洗村站。区间长度约为3000m，设置1个中间风井、4条联络通道，其中3号联络通道兼作废水泵房。线路下穿珠江段长度约1700m，最小转弯半径$R=600$m，最大纵坡14.3‰，隧道江底埋深为18.5～27.0m。

（1）工程特点及重难点分析

①十八号线为160km/h的市域快线，隧道采用8.5m外径（内径7.7m）管片。

②线路下穿珠江段采用了600m的小半径曲线，盾构姿态控制难度大。

③线路隧道长距离穿越珠江，穿越段长度1700m。

④与周边建（构）筑物关系复杂，近距离穿越广州代表性建筑物猎德大桥，与桥桩最小净距7m。

⑤需要在江底施作2座联络通道。

（2）工程水文地质

本场地地貌属于珠江三角洲冲积平原，地形较平坦，相对高差较小，地面高程一般为7.6～9.5m，以水道、道路为主。

区间隧道穿越主要地层有强、中、微风化泥质粉砂岩和砾岩地层，局部地段穿越强风化泥质粉砂岩、砾岩地层，有拱顶位于强、中、微风化泥质粉砂岩和砾岩地层，局部拱顶存在全风化泥质粉砂岩层，全风化岩层上部紧邻粉细砂及粗砂层，见图4-62。场地地处珠江三角洲腹地，属北江水系，与场地相交的主要地表水流为珠江黄埔水道，呈东西流向，珠江水面宽度约350～550m。由于本区间在水道下方呈S形行进，水底高程为-2.6～3.4m，勘察期间水深4～8m，潮差2～3m。隧道主要在中微风化泥质粉砂岩、砾岩中穿行，基岩上覆砂土，砂土直接临水，过江段地表水与地下水连通性较强。

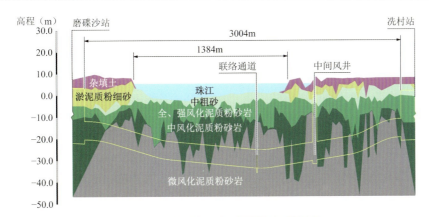

图 4-62 磨碟沙—冼村区间过江段地质

2）总平面设计

在预可行性研究阶段，设计团队对天河区站位进行了分析：线路出海洲路沿马场路、石牌东五山路、及广园快速路敷设至广州东站，线路较顺直，过江段长度较短。经线路长度、线型条件与实施难度比选（表 4-19），推荐采用方案二（现冼村站位方案）。

磨碟沙—冼村区间线路比较表　　　　表 4-19

对比项	方案一	方案二
线路条件	琶洲至马场段较顺直，马场至广州东站线路曲折	下穿珠江段较曲折，其他较顺直
线路长度	13.5km	13.3km
工程实施难度	马场至东站段道路曲折，红线较窄，线路下穿房屋较多； 五山路段线路限速 80km/h； 广州东站呈东西向，延伸条件较差； 五山路段与三号线同路由，需并行下穿三号线区间及车站，工程难度较大	下穿珠江段线路限速 100km/h，限速段共长 2.2km； 线路下穿天河体育中心

在初步设计阶段，为尽可能地缩短下穿珠江段长度，降低工程风险，区间平面设计时研究了三个方案。

方案一：海州路方案。线路下穿珠江段长 1.4km；区间隧道南端盾构下穿八号线区间，隧道顶距离区间围护结构底净距 1.2m，根据现场监测情况，隧道下穿区域明挖段区间目前累计沉降小于 2mm，相对较为安全；区间隧道北端下穿珠江啤酒博物馆、磨碟沙隧道，纵向避让，净距 0.8m；曲线半径采用 600m，限速 100km/h。

方案二：T 字换乘方案。线路下穿珠江段长 1.1km；区间线路盾构下穿八号线车站，为穿越车站围护结构，线路相对方案 1 需下压 1.4m；区间隧道正穿磨碟沙隧道，纵向避让；曲线半径采用 600m，限速 100km/h；车站南端区间下穿广州新港东加油站，风险大；车站北端区间下穿多个已出让地块。

方案三：磨碟沙西侧站位。线路下穿珠江段长 0.9km；区间线路盾构下穿八号线区间；过江段局部下穿磨碟沙隧道，纵向避让；曲线半径采用 600m，限速 100km/h；车站北端区间下穿多个已出让地块；车站南端区间大范围下穿军区建筑物。

因此，经过综合比较和分析，考虑到工程实施难度，区间推荐采用方案一。

3）隧道纵断面设计

纵断面设计时主要按以下原则控制：

（1）施工期间，隧道越江段的隧道覆土应大于一倍隧道洞径。

（2）运营期间，区间的最小覆土在200年一遇冲刷深度及深泓摆幅条件下满足最小覆土大于8m。

（3）泵房设置位置应考虑尽可能减少江底联络通道的数量。

（4）线路在有条件的情况下进行下压，使得刀盘避开含水层及上软下硬段。

（5）穿越桥桩时，线路尽可能往上抬，避免开挖范围位于桥底，减小施工及运营期间对桥桩的影响。

根据以上原则，线路采用V形坡，出磨碟沙站后采用14.8‰的坡度下压（坡长600m），然后采用减小坡度5.1‰下压（坡长910m），最后采用7.6‰上抬（坡长944m）出珠江。通过对河床演变进行分析及冲刷厚度计算，200年一遇冲刷深度为0.6m。扣除冲刷深度后，越江段隧道最小覆土为15.3m，隧道底距离猎德大桥桩底为−3m（桥桩底比隧道底深），在江底设置2座联络通道，其中一座兼作废水泵房。

4）越江隧道关键技术分析

结合广州地铁以往的施工经验，对隧道长距离越江的工程风险进行分析，主要以下几方面：

（1）螺旋机喷涌。江底地下水与珠江水联通，补给较迅速，受江水涨落影响较大，若土仓内渣土改良控制不佳，将会引起螺旋机喷涌。

（2）盾尾密封失效。隧道埋深较大，盾尾所承受的水头压力大，容易击穿盾尾密封。

（3）刀盘结泥饼。线路穿越地层为泥质粉砂岩，推进过程中，渣土改良效果差，土仓渣土排渣不顺畅，推进速度快，开挖仓温度高，容易引起结泥饼现象。

（4）江面冒浆。当河床勘察孔或土体裂隙冒浆时，江水将从扰动土体的裂缝中经主轴承密封、铰接密封、盾尾密封及螺旋输送机密封进入隧道，面临盾构机被淹没，甚至隧道报废的巨大风险。

（5）管片上浮。盾构穿越地层均为中微化地层，且地层裂隙水大，当同步注浆强度未达到时裂隙水已经充满整个管片导致上浮。同时，管片后部不饱满形成过水通道，后部来水前窜，进一步加剧砂浆流失。

（6）猎德大桥桥桩沉降倾斜。盾构掘进时对出土量、姿态控制等控制不佳，导致地层损失过大，引起桥梁桩基倾斜或沉降超过控制值。

（7）江底联络通道施工。矿山法隧道施工时可能出现掌子面坍塌、喷涌等风险。

5）长距离越江掘进技术措施

针对隧道越江的工程风险，本工程主要采用了以下几方面的措施：

（1）对盾构机进行针对性设计。区间采用2台铁建重工8.8m土压平衡盾构机施工，对盾构刀盘及刀具进行针对性设计。刀盘结构采用辐条加面板复合式结构，刀盘结构采用1+2分块，预留冷冻管路接口，刀盘开口率约37%，开挖直径8840mm，设置有12路渣土改良管路。刀盘配置17英寸（1英寸≈2.54cm）双联中心滚刀6把，正面配置19英寸滚刀35把，边缘配置19英寸滚刀12把、切刀56把、刮刀12对，其中滚刀刀高160mm，切刀刀高115mm。

（2）掘进参数控制。盾构采用气压辅助模式掘进，盾构穿越珠江前，在类似地层进行地层试掘进，对掘进参数进行经验总结，根据掘进情况和参数变化及时对盾构姿态、掘进参数进行调整，越江段盾构掘进参数见表4-20。

越江段盾构掘进参数 表4-20

序号	项目	施工参数
1	总推力	20000～27000kN
2	刀盘转速	1.2～2.0r/min
3	刀盘扭矩	2500～4500kN·m
4	螺旋机转速	10～18r/min
5	推进速度	20～50mm/min
6	土压力	1.8～2.8bar
7	同步注浆压力	2.0～3.0bar
8	同步注浆量	11～12m³
9	出渣量	126m³

注：1bar=0.1MPa。

掘进期间通过调整泡沫管路气体流量及仓内渣土高度控制土仓压力。同时对穿江段土压力进行分段划分控制：进出珠江江堤范围，土仓压力采用1.5～1.8bar；进入珠江范围，土仓压力采用2.0～2.8bar；侧穿猎德大桥范围，土仓压力采2.3～2.5bar；下穿海心沙岛范围，土仓压力采2.2～2.4bar。

（3）加强同步注浆。对注浆浆液进行试验，取得合适的配比，见表4-21。同步注浆速度与掘进速度相匹配，按盾构机每完成1环1600mm掘进的时间内完成该环注浆量来确定其平均注浆速度。为防止同步浆液大量向刀盘和土仓汇入，每环盾尾同步注浆控制在7m³左右，同时控制注浆压力＜4bar，其余同步浆液在脱出盾尾后3～10环及双液浆隔水环后补注。

同步注浆浆液配比（单位：kg） 表4-21

水	水泥	细砂	膨润土	粉煤灰
320	95	570	65	270

为了截断盾尾后部可能存在的地下水通道，将管片壁后建筑空隙充分回填密实，防止地下水前窜至开挖仓，结合实际工况进行二次注浆，与加固体连成整体，形成一道止水环箍，彻底将隧道后部来水封堵。在盾构机穿越注浆时，脱出盾尾6～8环后每2～3环进行二次注浆，并且每隔15～20环施作一道止水环箍。注浆料采用水泥—水玻璃双液浆，注浆配比见表4-22。

二次注浆浆液配比　　　　　　　　　　　表 4-22

水灰比	A 液（水泥浆）：B 液（水玻璃）	浆液密度（g/cm³）	凝结时间（s）
1：1	4：1（体积比）	1.44	20～48

（4）盾构姿态控制。区间存在两个半径为 600m 的小半径曲线，在盾构穿越过程中严格控制盾构姿态，变化不可过大、过频，控制每环的纠偏量不大于 6mm，以减少盾构施工对地层的影响。由于地下水丰富，在高水头的压力作用下，盾构姿态容易上扬、压坡困难。拼装完成的隧道管片脱开盾尾后，由于上部压载及自重无法抵抗地下水引起的浮力导致隧道上浮。当掘进速度较快，连续作业比较顺利期间，管片上浮量一般在 60～70mm，掘进时盾构姿态控制在 −70～−60mm。如掘进速度较慢，盾构掘进姿态控制在 −40～−60mm。每 10 环进行一次管片复测，根据管片复测结果及时调整。如出现某段管片上浮量增大的情况，调整掘进姿态同时检查同步浆液质量，调整砂浆初凝和终凝时间，及时检查管片背后砂浆填充和流水情况。

通过采取以上几方面的措施，配合精细化的管理，本工程安全顺利完成了珠江前航道下穿施工任务，历时 7 个月。下穿珠江期间左右线隧道在水下开仓换刀 4 次，平均 1 次/400m，更换刀具 55 把。更换刀具多为正常磨损，部分为崩刃，偏磨情况极少。

6）下穿敏感建筑物技术措施

本区间越江段穿越的主要建（构）筑物有珠江堤岸、猎德大桥主塔、海心沙岛建筑物。隧道与猎德大桥主塔的水平净距 6.02m，见图 4-63。隧道正下穿海心沙建筑群，竖向净距约 10m，见图 4-64。

图 4-63　隧道与猎德大桥桥桩相互关系（尺寸单位：mm，高程单位：m）

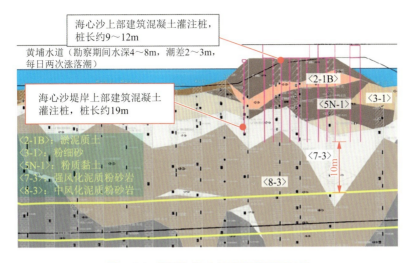

图 4-64 隧道与海心沙建筑群相互关系

采用的技术措施主要有以下几方面：

（1）优化线路平纵断面设计，下穿猎德大桥时线路尽可能上抬，下穿海心沙建筑群时线路尽可能下压。

（2）对穿越段采用三维有限元数值模拟评估工程风险，结果表明隧道施工完成后对猎德大桥和海心沙建筑群及堤岸的沉降均小于 1mm（图 4-65、图 4-66），风险在可控范围内。

（3）加强监控量测，信息化施工。其中对猎德大桥主塔及桥面采用 24h 自动化监测，监测数据与数值模拟分析结果一致，沉降均小于 2mm。

（4）对穿越期间的土仓压力进行分阶段控制，加强同步注浆和穿越后的二次注浆。

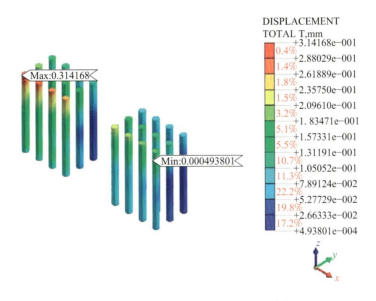

图 4-65 隧道穿越后猎德大桥桥桩最终位移（单位：mm）

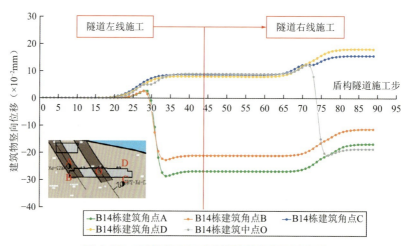

图 4-66 穿越过程 B12 建筑桩基竖向沉降变化

7）江底联络通道施工技术

江底联络通道设计与施工是行业内的一个技术难题。本区间 2 号、3 号联络通道均位于珠江江底，1 号联络通道位于江堤下方，临近珠江。联络通道开挖范围及拱顶均位于中、微风化泥质粉砂岩层（局部存在砾岩），其单轴抗压强度标准值为 39MPa（中风化）、53MPa（微风化），中风化岩层近似 RQD 为 30%～95%，微风化岩层近似 RQD 为 70%～95%。

设计初期，考虑到联络通道地层较好，本工程未采用洞内全断面注浆，主要施工措施为锚喷支护 + 洞门设置 2 环半钢半混特殊管片。然而，1 号联络通道开挖进洞后发现掌子面涌水量较大，对隧道施工造成了较大的阻碍，因此对掌子面进行补充注浆。尽管采用了补充措施，施工完成后联络通道与隧道接口位置的渗水仍较大，见图 4-67。2 号、3 号联络通道施工时，汲取了 1 号联络通道的经验，破洞前对地层进行全断面的 WSS 注浆，开挖后效果较好，未出现涌水现象，竣工后联络通道内及接口位置防水效果良好，见图 4-68。

图 4-67　1 号联络通道渗水明显

图 4-68　2 号联络通道防水效果良好

8）小结

磨碟沙—冼村区间作为广州首次长距离小半径下穿珠江的隧道，存在较多的技术难题。通过采用一系列的技术措施，成功保证了隧道顺利贯通，取得了以下成果：

（1）在碎屑岩地区，通过采取合理的技术措施，8.8m 级土压平衡盾构长距离穿越珠江是可行的，江底掘进及联络通道施工风险总体上可控。通过选用耐磨高强度合金球齿滚刀、试掘进及过程中的经验总结获得了下穿珠江段的合理掘进参数，减少了江底开仓换刀次数，顺利穿越了沿线重要建（构）筑物。

（2）穿越珠江时，盾构机宜采用气压辅助模式掘进，过程中需要加强对土仓压力的控制。盾构机"压头"（盾构姿态控制在 $-70\sim-40\mathrm{mm}$）及二次注浆的精细化控制可有效地解决管片上浮问题。

（3）江底联络通道设计时开洞位置应采用钢管片，开洞前宜进行裂隙注浆，保证联络通道的顺利开挖及结构使用过程中防水效果。

4.4.5　下穿地铁线关键设计与施工控制技术

1）工程概述

二十二号线番禺广场—市广路区间的中间风井—2 号盾构井区间，在光明北路与东环路交会处下穿既有广州市轨道交通三号线汉溪长隆—市桥区间（汉市区间），二十二号线下穿段与三号线线路方向基本垂直，近似为垂直下穿，二十二号线隧顶距三号线隧底净距约 5.5m。三号线汉市区间为盾构隧道，管片外径为 6.0m，壁厚 0.3m。二十二号线番禺广场—市广路区间为盾构隧道，管片外径为 8.5m，壁厚 0.4m。二十二号线下穿三号线区间平面见图 4-69。

中间风井—2 号盾构井区间下穿段对应左线（297~309 环）、右线（291~303 环）盾构下穿长度 19.2~20.8m，盾构机从中间风井始发，自市广路站往番禺广场方向掘进。划定在下穿前距离三号线结构边线 30m 位置和盾构机盾尾脱出离开三号线结构边线 30m 为穿越段。

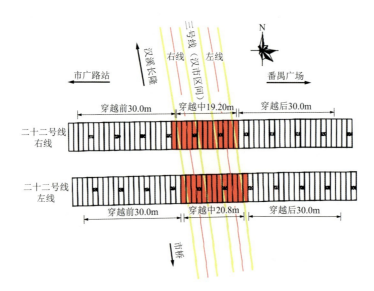

图 4-69 二十二号线下穿三号线区间示意图

根据详勘报告,距离三号线最近地质孔位于左线 MVZ3-PQ-219(286 环)、217(316 环),右线 MVZ3-PQ-220(280 环)、218(314 环)资料显示:由于地保要求,三号线附近的钻孔未施工,下穿段左线详勘孔间隔 47.7m、右线详勘孔间隔 55.2m,相隔较远。盾构下穿三号线范围段开挖面地层为〈8Z〉全断面中风化混合花岗岩,岩体裂隙发育,岩芯呈短柱状、碎块状,少量长柱状,岩质稍硬,局部夹微风化岩块,近似 RQD 为 20%~40%。二十二号线下穿三号线原详勘揭露的左、右线地质纵断面如图 4-70 所示。

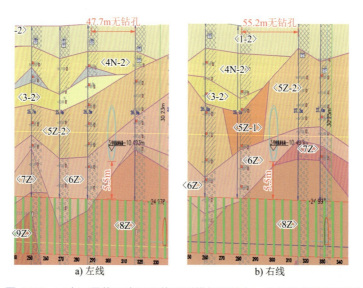

图 4-70 二十二号线下穿三号线原详勘揭露的左、右线地质纵断面图

施工过程中,因左线从 221 环开始掘进异常,地段详勘图显示隧道为全断面硬岩(〈8Z〉和〈9Z〉)地层,但盾构机掘进过程中速度不稳定,通过渣样分析和地面补勘发现该地段岩

面线起伏变化明显，全断面地层实际上为上软下硬地层，地层变化较大。为确保三号线地质的准确性，在三号线段左、右共设 10 个地质补勘孔，补勘孔位于下穿三号线前、三号线隧道中间、通过三号线后。补勘钻孔最小距离三号线净距约 2.5m。三号线左、右线补充勘察地质断面如图 4-71 所示。

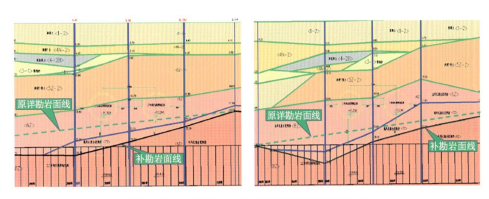

图 4-71 三号线左、右线补充勘察地质断面图

通过补勘成果确认，下穿段岩面线比详勘资料低 5～7m，〈6Z〉〈7Z〉地层侵入隧道洞身范围，〈8Z〉地层岩石强度达到 66～138.1MPa，为典型的上软下硬地层。

2）工程特点及重难点分析

十八号线和二十二号线为广州地铁首次采用 8.5m 外径的盾构隧道穿越番禺区花岗岩地层，由于工期紧张，且下穿点距离始发井较近，截至 2019 年 10 月，二十二号线左右线已掘进到三号线附近 100m 范围内，已无法通过调线下压，结合目前番禺广场—市广路区间其他 3 段正在施工的盾构隧道，遇上软下硬地层时的地面或房屋监测情况，一般在沉降 20～50mm 范围，特殊情况可能更大，难以满足目前国家、地方规范和运营地保提出既有线结构安全沉降控制值。结合已有的类似地层施工经验，下穿三号线控制沉降的施工风险非常高。

3）设计要点

结合地质条件、设计分析、施工经验和行业专家意见，应重点对二十二号线和三号线之间上软下硬地段的不良地层进行预注浆加固，主要为〈6Z〉全风化混合花岗岩和〈7Z〉强风化混合花岗岩。加固效果应实现：

（1）封闭不良地层内的裂隙，形成隔水密闭层，提高盾构掘进气密性。

（2）加大浆液扩散范围，提高止水和凝结效果，稳固不良地层防止盾构超方，提高地层整体性和抗渗漏性。

4）多种注浆加固措施相互结合的地层预加固方案

（1）对左线采用超前水平定向钻预注浆加固

根据补勘成果和现场实际进度，二十二号线左线将先穿越三号线。对左线与三号线之间 5.5m 夹土范围采用超前水平定向钻预注浆加固，在左线距离加固区 100m 外采用定向钻成孔，左线设一排 7 个钻孔，每钻孔间距 2m，钻孔终孔点位于三号线外扩 5m 处。钻孔分三期逐步成孔，每次开孔均须加设套管，一次开孔采用 ϕ244.5mm 钢套管，二次开孔采用 ϕ180mm 钢套管，三次开孔实现整段成孔后采用 ϕ108mm 注浆阀管，形成可循环多次注浆的"管棚"。定向钻成孔过程中为避免塌孔，钻孔时需利用上一根成型的定向钻注浆加固易塌孔段地层（素填土、淤泥质土、中粗砂、砂质黏性土、花岗岩残积土等），注浆材料采用单液普通水泥浆。区间地质断面如图 4-72 所示。

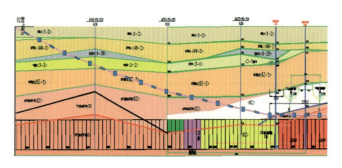

图 4-72　地质断面图

预注浆加固范围沿二十二号线隧道方向两侧外扩 5m，沿三号线隧道方向外扩 2m，注浆平面范围为 28m × 12m。除对不良地层进行注浆预加固外，在盾构掘进期间利用水平定向钻孔实施跟踪注浆。为进一步提升注浆效果，增大浆液扩散范围和止水、凝结效果，水平定向钻注浆材料采用单液超细水泥浆和水玻璃 + 环氧类化学浆。

（2）对右线采用超前大管棚预注浆加固

当二十二号线左线成功穿越既有三号线后，根据补勘成果，在左线（294～301 环）共 8 环范围各设置 1 块钢管片，钢管片设置在标准块或邻接块，每块管片预留 4 个开孔，其中 2 个用于打设 ϕ108mm 超前大管棚钻孔，2 个用于打设 WSS 钻注一体机钻孔。

二十二号线右线穿越前，在左线设置施工平台（台车）。对右线与三号线间的中上部范围，每环管片斜向打设 2 根 ϕ108mm 超前大管棚，共计 1 排 16 根，管棚采用注浆阀管，用于实施管棚超前预注浆，注浆工艺参照左线，采用水玻璃 + 环氧类化学浆。对右线与三号线间的下部范围，采用 WSS 预注浆加固，如图 4-73 所示。

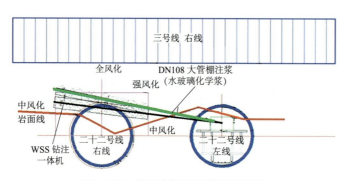

图 4-73　超前大管棚预注浆加固图

（3）超前 WSS 预注浆加固

根据地质中风化岩面的分布情况，左、右线盾构复推进入上软下硬地层后，应利用盾构机刀盘 4 个开孔进行盾构机超前 WSS 预注浆加固（图 4-74），单孔沿线路方向打设角度约为 8°，每循环注浆长度不少于 6m，每循环注浆搭接长度不少于 1.5m。

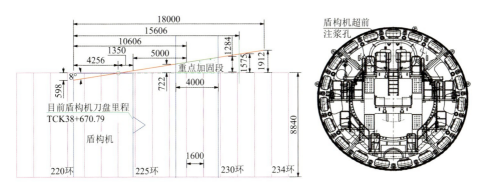

图 4-74　超前 WSS 预注浆加固图（尺寸单位：mm）

（4）下穿三号线前设置穿越试验段

鉴于本工程施工风险较高，国内少有采用 8.5m 以上盾构外径在花岗岩上软下硬地段穿越既有运营线路的案例，本工程在二十二号线左、右线正式下穿三号线前，在三号线西侧 5m 范围外设置穿越试验段，结合中风化岩面分布，试验段沿线路方向长度为 25m，约 16 环管片。

试验段内的地层加固条件、盾构掘进参数和监测联动机制等应与正式下穿段保持一致：①左线试验段，利用成型的水平定向钻实施预注浆加固，注浆工艺与正式下穿段一致；②右线试验段，利用地面有条件的范围实施地面 WSS 预注浆，保证刀盘上方留有一定厚度的加固体，提高盾构掘进的气密性。在试验段范围内调整注浆工艺、注浆参数、浆液配比、盾构掘进参数等，并利用试验段检验加固效果、监测应急联动机制、开仓刀具检查等，利用试验段为正式下穿三号线做好全面准备。

（5）对穿越影响范围内既有三号线汉市区间道床进行注浆加固

由于三号线已经运营多年，二十二号线穿越前应清查三号线道床、水沟和管片之间缝隙及病害裂缝情况，利用运营空窗期进行注浆填充加固，加强三号线内道床和管片之间的连接。加固范围为三号线左右线各 80m 范围，加固方式采用静压压注环氧类浆液修补道床、水沟裂缝和填充道床与管片结构间裂隙。道床注浆平面布孔如图 4-75 所示。

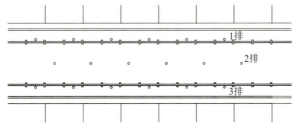

图 4-75　道床注浆平面布孔示意图

注：○为道床辅助处理孔。

穿越后如果三号线隧道变形较大或需进行隧道结构或轨道调平时，可利用原有管片预留的注浆口进行二次背后注浆，注浆工艺为压注稳定单液水泥浆。最终加固总平面图和纵断面图如图 4-76 所示。

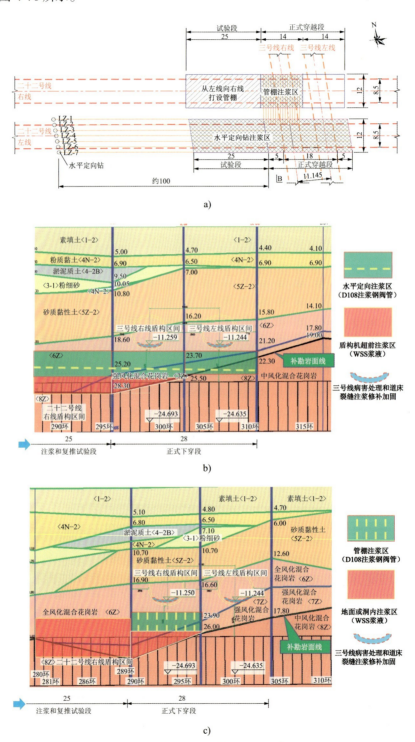

图 4-76 加固总平面图和纵断面图（单位：m）

（6）三号线监测方案与控制、预警值

①监测方案：对三号线采用自动化第三方监测，监测点设置如图 4-77 所示。正穿段 5m 设一个断面，其余段 10m 设一个断面。

②三级预警机制：按照广州地铁运营部门风险管理要求，三号线设置三级预警机制。黄色预警：隧道沉降或上抬 8mm～12mm，12mm 为运营控制值；橙色预警：隧道沉降或上抬 12mm～20mm，20mm 为行规控制值；红色预警：隧道沉降或上抬 ≥ 20mm。

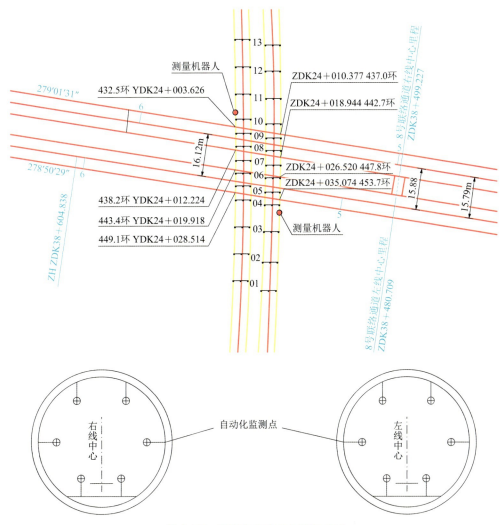

图 4-77　三号线自动化监测示意图

5）实施效果

如图 4-78 所示，水平定向钻注浆时引起三号线优先最大上抬到 8mm，盾构机超前 WSS 注浆上抬到 9.7mm，穿越时瞬时最大上抬到 10.7mm，盾尾通过后降至 9mm 左右，完全脱出直至现在逐步下降到 5～6mm。最终，左右线盾构均安全穿越三号线，实施效果良好。

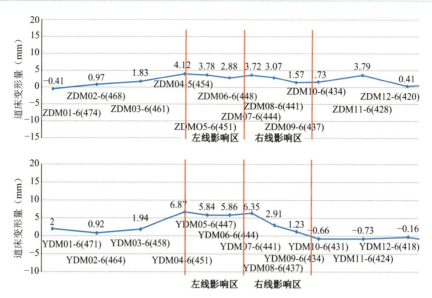

图 4-78　3 号线左右线道床积累变化量

6）小结

（1）施工前应认真辨识工程潜在的自身风险、地质风险及环境风险，做好风险预判。对存在地质风险的区域坚决做好补勘工作，结合准确地质信息，进行充分安全评估，最终妥善确定设计方案是避免工程事故发生的关键。

（2）在城市复杂项目中应积极主导项目采用新工艺、新工法解决工程难题。本工程为广州地铁首次成功实施的在花岗岩上软下硬地层中下穿既有运营线路。创造性地采用了地面水平定向钻+盾构机超前钻组合调节注浆技术，结合既有线三维实时监测监控平台+信息化施工技术，为后续类似工程提供了技术保障和宝贵经验。

4.4.6　下穿桥梁关键设计与施工控制技术

1）工程概述

横沥—番禺广场区间 HP3 盾构井—HP3 风井区间盾构隧道土建工程右线设计里程为 YDK22+626.561～YDK25+372.800，全长 2746.239m；左线设计里程为 ZDK22+634.645～ZDK25+372.800，全长 2738.155m。区间上坡埋深为 45.05～14.96m，最大纵坡 1.6‰，最小曲线半径 1650m，竖曲线半径均为 15000m，共设置 4 座联络通道。主要控制性建（构）筑物为鱼飞变电站（平面避开）、广深港高铁（平面避开）、南二环立交桥（平面避开）、南沙港快速路（平面避开）、小乌中桥（平面避开）、鱼太甲（乙）线 7 号电塔、雕塑厂房及简东街居民区等。盾构机从 HP3 中间风井始发，HP3 盾构井到达并吊出，即从大里程向小里程方向掘进。

广深港高铁处于 HP3 盾构井—HP3 风井段范围，十八号线隧道以平面避让的方式避开桥桩，于广深港高铁沙湾特大桥 360 号、361 号桥墩之间斜交下穿，线路与广深港高铁斜交角度约 30°，区间剖面如图 4-79 所示。

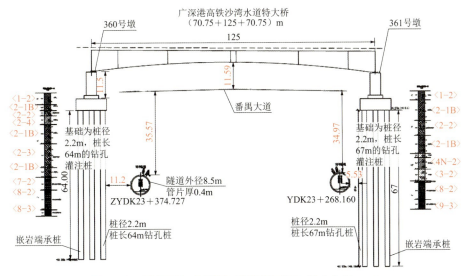

图 4-79 区间下穿广深港高铁段剖面图（尺寸单位：m）

2）广深港高铁沙湾水道特大桥概况

广深港高铁在下穿处为一座 3 跨预应力混凝土连续箱梁（70.75m+125m+70.75m），下穿隧道位于主跨下部，斜穿角度约为 30°52′。该桥桥面宽度为 12m，设计双线铁路，主跨结构长约 125m。广深港高铁高架桥桥墩为单墩 11 桩结构（端承桩），360 号桥墩桩径 2.2m，桩长 64.0m；361 号桥墩径 2.2m，桩长 67.0m。桩基础采用水下 C30 混凝土，桩基础距盾构右线距离为 5.4m，左线距离为 11.2m。高铁桥位于半径为 7000m 的缓和曲线上，纵坡为 -7.7‰。

3）工程水文地质

十八号线左线隧道与桩基最小净距约 11.2m，右线隧道与桩基最小净距约 5.5m。左线隧道覆土 35.6m，右线隧道覆土 35m，隧道穿越地层主要为强、中风化泥质粉砂岩，隧道顶部局部穿越淤泥及中粗砂层。

本段区间覆土由上至下依次为：〈1-2〉素填土、〈2-1A〉淤泥、〈2-2〉淤泥质粉细砂、〈2-1B〉淤泥质土、〈2-4〉粉质黏土、〈3-2〉中粗砂、〈7-3〉强风化粉砂质泥岩、〈8-3〉中风化泥质粉砂岩。在沙湾水道特大桥处，区间隧道断面主要穿越〈7-3〉强风化粉砂质泥岩、〈8-3〉中风化泥质粉砂岩，十八号线右线、左线地质纵断面分别如图 4-80 与图 4-81 所示。

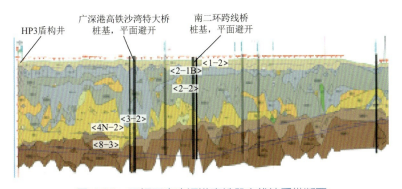

图 4-80 区间下穿广深港高铁段右线地质纵断面

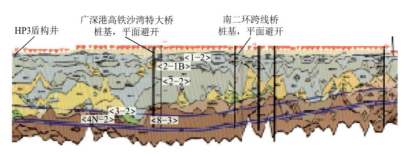

图 4-81 区间下穿广深港高铁段左线地质纵断面

4）工程保护方案及措施

针对河道河床底下的地质条件以及覆土厚度情况，本工程拟采用主动保护措施进行施工。考虑右线隧道距离桩基小于 1 倍洞径，同时左右线隧道上方局部存在软弱地层，根据《公路与市政工程下穿高速铁路技术规程》（TB 10182—2017）8.0.7～8.0.10 条相关规定，本工程拟在左右线隧道外侧与高铁桥梁桩基之间设置一排ϕ1000mm@1200mm 钻孔灌注桩隔离，桩顶设置 1000mm×1000mm 冠梁连接形成整体。左线隧道外侧隔离桩设置于相邻承台前后 1.5 倍隧道宽度共计 49.2m 范围，隔离桩共计 41 根，桩基进入隧道底以下 2m，距隧道净距 1.0m，隔离桩与桥桩最小中心距约 5.3m。右线隧道外侧隔离桩设置于相邻承台前后 1.5 倍隧道宽度共计 48m 范围，隔离桩共计 41 根，桩基进入隧道底以下 2m，距隧道净距 1.0m，隔离桩与桥桩最小中心距约 11.0m。保护方案平面如图 4-82 所示。

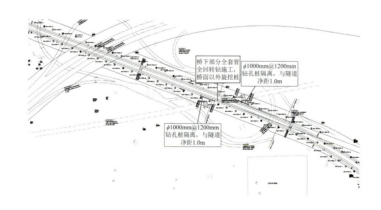

图 4-82 区间下穿广深港高铁段保护方案平面图

5）主要技术控制措施

（1）在盾构隧道下穿铁路前，搜集了解广深港高铁的设计及竣工资料，了解工后沉降、变形、裂缝开展等数据，积极和铁路部门进行沟通，制定合理的沉降控制标准。

（2）搜集类似工程数据及广州地区相似地层的盾构施工参数、实际沉降数据等，综合考虑铁路桥梁范围内工程地质条件、覆土厚度的变化及列车运行所造成的动荷载效应，制定科学合理的盾构掘进参数，编制切实可行的施工、监测等方案，提前组织专家对施工方案进行论证，确保各项方案合理可行。

（3）设计、施工方案，通过铁路部门的审查，并获批准后方可实施；同时选用征得铁路部门认可的监测单位对施工整个过程进行全程监控；为确保盾构施工不影响铁路运行安全，与铁路部门签订安全监护协议。

（4）优化盾构机刀具配置、技术参数，确保用于本区间施工的盾构机技术性能优异，满足要求。

（5）在盾构掘进试验段，模拟盾构下穿铁路掘进，调整掘进参数，保证正式下穿掘进时引起铁路桥桩变形在允许范围内。

（6）利用中间风井对盾构机进行刀具、盾尾刷更换和设备检查，确保盾构机处于最优的工作状态通过铁路桥桩。

（7）在盾构穿越施工过程中加强掘进参数控制，主要做好以下措施：严格控制与切口土压力有关的施工参数，保持土压力平衡；均衡匀速推进、连续性施工、杜绝盾构机停滞，尽量不纠偏直接通过；减少拼装时间，缩短盾构机停推时间；做好土体改良，增加渣土和易性；把控制地面沉降主要手段的同步注浆和二次注浆作为盾构施工管理的重点，确保注浆及时、注浆量充足。

（8）做好监控量测，成立联合工作小组，建立安全风险分析平台，保证数据实时采集、及时分析，根据监测数据及时调整盾构施工参数，保持监测与盾构机控制的实时联动。

（9）盾构通过后，对两侧管片注浆形成环箍，并进行二次注浆。

（10）对铁路下方中心线左右两侧各约60m范围内的钢筋混凝土管片配筋进行加强，必要时可采用钢纤维管片。同时，所采用的衬砌环均加设注浆孔（除封顶块外，每块衬砌为3个注浆孔）。

（11）增加后期径向二次注浆。管片出盾尾后，通过在管片上预留的注浆孔内向地层中打深孔，并插入注浆管进行注浆，以补偿地层损失，减少建（构）筑物沉降。二次注浆采用劈裂注浆或渗透浆液，浆液可采用超细水泥浆液或者水泥—水玻璃浆液，注浆压力为0.4~0.6MPa。

6）小结

横沥—番禺广场区间全长约25.4km，作为全线最长的一个盾构区间，隧道成功下穿广深港高铁沙湾水道特大桥是本工程的一大亮点，根据中国铁路广州局集团有限公司对下穿铁路工程的管理要求，项目组完成了下穿广深港高铁沙湾水道特大桥段线路路由唯一性分析、三维计算分析、保护措施等内容的专项设计，并委托相关评估单位进行了安全评估，为工程安全顺利实施提供了基础条件，可作为后续同类型工程的参考。

4.4.7 下穿立交桥关键设计与施工控制技术

1）工程概述

横沥—番禺广场区间隧道在ZDK11+250~ZDK11+330/YDK11+265~YDK11+355

范围以单洞单线形式下穿京珠高速灵山互通立交，夹角约 88°，左线隧道于高速 41～42 号桥墩之间下穿，右线隧道于高速 40～41 号桥墩之间下穿，如图 4-83 与图 4-84 所示。高速主桥及 B 匝道对应左右线隧道交叉里程分别为 K24＋903.6/BK0＋017.4 及 K24＋885/BK0＋036。立交桥桩基采用钻孔灌注桩，桩长 38～76.5m，端承桩，桩径 1.2m，桩底高程为-64.65m/-65.87m，区间隧道覆土约 30.3m，隧道与桩基平面避让，桩基与隧道平面最小净距 1.8m。

图 4-83　隧道下穿京珠高速灵山互通立交地理位置图

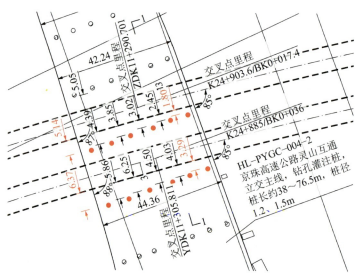

图 4-84　隧道下穿京珠高速灵山互通立交平面关系图（尺寸单位：m）

2）京珠高速灵山互通立交桥技术标准

主线桥左右幅各分八联，共计 16 联，上部结构为连续箱梁、预应力空心板。下部结构为柱式墩桩基础、承台分离式台桩基础。

桥梁设计相关参数如下。

荷载等级：汽车-超 20 计算、挂车-120 验算。

桥梁宽度：半幅桥宽为 14.75m＋2×0.5m。

设计速度：120km/h。

桥梁结构：钢筋混凝土连续箱梁。
设计坡度：桥梁主线最大纵坡 2.2%，匝道最大纵坡 4.481%，横坡为 2%。
平曲线：桥梁主线最小半径 5500m，匝道最小半径 60.25m。
竖曲线：桥梁主线最小半径 23524.88m，匝道最小半径 8451m。
抗震设防标准：按地震烈度 7 度设防。

3）工程水文地质

本区间自下而上主要地层为〈9H〉微风化花岗岩、〈8H〉中风化花岗岩、〈7H〉强风化花岗岩、〈6H〉全风化花岗岩、〈5N-2〉砂质黏性土、〈4N-2〉粉质黏土、〈3-2〉中粗砂、〈3-1〉粉细砂、〈2-1B〉淤泥质土、〈2-1〉淤泥、〈1-1〉素填土。区间隧道主要穿过淤泥〈2-1〉、中粗砂〈3-2〉、细砂〈3-1〉，局部穿过〈8H〉、〈9H〉中/微风化岩。

根据勘察资料，本场地位于海陆交互相冲积平原地貌，地下水水位埋藏浅，钻孔初见水位埋深 0.00~5.00m（高程-6.60~8.22m），稳定水位埋深 0.00~5.70m（高程-6.60~7.89m）。地下水位的变化与地下水的赋存、补给及排泄关系密切，每年 5~10 月为雨季，大气降雨充沛，水位会明显上升，而在冬季因降水减少，地下水位随之下降，水位年变化幅度为 1.0~1.5m。

4）工程保护方案及措施

（1）施工期间保护措施

①区间采用盾构法施工。盾构法技术先进，施工工艺成熟，加强盾构穿越过程中的掘进参数控制、加强同步注浆及二次注浆、做好出土量和注浆量的控制。

②穿越前对桥桩采取预注浆保护，穿越后进行补偿注浆。

③加强监控量测、信息化施工。加强桥面和地面的实时监测，及时分析共享监测数据。

④做好应急预案措施。

根据调查资料，京珠高速灵山互通下桩基础有单柱桩承台和三柱桩承台两种形式，桩基为 1200mm 钻孔灌注桩，桩基深度大于隧道埋深。

本次袖阀管注浆主要起隔离加固作用，注浆管内外层间距约 1m，大致呈梅花形布置；内圈注浆管距离钻孔灌注桩桩基不小于 1m；袖阀管布置必须有效包围桩基基础，插入深度须超过隧道底部不小于 9.5m，且穿过砂层。注浆有效范围为注浆管底部至盾构隧道顶部以上 9.5m，且需对所有砂层范围进行注浆。初步拟定为 $L=1.37m$，袖阀管长度约 48.82m，注浆范围为袖阀管 25.67~48.82m 长度范围。施工中可根据现场实际条件进行相应调整。

（2）注浆浆液类型及注浆参考参数

①浆液类型：水泥浆。

②浆液扩散半径：$R=0.75m$。

③注浆压力：注浆压力根据水文地质及工程地质条件确定，设计终压值一般按 0.3~0.5MPa 控制，注浆施工过程中需对地表及建筑物隆沉情况进行监测，及时调整注浆压力，防止注浆压力过大对建筑物造成损害。

④注浆顺序：先基础两边后中间，隔孔交替注浆。

⑤浆液材料：采用42.5级普通硅酸盐水泥，水灰比取0.8～1.0；注浆时可部分掺用粉煤灰，掺入量可按水泥重量的20%～50%。

⑥注钻孔布置按照方案要求进行布置，可根据现场实际情况适当调整钻孔位置及间距。注浆结束后使用水泥砂浆对钻孔进行封堵处理。

（3）注浆结束标准

①注浆压力逐步升高，当到达设计终压时，继续注浆30min以上。

②有一定注入量，与设计注入量大致接近，注浆结束时的进浆量一般都在30L/min以下。

③根据监测信息反馈、累计沉降及不均匀沉降经分析确认得到有效控制的情况下可以提前结束注浆。

（4）质量检验

①对注浆过程中的各种记录资料进行综合分析，观察注浆压力和注浆量变化是否合理、是否达到设计要求。

②当注浆效果不能满足上述要求时，应进行补注浆。

③各注浆参数根据相关工程经验及建筑地基处理技术规范中建议的相关参数和原则确定，注浆填充率按以下范围取值。杂填土：30%～35%，粉质黏性土：20%～25%，粉细砂：40%～45%，中砂、中粗砂：50%～60%。

5）主要技术控制措施

（1）在盾构下穿铁路前，通过试验段掘进取得不同地层的沉降数据、掘进数据，根据这些数据反馈的结果对后续掘进期间的掘进参数、注浆参数等进行合理优化，减少对土体的扰动，减小盾构机掘进期间的建筑物沉降，将建筑物沉降控制在一个合理的范围内。

（2）根据试掘进段参数控制及以往盾构施工经验，通过监测总结分析不同底层松散系数及推进进尺是否超挖或欠挖，如果存在超挖或欠挖情况，技术人员应分析原因，不断调整、优化盾构机掘进施工参数，通过加强施工监测，不断地完善施工工艺，控制隧道结构稳定和地面沉降。

（3）千斤顶推力与刀盘转速是否合理是关系到刀具能否顺利切屑岩层。推力过小，岩层得不到充分压裂和切屑，掘进效果差；推力过大，由于管片断面不平整或千斤顶受力不均，容易产生管片破裂、渗水等现象。盾构掘进时应根据掘进土层地质、土压力调整推力大小，保证推进速度。

（4）开挖面泥浆压力设定分为"地下水压+20kPa"和"地下水压+土压+20kPa"两种。在砂质地基和硬黏土地基，保持泥浆压力＞土压+水压，以便控制地面沉降。

（5）同步注浆量要控制适中，严格控制注浆压力，既不能因注浆量过少而造成地面沉降过大，也不能因注浆量过多导致地面隆起、盾尾击穿、土压不稳。

（6）选择合适点对盾构机进行刀具、盾尾刷更换和设备检查，确保盾构机处于最优的工作状态通过公路桥桩。

（7）做好监控量测，成立联合工作小组，建立安全风险分析平台，保证数据实时采集、及时分析，根据监测数据及时调整盾构施工参数，保持监测与盾构机控制的实时联动。

（8）增加后期径向二次注浆。管片出盾尾后，通过在管片上预留的注浆孔内向地层中打深孔，并插入注浆管进行注浆，以补偿地层损失，减少建（构）筑物沉降。二次注浆采用劈裂注浆或渗透浆液，浆液可采用超细水泥浆液或者水泥—水玻璃浆液，注浆压力为 0.4～0.6MPa。

6）小结

横沥—番禺广场区间下穿京珠高速立交段，设计阶段结合南沙区存在深厚砂层的地质特点，选择了对砂层适应性较好的泥水盾构，施工阶段通过采用一系列的技术及保护措施，实现了在砂层中小净距侧穿高速桥桩的目标，有效规避了重大施工风险，积累了成功工程经验，可作为后续同类型地层条件下侧穿桥桩提供参考。

4.4.8 矿山法洞内桩基托换技术

1）工程概述

十八号线番禺广场—南村万博区间矿山法隧道临近番禺大道和汉溪大道交会处，大致沿平行番禺大道方向，由南向北依次下穿两个大型地下商业空间（敏捷广场和中央商务区）及七号线隧道，在汉溪大道东路口接入新建车站。隧道采用复合式衬砌，外层采用350mm厚喷射混凝土并辅以超前加固/支护措施作初期支护，内层采用550mm厚模筑钢筋混凝土作永久结构。与地下商业空间甲桩基冲突影响范围内断面宽高为 12.0m×11.6m（A 型下穿断面）。隧道拱顶埋深约 25.5～31.5m，洞身主要位于全～微风化混合花岗岩层，局部拱顶为混合花岗岩残积土，隧道平纵及临近结构相对位置如图 4-85 所示。

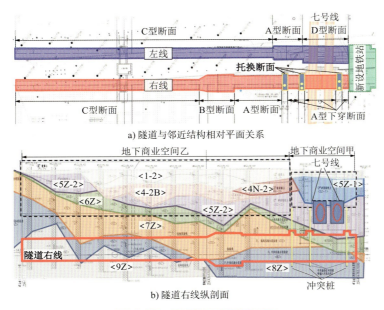

图 4-85 区间隧道平面示意图

2）工程特点及重难点分析

本区间位于番禺区南村万博CBD（中央商务区）核心地段，周边建（构）筑物林立，地下空间复杂拥挤，限制条件繁多。为满足线站位要求，该隧道需正下方下穿某大型地下商业空间，并对侵入隧道洞身范围的5根大轴力（6700kN）灌注端承桩进行托换，托换结构中线跨度达13.5m。受地面条件及施工空间限制，工程最终采用了洞内拱式托换方案，然而本次托换桩的轴力、隧道的跨径和现场条件的复杂程度，都远大于一般洞内托换工程案例。

3）工程水文地质

（1）地质条件

根据详勘资料，本段矿山法隧道所在区段为残丘与剥蚀台地过渡段地貌，各岩土层由上至下分布主要由全新统人工填土（Q_4^{ml}）、冲积—洪积土层（Q_{3+4}^{al+pl}）、残积土（Q^{el}）及基岩（P_t）组成，地层组成情况及详细土层关键参数见表4-16，其中与桩基托换相关特殊地层力学特性如下：

①湿化试验指标显示，混合花岗岩残积土～强风化层遇水易软化崩解，其中最短崩解时间4min，最大崩解量100%。

②混合花岗岩残积土颗粒组成"两头大，中间小"，相关土层既有砂土的特征，亦具黏性土特征，当渗流水力梯度大于临界梯度时，在土体内部易产生管涌等渗透变形现象。

③混合花岗岩类残积土和全/强风化层在天然状态下具有较好的力学性质，但水理性质较差，遇水后强度及承载力骤减，未加固前不宜作为托换结构的基础持力层。

④混合花岗岩中/微风化层承载力较高，持力层厚度较大，基底无软弱夹层，力学性质及稳定性较好，可作为托换结构基础持力层。

⑤场地内土对混凝土结构及其钢筋具有微腐蚀性。

（2）水文条件

详勘期间（2017年底—2018年初）地下水稳定水位埋深0.90～14.5m。地下水按赋存方式可划分为第四系松散层孔隙水和基岩裂隙水。前者主要位于填土之下，黏性土之间，人工填土中主要为上层滞水，其他松散层孔隙水主要为潜水。可塑性粉质黏土层及淤泥质土层富水性差、透水性微，为相对隔水层。基岩裂隙水主要赋存于混合花岗岩强风化及中风化层中，水量较为丰富且具有承压性。各含水层之间存在一定的水力联系。

详勘报告同时指出，受季节及周边工地施工影响，本地段水位变化明显。考虑到混合花岗岩残积土及全/强风化层遇水易软化崩解，从严控沉降及建筑物保护的角度出发，要求对掌子面及至开挖轮廓外一定范围内所有残积土～强风化层进行WSS双液注浆加固止水。场地内地下水对混凝土结构及其钢筋具有微腐蚀性。

4）设计要点

（1）承载力及正常使用状态计算

鉴于托换结构对地下商业空间新建隧道的重要性，设计计算采用了较保守的荷载结构法，利用 Midas GTS NX 建立 2D 有限元分析模型进行分析。

①初期支护和托换结构均采用梁单元模拟，单元密度约为 1m（图 4-86）。这种引入初期支护的算法是广州微腐蚀性水/土地区对常规只模拟二次衬砌算法的一种优化，经过了研究和论证，并在广州地区工程多次实践应用。

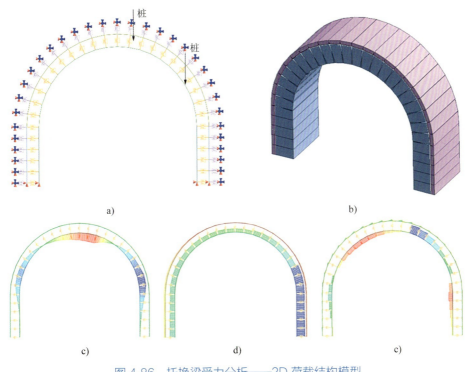

图 4-86 托换梁受力分析——2D 荷载结构模型

②初期支护横截面取 4500mm×350mm。考虑到喷射混凝土只作临时支护作用，取初期支护刚度折减系数 0.75（即为未折减刚度的 75%）。初期支护外施加只受压土弹簧，弹簧刚度取 $203×10^3$kN/m（由基床系数 45MPa 导出）。

③托换结构截面取 4500mm×1750mm。初期支护和托换结构之间的相互作用使用只受压弹簧模拟，弹簧刚度取 $120×10^6$kN/m（由混凝土杨氏模量导出，取名义弹簧长度为初期支护和二次衬砌的中距 1.05m）。

④根据原地下空间设计，恒载和活载下桩轴力分别为 5375kN 和 1325kN；应用前按《建筑结构荷载规范》（GB 50009—2012）及常用民用建筑构造进行了复核和论证。

⑤托换结构上同时施加有相关水土压力。

结构设计根据《混凝土结构设计规范》（GB 50010—2010）相关规定进行，取水土合算及水土分算两者间最不利情况计算。迎土面最大允许裂缝宽度为 0.2mm，其余为 0.3mm。当采用 C35 混凝土及 HRB400 钢筋时，计算所需纵向拉筋为 10651mm^2/m（配筋率 0.65%），抗剪箍筋为 1490mm^2/m，桩基与托换梁连接处抗冲切所需植筋为 29 根 ϕ32mm 对穿钢筋。

正常使用状态下迎土面最大裂缝0.07mm，内侧表面最大裂缝0.20mm。

5）沉降分析

由于荷载结构模型默认地层自身没有刚度，同时2D荷载结构模型分析无法模拟地层的空间作用，沉降分析采用了3D地层结构模型（图4-87），假定围岩既是荷载的来源，又是支护的重要组成部分，特别适用于需要考虑围岩非线性特征及施工过程影响的数值模拟。为同时满足计算精度及速度的要求，本次模拟采取了以下模拟规则，计算软件为Midas GTS NX。

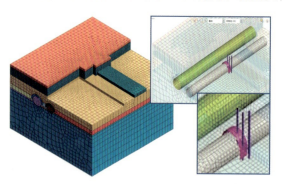

图4-87 托换梁受力分析——3D地层结构模型

（1）模型最小平面尺寸及拱底以下地层厚度约取为5D（D为隧道最大毛洞跨度）。

（2）分别采用梁单元模拟桩基、壳体单元模拟新建隧道初期支护/托换结构、实体单元模拟土体。土体和托换结构间引入界面单元模拟土体/结构相互作用。

（3）为避免引入相关结构刚度，保守地以荷载的形式对地下商业空间甲进行模拟。

（4）对隧道初期支护/托换结构及桩基等结构构件采用了线弹性结构模型，对各土层采用了莫尔—库仑本构模型。

（5）模拟依照施工步序进行：隧道开挖过程应力释放比例按经验取为0.4∶0.3∶0.3，即在土体开挖及紧随的2个分析步骤中应力占总释放应力的40%、30%和30%；截桩过程桩轴力转换通过使托换结构以下的桩基梁单元失效一步完成。

根据估算，托换完成后桩顶最大沉降值为8.6mm；最大桩间沉降差为5.6mm，按桩中心距4.0m计算，满足《建筑地基基础设计规范》（GB 50007—2011）中0.002L（L为相邻柱基的中心距离）的限值要求。正常使用组合下托换结构拱顶和拱肩沿纵向弯矩平均值分别为3762kN·m/m和3675kN·m/m，小于荷载结构法模型结果，但两者差异在合理范围内，差异反映了地层附加刚度的作用。

6）小结

（1）本工程验证了洞内拱式托换可应用于大轴力大跨径情况。随着城市轨道交通线网的密集化发展，城市轨道交通建设中需要进行桩基托换而周边施工条件有限的情况将不断增多，此时可优先考虑采用洞内拱式托换方案，在免受地面条件影响的同时减少托换所需空间及工程量。

（2）拱式托换结构尺寸的初步拟定：结构断面高度可按托换结构中线跨度的1/10拟定；结构断面宽度可按每米有效宽度承担不大于1500kN桩轴力拟定。托换结构高度需同时满足冲切及植筋构造的要求。

（3）结构承载力相关计算，如托换结构尺寸最终确定和配筋计算等，宜按 2D 荷载结构法进行计算分析，选取水土合算或水土分算最不利情况进行设计。

（4）对于变形相关计算，如被托换桩顶沉降等，宜采用 3D 地层结构模型进行模拟分析。由于 2D 荷载结构模型没有考虑土体刚度，同时土荷载计算方法（如普氏理论、太沙基理论、铁路隧道设计规范方法等）和土体约束（土弹簧）的估算均较为主观和简化，其变形计算结果可能与实际情况存在较大的差异。

（5）托换对上部结构的影响可采用将托换结构和上部结构分别独立分析评估的方法，即计算托换结构变形的时候不考虑上部结构的刚度，托换结构分析完成后将得到的桩顶沉降以强制节点位移的形式加入上部结构评估。此方法虽然结果偏保守，但简化了托换结构和上部结构之间的相互作用，减轻了计算难度，可以在较短的时间内得到相对合理的分析结果。

4.4.9 小半径、浅覆土、小净距大直径盾构始发与近接施工技术

1）区间概况

十八号线陇枕出入场线盾构从 LP1 盾构井始发，由东向西下穿番禺大道、市南路，空推通过明挖段，二次始发后下穿市南路，在蚬涌北东街经 $R = 550$m 曲线转至由南向北掘进，下穿、侧穿蚬涌村民宅建筑群、市桥水道、柏丽花园，在 6 号、7 号盾构井吊出。盾构隧道形式为单线单洞结构，管片外径 8.5m，管片内径 7.7m，左右线线间距为 10.98m～49m。区间隧道最大线路纵坡为 34.7‰，最小纵坡为 3.3‰，设置四个平面曲线。其中始发段最大纵坡达到 34.7‰，转弯半径 350m，净距 2.5～3.5m，隧道顶部埋深 5.0～8.0m，属于双线并行小间距、浅覆土、大纵坡、小半径盾构施工，下穿番禺大道市政主干道，始发条件差、左右线掘进相互影响大，安全风险高。

2）工程水文地质

根据地质勘察揭露，该段地质自上而下主要包括以下地层。〈1-2〉素填土：松散～稍压实，为近代人工填土，未完成自重固结；主要由黏性土和砂土组成，顶部 0.2～0.5m 多为混凝土路面。〈2-1B〉淤泥质土：局部可塑，主要由黏粒、粉粒组成，土质均匀，黏滑，含有机质，局部含砂粒，为高压缩性土。〈4N-2〉粉质黏土：可塑，黏性好，土质不均，含较多石英砂粒，韧性于强度高，压缩性中等。〈5N-2〉硬塑型碎屑岩残积土层：硬塑，成分以粉黏粒组成，土质不均，干强度韧性高，黏性一般，遇水易软化，压缩性中等。〈6〉全风化泥质粉砂岩，本层主要由泥质粉砂岩、泥岩、粉细砂岩组成，浸水易软化、崩解，压缩性中等～低。〈7-3〉泥质粉砂岩、粉细砂岩强风化带：砂质结构，块状构造，风化强烈，岩石结构破坏严重，岩性呈半岩半土状、碎块状，岩质较软，岩块敲击易碎，遇水易软化状，失水开裂，局部夹中风化岩块。区间地质纵断面见图 4-88。

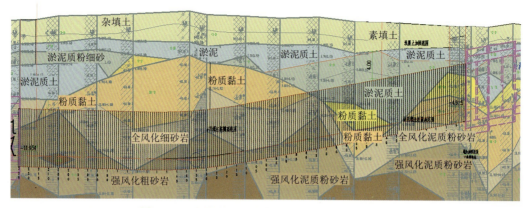

图 4-88 陇枕出入场线始发段地质纵断面示意图

3）小半径、大纵坡盾构始发掘进

（1）数值模拟分析盾构掘进方案

根据盾构施工顺序引起地层土体扰动及应力重新分布研究的目的，基于有限差分软件（FLAC 3D）建模功能，模拟材料弹塑性及盾构施工的适用性特征，建立盾构施工三维数值计算模型（图 4-89）。其中，外线为入场线、内线为出场线，并以此进行数值分析。

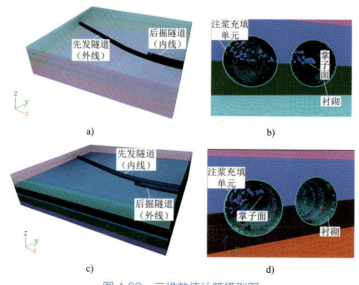

图 4-89 三维数值计算模型图

本工程针对小净距隧道中间隔墙受力特性进行了计算，得到了不同顺序隧道开挖时中间隔墙受力特性及稳定性，主要结论如下：

①无论先发隧道为内线隧道还是外线隧道，先发隧道掘进过程中，中间隔墙均会产生应力集中现象。

②先掘进外线隧道后掘进内线隧道时，中间隔墙垂直应力比值较大，应力分布呈现"单驼峰"形态。表明该工况条件下，中间隔墙并未完全发生破坏，仍保存一定的承载能力，上覆地层应力主要作用于中间隔墙。

③先掘进内线隧道后掘进外线隧道时，中间隔墙垂直应力比值相对较小，表明该工况下，中间隔墙基本处于塑形状态（完全破坏状态），承载能力下降，中间隔墙应力部分转移至后发隧道。

④先发隧道为外线隧道时，开挖过程中应密切监测中间隔墙的受力与侧向位移，及时对受力或变形较大的中间隔墙地层进行加固，确保中间隔墙的稳定性；先发隧道为内线隧道时，开挖过程中应对后发隧道衬砌支护受力和变形进行监测，及时对隧道内衬砌进行支撑加固，确保隧道的安全施工和隧道稳定。

通过数值模拟分析，陇枕出入场线区间隧道选定外线优先始发方案。

（2）管片选型

本项目罗宾斯盾构机盾尾间隙为45mm，净间隙30mm。针对区间1600mm环宽、46mm楔形量通用环管片，区间最小转弯半径350m，盾尾间隙变化较快，极易出现间隙不均衡，从而造成盾尾挤压管片，出现严重的管片错台和破损等质量问题，对管片选型要求较高。因此要做好管片选型工作，严禁出现选型不当事件发生，掘进过程中须严格测量和计算超前量，结合管片选型原则和原理做好管片选型工作。

针对本区间实际情况，分两种方法计算管片楔形量。

①采用公式计算管片楔形量

管片楔形量可采用以下公式近似计算：

$$\Delta = BD/R \times 1000 \tag{4-11}$$

式中：Δ——管片楔形量（mm）；

　　　B——管片环宽（m）；

　　　D——盾构隧道外径（m）；

　　　R——盾构设计转弯半径（m）。

按出入场线最小转弯半径350m，管片环宽1.6m，隧道外径8.5m，计算管片楔形量：

$$\Delta = 1.6 \times 8.5/350 \times 1000 = 38.86 \text{mm}。 \tag{4-12}$$

②采用绘图软件验算管片楔形量（图4-90）

根据管片楔形量定义，在绘图软件中布置半径为350m、环宽为1.6m、外径为8.5m的单环管片，可以计算得到：$L_1 = 1619.4289$mm，$L_2 = 1580.5718$mm。

楔形量$\Delta = L_1 - L_2 = 1619.4289 - 1580.5718 = 38.8571$mm。

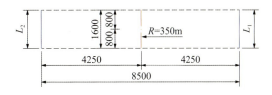

图4-90　管片楔形量计算
（尺寸单位：mm）

根据以上计算，管片楔形量为38.86mm，小于通用环管片楔形量46mm的要求。

4）小结

随着城市的发展，建筑物的增多、增高，地下情况也变得更加复杂，对线路设计的影响因素也随之增多，盾构机小曲率半径转弯施工技术应用的成功，为之后的线路设计提供了宝贵的实践经验。而且本工艺最大经济点就是可以充分发挥普通盾构机的应用价值，同时在现有的土质情况下，可以满足多种设计要求线路，创造更多市场机会，获取更多利润。

4.5 本章小结

本章主要介绍市域快线大跨车站和区间结构设计，包括十八号线和二十二号线沿线的水文地质情况以及环境灾害评价等内容，在此基础上阐述大跨车站和区间结构相关的方案研究、材料与技术研发、重难点风险控制等关键技术。

沿线不良地质作用主要表现为砂土液化、软土震陷、风化不均、孤石、断裂等，根据拟建工程的特点，结合场地所处地质环境条件，预测拟建工程建设可能引发或加剧的地质灾害为滑坡、堤岸崩塌、地面沉降等。

大跨车站多采用复合墙结构方案，叠合墙结构方案使用相对较少。两种结构形式的受力模式都是合理的，但其防水效果存在一定的差异。

隧道结构设计应满足施工、运营、城市规划、抗震、人防、防火、防水、防迷流的要求，保证结构具有一定的耐久性。同时，结构设计应符合强度、刚度、稳定性、抗浮和裂缝开展宽度验算的要求，并满足施工工艺的要求。最后根据沿线不同地段的工程地质和水文地质条件及城市总体规划要求，结合周围地面既有建筑物、管线及道路交通状况，通过对技术、经济、环保及使用功能等方面的综合比较，合理选择施工方法和结构形式。

本工程在设计施工关键技术研究与应用上，取得了诸多成果和工程应用案例。包括但不限于对于隧道位于深厚软土地层的沉降变形防控；高速行车条件下隧道内设置预埋套筒＋外挂槽道解决隧道设施快速安装和运维安全保障；小间距大断面矿山法群洞建造与设计施工安全风险控制；限制条件下多种线路线形下穿重要水域关键技术；复杂环境下在复合地层采用多种工法下穿运营既有线、重要市政工程；大断面矿山法洞内托换大承载力既有桩基；小半径、浅覆土、小净距大直径盾构始发与近接施工等。本工程的成功实施为后续复杂线路建设提供了有力的技术支撑和工程参考。

第 5 章

智慧地铁赋能运营管理

湾区纵贯线　市域新速度
——广州市轨道交通十八号线和二十二号线设计解析

建设交通强国是建设现代化经济体系的先行领域，是全面建成社会主义现代化强国的重要支撑。城市轨道交通是建设交通强国和智慧城市的重要组成部分，行业要把握当前发展的重大机遇，以推进城市轨道交通信息化，发展智能系统，建设智慧城市轨道交通为载体，开创交通强国建设新局面。广州市轨道交通十八号线和二十二号线工程是满足地铁服务水平的全地下160km/h的市域快线，运营管理需要面对很多随机而复杂的状况和突发事件，这也对运营管理提出了更高要求。

新时代城市轨道交通建设的总体目标以技术先进、体系完整、功能齐全、架构简化、管理创新为特点，建设基于云计算、大数据、人工智能的行业技术生态，在保障安全可靠前提下，构建智慧地铁（城市轨道交通）平台，从而提升乘客服务质量、提高运营管理效率、降低运营管理成本、促进产业升级发展。广州地铁集团在2019年发布了《新时代城市轨道交通创新与发展》，构建了采用综合业务云平台为动力引擎并支撑乘客服务、调度指挥、车站管理、运维管理、安全管理等各类应用的智慧地铁平台体系，如图5-1所示。

图 5-1 智慧地铁平台体系图

本章针对十八号线和二十二号线工程特点，结合运营对智慧地铁管理的需求，打造广州智慧地铁示范线，对智慧地铁综合业务云平台以及其中涉及乘客服务，调度指挥，车站管理，关键设备智能运维以及安全设施与应急处置的部分进行重点介绍。

5.1　综合业务云平台

广州地铁在第三期建设规划的线路提出建设综合业务云平台，该平台统一为各业务系统提供计算、存储、网路等资源。根据各个物理节点的业务资源支撑情况，综合业务生产云平台设计为三层网络、两级云资源的物理结构。

5.1.1　构建线网化多专业共用的综合业务云平台

综合业务云平台采用虚拟化技术、分布式存储技术、云资源管理技术、信息安全技术等，搭建综合生产业务基础云平台，实现计算、存储、网络资源按需分配、统一管理和集中监测，提高资源利用率，便于业务快速部署和扩展。

由于数据量庞大，功能齐备，十八号线和二十二号线采用云计算技术，依托第三期建设规划线路工程及线网指挥二期工程，建设综合业务云平台（图5-2），包括线网指挥系统、线网大数据应用系统、线网视频监控系统、线网智能客服系统、线网乘客信息系统、线网安检信息管理系统、线网门禁授权系统、线网智能运维系统,以及线路综合监控系统、线路通信系统、线路门禁系统等提供计算、存储、网络等硬件基础资源,并在万胜围、赤沙设置资源池,在镇龙控制中心、陇枕控制中心、大石控制中心及各车站段场设置云节点,为十八号线、二十二号线、三号线东延段、七号线二期、十四号线二期、五号线东延段、十号线、十一号线、十二号线、十三号线二期共十条线路服务,并预留其他线路接入的扩展能力,实现硬件资源统一管理与合理动态分配,满足运营将来不同时期的系统灵活应用开发的需求。

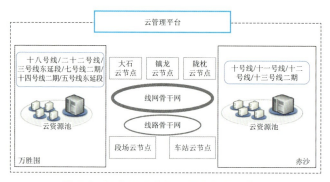

图 5-2　综合业务生产云平台部署示意图

综合业务生产云平台在硬件层面实现了资源灵活调度,提升了硬件利用率;在平台层面实现了系统融合共建和数据开放共享;在应用层面增强了系统协调性和应用灵活性;在运维层面实现了专业运维的加强,节省运维成本。

综合业务生产云平台设置了模块化数据中心机房(图 5-3),整个机房集成了供配电系统、制冷系统、机柜通道系统、照明系统、综合布线系统、防雷接地系统以及智能管理系统,具有安全可靠、运维方便、绿色节能、扩展灵活的特点。

图 5-3　模块化数据中心机房

基于云技术,构建"物理分散、逻辑集中、资源共享、按需服务"的综合业务云平台,可实现资源共享、资源按需提供、开放弹性架构、SDN(软件定义网络)云网协同。

(1)资源共享

综合业务生产云平台可实现生产、灾备数据中心共享云资源,以及生产、灾备数据中心物理分散部署，统一管理。综合业务生产云平台采用主备双中心配置方案，提高了系统可靠性。主备容灾在不同物理地点的两个数据中心都处于运行状态，可以同时承担业务，提高整体服务能力和系统资源利用率。同时，两个数据中心资源共享，当单数据中心故障时，业务能自动切换到另一数据中心，保证数据不丢失，业务分钟级中断。

（2）资源按需提供

综合业务生产云平台可实现多部门/多业务数据中心资源共享、按需服务，一个数据中心可虚拟多个虚拟数据中心。平台基于资源共享和节约人力成本的角度，按业务应用划分（决策管理、运营管理、安全防范、乘客服务、维修管理、资源开发）进行生产云业务部署，实现各类应用逻辑上相对独立，同时构建统一的生产大数据平台，节约管理成本，统一数据管理、开发及数据的安全保障。

（3）开放弹性架构

开放弹性的架构通过虚拟化技术、SDN 技术、云资源调度技术、高可用技术等，实现计算、存储、网络等资源的按需分配、灵活调度、统一管理，进而实现降本增效。

（4）SDN 云网协同

综合业务生产云平台基于 SDN 技术的灵活组网，融合虚拟和物理网络的自动化配置，实现业务快速部署，实现物理网络和逻辑网络的解耦。

云计算系统架构如图 5-4 所示。

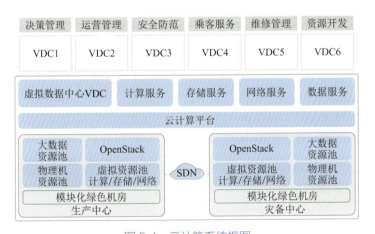

图 5-4　云计算系统框图

5.1.2　打造新一代的轨道交通操作系统并试点应用

由广州地铁集团打造的新一代城市轨道交通操作系统——穗腾 OS（操作系统）应运而生（图 5-5）。该系统率先在十八号线和二十二号线上示范应用，实现了精准便捷的乘客服务和安全高效的运营管理功能。该系统是一套基于工业互联网与物联网的操作系统，重构了传统工业控制系统"单一功能定制"的设计理念，从而帮助城市轨道交通业主更高效地应对数字化转型带来的挑战。该系统集物联平台、策略引擎平台、大数据平台、算法平台和开放平台等五大核心平台于一身,开创了城市轨道交通业务系统进入标准化、组件化、可进化、低门槛、开放的新局面,破解城市轨道交通数字化转型中面临的难题和痛点。实现了车站、区间、线路等全设备,以及建设、运营、管理等全领域的覆盖,真正实现了技术和设备的连接和融合,使其发挥其应有的价值,并实现价值的最大化。

图 5-5 穗腾 OS 界面

其中,物联平台是万物连接的窗口,实现设备接入与管理的标准化。该系统构建了设备、系统的物模型,以统一、标准、结构化的方式,定义了海量设备及设备属性、服务事件等数据。同时,建立的物联接入标准,支持设备自我发现、自我集成。这也就意味着物联平台将车站设备以及车辆、信号、通信、供电等所有系统设备的状态和数据连接起来,实现完全的互联互通,为全线车站设备和线路设备的智慧运维提供数据基础。目前,该系统策略引擎平台赋予了业务人员便捷操作的独特能力,通过简单的流程图构建,提供"拖拉拽"式的低代码开发工具,定义了低门槛流程编排语言,一线业务人员不需要懂软件代码开发,只需授权,即可灵活构建满足自身业务需求的应用场景,比如实现一键开关站等多种功能,进一步降低平台应用开发门槛。

大数据平台可汇聚广州地铁所辖范围内的所有生产型数据和管理型数据,可实现海量数据开放共享,真正打破系统之间的壁垒,实现数据有效流通,降低数据使用成本,减少系统重复建设,为数据的互通带来更多的业务增值。通过大数据平台,业主单位可建设轨道交通大数据资产,制定轨道交通大数据服务标准,员工、供应商、开发商都可以通过自助服务使用大数据,利用大数据快速创建或挖掘新的智慧业务,实现大数据价值增值,例如设备预测性维修、客流预测和行车优化等。

在主动运维方面,系统以组件化的开发模式,实现了十八号线和二十二号线车辆、信号、供电、电扶梯、接触网、轨道等多个专业系统的全景式状态监测、预警和运维辅助决策。

在运维阶段,实现价值最大化是系统全寿命周期新的发展目标:在设计阶段,基于平台化设计软件,统一各专业的建模坐标系、命名规则、设计版本和深度,明确各专业设计协同流程、准则和专业接口,可实现建筑、结构、风水电等多专业的三维协同设计和信息共享。在协调设计过程中,建立多个工作集分配不同的土建及设备系统,为后期运维的不同需求提供方便。同时，建立构件标准化设备族库，为同时实现信息数据集成和流转，便于后期施工阶段、运维阶段的数据共享和共用。

该系统还可以通过实时感知站台、列车各区域的客流密度，分析站台与列车客流分布的匹配情况，自动触发车站广播、电子导引、电扶梯等设备设施的联动控制，引导乘客有序乘车。同时，该系统可分析乘客的出行规律，实现全线网客流的实时预测；通过列车及设备运行数据的融合，实现行车组织的全貌监控与异常状态预警；支持运能的精准投放行车客运的自适应联动；通过对车站的全景管控，可以对全域的设备状态进行监控与预警，感知站内外客流；实现视频巡站，减少大量人力的投入。

5.2 智能化乘客服务

乘客服务以满足乘客出行体验为核心，借助多种智能技术，依托多类型服务终端，通过线上线下多元方式，服务于乘客出行的不同场景。广州地铁从多元化的票务服务、人性化的客服服务、精准化的咨询服务、一站式的生活服务等方面着手，不断完善服务内容，升级服务设施，深化服务内涵，创新服务模式，构建以人为本、绿色畅行的新型智慧乘客服务体系，为市民提供安全、便捷、高效、绿色的全链出行生活方式。

5.2.1 基于云计算的多元化票务系统

广州地铁自动售检票系统（AFC 系统）基于"云计算"技术简化系统架构，构建扁平化架构体系，打造以互联网为基础、具备"多元支付手段+多元票种选择+多元购票方式"于一体的乘车支付系统，并引入生物特征无感过闸等方式，响应乘客更便捷过闸服务需求，实现多元支付方式与出行服务的深度融合。

AFC 系统由线网清分系统（ICCS 系统）、车站计算机系统（SC 系统）、车站终端设备（SLE）构成。ICCS 系统具有对全线 SC 系统以及车站设备的监控、系统运作、票务收益和客流统计，并能实现系统数据的集中采集、存储、统计及管理功能，实现与第三方支付系统的收益清分。SC 系统负责对本车站内部的所有设备进行实时监控，并可对 AFC 系统运营、票务、收益以及维修等功能进行集中管理。车站计算机能够收集、处理车站内各类数据，并上传到 ICCS 系统，接收 ICCS 系统下传的各类系统参数与命令，并下载到车站各终端设备，同时可根据需要自行向车站终端设备下达控制命令，并将该操作记录上传到 ICCS 系统。SLE 包括票房售票机、自动售票机、云购票机、自动检票机等。

票务服务创新点包括以下几方面：

（1）构建基于云技术的扁平化系统架构，降低建设成本，提高系统效率，提升服务水平

广州地铁已运营线路均为"ICCS 系统-LCC 系统（线路中央计算机系统）/MLC 系统（区域中央计算机系统）-SC 系统-SLE-车票"五层架构，本工程基于"云计算"技术，整合

各层系统及设备功能,简化系统架构,构建"ICCS系统-SC系统-SLE-车票"的扁平化系统架构,其中票务交易数据采用"终端—线网"两层传输架构,设备监控信息采用"终端—车站—线网"三层传输架构。

十八号线和二十二号线为国内AFC系统首次实现交易数据采用"ICCS系统-SLE"的两层数据传输体系(图5-6),AFC系统架构的优化,降低了系统建设投资,减少了运营系统维护工作量和人力资源,系统数据传输减少了线路层和车站层的数据转发及处理时间,缩短了交易时间,有效地保障了交易的实时性,提升了乘客服务水平。

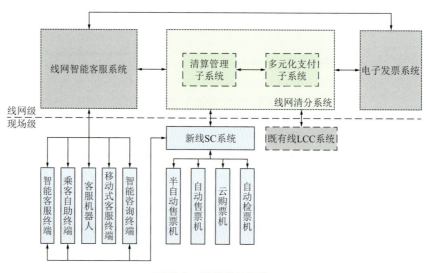

图5-6 系统总体架构

(2)多元化支付技术全面应用,提高运营服务水平,满足乘客多元支付需求,方便乘客出行

十八号线和二十二号线打造"多元支付手段+多元票种选择+多元购票方式"于一体的多元化票务服务,完善多元化支付相关系统和设备功能,优化设备配置,在既有多元化支付方案的基础上进一步增加基于生物识别、非生物识别技术的多元化支付方式,生物识别技术包括人脸识别、静脉识别,非生物识别技术主要为eID电子身份证技术。

图5-7 自动检票机人脸识别模块及乘客显示屏

十八号线和二十二号线为广州地铁首次在新建线路全线引入基于生物识别技术的"刷脸支付"票务方案,如图5-7所示。多元支付手段、多元票种选择、多元购票方式满足乘客多样化的票务需求,提升乘客便捷乘车的服务体验。

此外,广州地铁线网多元支付平台已实现个体、整体的实时收益精准支付、对账、报警,和整体现金、非现金收益自动核对,提升票务管理效率,保障乘客良好的票务体验和整体收益安全。

（3）全线车站所有检票机均采用双向检票机，运营可根据实际需求调整，灵活应对客流变化，方便运营管理。

广州地铁线网客流量及客流强度常年位居国内前列，随着城市轨道交通线网的发展及跨市线路互联互通的趋势，客流必将进一步增长。线网内大客流车站早晚高峰采取客流控制措施已成为运营部门的常态。

十八号线和二十二号线充分借鉴线网经验，全线车站所有检票机均采用双向检票机（图 5-8），以应对大客流、潮汐客流、突发客流等因素引起的客流组织调整，运营部门可根据车站实际情况灵活设置检票机方向，减少现场工作量，提高运营效率，方便运营管理。

图 5-8　双向自动检票机组

5.2.2　首个线网级的"线上、线下"多渠道智能客服系统

随着服务需求的不断增加，乘客对综合服务有更高需求，期待更人性化的乘客服务、更便捷的商业服务、更全面的延伸服务。自助式智能客服系统的应用，实现了大数据智能客服服务，打造了综合服务平台，可综合降低运营管理成本，提高服务水平。最终目标是从"群体性服务"发展成为面向"个体化定制"的精准服务。智能客服系统按线网层管理，线网层和现场层两级控制的架构进行设计，总体架构如图 5-9 所示。智能客服系统终端设备包括智能客服终端（ISM）、乘客自助终端（SSM）、智能咨询终端（ICM）、移动式客服终端、客服机器人等。

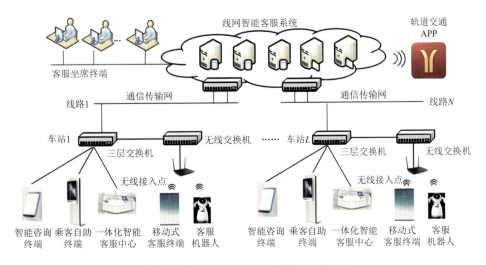

图 5-9　线网智能客服系统总体架构图

客服服务创新点包括以下几方面：

（1）打造智能客服系统，实现线下、线上、多渠道的客服功能，降低运营成本，提升

票务和客服处理效率，支持企业可持续发展

十八号线和二十二号线打造完备的智能客服系统，线网层搭建统一的智能客服平台，车站设置乘客自助终端、智能客服终端、智能咨询终端等现场设备，实现票务、客服、资讯服务的自助化服务。

十八号线和二十二号线搭建了国内首个轨道交通线网级智能客服平台，该平台能实现与线网内所有现场客服终端的远程音视频交互、乘客信息的可视化、乘客问询数据的收集和大数据挖掘、分析等功能，整合热线电话、广州地铁官网、官方APP等多个信息平台，实现多渠道客服的统一管理。

智能客服系统解决了简单重复类工作占用人工成本较多、人工时间利用率较差、无法满足城市轨道交通高速发展的成本管控需求等症结，该系统可大幅度降低客服成本和运营成本，拓宽服务渠道，提升服务效率、服务质量和用户满意度，打造多渠道服务，实现高效、人机协同的服务，且具备无人化值守条件的乘客服务系统。智能客服系统的设置，减少运营站务人员的投入，提高乘客票务和客服处理的速度，从而达到降低运营成本、提升票务和客服处理效率的目的，支持企业可持续发展。智能客服系统应用场景如图5-10所示。

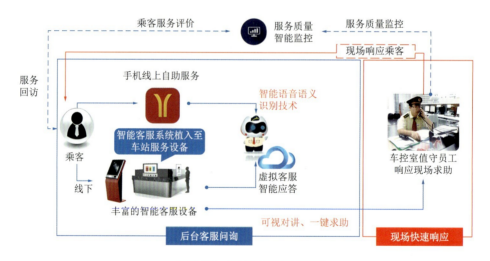

图5-10 智能客服系统应用

（2）全线设置一体化智能客服中心，减少运营站务人员的投入，为乘客提供更便捷的服务

十八号线和二十二号线各站均设有智能客服中心，采用一体化设计，支持票卡处理、票卡查询、人脸注册、开具电子发票等功能。乘客可通过智能客服终端，自助办理问询等服务，实现客服远程音视频交互协助。

十八号线和二十二号线为广州地铁首次在新建线路全线设置一体化智能客服中心（图5-11）的线路。一体化智能客服中心是智能客服系统的重要终端设备，突破传统人工票亭方式，实现无人化运营，减少运营站务人员的投入，提高乘客票务和客服处理的速度，为乘客提供更便捷的服务。

（3）构建线网全域属性乘客画像库，支持多专业调用，提供精细化运行、精益化服务、精准化运营

图 5-11 一体化智能客服中心

十八号线和二十二号线为国内轨道交通首次实现乘客画像系统的搭建及应用。乘客画像库将乘客有效身份信息、生物特征信息、非生物特征信息、关联账户信息、征信信息、偏好信息统一规划为乘客画像，深度挖掘客流、票务等相关数据，将低价值的"数据"转化为每个乘客的画像，实现对乘客画像的管理、分析、挖掘与展示，了解乘客行为，为轨道交通乘客出行规律深度分析提供数据支撑，同时提供基础数据给相关系统，为相关系统二次开发及对乘客的提供精准化、差异化的个性化服务及延伸性服务提供基础数据，实现由"单一性、通用性服务"向"个体化、定制化服务"的过渡，满足人民群众品质出行的需求，提升城市轨道交通运营服务水平。乘客画像库应用如图 5-12 所示。

图 5-12 乘客画像库应用示意

5.2.3 全网节目统一编播、定制化信息统一下发的咨讯系统

为实现全线网 PIDS（乘客信息系统）统一发布和管理，广州地铁已在大石 OCC（运营控制中心）建设了 PIDS 总编播中心。大石 OCC 既有总编播中心已运行 10 多年，设备设施以及播控平台需要升级优化。第三期建设规划线路新建线网乘客咨询与信息发布总中心设置在万胜围 COCC（轨道交通线网指挥中心），实现对全线网的节目统一编播、咨讯信息统一下发，大石既有总编播中心转为后备。

新建线网乘客咨讯与信息发布总中心由第三期建设规划线路共同建设。同时，总编播中心和分线中心融合，实现系统结构扁平化处理，强化线网发布平台的统一管理。分线编

制中心取消编播类设备，仅保留接口设备、信息发布设备、无线车地网络中心设备、车载视频监视设备等。系统示意图见图5-13。

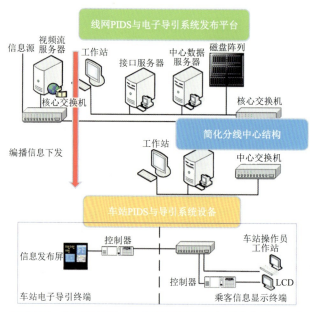

图 5-13　线网 PIDS 与电子引导系统发布平台架构示意图

既有线路车站设置有乘客信息显示系统显示屏、车站电子导引系统显示屏、资源广告类电子刷屏三大类。乘客信息显示系统、车站电子导引系统、电子刷屏系统均采用一样的播控架构，前端 LCD/LED 显示屏＋播放控制器。系统构成示意图见图5-14，信息显示终端见图5-15。

图 5-14　乘客咨讯与信息系统构成示意图　　　　图 5-15　丰富的资讯信息显示终端

5.2.4　智能便捷的生活服务设施

新时代城市轨道交通将横向延展，深度融入乘客的生活当中，逐步构建基于轨道交通的生活服务圈，为乘客提供多元化的定制化生活服务势在必行。城市轨道交通应联合多种周边交通方式，无缝衔接周边交通服务，打造出站即换乘、一站式交通到家的便捷体验；通过线上网络平台及线下经营活动，实现广告业务的精准推送，引入周边商业，结合车站情况设置关爱型母婴室、智能化卫生间等人性化便民设施，提升车站服务水平。乘客出行信息诱导示意图见图5-16。

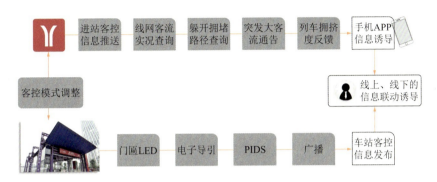

图 5-16 乘客出行信息诱导示意图

5.3 调度指挥系统

在线路运营中，列车调度指挥是一项核心的工作，调度指挥的高效和及时，对于保障列车安全高效运行具有重要影响，合理科学的调度指挥不仅可以实现运能与运量的精准匹配、适应线网运输的互联互通以及高效的网络化运输组织，同时也能保障乘客出行的安全舒适与快捷便利。

十八号线和二十二号线搭建了多种调度指挥系统：线网各线路全局资源可视化系统可实时监控客流变化情况、列车运行情况并实时在线监测设备运行状态；信息智能收集系统可及时、准确获取现场信息，快速识别现场异常情况，实现快速发现和精准传递信息；多专业联合故障救援的综合调度指挥统可以通过重点目标可视化、信息获取立体化、调度控制一体化等手段，实现"情况看得见""指令听得着""位置找得到"的可视化指挥调度。

（1）通信指挥全融合

十八号线和二十二号线通过多媒体融合调度、移动通信指挥，实现线网应急处置联络的安全、可靠、通畅，保障在应急情况下能够顺利开展调度指挥工作，实现现场情况的实时反馈和决策指令的快速下达。

（2）信息报送一体化

开发一体式信息报送系统以线网平台为依托，增强与外单位的信息共享和协调联动，实现城市轨道交通动态运作、突发事件协调处置、乘客出行体验友好等功能需求。

（3）调度处置智能化

十八号线和二十二号线充分融合运营基础数据、调度处置案例等，实现故障的智能接警及判断，动态生成优化的处置流程管控方案；对调度指挥过程进行实时追踪，能实时纠偏并生成后续指挥方案。

5.3.1 适应列车高速运行的"大站停 + 站站停"组合运营模式行车指挥

为提升旅行速度，缩短时空间隔，提升乘客出行便利性。十八号线和二十二号线采用"大站停 + 站站停"的快慢车组合运营模式。线路初期开行万顷沙—广州东站（十八号线）、万顷沙—芳村（二十二号线）的运行交路，其中，十八号线和二十二号线在番禺广场—万顷沙段共线运营（同时预留初期独立运营，近、远期两线独立运营的条件）。十八号线快车停靠万顷沙站、横沥站、番禺广场站、冼村站、广州东站；二十二号线快车停靠番禺广场站、广州南站、西塱站、芳村站。快慢车组合运营示意图如图5-17所示。

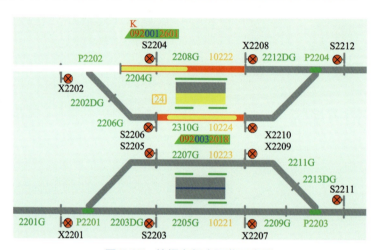

图 5-17　快慢车组合运营示意图

快慢车组合运营模式结合精准动态的客流预测情况及线路设计条件，通过行车间隔的实时调整、行车交路的动态调整，实现运力的精准动态分配。

（1）行车间隔可实时调整

十八号线和二十二号线可实时自动评估列车和车站的拥挤状况，结合预测客流情况自动增加或减少上线列车，灵活调整行车间隔，实现基于客流的运能动态调整和精准投放。

（2）行车交路可动态调整

通过实时预测客流的动态分布情况，十八号线和二十二号线可灵活采用不均衡运输、大小交路、Y形交路等形式，自动调整列车运行交路匹配客流需求，实现在不同时段采用不同的交路、同一时段多个交路混合运行的灵活交路设置。

（3）长大线路实现快慢线运行

十八号线和二十二号线在设计时，合理设置避让线；在运营时，灵活实施快慢车运行，满足不同乘客的差异化出行需求。

（4）大客流线路开行越站列车

十八号线和二十二号线的列车越站不停车可提高运输效率，加快列车周转，达到"大站快车"的效果,以提高乘客的通达性。

(5)市域快线开行高旅速列车

十八号线和二十二号线作为市域快线,要充分考虑乘客快速出行需求,按较高的旅行速度设计,在列车选型和编组方面充分考虑乘客快速出行需求,减少乘客出行时间。

(6)区域内开行跨线运行列车

十八号线和二十二号线可实现区域内线路间的互联互通,提高乘客出行直达性。运营时,根据预测乘客跨线出行的情况,组织部分或全部列车区域内跨线运行,减少换乘,提升通达性。

十八号线和二十二号线采用基于通信的列车控制系统(CBTC),行车间隔150s、快车旅行速度120km/h,具备"大站停+站站停"的快慢车组合运营模式,实现自动停发车与运行以及站台门与车门对标与自动对位隔离;具备段/场内自动运行、自动洗车、自动转线功能;轨旁设备首次采用纯国产化全电子联锁,取代继电器执行单元;转辙机采用托盘式转辙机安装工艺,区间信号机、箱盒应用一体化支架免打孔的套筒安装工艺;监测系统首创基于大数据、云平台的模块化智能运维平台。

十八号线和二十二号线信号系统(图5-18)由列车自动监控(ATS)、列车自动防护(ATP)、列车自动运行(ATO)和计算机联锁(CI)子系统组成,子系统间通过信息交换网络构成闭环系统,通过车载、轨旁、车站和控制中心设备共同完成列车运行的自动控制。

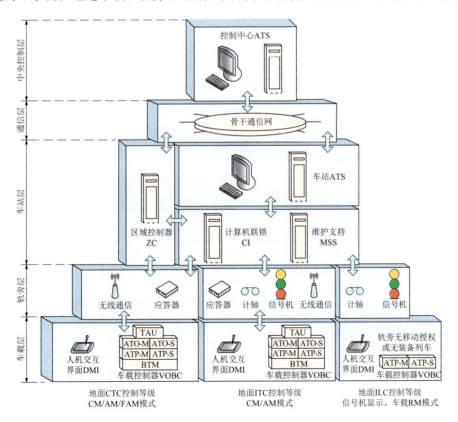

图 5-18 信号系统架构图

十八号线和二十二号线信号系统的主要创新如下：

（1）国内首批高速度、高密度有人值守的全自动市域快线，ATO 实际运行速度 160km/h，行车间隔 150s、快车旅行速度达 120km/h，正线及车辆段实现全过程自动驾驶

①首次设计了适用 160km/h 市域快线列车的运行控制系统，在运行速度、行车间隔、控制性能等方面全面进行提升，对信号测速、应答器、计轴、TD-LTE（长期演进）技术等设备满足 160km/h 最高运行速度下可靠工作进行验证。

②优化了车站设备控制能力与轨旁设备性能、简化系统架构、提升系统软硬件能力。

③提升了市域快线列车运行速度，缩短了乘客出行时间，优化了时空间隔。

④完善了自动驾驶功能，增强系统防护能力，减轻司机驾驶强度。

（2）国内首次应用"大站停 + 站站停"组合运营模式的高速 CBTC 系统，实现南沙副中心至中心城区 30min 通达

①首创了市域快线 CTC（连续式列车控制）控制等级下，系统旅行速度大站停模式为 120km/h、站站停模式约 94km/h 的速度模式。

②优化了快慢车交会、越行、普车待避策略，提升了行车组织运力。

③创新了灵活运输组织模式，实现绿色、节能、低碳运行。

（3）国内首次面向城市轨道交通采用完全国产化的全电子联锁，取代继电执行单元，提升系统可靠性，施工简单、维护方便

①首次在城市轨道交通领域应用国产化全电子联锁技术。

②优化了全电子化执行单元的系统架构，执行模块的主备冗余，可提升系统安全性、可靠性。

③完善了全电子执行化的联锁系统，简化施工、运维等环节工作量，提升了系统能力、安全性、经济性。

（4）创新基于大数据、云平台的模块化智能运维平台

①完善了智能运维平台，实现信号监测系统海量数据的收集与处理与数据智能化运用。

②提升了线路智能化程度，增加数据分析、智能诊断功能，实现设备从"计划修"到"状态修"转变。

③实现了信号设备状态的实时监测、智能诊断、智能维护，实现设备、环境、人员、物资一体化智能管理。

④建设真正意义上的信号系统运维，实现信号系统全寿命周期的智慧管理。

（5）转辙机采用托盘式转辙机安装方式，降低鱼尾振动效应，提升转辙设备整体动作性能，便于运维

①首次在城市轨道交通领域应用转辙机托盘式安装工艺，对提升设备安装可靠性，降低轨道振动、牵引回流干扰意义重大。

②取消传统角钢，避免角钢和 L 形铁之间的道岔绝缘测试，简化维修流程与时间。

③托盘式安装将转辙机固定于轨枕上，安装牢固，抗振性能好，更换便捷。

④经实际运用与测试，本工程托盘安装方式较角钢安装方式维修工作量减少约 30%。

（6）互联互通型 CBTC 平台满足线路互通运行要求，实现技术资源共享、运营管理共享

①搭建了 CBTC 技术平台，消除软硬件技术壁垒，打通数据、信息畅通流向，实现线路间的资源共享，节省投资。

②优化轨旁设备布置，设计严格按互联互通标准实施，便于不同制式系统线路间跨线运行。

③增加后续线路延伸建设、运营选型灵活性，促进行业水平建设与发展。

5.3.2 具备在线分析计算功能的电力调度

本工程通过智能电力调控系统建立了全线供电系统模型，提供供电系统的网络拓扑、潮流计算、短路电流计算、静态安全分析、供电系统优化调度等在线计算分析功能，除了常规的远端监控外，还可以实现调度对系统运行状态的可视化，为系统故障、调度计划调整提供系统分析和调度决策支持。电力监控及智能运维系统由中央级主站、智能变电所监控系统（子站）以及通信传输通道等构成。系统架构如图 5-19 所示。

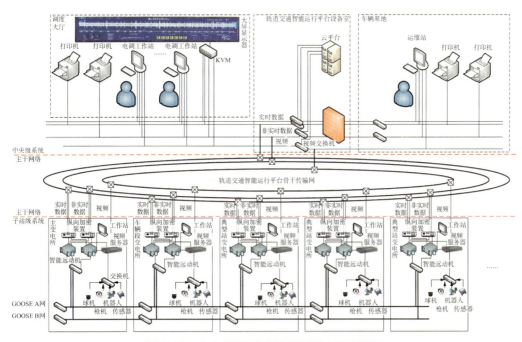

图 5-19 电力监控及智能运维系统架构示意图

中央级主站包括供电智能调度控制系统和供电智能运维系统，分别部署于控制中心和车辆基地供电车间。电力监控及智能运维系统采用云平台架构方案，承载于轨道交通智能运行平台上，在统一的模型及服务接口标准基础上，开展各类业务功能建设。十八号线和

二十二号线通过统一的支撑平台集成中央级各系统的功能模块,实现中央级系统间的业务互联、中央级与子站级的相关业务互联,实现整个系统的信息共享、协调控制。

根据系统架构和功能需求,本工程分别在中央级调度端部署供电智能调度控制功能群,在供电车间部署供电智能运维功能群,并在变电所子站级部署智能变电所监控系统。

(1)供电智能调度控制功能群

城市轨道交通供电智能调控功能群为面向供电调度生产业务的自动化系统,对供电系统运行监视、操作控制、安全分析、计划编制、辅助决策、调度管理等业务提供技术支持。

如图5-20所示,供电智能调控功能群具备系统运行全景数据采集和交换、全景数据监视、全景数据建模、控制、在线计算分析等功能,能实现系统运行状态的可视化呈现,为系统故障、调度计划调整提供系统分析和调度决策支持。

图 5-20 电力监控功能示意图

(2)智能变电所监控系统

城市轨道交通智能变电所监控系统通过系统集成优化和信息共享,实现系统和设备运行信息、保护信息、状态监测等智能变电所信息的统一采集、统一存储、统一处理、统一传输,实现智能变电所运行监视、操作与控制、综合信息分析与智能告警、运行管理等功能,并为中央级主站提供统一的变电所操作和访问服务,具体包括测控、保护、故障录波、在线监测、计量等基本功能及站级智能自愈、顺序控制、源端维护、远端调阅等高级应用功能。智能变电所监控系统站控层的智能远动机应能集成变电所级子站和中央级主站之间的通信功能，并提供变电所内数据、模型和图形的采集、存储、处理和传输服务，主持远程调阅、源端维护、顺序控制等功能，并具备防误闭锁、监控终端功能。

5.3.3 统一界面、深度集成的环境与设备调度

城市轨道交通监控和调度指挥采用两级制，即中央级和站级。中央级系统监管全线范围内的各类监控对象，在一般情况下，由控制中心对全线进行集中领导和统一指挥，同时设专人负责环境监测与防灾工作。站级监管本站（车辆段、停车场）所辖范围内的各类监控对象，在车站（车辆段、停车场）设值班人员负责对本站（车辆段、停车场）所辖范围的统一管理。

如图 5-21 所示，环境与设备调度负责指挥环控系统按计划实施安全、高效、经济的运行，为乘客提供舒适的乘车环境；负责执行合理的通风模式；监控车站扶梯、屏蔽门、自动化设备；指挥环电、屏蔽门、电扶梯、自动化专业的应急事故处置；负责环电、门梯、自动化专业故障接报和处置等工作；负责审核施工作业计划；负责接收非工作时间、节假日期间内所辖专业的施工作业需求，汇总审核后提报给 OCC 值班主任助理；协助值班主任助理做好所辖专业"运营日报"、中心"生产日况"的编制工作。

图 5-21 环境与设备调度操作界面

环境与设备调度所需功能由综合监控系统实现，主要功能如下：

（1）FAS（火灾自动报警系统）功能

综合监控系统接收并储存全线 FAS 主要设备的主要运行状态；接收全线各车站、车辆段、停车场、控制中心、主变电站的火灾报警并显示具体报警部位。火警时，操作员工作站应自动弹出相应报警区域的平面图，火灾报警具有最高优先级，当同时存在火灾及其他报警时，FAS 可优先报火警，并自动弹出相应报警区域的平面图。

（2）BAS（环境与设备监控系统）功能

综合监控系统在控制中心或车站监视所辖区域的通风与空调系统、空调水系统、给排水系统、电扶梯系统、照明系统、导向标志、车站事故照明电源等系统的运行状态。能监视、记录各车站站厅、站台和管理设备用房的温度和湿度等环境参数。还可以根据通风空调系统提供的环控工艺要求，对通风空调系统设备进行时间表控制、模式控制和点动控制。

（3）PSD（站台门）功能

综合监控系统监视各站站台门的工作状态（包括开、关和故障等）以及对每个车站、每个门单元的运营统计。

（4）FG（防淹防护密闭门）功能

综合监控系统监视防淹防护密闭门的工作状态（包括开、关和故障等）以及对防淹防护密闭门状态的运营统计。

（5）AF（安防）功能

综合监控系统接受周界安防上传的周界报警信息，并在综合监控系统用户界面显示。

（6）UPS（集中不间断电源）系统

综合监控系统可实现 UPS 运行情况在综合监控系统用户界面显示。

（7）ACS（门禁系统）功能

综合监控系统可实现门禁设备状态的监控功能。包括设备、通信状态、设备故障告警、非法卡使用报警等。综合监控实现对门禁的远程开门控制操作。

5.3.4 提升应急响应速度的多专业系统联动

联动功能是综合监控系统的关键功能之一，联动功能可实现系统间协调工作，其在提升城市轨道交通运营效率与自动化水平，提高应急措施的响应速度方面发挥重要的作用。

实现联动功能的前提是 ISCS 具有与各子系统的通信接口，集成了相关子系统的所有数据，对子系统拥有完整的数据采集和命令下达通道。系统联动操作界面如图 5-22 所示。

图 5-22　系统联动操作界面

设计联动功能的原则主要是实现各子系统之间与安全无关的信息互通和联动,与安全相关的信息仍然依靠各子系统之间的直接连接的安全信息通道来实现。

(1)联动范围分析

根据两线综合监控系统在广州市轨道交通线网中的定位及系统的总体架构,实现的联动协调功能从联动的范围上可分为三类。

①单站点内各专业间的联动协调:由站级综合监控系统实现。

②全线各站之间的联动协调:由中央级综合监控系统实现。

③线网各线之间联动协调:该联动功能由线网指挥平台实现,十八号线综合监控系统作为联动协调对象,执行线网指挥平台的联动协调指令。

(2)联动工况分析

根据城市轨道交通运营过程中的各种运营工况,联动功能可划分为三类。

①正常运营工况下的联动。

②设备故障工况下的联动。

③灾害或其他紧急情况下的联动。

(3)联动触发分析

联动功能从触发方式上可分为条件触发和定时触发,执行方式上分为全自动、半自动和手动。

(4)联动功能

根据已实施综合监控系统的实际情况,十八号线和二十二号线综合监控系统可实现以下联动协调功能。

①早间起运:接触轨送电、打开空调通风、开启照明、发布乘客信息等。联动系统包括 PSCADA、BAS、AFC、PIDS 等。

②夜间停运:接触轨停电、关闭空调通风、切换照明运行模式等。联动系统包括 PSCADA、BAS、AFC、PIDS 等。

③客流量调整:当上下班高峰到来或过后,客流量会相应的发生变化,系统可以根据 AFC 系统上传的客流信息,对通风系统和空调水系统的运行模式进行一定的调整。联动系统包括 BAS、AFC、PIDS 等。

④列车到站:联动系统包括 PA(公共广播系统)、PIDS 和 CCTV(闭路电视)等,可实现快慢车的广播播报和 PIDS 显示。

⑤列车离站:联动系统包括 PA、PIDS 和 CCTV 等。

⑥灾害及紧急情况下的联动:联动系统包括 FAS、BAS、PA、CCTV、PIDS 等,实现列车在车站、隧道区间发生火灾,车站站厅、车站站台、车站设备管理用房发生火灾,列车在隧道区间、车站发生阻塞、轨道进水、恐怖袭击、自然灾害等各种灾害或紧急情况下的联动。

⑦故障情况下的联动功能：联动系统包括 PSCADA、BAS、PA、CCTV、PIDS 等，实现各系统关键设备故障情况下的联动，如一段区间牵引供电故障、照明电力断路器跳闸等。

考虑到运营需求具有动态变化的特点，综合监控系统宜将联动功能模块编辑化，联动功能模块除了一些缺省和预定义的联动场景之外，运营调度人员还可以跟随平台界面的指导，通过对触发方式、执行方式、联动步骤等内容做一系列的定义，从而实现对联动场景的设计和编排，使其更灵活地满足运营需求。

5.4 全方位车站管理系统

5.4.1 以工艺为导向实现车站设备管理

为强化节能控制功能，以工艺为导向，十八号线和二十二号线进一步将 BAS 系统分为智能车站设备监控系统、智能环控设备监控系统和智能机电设备监控系统三个系统。其中，智能车站设备监控系统负责对车站内给排水、电/扶梯等设备进行监控，智能环控设备监控系统负责对环控设备进行节能控制。

智能车站设备监控系统、智能环控设备监控系统和智能机电设备监控系统均采用分层分布式结构，由可编程序控制器控制设备、现场变送器及不间断电源等组成。

上述三个子系统和 FAS 均设计通信接口，在选择相互之间的通信连接方式时，要求 FAS 确保数据准确无误地传送到相对应的子系统，同时也要求子系统能准确无误地接收到 FAS 的信息，既能保证规范的要求，又使得硬件设备比较容易实现，这样才能确保灾害情况下，相关模式的正常启动。子系统在控制柜内所配置的 I/O（输入/输出）模块，须具有抗干扰与抗静电能力强、可靠性高、可以实现点隔离和点诊断功能，使子系统能在线诊断消防联动控制盘与环控电控室内的消防控制设备接口的每一个接点的运行情况，保证接口的准确可靠，满足消防重要性的要求。车站系统构成如图 5-23 所示。

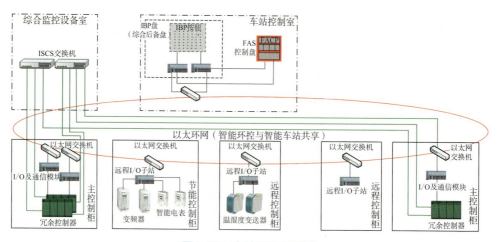

图 5-23 车站系统构成图

5.4.2 基于云计算及智能分析的视频监控系统

4K 标准智能视频监控系统（图 5-24）采用云技术建设线网、车站两级架构，实现线网集中云存储、智能视频分析功能。本系统与公安合用前端摄像机，设置一体化、半球、固定式、鱼眼及多镜头全景、人脸抓拍及客流统计等摄像机。云平台在线网、线路、车站部署硬件资源，为视频监控系统提供平台管理、视频存储、智能分析等相关硬件以及计算资源。本系统可实现入侵检测、徘徊检测、人脸识别、客流统计、图像异常告警等智能分析功能。

图 5-24 视频监控系统

综合视频监控系统通用功能主要包括以下内容：

（1）统一的层次化、生动丰富通用的图形人机界面。人图形机界面将系统和子系统接线图、总貌图、流程图、趋势图等显示出来，并遵循色彩一致性、菜单层次性、操作风格一致性、文字显示统一性、操作方式一致性的原则。

（2）集中统一的用户注册和合理的操作权限管理功能。为保证系统安全和控制命令的唯一性，系统需要集中统一的用户注册管理，各种工作站根据注册用户的权限，开放不同的功能。

（3）完善的报警功能和报警机制，对报警信息进行分类、筛选、重组等功能。各级操作员工作站都具备完善的报警功能，可将报警信息进行分类、筛选、重组，建立一个报警体系。同时还具有在各种灾害报警下各系统启动灾害模式，进行联锁，组成全系统的安全体系。

（4）高效的历史数据记录进行处理、分析和统计和查询功能。系统可对历史数据记录进行处理、分析和统计，具有生成趋势图与日志、文件处理与归档等功能。

（5）强大的报表管理、生成和打印功能。系统具有对文件的处理功能，对各类数据和文件进行归档，并可制作各类用户所需报表，具备图形打印、文件打印和报表打印功能。

（6）高效的在线帮助功能。在各种人机界面中，系统在正常工作模式下具备联机操作帮助功能。非正常事件报警事件发生时，人机界面能自动切换到应急处理画面，包括报警性质、等级、位置和处理措施提示。

（7）完善的时间同步功能。综合监控系统从时钟系统中心、车站获得标准时间信号。综合监控系统的各个服务器、操作站均应具备时间同步功能，统一各子系统现场控制器的时钟。

（8）在大屏幕（OPS）上实现对全线信号系统、CCTV 画面、AFC 客流、供电系统、隧道通风等系统的运作状况进行监视的功能。

5.4.3 全场景的车站广播系统

广播系统由正线广播系统、车辆段/停车场广播系统和列车广播系统三部分组成。正线广播系统主要用于运营时对乘客进行公告信息广播,向车站办公区工作人员发布作业通知,发生灾害时兼做应急广播,从而保证运营的服务管理质量,为运营管理及维护人员提供更灵活、快捷的管理手段。车站广播系统架构如图 5-25 所示。

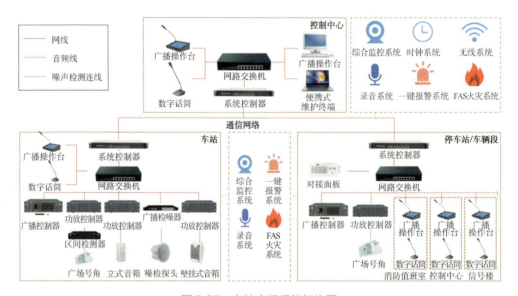

图 5-25　车站广播系统架构图

正线广播系统分为车站广播(含中心)系统和列车广播系统,其中车站广播(含中心)系统主要具有以下功能。

(1)中心广播功能

中心广播控制台应能为行调、防灾(环调)、总调提供以下功能。

①编组广播模式:实现全线任意车站和任意广播区的组合,并向已设定的固定组合广播区域进行广播。

②单选广播模式:能向全线任意车站内的任一区域、多个区域、全部区域进行广播。

③话筒/语音合成广播模式(信源选择):选择不同音源对车站进行广播,语音合成分为 0~9 共 10 段不同内容(可扩充)。

④人工编程模式:人工对车站广播的编组、语音合成信息键位与内容设定等。

⑤显示模式:显示中心占用、全线各车站及广播区的工作、空闲及故障状态。

⑥监听模式:中心调度员可选择监听全线车站的任一广播区的广播内容。

(2)车站广播功能

车站广播控制台应能为车站值班员提供以下功能。

①单选广播模式(站选模式):向站内的任一区域、多个区域、全部区域进行广播。

②话筒/线路（预留）/语音合成广播模式（信源选择）：话筒为单路，线路为可播放线路输入的内容，语音合成为0~9共10段不同内容（可扩充），总存储时间应不短于600s。

③编程模式：用于对站内广播区的编组设定、语音合成信息键位与内容设定、优先级别设定等。

④监听模式：中心调度员可选择车站内任意区域的广播内容进行监听。

（3）车站站台自动广播模式（预留接口）

该模式可接收ATS信号的触发，自动对相应站台进行列车到达，发车的广播，在需要时，可人工对车站站台自动广播模式进行开或关。

（4）其他功能

①系统在每次开始广播前可发出标准的预示音。

②平行广播功能：实现多信源、多信道、多负载区域平行广播，各信源可经不同的播音通道同时播向不同的负载区域。

③优先分级功能：设置播音优先级，以环控（防灾）广播为最高优先级，高优先级能自动打断低优先级的广播。正线广播设备分为六级，第一级为中心防灾调度员，第二级为中心行车调度员，第三级为中心总调度员，第四级为车站值班员，第五级为列车进站自动广播，第六级为背景音乐。

④自动录音功能：记录中心级所有广播内容，包含日期、时间信息以及用户信息。

⑤噪声探测功能：在站台层和站厅层的旅客公共区域内，通过噪声传感器回授的背景噪声大小，自动调整功率放大器的输出功率。

⑥系统网络管理功能：中心网管终端应能够实时监测各车站级设备的运行状态，并以图形及菜单方式进行显示。具有自动或人工遥控检测、故障定位、故障报警及远端维护功能。

⑦广播退出功能：广播完毕后，5~10s如果没有话音信号，将自动关闭话筒广播，释放话筒广播占用的广播区（防灾广播除外）。

5.4.4 随时随地快速响应的移动站务管控系统

为实现在车站任意位置对整个车站的客流情况、视频监控情况、机电设备情况等进行监控管理，从而提高运营管理工作的灵活性及工作效率，本工程建设移动站务管控系统。

移动站务管控系统部署在随身携带的移动终端上，提供触摸操作界面，展示运营信息数据、设备监控组态、事件和报警数据、视频监控画面、智能客服等数据信息，支持站务人员之间的音视频通信，为移动式管理提供重要支撑。

移动站务管控系统根据功能模块划分成七大模块，分别是：登录注销账户设置、运营信息、设备监控、事件报警、视频监控、应急联络、智能客服。根据不同的用户权限展示不用的模块信息。系统操作界面见图5-26。

图 5-26 移动站务管控系统操作界面

5.5 关键设备智能运维系统

5.5.1 轨道智能运维系统

为解决人工巡检的痛点问题，提高轨道养护维修的智能化程度，减少人力投入，十八号线和二十二号线形成了轨道智能运维系统设计体系，包括车载式轨道巡检系统、车载式轨道几何尺寸监测系统、道岔伤损监测系统、道岔尖轨位移监测系统、车挡监测报警系统、断轨监测系统，如图 5-27 所示。

轨道智能运维系统的全面应用，提升了轨道关键设备智能检测水平，通过对轨道关键部件进行重点实时监控，确保轨道设备状态良好，保障运营安全。推进轨道运维模式从计划修迈向状态修的转变。

目前轨道运维传统计划修方式是根据长期以来积累的轨道设备使用和维护经验，针对可能发生的

图 5-27 轨道智能运维系统

故障，以及引起故障的原因，有针对性地进行提前维护保养。这种维修方式切实有效地保证了轨道的安全运行，已经高度成熟。但工务人员仅能在有限天窗点期间现场查看轨道健康状态，而非天窗期的状态则无法进行检查，再考虑无法避免的人为失误因素，导致计划修需要耗费大量的人力物力进行设备维护，并尚存在一定的安全风险。轨道智能运维系统的应用可实现对轨道关键部件进行重点实时监控，确保轨道设备状态良好，有效减轻工务人员工作强度及压力，为轨道运维模式从计划修向状态修的迈进提供坚实的技术支撑。

基于声发射原理，应用大数据及现代信号处理技术，轨道智能运维系统建立裂纹类型与信号能量特性之间的映射关系，确保道岔钢轨折断及伤损实时监测的准确性和有效性，实现钢轨伤损裂纹 TB（万亿字节）级海量数据的分布式采集传输及处理。

轨道智能运维系统还将激光三角测距技术应用于道岔尖轨尖轨检测中，解决了道岔尖轨运动全过程的检测和密贴情况的高精度量化问题，直接反映道岔尖轨的整体运行状态，完成对道岔尖轨运行状态的的诊断，指导编制道岔维保计划，保障道岔安全运行。

轨道智能运维系统还根据报警精度将整个需监测区间划分为若干个小的监测区间，通过连接钢轨收发器的 PWM（脉冲宽度控制）控制电路产生 500~1000Hz 信号并输送功率；依据收发器采集信号减弱（突变）的原理来监测区间是否断轨并得到断轨位置。

（1）车载式轨道巡检系统

车载式轨道巡检系统（图 5-28）采用高分辨率线阵相机完成轨道图像采集，将设备挂载在电客车上对轨道进行可见光成像，同时将数据与线路里程信息关联，获得完整的轨道数据记录。本系统通过控制模块和图像采集软件实现对轨道设施的等间距扫描，具有对钢轨、扣件、轨道板表面、轨枕和道床表面、感应板进行图像动态采集、图像浏览和分析管理功能，并可对钢轨表面伤损、扣件异常、感应板移位病害进行智能识别和打印缺陷报表等功能，以达到提高线路巡检效率、节约成本的目的。

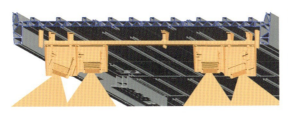

图 5-28 车载式轨道巡检系统

（2）车载式轨道几何尺寸监测系统

车载式轨道几何尺寸监测系统（图 5-29）设备安装于车辆转向架构架端部，该系统采用惯性基准原理、高速图像处理和高速激光摄像技术（450fps），实现 160km/h 的条件下轨道几何状态、车体响应参数和钢轨磨耗的精确测量。本系统采用无接触测量方式，具备车载数据分析处理功能。最后，通过专家评判系统生成轨道不平顺质量指数（TQI）和钢轨磨耗。

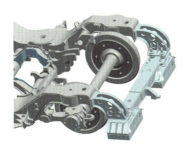

图 5-29 车载式轨道几何尺寸监测系统

（3）道岔伤损监测系统

道岔伤损监测系统（图5-30）采用基于声发射原理的实时在线监测技术，利用金属和非金属在裂纹的萌生及扩展时均会释放高频弹性波形成声发射信号这一物理特点，传感器采集被监测钢轨发生伤损（裂纹、掉块、断裂等）时伴生出来的声发射信号，通过特殊的信号特征识别、提取、分析技术，对被监测钢轨的伤损（裂纹及断轨等）状况进行预测、报警。监测系统主要由传感器、监测分机、监测主机、各级用户终端、网络传输通道等部分组成（可根据具体监测规模配置相应的设备）。

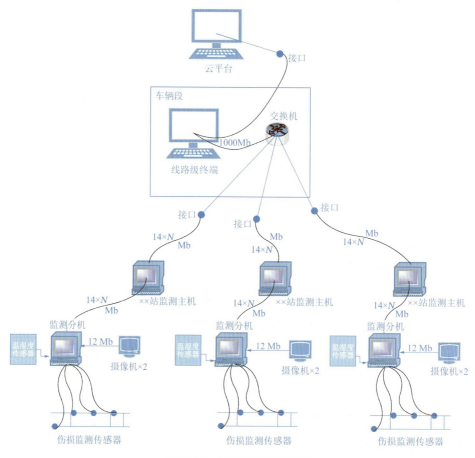

图5-30 道岔伤损监测系统

（4）道岔尖轨位移监测系统

道岔尖轨位移监测系统（图5-31）基于激光测距原理，对道岔尖轨扳动时起始状态位置和随时间变化规律进行监测。本系统采用基于PSD（光电位置探测器）的激光位移测量技术，应用尖轨侧面扫描、等厚基准的测试计算方法，实现尖轨的位置测量、记录过程位移变化。根据测量数据，计算机绘制出位置及随时间变化的位移曲线，对于不符合要求的曲线计算机给出报警处理。本系统可获取道岔在扳动过程中尖轨起始状态位置精准度和尖轨在动作过程中的位置随时间变化规律，以检测尖轨密贴程度、获取尖轨动作过程数据、并应用数据判断道岔尖轨使用状态,指导编制道岔的维修保养计划、保障道岔的正常状态。

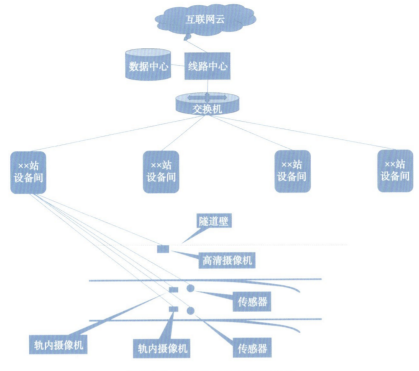

图 5-31　道岔尖轨位移监测系统

(5)车挡监控报警系统

车挡监控报警系统由挡车器冲撞记录管理系统和挡车器冲撞记录器组成,可远程监测液压挡车器的设备状态,以便发现故障及时报警,提醒维修人员维修。当发生机车、车辆冲撞挡车器的事故时,本系统记录并存储冲撞时的车速、时间等数据,并在现场以及监控室发出声光报警信号,并将数据传输至大数据平台,实现挡车器冲撞自动报警。车挡监控报警系统包括速度传感器、位置传感器、液面传感器、声光报警装置,现场安装如图 5-32 所示。

图 5-32　车挡监控报警系统现场安装图

(6)断轨监测系统

断轨监测系统(图 5-33)主要由钢轨、均流线、监测终端、协议转换器、隔离变压器、AC(交流电)转 DC(直流电)模块、服务器、客户端、短信发送模块等部分组成。系统根据报警精度将整个需监测区间划分为若干个小的监测区间,通过连接钢轨收发器的 PWM 控制电路产生 4000~6000Hz 信号并输送功率,依据收发器采集信号减弱(突变)的原理来监测区间是否存在断轨及断轨位置。

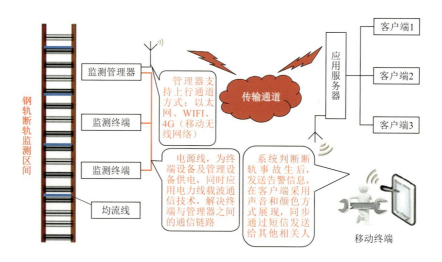

图 5-33 断轨监测系统

该系统适用于实时监测钢轨单边或双边钢轨完全横向断裂。具有监测钢轨长度可配置、误报率极低、施工方便、安装无需破坏现有设备和不影响先有设备使用等特点。在合理的成本费用内，断轨监测系统能实现对区间钢轨状态的远程集中监测。

5.5.2 供电智能运维系统

广州在建第三期建设规划线路电力监控及智能运维系统由电力监控系统、供电运行安全生产管理系统、供电设备在线监测系统、杂散电流监测系统等独立系统构成（图5-34），各系统间通过接口实现数据交互。电力监控系统可实现供电设备的实时监控；供电运行安全生产管理系统可实现防误操作、地线管理、两票管理、视频管理；供电设备在线监测系统可实现供配电设备、接触网的在线监测、状态评估等；杂散电流监测系统可实现杂散电流数据采集、分析、预测等。其中电力监控系统、杂散电流监测系统等为既有系统主要功能。

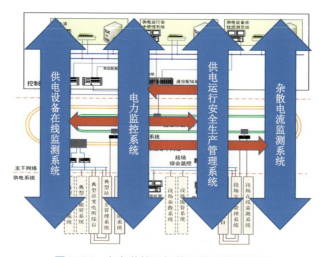

图 5-34 电力监控及智能运维系统架构图

为响应智慧地铁的建设，十八号线和二十二号线供电系统在既有系统基础上新增供电设备在线监测系统，并与供电运行安全生产管理系统统称为智能运维系统。

1）总体功能

供电设备在线监测系统在供电系统一次设备上加装在线监测装置，并搭建以在线监测系统、状态评估系统、设备信息管理系统为主的系统框架，能够实现对变电站内一次设备状态参量的测量、处理、存储、展示、分析和转发，能为站内其他系统和远方主站系统提供标准的基础数据，可根据需求提供告警、分析诊断结果以及状态监测系统运行工况等信息。实现对变电所内各类设备的自动预警、自动输出报表等功能，减少人员到现场巡视次数，及时发现设备隐患，迅速排除故障，节省检修时间，为变电生产检修、运行、预试、调度、项目管理各业务的标准化、规范化管理提供有效的信息支撑平台，提高供电系统安全、稳定运行，提高设备的运行维护和管理水平。

2）在线监测装置功能

在线监测装置（传感器）具备的功能如下：

（1）能够自动、连续或周期性采集设备状态信息，监测结果可根据需要定期发至综合监测单元或直接发送至站端测控单元，也可本地提取。

（2）能够接受上传单元下传的参数配置、数据召唤、对时、强制重启等控制命令。

（3）应具备校验接口，便于运行中现场定期校验。

（4）具有自诊断和自恢复功能，能向上层单元发送自诊断结果、故障报警灯。

（5）具有数据采集存储功能。

（6）具有运行指示功能。

3）综合监测单元功能

综合监测单元应具备的功能如下：

（1）接入不同厂商、不同通信接口、不同通信协议的在线监测装置，能统一转换为DL/T 860通信协议与站端测控单元通信。

（2）具备读取、设置在线监测装置配置信息和在线监测装置对时等管理功能。

（3）具备与站端测控单元的对时功能。

（4）具备自检和远程维护功能。

4）站端监测单元功能

站端监测单元应具备的功能如下：

（1）对站内在线监测装置、综合监测单元以及所采集的状态监测数据进行全局监视管理。

（2）站控层监测单元需要与站级SCADA系统做接口，将设备的运行数据进行整合，为设备状态评价和风险评估等高级应用开发打下基础。SCADA数据主要分为模拟量数据与状态量数据。

①模拟量数据：线路电流（I_a、I_b、I_c）、母线电压（U_{ab}、U_{bc}、U_{ca}）、有功功率、无功功率、功率因素、有功正电度、有功负电度等。

②状态量数据：报警总信号、断路器分闸闭锁、保护跳闸、就地/远方状态、断路器分/合闸状态、隔离开关分/合闸状态、接地开分/合闸状态、断路器储能异常、主变差动保护启动、主变差动保护动作、油面温度高跳闸、绕组温度高跳闸、油温高报警、绕组温度高报警等。

（3）分布于变电站内的在线监测智能设备将各类监测数据通过标准的 IEC 61850 通信协议与站控层监测单元进行交互，汇总至站控层监测单元中的实时数据库中，站控层监测单元对各种供电设备的各类状态监测数据进行综合加工处理、分析后将数据传送至中央层，并接受上层单元下传的下装分析模型、参数配置、数据召唤、对时、强制重启等控制命令。

（4）监测预警模块实时监控状态量指标变化，对于超出状态评价导则和规程规定阈值范围的劣化指标，根据不同的类别和等级向平台（自动）传输预警信息，同时启动设备状态诊断模块，辅助分析故障位置和原因。

（5）站端监测单元软件系统具有可扩展性和二次开发功能，可灵活定制接入的监测装置类型、监视画面、分析报表等功能；同时软件系统的功能亦可扩充，应用软件采用 SOA（面向服务）架构，支持状态监测数据分析算法的添加、删除、修改操作，能适应在线监测与运行管理的不断发展。

（6）具有跨区安全防护措施，通过 Web 方式实现各类信息的展示、查询和统计分析等功能。

（7）具备与变电站授时系统的校时功能。

（8）具备自检和远程维护功能。

5）中央层在线监测单元功能

中央层在线监测单元应具备的功能如下：

（1）数据采集模块主要利用骨干通信网，实现从站控层中取得各类变电设备的在线监测数据，并作初步的生数据加工，同时将加工后的数据存储到中央层数据库中，以方便实时查看。采集模块同时负责主站与各智能监测装置控制指令与数据的转发。

（2）中央层在线监测系统需要与资产管理系统（LMINS）系统做接口，将设备的台账、缺陷、试验、运行等方面静态和动态数据进行整合，为设备状态评价和风险评估等高级应用开发打下基础。

（3）中央层平台以列表、曲线和图谱等方式，全方位展示各类在线监测数据。通过数据整合，将在线监测装置的通信异常、运行异常信息，主设备的在线监测实时、历史数据，试验数据、台账缺陷等信息按照实际运行需求进行展示。在线监测子系统将采集到的供电设备数据实时直观显示在 HMI（列车监控系统显示屏）上，实现状态显示、实时报警、历史事件查询、趋势分析（实时/历史/预测）等功能。

（4）状态评价模块对反映设备健康状态的各指标项数据进行分析评价，并最终得出设备总体健康状态等级，可实现自动触发和人工触发功能，对单个设备或多个设备，根据多种导则方法灵活配置进行评价（包括按单元间隔、变电站及按某查询条件的结果集）。状态评估子系统要求运用先进可靠的技术方法对具备条件的供电设备进行多维度状态评估，相互进行校验，实现健康状态评估、剩余寿命评估、维修策略、故障统计等功能。在保证供电系统可靠运行的基础上，利用供电设备的状态评价结果为供电系统设备的维修策略提供可行性建议，并形成设备状态分析评估数据库。

（5）供电设备状态在线监测系统互联设备信息管理子系统，三维动态展示供电设备运行状态，可显示设备的出厂基础信息、设备的状态实时信息、设备的状态报警信息，以及定位与跳转显示设备报警点。

（6）监测系统单元软件系统具有可扩展性和二次开发功能，可灵活定制接入的监测装置类型、监视画面、分析报表等功能；同时软件系统的功能亦可扩充，应用软件采用SOA架构，支持好状态监测数据分析算法的添加、删除、修改操作，能适应在线监测与运行管理的不断发展。

（7）具备与通信授时系统的校时功能。

（8）具备自检和远程维护功能。中央层应预留系统接入线网总系统的接口与配置，确保线路系统与线网系统的正常通信功能。

5.5.3 信号智能运维系统

信号智能运维系统分为线网级和线路级两大部分，线网级平台全称为"城市轨道交通信号系统线网智能运维平台"（以下简称为"线网智能运维平台"）；线路级平台是线网智能运维平台的一部分（以下简称为"线路智能运维平台"）。

1）线网智能运维平台

线网智能运维平台承载于综合业务生产云平台，接入信息包括关键设备在线监测数据（电源屏、蓄电池、UPS、信号机、计轴、道岔等）、微机监测数据（含全电子联锁）、ATS、数据、DCS（数据通信系统）数据、车载数据、车载网管数据、环境监测数据、视频监测数据等；各既有线的线路智能运维平台在线路控制中心接入线网智能运维平台，接入信息包括微机监测数据（含全电子联锁）、ATS数据、DCS数据、LMIS、车载数据等。

2）线路智能运维平台

线路智能运维平台在设备集中站、车辆段/停车场设置智能运维站机系统，与道岔缺口监测、电源屏、计轴、微机监测、视频监测等系统进行接口获取所需数据，智能运维站级系统自行采集设备集中站、非设备集中站、车辆段/停车场的环境监测数据；在控制中心设置线路服务器，与各设备集中站、车辆段/停车场智能运维站机系统进行接口获取所需数据，与控制中心电源屏进行接口，获取控制心电源屏数据，与控制中心 NVR（网络视频记录器）进行接口，获取控制中心视频录像数据，与控制中心环境监测进行接口，获取控制中心环境数据，通过防火墙与车载网管系统、DCS 系统、ATS 系统、微机监测系统、VOBC（车载控制器）系统进行接口获得所需数据，线路服务器对本线路所获取的数据进行存储和分析，并通过防火墙与线网智能运维平台进行接口，上传平台所需的本线路运维数据。

（1）综合功能

如图 5-35 所示，线路智能运维平台功能主要分为实时监测业务、数据挖掘与应用、智能应急业务、日常管理业务、配置与辅助五大模块。其中，实时监测业务模块包括站场监测、列车监测、关键设备状态监测、环境监测、视频监测、网络监测等功能；数据挖掘与应用模块包括数据趋势预测、可靠性分析、设备健康分析、数据挖掘、用户行为分析、分析和统计等功能；智能应急业务模块包括专家诊断、信息推送、知识库管理、应急数据分析等功能；日常管理业务模块包括人员管理、设备管理、生产管理、物资管理、角色管理等功能；配置与辅助模块包括数据批处理、统计报表、基础配置、知识分类、故障分类等功能。

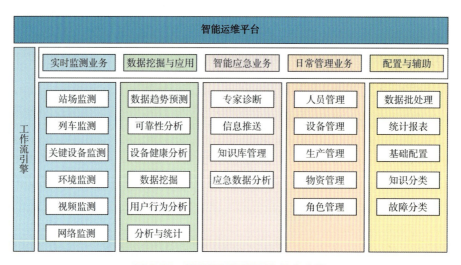

图 5-35 线路智能运维平台综合功能

（2）实时监测业务模块

实时监测的实时性需求较高，采集的数据应在尽量短的时间内在前端进行展示，智能运维平台采用控制中心代理软件和站机代理软件相结合的方式提高数据传输的速率。实现方式如图 5-36 所示，站级代理软件与车站的设备（列车、站场、网络、关键设备、环境、道岔缺口、视频等）直接进行接口，经过站级代理软件预处理后，传回控制中心代理软件，由控制中心代理软件接收解析后发送给前端展示，站级代理软件同时将预处理后的数据存入控制中心数据库，实现数据的存储。前端通过后台软件获取存入数据的历史数据进行数据分析和统计等工作。

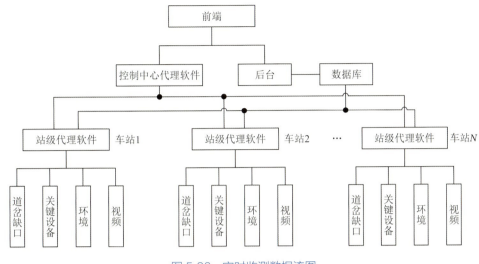

图 5-36 实时监测数据流图

①列车监测：线路监测界面显示列车实际运行状态信息，包括在线列车总数、列车当前速度、各线路列车实时位置、各列车车次号等信息。当列车出现报警时，列车图标显示为红色，在界面选中某辆列车后，双击可查询该列车的最近一周报警数和故障数的统计图表、预计到站时间、列车驾驶模式、列车运行方向等。

②站场监测：通过 ATS 接口获取站场元素信息，并在线路监测界面中显示。

③网络监测：实现智能运维环网的整体监测，实时监测网络节点的通信状态，正常通信状态下每个节点显示为绿色，当通信出现中断时，该节点显示为红色。点击网络节点时，可查看该节点的接口名称、接口设备 IP、心跳状态。

④关键设备状态监测：智能运维平台实时监测信号系统中的关键设备（如电源屏、蓄电池、UPS、信号机、计轴等）的设备状态。

⑤道岔缺口监测：智能运维平台与道岔缺口监测系统进行接口，获取道岔缺口监测的缺口值、缺口图像、道岔操作及过车时的视频、报警等数据。并对数据进行分类展示、计算分析、统计。

⑥环境监测：主要实现控制中心、车辆段/停车场及各车站信号设备房的环境参数（温度、湿度、PM10）的实时监测，在控制中心可以查看线路中所有车站信号设备房的环境参数，当某个车站设备房的环境参数超限预警时，该车站图标显示橙色。

⑦视频监测：主要实现控制中心、车辆段/停车场及各车站信号设备房的视频监测。设备集中站视频监测能够对机柜关键板件的灯位进行录像，当出现设备故障时，可调取现场录像。另外，视频监测模块支持信号设备房视频监控机的 NVR 状态、报警信息、CPU（中央处理器）占用率、硬盘使用率、有效的录像回路数量的查询功能，支持摄像头的状态、参数、存储码率、带宽占用情况、已存储的录像、录像丢失情况的查询功能。

5.5.4 电扶梯智能运维系统

为应对线网扩容、复杂客流环境等多重考验,基于当前轨道交通最新的技术发展趋势,广州地铁集团依托正在建设的云平台,借助智能传感、大数据、云计算等技术,建立了一套"基于云平台的线网级电扶梯智能运维与全寿命周期管理平台",如图 5-37 所示。本创新应用面向设备层面建立了一套线网级电扶梯智能运维与全寿命周期管理平台。监测数据源基本涵盖了自动扶梯、电梯等所有关键零部件的运行状态信息。构建了设备级、车站级、线路级与线网级四级的组网方案。系统具备多层次、多时空、多级别聚类分析功能,更加科学地建立了关键零部件故障趋势分析、寿命预测、设备维保的健康管理体系。本创新应用在广州地铁集团的"十三五规划"线路中针对所有扶梯、电梯普及应用。

云平台的线网级电扶梯智能运维与全寿命周期管理平台依托"地铁云"及"穗腾 2.0 平台",组网清晰、监测内容丰富、系统功能完备,监测平台界面如图 5-38 所示。

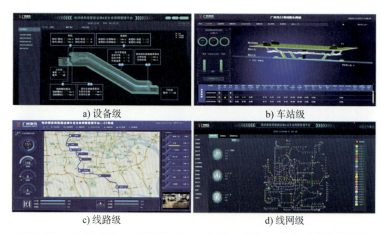

图 5-37 基于云平台的线网级电扶梯智能运维与全寿命周期管理平台

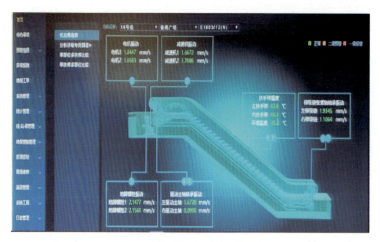

图 5-38 电扶梯智慧监测平台

对于并排安装的扶梯，两台扶梯变频器的直流母线并联，将下行扶梯产生的再生能量通过其他电动运行中的传动装置消耗掉，降低能耗，节能25%。本工程选取南村万博站、番禺广场站共选取2组4台上下行扶梯进行试点，这是国内首例智能运维设计的电扶梯。

该平台采用具有自动识别及预警能力的智能型自动扶梯系统，结合视觉与智能传感的电扶梯主要装置及乘客行为监测告警技术、基于图像与红外线联动监测的扶梯综合节能驱动技术，实现对电扶梯系统运行状态的智能监测与服役能力的综合评价。

针对复杂环境下乘客乘搭自动扶梯的各种不规范行为导致客伤事故等问题，本平台研究基于视觉与智能传感的人、物跟踪与计数技术，大件物品的识别和预警技术，扶手带的异常使用情况监测技术，人体摔倒的行为检测技术，实现对人流量、拥挤度的测算和乘客异常行为的智能识别与安全性评估，并与自动扶梯控制系统联动，采取预防、提醒、警报、变速、停机等措施，提升扶梯安全防护能力。

针对复杂环境下车站电扶梯运行过程中服役能力下降关键部件，本平台采用基于智能传感的在线监测技术，结合计算机算法和视觉分析，对扶梯主要部件，如梯级链、驱动主机的状态、供油以及对油泵的供油状况、控制柜的散热等进行综合监控和异常状态预警，提升扶梯的监测预警能力。

电扶梯智能运维系统组成主要包括视频检测组件（含摄像头）、控制柜、通信接口组件、监测装置、电线电缆组件、梯级链检测结构组件、安全开关组件、温升传感器组件。预警系统设备柜放置于扶梯机房，可独立运行，站级管理由扶梯与BAS的通信接口实现在车控室的显示。

目前常规的电扶梯维修终端需要通过接口与现场控制柜连接才能实现故障信息、状态信息的查询、分析、导出等功能，这种连接采用物理接口，维修人员实现该功能需要打开机房盖板、打开检修柜、找到相关接口进行数据导出查看。在应用智能运维系统后，电扶梯实时运维状态通过网络传输至各级运维终端，维修人员可采用专用维修工具或手机APP等方式在线访问各电扶梯设备实现故障信息与状态信息的查询、分析、导出等功能，方便运营人员的使用和管理，提高运维管理效率。

5.5.5 通风空调智能运维系统

为实现"高效、环保、安全、舒适、先进"的服务目标，满足车站环境舒适节能的需求，提供更智慧的服务，十八号线和二十二号线通风空调系统通过采取一系列新技术、新设备、新工艺及BIM技术，提升了通风空调系统功能，并通过智能环控设备监控系统的智能传感和控制技术、大数据处理技术，赋予通风空调设备全自动运行调节等功能，实现了通风空调智能运维，保证了设备节能运行。

通风空调智能运维系统主要功能包括：设备运行状态数据采集和监控，风机在线自动诊断，环境空气品质监测，冷却塔水位监测，皮带轮、塔体维护提醒，空调机组皮带轮维护提醒，冷水机组冷凝器自动清洗及提醒，水系统能效诊断及运维。

通风空调智能运维系统可以有效减少人员到现场巡视次数，及时发现设备隐患，迅速排除故障，节省检修时间，为通风空调系统的检修、运行、预试、调度、项目管理等各业务的标准化、规范化管理提供有效的信息支撑平台，提高通风空调系统安全、稳定运行维护和管理水平，最终实现对设备的全寿命周期管理，达到智慧地铁构建目标。

（1）风机在线自动诊断装置

在常规线路中，车站排热风机和大系统回排风机设置轴温传感器，可以根据风机轴温提前预警，射流风机设置了振动检测装置，可根据风机振动频率进行预警和保护。然而上述设置方案功能较少，不能满足风机运行维护和管理需求。

十八号线和二十二号线设置了风机在线自动诊断装置（图5-39），根据安装于射流风机、车站隧道排风机、大系统变频风机（含大系统回排风机、小新风机）的温度、振动及压力传感器采集的数据，实现对站内及区间各风机的统一管控，实时监控风机运行工况及运行隐患，具有自动巡检、维修保养提醒、阈值报警、预警故障及故障原因分析等功能。该装置还可对各种工况下采集到的数据进行存储、分析，并运用专家分析系统进行设备故障诊断预警，提高风机的运行效率，进一步优化节能控制策略。

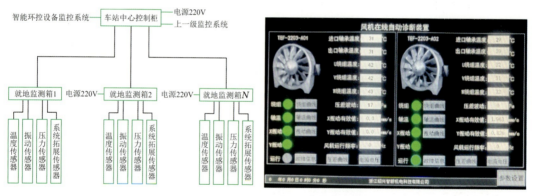

图5-39 风机在线自动诊断装置架构图

（2）冷水机组能效保持及冷凝器在线清洗装置

全线车站每台冷水机组均设置了冷凝器在线清洗装置（图5-40），保证冷水机组的冷凝器的换热性能维持在起额定性能的95%以上，且无须再做定期化学或机械毛刷通炮清洗。本装置从冷水机组通信口获得的冷凝器实际换热温度，将其与设定值进行比较，当冷水机组冷凝器换热平均温差大于2.5℃（可设）时，提醒运维人员对冷水机组冷凝器进行通炮清洗。

（3）传动设备的运营维护

本系统还可通过对通风空调设备运行状态进行数据采集和监控，将测得的冷却塔、空调机组电机的实际运行功率与额定功率之间的差值进行比较，当电机实际运行功率偏离理论计算的功率80%（可设定）时，提醒运维人员进行皮带维护。

图 5-40　冷凝器在线清洗装置

5.6 智能化安全设施

5.6.1 设备网络化、判图智能化的车站安检系统

车站安检系统按控制中心与车站两级管理，控制中心、车站和现场三级控制的架构进行设计（图 5-41）。其中，线网层安检信息管理平台与大数据平台共建。

线网层安检对线网所有安检设备进行监控和数据采集，统计分析系统数据，自动生成各种报表。车站层安检实现对本车站安检设备的监控，采集相应的系统事件数据，并进行统计分析，自动生成各种报表。现场层安检实现对指定区域或出入口的安检控制。

车站安检系统将区域化安检设备向网络化集成模式转变，采用"终端—线网"两层数据传输架构，结合无感扫描、集中判图、图像识别等先进技术，做到安检网络化、判图智能化、信息精准化，实现安检网络化、智能化的便捷安检模式。

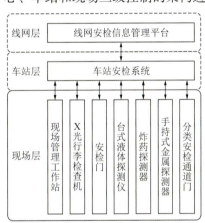

图 5-41　安检系统框架构成图

车站安检系统的数据层以乘客精准"画像"信息库作为数据支撑，应用人脸特征识别技术，与公安等相关政府部门进行数据互联，对"黑名单/灰名单"乘客进行及时预警及监控，提升安全保障水平。

车站安检系统的感知层设备采用物联网及智能图像识别技术，实现线网集中智能判图，快速精准识别危险物品，同时减轻判图员的工作量，提高安检运营效率及节约人员成本。

随着技术的发展，车站安检未来应着力加强"人物同检"的"无感安检"小型化设备设施的研发及应用，确保车站环境安全的前提下，满足乘客的顺利快速通行及良好出行感受，安检系统演进如图 5-42 所示。

图 5-42　安检系统演进

5.6.2　智能化、多方位、全天候的段场安全防范系统

如图 5-43 所示，安全防范系统（安防系统）由周界报警系统、视频监控系统和广播系统三个子系统构成，主要用于段场内的人身财产安全和生产基地的防盗、防破坏监控管理，通过该系统设备的设置，以实现段场的智能化、多方位、全天候的现代化先进管理，并将所发生事件的全过程以视频方式进行记录，为处理事故提供现场确实可靠的依据。确保段场正常、有序地作业生产，从而保障城市轨道交通的正常运营。

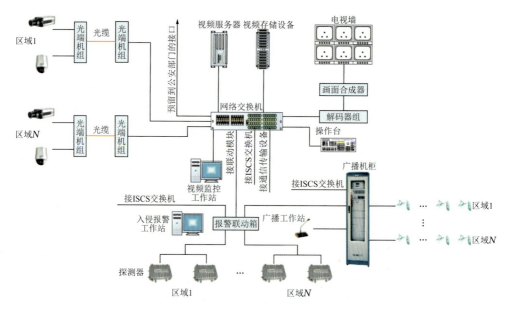

图 5-43　安防系统结构图

安防系统的主要功能包括入侵位置的判断和定位、对入侵事件进行分析和记录、电子地图显示、告警联动监控系统、广播警告、对受保护区域进行 24h 监控录像、对告警画面进行重点录像保存。

(1) 周界报警系统

周界报警系统主要用于防范犯罪分子翻入围墙或破坏围墙，当有人翻入或破坏围墙时，会触动周界报警系统报警，报警信号会显示在系统服务器上，同时会提供信号给视频监控系统，以达到联动的目的。系统的主要功能为：

①当有人攀爬和破坏围界金属扩张网时，系统及时发出报警信号，而没有时则不报。

②当发生报警事件时，系统应能够在DCC（段场控制中心）的计算机终端显示器上准确显示报警的具体位置，同时，DCC的视频监控系统应能控制发生所在地的摄像机立即指向报警现场，锁定报警过程的特写镜头，并录像存档。值班人员不仅能够迅速在电子地图上了解事故的准确位置，还能通过监视器了解发生报警事件的实际情况，为其迅速采取措施提供有力的保证。

(2) 视频监控系统

视频监控系统用于实现值班人员对车辆段周界及段内重要地段的监控要求。当接收到报警信号时，系统能够迅速显示入侵发生地点的视频图像信息，从而使值班人员能及时对入侵行为做出反应。并将所发生事件的全过程以视频方式进行记录，为处理事故提供现场确实可靠的依据。

随着城市轨道交通的建设，尤其是随着城市轨道交通线网的建设，客流量不断增大，车站和段场其安全性的要求也日趋显得重要，视频监视系统作为运营的辅助工具，在保证城市轨道交通安全运营方面起到一定的作用。

但根据调查，目前使用的视频监控系统，操作员需要面对大量的信息，在多画面监视器上注视大量摄像机画面，但该画面往往并不是最恰当的摄像机画面，并且大部分时间都没有任何事情发生，导致操作员容易失去注意力，感到疲惫和乏味，使许多非正常的行为在发生之后才被检测到。结合这一问题，视频监视系统除了保留常规的功能外，在部分摄像点增加视频分析功能。针对本工程特点，从以下不同角度设定视频分析功能。

①入侵检测功能：检测是否有人、物体或车辆进入预定区域；支持区域范围的自定义设置，可以是任意形状或大小，矩形或者不规则多边形。

②触碰绊线检测功能：检测是否有人、物体或者车辆突然从任意方向越过预定边界线，双方向进行检测，也叫做"双向绊线"。

③离开禁区监测功能：检测是否有人、物体或车辆离开预定区域，支持区域范围的自定义设置，可以是任意形状或大小，矩形或者不规则多边形。

④逗留（滞留）检测功能：检测是否有可疑人、物体或车辆在指定的区域内长时间停留，当滞留或者徘徊时间超过预设值，系统将发出报警。

⑤可疑物体遗留检测功能：检测到可疑物体在指定区域中出现，并进行报警。

除了智能分析功能外，本工程安防系统还考虑在段场内设置智能仓库监控，实现统一的安全防范管理。智能仓库监控需要在仓库、物资总库的门口和人员活动区域布设摄像头，全天候、实时监控现场、人员进出及活动情况等。

智能仓库监控具有数据存储及调用功能，视频图像可在客户端上被调看和回放；具有报警联动功能，有报警信号时可在电子地图显示报警位置并摄像机切换到该位置，实现视频图像的调看和回放等；监控各系统设备的运行状态、报警状态，并进行存储。

（3）广播系统

广播系统主要用于对入侵行为进行阻止。当周界报警系统发出报警信号，并经值班人员确认有入侵行为正在发生时，值班人员可通过设置于DCC的广播操作台（含话筒）进行人工广播或播放预置录音，阻止入侵行为发生。

（4）系统联动

当周界报警系统发出报警信号后，系统报警监控平台可对入侵发生地点进行定位，并在报警中心的电子地图上用红色亮点的闪烁显示报警位置，显示报警位置参数，发送联动信息至视频监控系统，将附近的摄像机镜头对准入侵发生地点，同时监控中心液晶监视器显示内容自动切换到该路视频，显示报警现场图像信息，并将所发生事件的全过程以视频记录方式进行记录，为处理事故提供现场确实可靠的依据，同时可通过安防广播系统对该广播区域进行人工广播或播放预置录音，阻止入侵行为发生。

5.6.3 基于云架构具备生物识别功能的门禁系统

十八号线和二十二号线门禁系统由线网级系统和就地级系统构成，系统架构如图5-44所示。

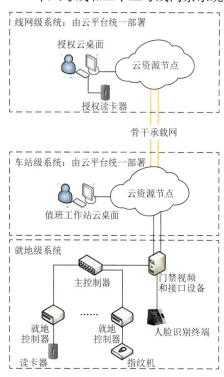

图5-44 门禁系统架构

线网级系统主要由门禁管理服务器、视频分析服务器、监控管理工作站、授权工作站、授权读卡器、授权软件、管理软件等组成，其中硬件设备均由线网指挥系统提供。线网指挥系统将部署线网集中授权系统的软件，通过综合业务云平台实现门禁的授权和考勤功能。

就地级系统由门禁接口和视频识别设备、交换机、网络控制器、就地控制器、普通读卡器、人脸识别和指纹识别读卡器、密码键盘读卡器、磁力锁、出门按钮、一体化边门、场段大门闸机、紧急开门按钮、出门按钮、考勤机、门禁卡等组成，并在特定站点的接口和视频识别设备设置临时授权点。

门禁系统不独立设置线网级系统和车站级系统，线网级和车站级设备监控管理功能由综合监控系统实现。车站公共区设置一体化边门，段场设置大门门禁闸机，并在重要的通道处设置人脸识别读卡器。就地级系统可接入综合监控系统，通过综合监控的骨干网网络与线网系统联通。

5.6.4 分级响应、多地联动的一键报警系统

车站发生突发事件时，按照事件对应级别，工作人员可通过按压设置在车控室内的不同按钮（红色、黄色）完成一键报警（图5-45），实现以下功能：

迅速报警。迅速通知地铁公安及OCC控制中心等部门，上述部门在可各自电脑中的线路图查询事发车站站点。

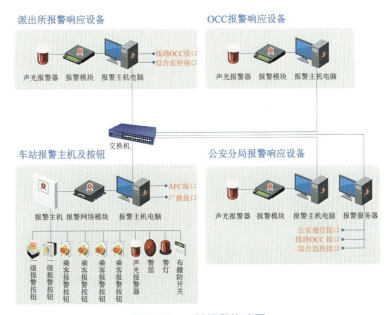

图 5-45 一键报警构成图

出入口警报。事发车站出入口的警灯闪烁、警笛鸣响，提示地面人员不得进入车站乘车，地面警力迅速进入车站支援。

视频切换。地铁公安及OCC控制中心等部门的视频监控画面自动切换到事发车站的主要部位，实现突发事件的扁平化指挥。

闸口打开。车站所有AFC闸机自动打开，方便乘客疏散。同时预留与电扶梯的接口，在紧急情况下调整电扶梯运营模式。

站内广播。站内广播自动启动，安抚乘客情绪，提醒乘客有序疏散，车站工作人员听到广播迅速按照职责开展处置工作。

应急报警系统的报警根据不同情况分两级进行：

一级报警为严重突发事件，指造成车站大面积人员混乱，严重影响整个车站秩序，并危及到站内人员生命安全的重大案事件等情况，包括车站发生核、生、化、爆、火灾、暴恐、凶杀、劫持人质、大范围人员恐慌、踩踏、重大自然灾害、大面积停电等严重突发事

件。对应"红色按钮",用于紧急报警和信息传递。

二级报警为重大突发事件,指造成车站局部小范围人员混乱,虽未危及站内人员生命安全,但场面失控,任事态发展有可能会导致车站秩序严重混乱,引起人员伤亡的案事件等情况,包括车站发生突发性不可控客流、小范围恐慌、聚众闹事以及精神病人、酒醉人员闹事场面不可控等重大突发事件。对应"黄色按钮",用于紧急报警和信息传递。

二级警报系统启动后,工作人员可根据事态发展,通过按下"红色按钮",提升系统等级。

一键式应急联网报警系统主要包括:计算机、软件、总开关、按钮、广播、警笛、警灯、摄像机、警报器、网络、电源等设备。

计算机:报警系统运行的载体,也是系统中其他设备的连结点。

软件:在计算机中设定的程序使系统能够按照需求正常运转,软件是整个系统的指挥中枢。突发事件报警后,启动整个系统,同时在线路图上标识事发车站,同步切换相应视频画面。

总开关:总开关安装在车站控制室,是应急报警系统按钮的总开关,控制按钮功能的生效及失效。总开关打开时接通按钮电源,使按钮功能生效;总开关关闭时切断按钮电源,按钮功能失效,并停止正处于启动状态的报警模式。

按钮:按钮安装在车站控制室,设置两种颜色按钮,对应一般情况(黄色按钮)及重大紧急情况(红色按钮),操作人员可按下按钮启动应急报警系统。

广播:利用车站已有的广播系统,当报警系统启动时,广播自动启动,安抚乘客情绪,提醒乘客有序疏散,车站工作人员听到广播迅速按照职责开展处置工作。

警笛:警笛安装在车站各出入口处,用于报警系统启动时,同步鸣响。

警灯:警灯安装在车站各出入口处,报警系统启动时,同步闪灯,出入口处闪灯提示站外人员该车站正发生突发事件,禁止进入,地面警力应迅速进入支援。

摄像机:利用车站的摄像机,当报警系统启动时,监控视频平台自动将车站主要监控画面切换到事发车站。

警报器:警报器设置在地铁公安及线路 OCC,报警系统启动后,警报器相应发出警报声,提示有突发案事件发生。

网络:由上述软硬件设备组成的突发事件应急报警系统通过物联网进行数据传输与网络通信。

电源:电源为按钮激发信号提供电量,常态下使用车站公用电源,当车站公用电源停止供电时,自动启用备用电源,确保系统可正常启动。

5.6.5 智能化、可视化的求助对讲

乘客求助电话可实现的乘客与车站值班员的通话功能,采用合用车控室内智能终端的方案,与乘客求助电话终端共同实现乘客和车站值班员的通信功能。乘客求助电话的基本

功能包括求助通话与选叫。

（1）求助通话功能

车站内乘客在需要援助时，可通过可视乘客求助电话与车控室的车站值班员进行通话。当乘客摘机通话时，车站值班员与乘客实现可视对讲功能。

（2）选叫功能

车站值班员电话与乘客求助电话间可互相选叫。

5.7 本章小结

本章介绍了十八号线和二十二号线通过综合业务云平台构建的智慧地铁相关智能化系统的构成与功能。

十八号线和二十二号线智能化系统利用大数据处理技术、全自动运行技术、智能音视频技术、智能传感和控制技术、安全识别技术、多元化支付技术、移动互联网技术、智能机器人技术、增强和虚拟现实技术、BIM 技术、信息安全技术等多种技术，实现了智慧地铁关于提升出行体验的智能化乘客服务，一体化、可视化、立体化的调度指挥，基于智能终端的全方位车站管理，基于在线监测的关键设备智能运维，网络化、智能化、一体化的安全设施管理，整体提升乘客服务、调度指挥、设备运维的管理效率及智能化水平。

第 6 章

高效车辆基地提升运维服务

… 湾区纵贯线 市域新速度
——广州市轨道交通十八号线和二十二号线设计解析

6.1 车辆基地概况

车辆基地作为保证城市轨道交通正常运营的维护和检修基地，包含车辆段/停车场、维修中心，以及必要的办公、生活设施等。

6.1.1 车辆基地功能定位

（1）车辆段

十八号线万顷沙车辆段定位为市域列车大架修基地，承担本段配属车辆的月检、日检、停放运用等任务，十八号线和二十二号线车辆段定临修任务，以及线网市域列车的大架修任务。

（2）停车场

十八号线陇枕停车场定位为承担部分配属列车的停放及日常保养功能的停车场。二十二号线陈头岗停车场定位为承担临修及以下的车辆停放及日常保养功能的停车场。

（3）综合基地

①综合维修中心：万顷沙车辆段设置机电、供电和工建检修工区，承担十八号线和二十二号线设备设施的日常检查保养和维护任务。陇枕、陈头岗停车场设备专业维护工班。

②物资总库：万顷沙车辆段设物资总库，承担十八号线和二十二号线物资配送任务。陈头岗停车场设置大件材料装卸线及材料堆场。

（4）培训中心

十八号线和二十二号线考虑与其他线共用西塱车辆段的培训中心或线网新建的培训中心，不再单独设置培训中心，仅设置少量分部及部门培训用房。

6.1.2 车辆基地任务范围

（1）车辆段任务范围

车辆段承担本段配属列车的月检、日检、停放、清扫洗刷等任务；承担列车定临修任务；承担线网市域列车的大修和架修任务；承担列车的乘务工作；负责运用列车的事故救援工作；负责本段设备、机具的维修及调车机车的日常维修工作；负责本段的行政、技术管理、材料供应和后勤管理等工作。

（2）停车场任务范围

停车场承担部分配属列车的月检、日检、停放、清扫洗刷等任务；承担列车临修任务；承担部分列车的乘务工作；负责运用列车的事故救援工作；负责本段设备、机具的维修及调车机车的日常维修工作；负责本段的行政、技术管理、材料供应和后勤管理等工作。

（3）综合维修中心任务范围

综合维修中心承担轨道、桥梁、路基、隧道等建筑设施的巡检、维修和保养工作；承担车站建筑、站内装饰、导向标志、出入口设施的检查与维修工作；承担所有地面建筑的维修和保养工作；承担变电所、接触轨、接触网、供电线路及设备的运营管理、巡检、维修保养工作；承担各种机电系统及设备，包括环控系统、给排水系统、电梯及自动扶梯等设备的运营管理、巡检、维修保养工作；承担通信、信号系统的运营管理、巡检、维修保养工作；承担各自动化系统（包括自动售检票系统、车站设备监控系统、防灾报警系统）及通用办公计算机系统的测试、维修保养工作。

（4）物资总库任务范围

物资总库承担范围内运营所需的各种机电设备、备品备件、配件、钢轨、劳保用品及其他材料的保管和供应工作。

（5）培训中心任务范围

培训中心配置满足车辆段/停车场、综合维修中心、物资总库以及车务等生产部门和全线其他生产管理部门的办公生活设施。

6.1.3 车辆基地设计规模

（1）配属车辆

配属车辆包括运用车、备用车和检修车三部分。根据行车组织资料，十八号线和二十二号线工程初、近期的配属车辆数见表6-1。

十八号线和二十二号线各设计年度的配属车数量表　　　　表6-1

项目			初期贯通		近期		远期		系统规模	
			十八号线	二十二号线	十八号线	二十二号线	十八号线	二十二号线	十八号线	二十二号线
运营区段			万顷沙—广州东站	万顷沙—芳村	万顷沙—广州东站	番禺广场—芳村	万顷沙—广州东站	番禺广场—芳村	万顷沙—广州东站	番禺广场—芳村
运营里程（km）			60.6	63.2	60.6	29.4	60.6	29.4	60.6	29.4
列车配属	运用车（列）	大站停	4	0	6	7	10	9	—	—
		站站停	12	13	21	9	25	12	39	27
		合计	16	13	27	16	35	21	39	27
	备用车（列）		2	1	3	2	3	2	4	2
	检修车（列）		5	3	8	4	10	5	11	7
	合计（列）		23	17	38	22	48	28	54	36

（2）车辆检修列位设计规模

十八号线和二十二号线段场设计规模见表6-2。

十八号线和二十二号线车辆基地设计规模表（单位：列）　　　　表6-2

段场工点	功能	规模
陇枕停车场	停车列检位+月检	19+2
	临修线	0

续上表

段场工点	功能	规模
陇枕停车场	镟轮线	0
	试车线	0
陈头岗停车场	停车列检位＋月检	20＋2
	临修线	1
	镟轮线	1
	试车线	1
万顷沙车辆段	停车列检位＋月检	36＋6
	临修线	1
	定修线	3
	镟轮线	1
	试车线	1
	静调	2
	大修线/架修线	5

6.1.4 车辆基地选址

万顷沙车辆段位于十八号线南端，在南沙区万顷沙镇，选址位于蕉门水道以西、X298县道以东、南沙七涌以南、八涌以北的地块内，车场呈东西向布置。车辆基地由万顷沙站端头接轨，段址现状为农田，规划绿地，地块北侧为规划的南沙枢纽（国铁、城际铁路及城市轨道交通综合换乘）。地块长约1960m，宽约460m，占地面积约50.7ha（含白地开发5.33ha）。段址场地地势平坦，地坪高程为3.8～4.6m，现状为农田及鱼塘，局部有C、D类房屋，规划绿地，周边规划道路、规划市政管线尚未实施。场地东南侧有两块农科所用地，南沙区规划明确不能侵占。

陇枕停车场选址位于番禺大道北路以东、市南路以北、草龙沙河二街以西，呈南北向布置。地块长约990m，宽约220m，围墙内用地约16.4ha（不含次出入口连接市政路道路用地）。该选址现状为田地、厂房及少量的村民住宅，规划为居住及商业。

陈头岗停车场选址位于东新高速以西、石北工业路以北、大石水道以东的地块内，车场呈南北向布置，紧贴石新高速公路。地块长约1500m，宽约200m，总占地面积约29.21ha。该选址现状为田地，规划为商业用地。

6.1.5 车辆基地总平面布置方案

1）万顷沙车辆段

（1）出入场线

设计原则：最小曲线半径250m，最大坡度35‰，最小竖曲线半径2000m，夹直线最小长度25m，区间隧道最小坡度宜采用3‰，困难条件下可采用2‰。

出入段线由万顷沙站站后交叉渡线接轨,采用双线形式从正线接出,与正线平行一段距离后上跨正线,继而以 300m 的曲线半径向东偏转,爬出地面并进入车辆段范围内出洞,出洞后设 U 形槽,U 形槽上方采用全盖形式,出入段线在车辆段范围内设信号转换段。站段关系如图 6-1 所示。

出入段线单线全长约 1729.025m,平面最小曲线半径为 300m,纵坡最大坡度为 34.41‰。

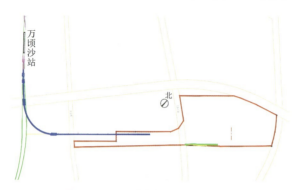

图 6-1 万顷沙车辆段站段关系图

（2）总平面布置

万顷沙车辆段按上盖开发设计,并预留自动驾驶条件,总平面布置采用以尽端式布置方案,联合检修库与日检停车库呈并列式布置,如图 6-2 所示。其中,日检停车线 36 列位、月检修 6 列位、临修 1 列位、定修 3 列位、大架修 5 列位、静调线 2 列位、吹扫线 1 列位、镟轮线 1 列位,车辆段按照全自动运行段场进行设计。

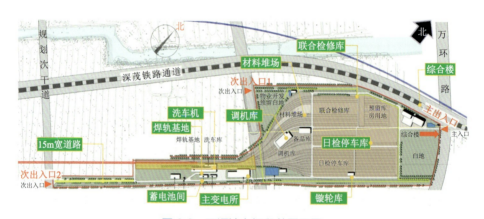

图 6-2 万顷沙车辆段总平面图

万顷沙车辆段设 3 处出入口与段外道路相连,车辆段主出入口位于车辆段厂前区东侧,靠近综合楼,与规划道路相接,宽 7m;设置两处次出入口,次出入口 1 与万新大道相接,宽 7m;次出入口 2 与规划路相接,规划路未实施前与疏解道路相接,为车辆段、物业开发、改移道路共用道路,起点至门卫处宽为 15m。

由于万顷沙车辆段场区地质较差,考虑后续沉降原因及施工工期,库区及咽喉区范围结合上盖桩基础采用架空板形式。

(3)主要技术指标

万顷沙车辆段总用地面积约 50.096ha，其中车辆段功能用地 41.63ha，主变电站用地占地面积约 0.85ha，白地开发预留用地面积约 6.47ha，其他用地面积约 1.146ha，总建筑面积为 19.6万 m²。

2）陇枕停车场

(1)出入场线

设计原则：陇枕停车场出入段线平面最小曲线半径 250m；纵断面最大坡度 35‰；竖曲线曲线半径 2000m。

出入段线从番禺广场站南侧接轨，单线长度为 3143m，最小曲线半径为 350m，最大坡度为 34.7‰，依次下穿黄沙岛花园、市桥水道、市南路、大口涌、番禺大道北路，最后接入陇枕停车场。站段关系如图 6-3 所示。

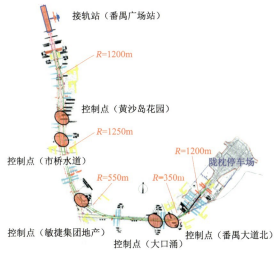

图 6-3 陇枕停车场站段关系图

(2)总平面布置

陇枕停车场为上盖段场，总平面布置以运用库及辅助生产用房为主体采用尽端式布置形式，上盖范围主要涵盖 U 形槽、洗车机库、供电用房、整个股道区及污水处理站、材料吊装区、运用库、运转楼，非上盖区包含区域控制中心、主变电站、消防水池、门卫一、门卫二。根据预留上盖物业开发条件，股道布置主要采用 2 线/跨、局部 1 线/跨、1 线 1 列位的布置形式满足结构落柱要求。运用库位于停车场东北端，自西北往东南为停车列检线、周月检线、洗车牵出线、运转楼。主变电站及消防水池位于咽喉区西侧，材料堆场及材料装卸线设于主变电站东侧，供电用房、洗车机库、污水处理站设于停车场中部。洗车线设于出入线东北侧，采用往复式洗车，区域控制中心设于停车场西南角。

陇枕停车场设置 2 处出入口，主出入口位于停车场区域控制中心南侧，与市南路连接；次出入口位于停车场西南侧，与 10m 宽通安置地、留用地村道相连，最后接入市南路，运用库尽端环场通道设置 4m 宽的道路。停车场涉及一处改移河涌，为停车场运用库东北侧的 U 形断面形式改移河涌。陇枕停车场总平面图见图 6-4。

图 6-4　陇枕停车场总平面图

（3）主要技术指标

陇枕停车场征地红线面积 25.82ha，停车场实际用地面积 14.36ha、出入段线区间结构用地面积 0.29ha、改移河涌面积 1.70ha、市政道路范围面积 1.95ha、物业开发白地面积 4.42ha、居民安置地面积 1.67ha 及留用地面积 1.42ha。总建筑面积为 9.5万 m²。

3）陈头岗停车场

（1）出入场线

陈头岗停车场出入段线选用灯泡线形式，由陈头岗站接轨，采用双线形式从正线接出，与正线平行一段距离后上跨正线，继而采用灯泡线形式避让楚庭主变（500kV）及两侧电塔桩基，上跨 500kV 电缆隧道，后接入停车场范围内出洞，出洞口位置对应里程出场线 CDK1+492.40，入场线 RDK1+477.00。出洞后设 U 形槽，U 形槽上方采用全盖形式，出入段线在停车场范围内设信号转换段，入段线末端平坡段设置在线检测装置。陈头岗停车场站段关系如图 6-5 所示。

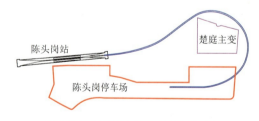

图 6-5　陈头岗停车场站段关系图

（2）总平面布置

陈头岗停车场段址呈南北向布置，总平面按尽端式布局，预留全自动驾驶条件，停车列检库、镟轮库、周月检库平行布置于段址东南侧，综合楼布置于库房西侧，设一处主变电站及物业主变，位于段址西北侧，段场共设两处出入口，分别位于南北两端，主出入口由综合楼裙楼南端引入，为主要车流出入口，次出入口位于北端主变及牵引所东北角，作为紧急消防出入口及接车出入口使用。

规划停车场结合陈头岗站进行枢纽综合体开发，包括白地开发和上盖开发。如图 6-6 所示，根据站场总平面布置，上盖范围为停车库、咽喉区等有轨道覆盖的区域（不含综合楼厂前区部分）。

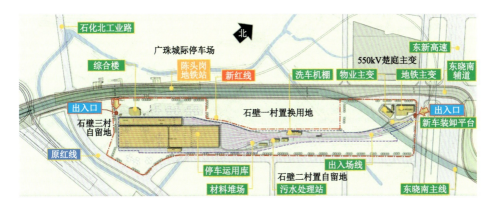

图 6-6 陈头岗停车场总平面布置图

（3）主要技术指标

陈头岗停车场，总用地面积 24.21ha，其中工业用地面积 15.58ha，办公用地面积 5.96ha，附属设施用地面积 1.97ha，绿地面积 0.697ha，总建筑面积 7.8万 m^2。

6.2 资源共享

6.2.1 线网资源共享

（1）车辆维修维护

万顷沙车辆段为全国首座 160km/h 市域 D 型车大架修车辆基地，定位为市域列车大架修基地和轮对部件大架修基地。陇枕、陈头岗停车场定位为十八号线和二十二号线共享的停车场。

（2）综合维修

广州市轨道交通已在新造车辆段设置一处大型综合维修基地，近期在广钢新城车辆段设置一处大型综合维修基地，远期在化龙车辆段预留综合维修基地用地，含机械、电子、供电、工建等维修车间，共同承担整个线网设备设施的大修及故障修任务。十八号线和二十二号线车辆基地只设置机电、供电和工建检修工区，承担设备设施的日常检查保养和维护任务，停车场设备各专业维护工班。万顷沙车辆段设置线网焊轨基地，满足远期线网十五号线、十八号线和二十号线、二十二四条线的换轨工作。

（3）培训

广州市轨道交通已在一号线西塱车辆段与综合基地的教育培训中心设有大、小共 9 间教室以及门类齐全的实验室、微机室、AFC 教学室等，能容纳 400～450 人同时培训使用，另外广州地铁拟新建全线网的培训中心。十八号线和二十二号线不再单独设置培训中心。

6.2.2 站段城一体化开发

车辆基地利用盖板再造一片城市，释放土地价值，形成多种业态复合的场站综合体，实现站段城一体化。

陇枕停车场地块周边拥有保育园、生态农田及市桥水道等优良环境资源，同时借助轨道停车场建设综合开发契机，伴随地区的发展和周边功能整合，承担片区的生态居住、配套服务功能。陇枕停车场一体化开发初步方案如图 6-7 所示。

图 6-7　陇枕停车场一体化开发初步方案示意图

陈头岗停车场打造广州首个综合楼与物业开发无缝接驳的 TOD（公共交通引导开发）场站综合体工程，同时实现无缝接驳车站及市政交通，如图 6-8 所示。出入线采用灯泡线形式接轨，既实现了陈头岗停车场平行正线贴临车站布置的物业开发最佳站段关系，又巧妙地避让了东新高速公路和 500kV 的楚庭主变电站。

图 6-8　陈头岗停车场一体化开发示意图

6.3　品质段场

6.3.1　标准提升

为提升员工办公舒适度和办公环境，本工程提升重点部位（DCC、综合楼、会议室及盖下作业环境）的设计标准。DCC 提升装修和设备标准，增加了 DCC 业务等待区；咽喉区股道间统一铺设人行道砖，避免盖下咽喉区裸露土对运营作业环境的影响，如图 6-9 所示。

段场设置减振降噪措施，改善盖下办公环境。同时，为解决既有段场排风兼排烟风机挂在盖板下噪声较大、检修困难等问题，盖板下统一设置风机房（图 6-10）。此外，冷水机房、空调机房等设备房顶棚及侧墙设置吸声板，平时运行的风机前后设置消声器，降低运行噪声，减小对办公区、盖上的影响。

a) DCC

b) 咽喉区

图 6-9　品质段场设计

a) 风机房

b) 设备房

图 6-10　机房设置

6.3.2　人性化设计

段场设计注重员工需求，设置人性化设施，改善员工工作环境，设置接驳巴士站、风雨连廊、非机动车棚等，方便员工上下班，实现段场内部各工作场所无缝衔接；库内部分重点区域设置了大型工业吊扇，加强库房内气流流动，改善盖下工作环境，保证人员舒适度；利用建筑闲余空间，设置屋顶球场、盖下羽毛球场、屋面花园、架空休闲观景休闲空间，提升员工幸福感，如图 6-11 所示。

a) 风雨连廊

b) 工业大吊扇

c) 屋顶球场

图 6-11　库内设计

6.3.3　新技术和新材料

段场采用新技术和新材料，提升工程的安全性和可靠性。如图 6-12 所示，段场首次采用机场标准的新型 Y 形围蔽；首次设置综合管线梁，提高综合支吊架的安装可靠性；首次设置检修马道，提升高大空间管线维修的便利性。万顷沙地表淤泥厚度达 20～30m，为控制车辆段沉降，底部设置超大规模架空板体系，车辆段整体采用灌注桩基础。

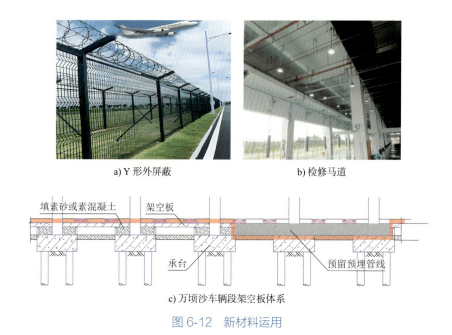

a) Y形外屏蔽　　b) 检修马道

c) 万顷沙车辆段架空板体系

图 6-12　新材料运用

6.3.4　装配式建筑

车辆基地首次采用装配式建造试点，如图 6-13 所示。陈头岗停车场咽喉区首次采用大跨度钢管混凝土柱＋钢梁＋叠合板组合结构设计，优化了咽喉区列车司机视线，减弱了咽喉区结构柱网的密集度。陇枕停车场运用库首次采用预制拼装技术，施工阶段免支撑，建设工期较现浇盖板节省 3 个月时间。库区盖板采用装配式结构，并创新应用预埋套筒，用于机电及系统管线设备安装，避免后期现场打孔，加快安装进度。

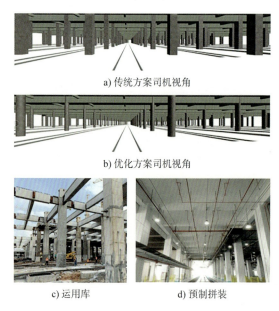

a) 传统方案司机视角

b) 优化方案司机视角

c) 运用库　　d) 预制拼装

图 6-13　库房装配式结构

6.4 智能运维

车辆基地内各机电设备系统综合集成度高、技术先进且复杂，智能运维技术的应用，可在为城市轨道交通正常运营提供坚实的后勤基础上，提高车辆基地的运用效率。车辆基地通过"智能装备+大数据"应用，进行运维体系变革改进，从人员、设备、物料、检修、缺陷、故障、工单等方面实现相应的电子化规范流程及可度量、可追溯的机制，使运维人员高效开展各项工作，有效提升工作效率，降低技术工作对运维人员的门槛要求；将数据资料深度融合，进行统计分析和检修诊断，实现了修前预测、修中监控、修后评定的效果，有效达到检修的质量控制，提升作业效率，降低运维成本。

6.4.1 车辆检修智能运维系统

十八号线和二十二号线段场运用了广州首个车辆检修智能运维系统，系统主要组成部分包括车载在线监测系统、轨旁在线监测系统、辅助设备及系统、业务系统、分析系统。通过在线监测系统和地面数据处理中心，该系统可完成车辆的运行数据统计分析、故障预测诊断及健康管理，实现车辆的全寿命周期健康管理和车辆的状态维修。车载在线监测系统可实现网轨状态监测、走行部状态监测、车载蓄电池状态监测等功能。轨旁在线监测系统可实现轮对探伤及尺寸检测、车底及两侧图像检测、运行品质检测等功能。

1）系统总体技术框架

车辆检修信息系统包括4个部分，分别为智能感知系统、服役安全保障系统/大数据平台及AI（人工智能）、业务执行装置及系统、应用系统，如图6-14所示。

图6-14 车辆检修信息系统总体结构

（1）智能感知系统

智能感知系统是车辆检修智能运维系统的前提，用于监测和检测列车相关状态数据，分别识别并感知列车环境、设备、人员，并通过车载集成采集主机实现故障实时预警报警和车地数据传输。

（2）服役安全保障系统/大数据平台及 AI

服役安全保障系统/大数据平台及 AI 是车辆检修智能运维系统的核心技术手段，用于实现设备健康管理和维保决策支撑，实现手段包括状态跟踪、模拟仿真、机理分析、统计分析、模式识别、效能分析；大数据平台及 AI 利用存储、管理和整合运维过程所产生的大量数据通过 AI 技术挖掘价值信息（本系统依托国家工程实验室车辆平台建设，进行深化和扩展研究，将成果转化为产业化应用）。

（3）业务执行装置及系统

业务执行装置及系统用于整个调车业务、检修业务、资源管理业务的执行和控制，同时提供状态数据用于整个业务过程执行监管控。

（4）应用系统

应用系统是车辆检修智能运维系统外在价值体现形式，用于指导业务系统计划、执行、监管等，主要覆盖检修生产指挥、维修作业、资源配送等。

2）车辆基地车辆检修信息系统技术方案

（1）车载系统

车载系统由受电弓监测系统、走行部监测系统、动力学监测系统、列车实时运行状态监测系统、车载数据集成采集系统、车地数据传输系统组成，如图 6-15 所示。

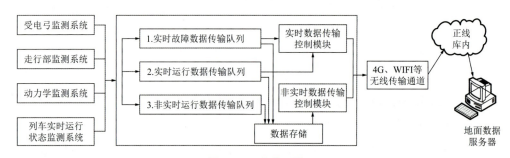

图 6-15 车载系统

各系统通过车载以太网将数据传输至车载集成采集系统，故障预警报警系统与列车 HMI 连接，将分析出的报警信息在界面上进行展示，车地数据传输系统将原始数据通过无线网络/有线网络/存储盘转存的方式传输到地面服务器。

其中，走行部状态监测系统、动力学监测系统、受电弓监测系统通过在列车上安装传感器、前置处理器、采集主机进行处理和分析，其它系统采用与列车接口方式获取相关原始数据或分析结果，然后进行数据处理分析。

（2）地面系统

地面系统包括地面感知系统、地面数据管理系统、地面分析系统、地面业务系统、辅助与检修设备及系统等构成，系统架构如图 6-16 所示。

①地面感知系统：包括辅助设备的状态感知、检修设备的状态感知、业务进度/质量/过程安全的状态感知，所有的感知系统通过以太网将信息传输至地面服务器，其结果通过 LED 大屏、PC 机（个人计算机）进行展示。系统主要设备包括车底及两侧图像检测系统、车顶图像检测系统、车辆运行品质在线检测系统、轮对探伤系统。

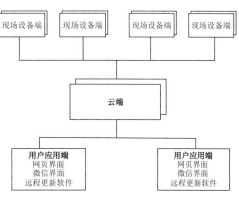

图 6-16　地面系统

②地面数据管理系统：主要由服务器、地面数据管理 PC 机构成，本系统可满足数据管理要求，将车辆检修信息系统所有数据进行管理，提供分布式存储、增删改、查询、统计、分析、挖掘、打印等功能，以及 MQ（消息队列）服务、ETL（抽取-转换-加载）服务、消息服务、表单服务、报表服务、日志服务、身份认证、用户与授权。

③地面分析系统：主要由服务器、PC 机、LED 大屏、VR（虚拟现实）工作站组成，均通过以太网与服务器连接，提供故障识别、故障实时预警报警、部件状态跟踪、运行安全评估、检修业务计划辅助决策、用车业务计划辅助决策、资源管理业务计划辅助决策、部件性能及业务模拟仿真等功能。

④地面业务系统：主要完成用车业务、检修业务、资源管理业务、智能控制业务、监管业务，主要由业务服务器、操控平台、监管平台、PC 机、LED 大屏组成，完成业务计划、执行、监管、变更等功能。各业务系统协同工作，其中，监管业务和智能控制业务对其它业务进行集成监管控。

⑤辅助与检修设备及系统：主要包括轨旁辅助设备及系统和检修设备及系统，各设备通过以太网与数据中心连接。轨旁辅助设备及系统包括车号识别系统、安全作业平台系统、智能立体仓库、周界防护系统、列车/人/工装/仪器/定位系统、手持/固定终端、调车/检修联锁自动控制系统等，检修设备及系统包括不落轮镟床、洗车机、牵引车、探伤设备等。

6.4.2　智能大架修系统

万顷沙车辆段利用智能化检修流水线和智慧大修信息管理平台，提高生产过程自动化及信息化水平，提高生产效率及检修质量。

检修库设置有轮对、空调、车钩等智能检修流水线，实现车辆部件拆修、装配、物料传送、过程检测自动化。检修流水线（图 6-17）内各设备将自身运行的相关状态信息、报警信息、故障信息、能耗信息等实时监测上传至智慧大修信息管理平台，实现检修工艺管理、过程管控、设备管理、人员管理、设备数据管理、电子履历管理、可视化管理。

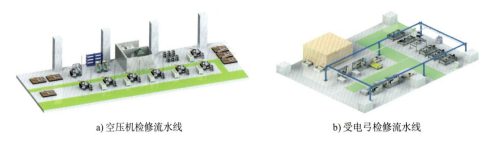

图 6-17 检修流水线

6.4.3 自动化段场

十八号线和二十二线段场为广州首次按自动化段场预留建设的车辆基地,如图 6-18 所示。股道按自动驾驶和人工驾驶区进行分区布置,股道长度满足自动驾驶信号要求,运用库内设置地下检修通道,实现无人值守洗车。为改善员工办公环境,三个段场均采用无人值守洗车机,通过 DCC 来操作和控制列车清洗机,达到减员增效的目的。

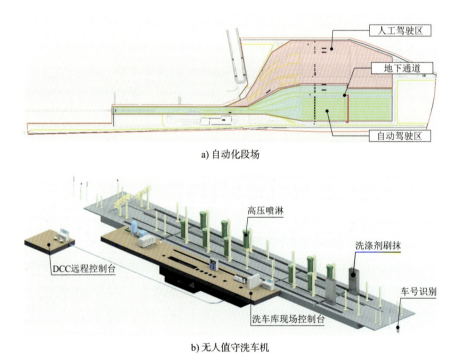

图 6-18 自动化段场与无人值守洗车机

6.5 绿色段场

(1)雨水回用系统

陇枕控制中心东北方向停车场地块的雨水回用系统(图 6-19)前期采用截污、弃流、过滤的预处理方法，设置 600m³ 埋地模块组合式调蓄水池（PP 模块）。雨水回用系统的规模为 100m³/d。该系统设置初雨分流井，雨水经弃流后进入雨水收集水池，再经全自动自清洗过滤器过滤和紫外线消毒器在线杀菌后送入回用水池。雨水经处理后可作为室外冲洗及绿地灌溉水源，同时可作为汽车冲洗水源。预计节省水费约 12.63 万元/年。

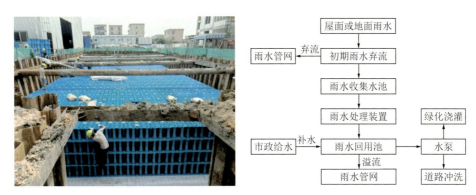

图 6-19　雨水回用系统

此外，本工程还采用一种新型的结合盖板的雨水调蓄系统（图 6-20），在上盖盖板采用开敞式蓄水屋顶方式设置雨水调蓄设施，实际调蓄容积约为 20000m³，可有效节省大量的白地面积。

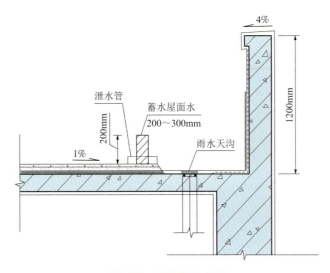

图 6-20　盖板蓄水系统

（2）光伏发电系统

陇枕控制中心塔楼屋面设置光伏发电系统（图 6-21），充分利用屋面空间安装太阳能光伏系统，装机容量约 143kW，提高自然能源利用率。

（3）隔音降噪设备（图 6-22）

盖内风机均设置在机房内，冷水机房、空调机房等设备房顶棚及侧墙设置吸声板，平时运行的风机前后设置消声器，降低运行噪声，减小对办公区、盖上的影响。

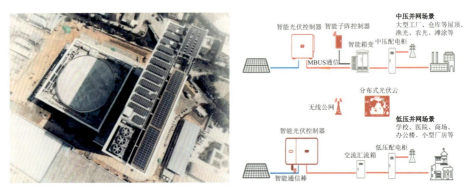

图 6-21　光伏发电系统

图 6-22　隔音降噪设备

6.6　本章小结

十八号线和二十二号线通过优质段场资源共享的方式，提供了一种站段城一体化开发的智慧运维措施，建立智慧段场体系，实现对车辆、机电系统等的智能运维检修，与智能运行平台进行有效结合。

此外，十八号线和二十二号线建立了智慧、品质、绿色一体化的综合性车辆基地运维服务：运用新技术、新材料，对员工宿舍、办公区、车站其他环境和设施进行标准化、人性化设计，提高段场品质；采用新型的结合盖板的雨水调蓄系统，节省设备运行能耗，对段场雨水排放和回收进行管理；设置光伏发电系统，有效利用自然能源；风机设置消音器，设备用房设置吸声板，有效降噪。

第 7 章

全寿命周期数字地铁设计

湾区纵贯线　市域新速度
——广州市轨道交通十八号线和二十二号线设计解析

与民用建筑及一般的市政建设项目相比，城市轨道交通项目具有点多、线长、面广、规模大、投资高、建设周期长的特点。建立一套完善的信息化系统来提高管理效率和水平，提高运营可靠性和应急处理能力，降低安全风险就显得尤为必要。BIM 是以工程项目的各项相关信息数据作为基础建立起的三维建筑模型，BIM 技术通过数字信息仿真模拟建筑物所具有的真实信息，使工程技术人员对各种施工信息做出正确理解和高效应对，达到提高生产效率、节约成本和缩短工期的目的。

7.1 BIM 协同设计

7.1.1 BIM 设计平台

广州市轨道交通十八号线和二十二号线全线全专业基于 Autodesk 平台开展 BIM 工作，采用 Autodesk REVIT 2017 作为核心建模软件，建立全线全专业 BIM 基础模型。

BIM 建模中，所有墙体、柱结构等跨楼层的结构，按层断开建模；所有墙板模型单元上的开洞都采用洞口族类型处理，以保证模型内容与设计图纸一致。根据工程的特点，建模过程中可按单体建筑物所处的区域划分模型，对于结构模型可针对不同内容，再分别建模。十八号线和二十二号线工程部分 BIM 模型如图 7-1～图 7-4 所示。

图 7-1 车站围护结构图

图 7-2 车站体结构图

图 7-3 车站整体效果图

图 7-4 区间结构

在进行 BIM 设计时，本工程以 ProjectWise 为协同工作平台（图 7-5），结合 REVIT 软件，建立项目中心文件和协同工作环境，在确保信息唯一性、安全性和可控制性的前提下，创建项目数据库，实现协同作业管理、设计模型及文档管理、权限管理等功能，保证各专业间模型的共享和互用、各专业间的关联设计与变更，实现设计模型的组装、碰撞检查、标准化 BIM 应用流程管理等主要功能，加强各参与方的协同作业能力，提高轨道交通建设项目管理质量和效率。

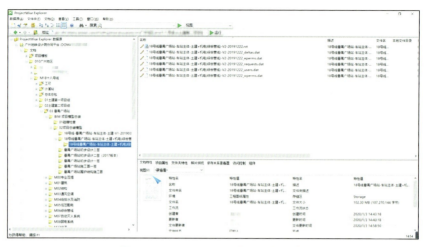

图 7-5　ProjectWise 协同工作平台

协同工作模式下，设计人员基于同一个中心文件完成各专业的提资、模型标准化，模型信息多方共享，搭建基于浏览器的轻量化校审平台，确保模型高质高效地交付，同时本工程基于土建模型进行三维管线设计、碰撞检查等应用，以更好地实现三维模型信息由设计阶段向施工阶段的流转，模型也可基于平台进行自检，BIM 模型自检报告如图 7-6 所示。

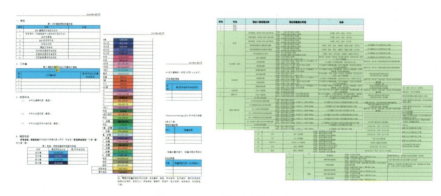

图 7-6　BIM 模型自检报告

前期基础模型包括地面倾斜摄影模型、建构筑物模型（地上及地下）、交通疏解模型、管线迁改模型、地质模型，如图 7-7 所示。

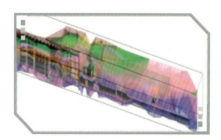

图 7-7　前期基础模型

土建模型包括车站建筑模型、车站结构模型、区间结构模型、轨道模型等，如图 7-8 所示。

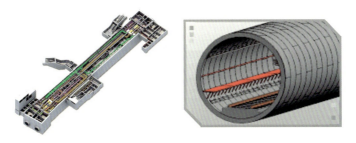

图 7-8　土建模型

三维管综模型包括给排水模型、电气模型、暖通模型、系统模型（信号、安检、供电模型等），如图 7-9 所示。

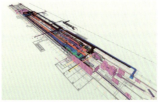

图 7-9　三维管综模型

装修模型包括车站天花板、地面、侧墙等模型。

场段模型包括综合楼、控制中心、盖板、运用库、检修库、主变电站、小库房、站场路基等模型，如图 7-10 所示。

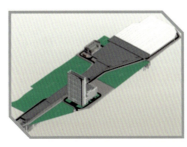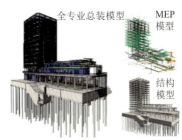

图 7-10　场段模型

汇总模型时将前期基础模型、土建模型、管线模型、装修模型等汇总在轻量化平台或 GIS（地理信息系统）平台上进行模型展示，如图 7-11 所示。

图 7-11　汇总模型

7.1.2 站内建筑布局

随着经济社会的发展，城市轨道交通建设已经由交通线发展成交通网，建成了一大批超大规模车站和交通枢纽。传统二维设计在大规模、复杂车站设计中捉襟见肘，利用BIM技术的可视化工具，在开展图纸深化设计工作时，可同步构建建筑信息三维模型，不仅可以对建筑方案进行推敲，还可以对空间进行合理利用，可以更好地规划乘客流线组织，提高空间舒适度。此外，BIM技术也能丰富建筑信息表达，更加直观地传达设计师意图。

工程初步设计阶段，依托BIM模型，研究公共区建筑交通组织及柱网布置方案，预览建筑空间形成效果，方便设计师较便捷地校对设计方案的合理性，形成传统设计迈向数字化设计的BIM设计模式，丰富了建筑设计信息的多维度表达，为概念设计方案的合理性提供有效支撑。

施工图阶段，应用BIM模型建筑碰撞检测进行三维管线综合模拟，根据碰撞结果不断优化设计方案、减少碰撞，使建筑空间得到合理利用，不断释放更多公共空间，提高人性空间的舒适度和开敞性。番禺广场站BIM空间组合如图7-12所示。

图7-12 番禺广场站BIM空间组合

设计师可利用REVIT软件输出预留预埋图纸，结合三维可视化交底，明确预留位置和尺寸、预埋件工程量统计，确保施工准确无误，减少返工和保证结构稳定性，通过BIM技术孔洞预留深化设计具体实施过程（图7-13），保证浇筑、砌筑预留准确性，避免二次返工。

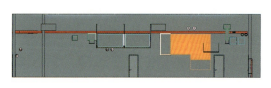 

图7-13 孔洞预留图

基于BIM的建筑净空分析，设计师可找出不满足净高要求的不利位置，分析和评估净高过低原因，寻找合理、有效的解决方案，并通过BIM模型迅速汇集各工种的专业意见，同时与施工各方通过BIM专题会议等方式沟通管线综合的成果，吸取来自施工方的意见，解决传统协同方式难以协调的问题，保证项目的质量。

7.1.3 站外景观设计

本工程对车站范围进行倾斜摄影（图7-14），充分利用倾斜摄影全方位、全要素、高效、大范围感知复杂场景的优势，由此建立有丰富纹理信息的三维实景模型，真实记录线路周边的地形、地物情况，为三维可视化场景分析提供数据基础。

倾斜摄影完成了建设项目周围地形的 1∶1 比例三维实景模型（图 7-15），反映周边的建筑、绿化、道路、河道、桥梁、高压线等周边环境，以三维的方式立体呈现站体周围的复杂情况，辅助业主、设计师精确全面地进行项目规划，配合各阶段的方案模拟，分析风险源，提高方案设计管理水平，也为后续的其他应用做好铺垫。

图 7-14　倾斜实景三维模型成果

图 7-15　三维模型建模成果

同时，本工程将设计模型与周边环境模型融合，进行站外景观设计，能很好地展示车站出入口、风亭等出地面附属结构与周边地块的效果图，便于方案推敲和对外协调，如图 7-16 所示。

图 7-16　车站安全出入口效果图

7.1.4　装修方案优化

本工程开展装修一体化的全专业 BIM 协同设计，以项目管理协同平台为基础，以 BIM 技术支撑的多方案分析模拟和比选后，在优化的稳定方案基础上，从整体到局部开展 BIM 数据协同设计，初步避免专业间的碰撞问题。之后逐步深化设计成果，进行项目精细化的全专业设计深化。从复杂局部到构件节点的精细化 BIM 设计和装修预制装配式的标准化 BIM 设计，直至符合指导施工阶段的 BIM 模型深度。番禺广场站公共空间建筑装修效果如图 7-17 所示。

高仿真度的可视化场景也可以进行现场效果和设计效果的比对指导，辅助建设阶段质量管

图 7-17　番禺广场站公共空间建筑装修效果

理，力求"设计—施工所见即所得"，确保建造品质和效果。从设计到施工阶段的 BIM 信息数据化管理，也可为智慧运维提供信息数据支撑，并确保与现实物理世界保持一致性的虚拟空间三维可视化场景继续助力智慧物联、数字孪生（图 7-18），让工程数字化延续至项目全寿命周期，为项目创造更大的价值。

图 7-18　孪生式虚拟场景和现实施工效果对比图

7.1.5　VR 虚拟体验

在设计阶段，BIM 的数字化仿真与 VR 虚拟现实相结合，以沉浸式的体验来进行建筑的规划和设计。为给业主提供更加直观、清晰的建筑模型，本工程利用虚拟现实技术的极致可视化特点，将 BIM 的表皮渲染得更加逼真并具有美感，最大限度减少设计单位的修改、返工，进而提高设计效率，缩短设计时间。

本工程研究基于 BIM 模型数据，高效构建 VR 可视化仿真场景（图 7-19～图 7-21），实现车站内部身临其境的高仿真场景效果，在方案比选、灯光照度模拟、灯带方案模拟、材质效果比选等方面开展创新应用。

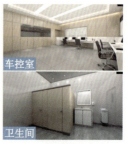

图 7-19　建筑装修 VR 可视化仿真场景

图 7-20　会议室出入口

图 7-21　站长办公室信号设备室

7.1.6　三维管综应用

设计师可基于精细化 BIM 模型进行管线综合与碰撞检查，及时发现管线与结构构件之间的碰撞、各专业的管线碰撞等问题，根据碰撞检查结果进行分析，并生成协调数据，解决设计图纸中可能存在的"错漏碰缺"，优化设计图纸质量。同时，设计师还可以通过对管线排布优化，编排管线施工顺序，让施工单位一目了然地明白设计意图，优化施工过程，缩短施工工期，避免后期的设计变更及施工返工。管线方案比选与优化应用如图 7-22 与图 7-23 所示。

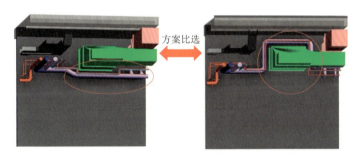

图 7-22　三维管线方案比选

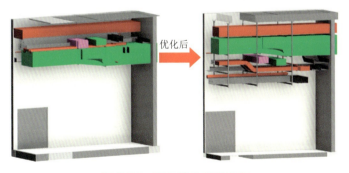

图 7-23　三维管线方案优化

利用全专业模型检查设备、管线、安装检修空间是否满足要求，通过此步骤可以优化房间布局，核查设备摆放是否合理、内走道管线的布置是否考虑了足够的安装与检修空间等，提前核查影响运营维护的问题。

施工单位根据现场实施情况，结合各专业平面布置图纸、综合管线平面图、综合管线剖面图和 BIM 模型，进行管线排布的现场核查和深化设计，以达到更加合理、美观的管线布局效果。车站三维管线透视图如图 7-24 所示，管线布局效果如图 7-25 所示。

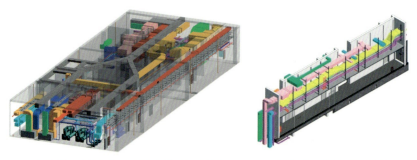

图 7-24　车站设备区三维管线透视图　　　　图 7-25　管线布局效果

应用 BIM 技术进行三维管线的碰撞检查，能够消除硬碰撞、软碰撞，优化净空与管线排布方案（图 7-26）。BIM 模型综合考虑机房内设备与机房引入管线"错漏碰缺"、净空不足等问题，提高了机房空间利用率，使空间布局更加紧凑、大方、美观、实用。

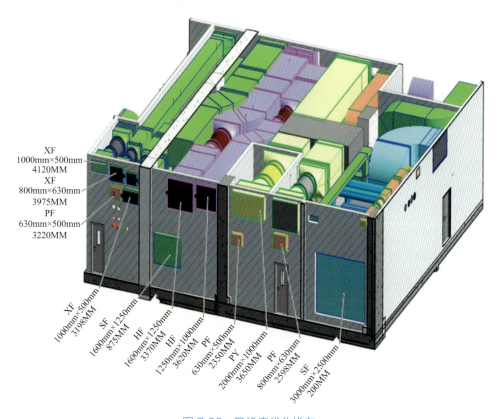

图 7-26　风机房优化排布

车站相对空间狭小而管线众多，管线主要包括通风空调、给排水、消防给水、动力照明、FAS、供电等。在地下车站管线施工前期，基于 BIM 模型在有限空间内进行管线排布及碰撞检查，优化空间设计及管线排布方案（图 7-27），减少在建筑施工阶段可能存在的错误损失和返工的可能性，从而实现了项目管线综合的精益优化。

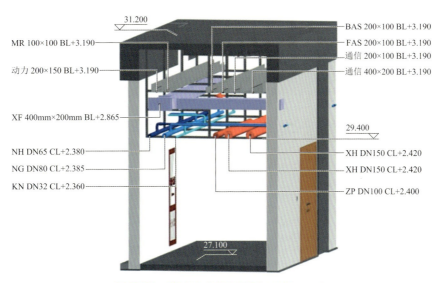

图 7-27 管线综合优化模型（单位：m）

7.1.7 区间应用

精细化 BIM 模型可建立完整的区间三维可视化设计模型（图 7-28～图 7-30），涵盖结构、轨道、疏散平台、接触网、环网、低压、弱电、给排水、限界全专业；利用这些模型能够快速对比和分析不同设计方案的优缺点，并通过重点部位的三维可视化汇报，提高方案决策效率；此外，利用精细化 BIM 模型模型进行三维设计交底和设计联络，施工单位能提前掌握设计意图，减少设计变更的发生次数。

图 7-28 浮置板道床三维设计效果

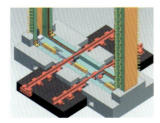

图 7-29 接口设计效果图　　　　图 7-30 区间全专业效果

7.1.8 段场应用

十八号线和二十二号线工程开展了段场的 BIM 信息化创新应用,主要对段场的可视化设计、基于中心文件和统一平台的多专业协同设计、针对段场预制装配式的 PC-BIM 精细化设计、多专业及工艺设备精细化模拟效果等方面开展信息化创新实践,创新技术均具备行业领先水平。

针对段场项目体量庞大、专业繁多、系统复杂和相互制约等特点,研究团队对段场 BIM 设计的统一规定、拆分办法、协同流程和各专业信息深度都进行了研究,形成了符合当前现状的企业级指引性文件,并且在实际工作中开展创新研究,取得了很好的创新效果。实施过程中编制的指引文件涉及具体技术要求、实施指南和对应的管理规则,可对广州地铁段场项目 BIM 设计提供技术和管理指引,为日后的粤港澳大湾区线网建设提供项目案例示范,同时也可以成为行业内其他城市轨道交通企业段场 BIM 设计的重要参考成果。陇枕停车场全专业总装模型如图 7-31 所示。

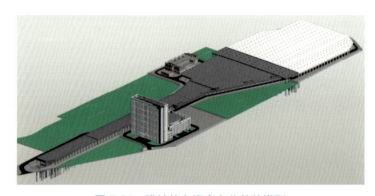

图 7-31　陇枕停车场全专业总装模型

7.2　智能设计与开发

7.2.1　盾构区间全专业参数化建模插件

盾构隧道是采用盾构机进行隧道掘进并在盾构机内拼装管片衬砌、实施壁后注浆等修筑而成的隧道,因此,盾构管片的拼装、排版是盾构隧道非常重要的一项工作。在设计阶段,设计师可以根据三维线路数据,并结合管片错缝、通缝的要求以及封顶块的位置要求,计算理论的管片排版结果(图 7-32),并结合 BIM 技术,建立建筑信息化的隧道管片拼装三维可视化模型(图 7-33),直观地给相关人员提供效果展示和评估,有利于各参与方之间的沟通,最终实现设计对施工的全过程实时指导。

本工程研发了基于线路参数化信息模型,解决盾构区间轨行区各专业(轨道、给排水、环网、接触网、低压配电、弱电、疏散平台等)快速建模的问题,实现参数化调整、沿线路自动布置、查询逐桩里程等功能。基于同一套线路数据,打通信息共享渠道,加强各专业之间的协同设计，提高设计效率。轨行区全专业模型如图 7-34 所示。

盾构隧道及各专业的三维精细化建模，延伸到施工阶段，可作为施工模拟、精细化的模型依据，并可用于论证隧道施工的合理性和准确性，避免了实际施工中的返工和错误。

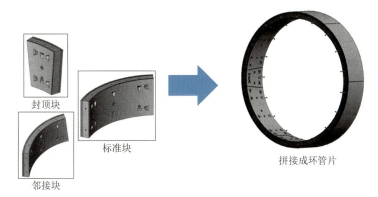

图 7-32　管片三维拼接图

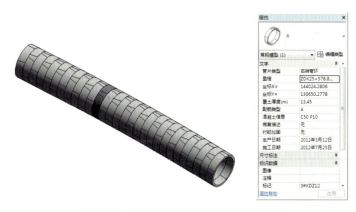

图 7-33　盾构法隧道拼装模型及其属性

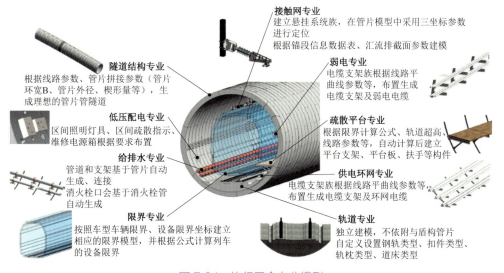

图 7-34　轨行区全专业模型

7.2.2 综合支吊架智能选型及建模插件

本工程基于 REVIT 进行二次开发,将支吊架外形尺寸、材料信息、支撑信息建立支吊架数据库,程序可根据管线的荷载、管线分层以及整体截面的宽度和高度进行设计计算,智能选择综合支吊架型号并进行建模,辅助人工选择支吊架类型,并快速标注及统计各类型工程量,也可对支吊架进行抗震计算并添加抗震组件,提高设计质量及效率。综合支吊架建模插件、安装效果、计算界面与计算书生产分别如图 7-35～图 7-38 所示。

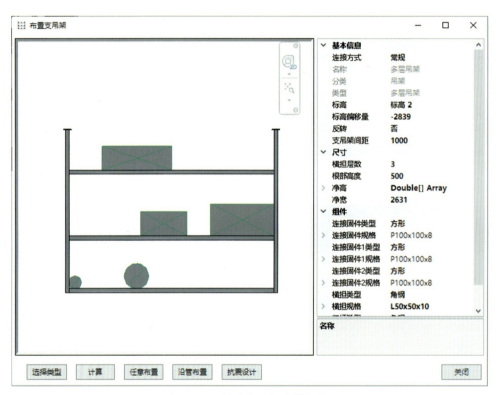

图 7-35 综合支吊架建模插件

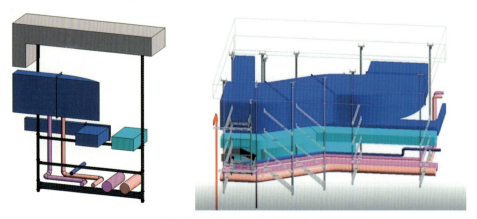

图 7-36 综合支吊架安装效果

全寿命周期数字地铁设计 第 7 章

图 7-37　综合支吊架计算界面

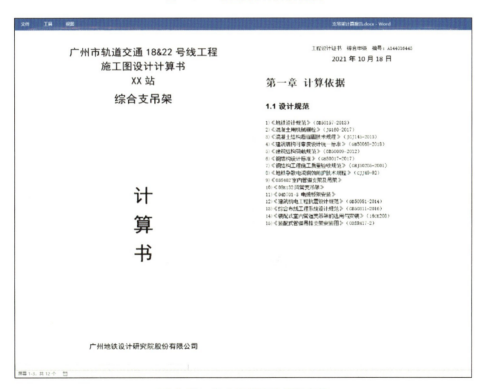

图 7-38　综合支吊架计算书生产

7.2.3　基于 OA 平台的三维校审系统

本工程开发了配合二次开发工具的模型质量自审功能（图 7-39）、基于 OA 平台开发的可视化校审功能，打通设计师和项目管理审核人员在项目中的 BIM 协同作业，使管理人员可以直接通过 BIM 技术进行项目管理，多方责任共同保证模型的高精度、高品质，并对后期建设进行模拟和指导，确保 BIM 设计施工所见即所得。

图 7-39 三维校审系统

如图 7-40 所示，基于 OA 平台的三维校审系统让决策者通过三维可视化审查能够快速对比和分析不同设计方案的优缺点并优化设计，通过模型模拟各种表现方案，直观无死角地展现方案设计的效果，提前发现设计阶段的各种问题并提前解决。设计师可从 BIM 模型中生成的项目重点部位的三维透视图、轴测图，剖切图等展示图片进行可视化汇报，使得方案审查更加灵活自由，提高方案决策效率。

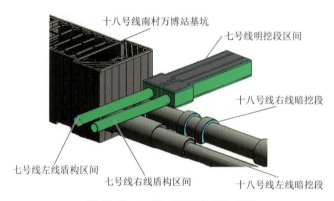

图 7-40 三维可视化审查方案图

7.3 施工阶段应用

7.3.1 三维技术交底

十八号线和二十二号线通过各专业建模合模，进行图纸会审，可记录图纸错误问题、方便设计师审查图纸漏项内容、生成碰撞检测报告等；通过管线综合深化设计，优化各专业管线走向（图 7-41）、施工方案、综合支吊架布置等问题。

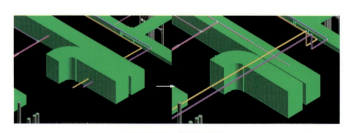

图 7-41 管线调整

对于复杂工艺或关键部位，本工程利用 BIM 技术进行工艺或施工模拟，形象展示施工操作要求，规范现场作业人员的操作流程，提高现场作业效率。基于 BIM 技术的交底有效地提高了工作效率，交底内容直观且精确，极大提高了工作效率，施工班组也能很快理解设计方案和施工方案，保证了施工目标的顺利实现，施工工艺（图 7-42）的执行更加彻底。

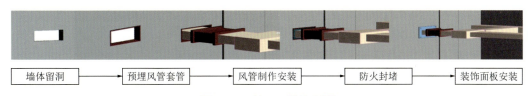

图 7-42　施工工艺流程图

本工程还通过建立与整合重要施工节点的三维大样，准确、直观地展示设计意图，图纸会审与技术交底过程中充分利用三维技术，对发现的问题提前解决规避，保证图纸质量，为施工图阶段打下坚实的基础。重要结构节点施工图模型与重要机电布置施工图模型分别如图 7-43 与图 7-44 所示。

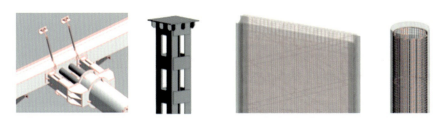

图 7-43　重要结构节点施工图模型

图 7-44　重要机电布置施工图模型

7.3.2　BIM 与装配式

（1）陈头岗停车场

陈头岗停车场进行预制装配式建筑 BIM 应用的创新探索，通过构件级别的精细化 BIM 设计模型，指导现场施工，实现全专业管线综合、管线分离、构件设计、节点设计、孔洞预留和工艺工序设计模拟等 PC-BIM 创新应用，提供传统设计难以做到的创新设计方式，实现高效率、高精度的设计目标。

如图 7-45 所示，精细化的 BIM 构件数据和整体拼装 BIM 模型，可以直接指导厂家进行工厂预制、构件运输模拟、物料场布模拟和拼装施工模拟，极大缩短现场施工周期，减少施工湿作业污染，达到绿色环保的目标。

（2）冷水机房

冷水机房进行装配式冷水机房 BIM 应用的创新探索（图 7-46），设计单位可会同施工单位，开展三维建模深化设计、三维仿真，指导安装调试，对设备进行参数优化、对系统模块拆解，通过工厂预制，现场拼装而实现设计、安装、调试、运营的统一性和一致性。

图 7-45　精细化的 BIM 构件　　　　　　　　图 7-46　冷水机房示意图

7.3.3　施工管理系统

在施工阶段，本工程对所有模型进行合模处理，基于 BIM 平台进行 4D 模拟、完工标识，各参建单位可实时掌控现场进度。本工程还通过施工预警、安全标志等模式在平台模型提前标记高危节点及解决方案，进行风险源控制与防范。派工单作为基于 BIM 的项目管理平台的核心功能，是将计划与实际连接的枢纽信息载体。派工单的执行，既可以实现对施工过程的精细化管理（图 7-47），又可以从多个维度来规范和辅助施工。

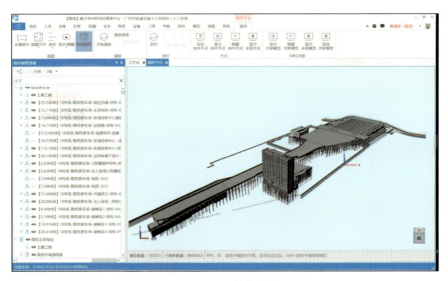

图 7-47　BIM 精细化管理

如图 7-48 所示，本工程应用 BIM 技术提前规划临水、临电、临边及加工区围蔽，为项目施工、安全提供保障；同时对样板段进行建模，对施工人员进行可视化工艺样板交底，模型可直观地展示工艺效果；提前规划临水临电临边的高程、位置，避免后期施工过程中因碰撞而需拆除迁改临时设施的问题，节约项目成本，同时利用模型对临水临电临边进行规划，有利于现场的文明施工和车站形象管理。

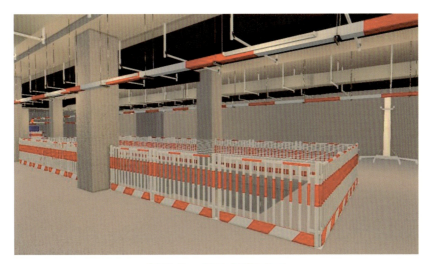

图 7-48　BIM 规划示意图

7.3.4　监测数据 BIM + GIS 平台部署

在二十二号线修建过程中，番禺广场—市广路区间中间风井至 2 号盾构井盾构段区间需要下穿三号线汉市区间，本次穿越成功应用广州地铁设计研究院自主研发的智能勘测平台——盾构在线监控系统，这是该系统首次亮相在高风险的盾构下穿项目中（图 7-49），为将来盾构隧道在不良地层中穿越既有运营轨道交通项目提供了指导和借鉴，同时为本标段二十二号线番市区间后期剩余隧道工程施工打开了关键通道，为本线路按时开通提供了保障。

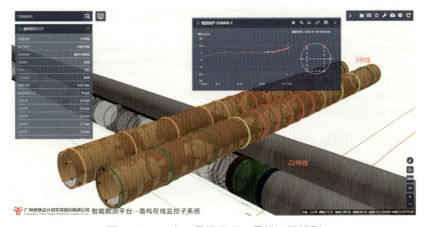

图 7-49　二十二号线下穿三号线三维模型

如图 7-50 所示，盾构在线监控系统基于 BIM + GIS 的监测管理平台，将直观图形信息与实时参数信息相结合，实现施工过程实时监测；基于 BIM + GIS 融合技术，对盾构机和盾构施工地质及周围地区进行可视化的三维建模;通过采集的实时数据和历史数据的支撑,构建直观完整可视的三维施工场景,实现了从专业化角度为用户提供盾构施工过程中的姿态、参数、位置和周边环境等信息的可视化展示,分别从盾构机不同的角度展示需求的参数,方便了准确定位和数据单位等的统一认识,有利于各方的交流协调沟通,提升了各方的工作效率。

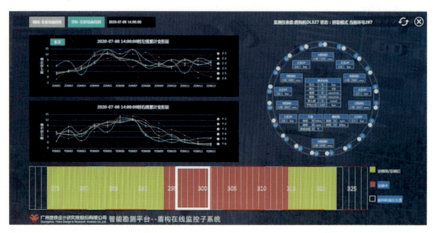

图 7-50　盾构在线监控系统

监控量测作为指导隧道施工的重要环节,与 BIM 的深度结合,打通了 BIM 模型信息与监测信息的数据交流通道,形成了基于 BIM 技术的监测模式,充分将 BIM 技术信息化、可视化、模拟性、优化性等特点反映在了监控量测上。通过 BIM 模型与预警信息的互动,对隧道下穿施工过程进行了预警,提升了传统施工监测的信息化水平,保证了下穿施工的施工安全,同时也保证了上部线路的运营安全。

盾构在线监控系统与智能监测管理平台的 BIM + GIS 框架通过无人机航拍获取盾构施工现场地表的现状影像,并采用 BIM 模型构建盾构隧道和既有线的三维场景,直观反映在建隧道和运营隧道的空间位置关系。系统实时接入了盾构机参数和运营地铁监测数据,通过大屏实时显示既有线隧道时间变形曲线和里程变形曲线,并同时联动展示盾构机参数,直观地综合展示现场关键信息。

BIM 实体模型的三维数据集成方法能够使工程建筑信息内容以实体模型方式展现,所有数据信息联动解决。将 BIM 技术运用到工程监测行业能够合理提升监测的信息化管理水准,进而提升监测系统的性能参数和工作效率。

二十二号线左线下穿三号线时,采用传统的纸质报表和电子文档形式进行信息联动,尚未建立运营隧道监测数据和盾构施工状态信息联动的在线监控系统,效率较低、时效性不足、可视化效果不佳。而基于 BIM + GIS 的监测管理平台应将所涉及的施工过程形成直观、逼真的图形,并辅以实时的文字来表达参数信息,使整个过程预先呈现在设计者及决策者面前,帮助他们发现设计、施工中存在的问题。基于 BIM + GIS 的监测管理平台功能包括：①基于在 GIS 平台上展示基坑及周边建构筑物监测点的布置，结合航拍图像，定期更新基坑的施工进度。②在 GIS 平台上展示区间隧道自身监测数据及对周边环境的影响。③通过建立监测数据库基于施工图 BIM 模型创建监测点，一体化平台实现基于监测点的监测数据的录入和历史数据查询功能，实现施工过程中基于 GIS 的监测数据可视化展示、分析和预警，实现手机 APP 的可视化展示以及多种形式的消息推送（包括但不限于短信、APP 推送、微信、邮件等）。

7.3.5 数字化生产

本工程在土建施工过程中应用 BIM 技术，保证主体结构的形体轮廓及空间实际情况。在结构施工过程中，钢筋加工、安装、隐蔽验收、预留预埋都是结构施工的主控项目，对钢筋安装方案的数字化模拟，能够有效地发现设计缺陷、辅助现场大型混凝土结构的钢筋安装工序。

钢筋建模主要是基于本工程全线区间采用盾构施工、车站采用明挖、暗挖施工的工程实际，通过 BIM 技术建立盾构管片钢筋、地下连续墙钢筋、车站主体结构钢筋等施工模型（图 7-51～图 7-53），指导钢筋工程下料、加工、绑扎、交底、工程量统计等，提高钢筋利用效率，避免不必要的返工而造成的工期损失及材料的浪费。

  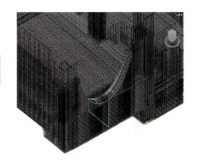

图 7-51　管片钢筋模型　　　图 7-52　连续墙钢筋模型　　　图 7-53　底板钢筋模型

7.3.6 虚拟现实施工

（1）基于 BIM 的铺轨施工模拟演示

浮置板道床历来是轨道工程施工的技术难点，尤其是小半径地段，施工浮置板更容易出现隧道结构侵限现象，主要原因是隧道底板及侧壁侵限，导致浮置板浮置筒无法按照设计定位进行落位，从而导致钢筋笼无法下放至设计位置，进而导致钢筋笼报废，设计人员需重新调整方案，影响整体施工安排，造成工期滞后；同时也导致项目施工作业人员窝工、停工，造成项目成本的增加。

本工程利用三维模型的轨道结构模型进行施工工法演示（图 7-54～图 7-56），根据隧道断面数据、调线调坡等资料建出浮置板道床和隧道管片的三维模型，模拟施工过程，直观呈现浮置板道床与隧道管片的位置关系，通过模型碰撞发现限界侵限的位置及其侵限具体数据，根据碰撞报告对侵限位置进行修改，得出正确的模型。最后按照正确模型数据绑扎钢筋笼调整浮置筒位置，实现钢筋笼一次性精确成型，大大提高了施工效率。

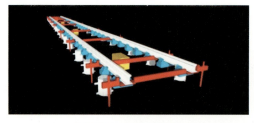

图 7-54　轨排拼装图

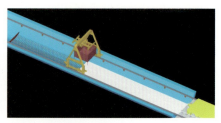

图 7-55　底座施工示意图

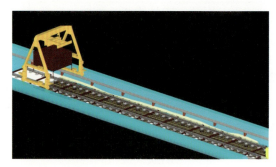

图 7-56　浮置板施工示意图

（2）基于BIM模型的虚拟漫游

本工程基于BIM模型深化实现虚拟漫游（图7-57），让参建各方通过虚拟漫游预先发现问题，做到及时处理。利用已建立的各专业模型，通过虚拟与仿真等技术实现可视化交底，提前感受周围环境要素和内部空间净空、施工难点等部位，施工前解决不合理的设计方案，最大限度降低项目实施风险。

（3）基于BIM模型的虚拟现实

车站公共区精装修设计采用虚拟现实展示（图7-58），可以让参建各方直观地看到构件的形式、材质、接口处理等，模拟组织各专业高效有序的施工流程，避免施工后再返工整改。为了达到仿真的效果，设计团队借助lumion技术软件对三维空间进行渲染，虚拟现实可达到照片级的真实感图像或动画。

图 7-57　虚拟漫游示意图

图 7-58　BIM 模型虚拟现实示意图

7.4 运维阶段应用

7.4.1 运维阶段技术性能

本工程利用 BIM 数字孪生管理运营，融合电力、环控、消防等子系统与 BIM 信息模型，紧密结合响应设计、建设、运维等各阶段的数据互通技术、协同技术，打造具备数字孪生特性、运营协同特性、阶段协同特性、数据协同特性的运维管理平台。通过将众多子系统集成并形成数据共享，实现车站统一的可视化管理。将空间与数据信息绑定，提升可视化管理程度，实现空间数据追踪、报警信息空间定位。通过数据分析功能，感知分析系统运行状况，制定合理运行策略。

在运维阶段，本工程重点考虑如何构建具有自动化及智能化双重特性的业务流程、如何有效将控制策略和报警逻辑进行联动等，从而更好地避免在运维管理阶段过多消耗人力和物力，有效提高运维效率。运维阶段的集成能源管理和设备设施信息，可以对车站重点用能设备进行实时和历史统计的能效监测和能效评估，为将来的车站能效优化设计和节能实施提供充足的第三方基础数据。根据经验，大多数提高能效、提升性能的改善只需要少量的操作改变，可实现降低维护费用，保障长期的高效运行。

运维管理平台以 BIM 技术为基础，通过数字孪生技术实现信息模型作为人机交互的载体，利用设备、空间定位、运行参数颜色渲染等模式，场景与界面为组态化呈现，使子平台中所有的系统资源通过场景与图形的方式表达，与现实场景一一对应，实现信息的可视化、高效监管。使用三维场景实时显示系统或设备的动态数据，能够直观查看控制点的实时状态，三维场景能够动态反映受控设备的运行工况及运行参数。

运维管理平台可采用具有独立性的分布式数据，可以连接物理上分散的多个数据库单元，组成一个逻辑统一的数据库，每个被连接起来的数据库单元称为站点或节点，使数据拥有独立性，分布式数据的基本特点包括物理分布性、逻辑整体性和站点自治性。分布式的数据具备数据分布透明性、按既定协议达成共识的机制、适当的数据冗余度和管理的分布性。各子系统独立运行、分散监控，与平台保持及时、可靠数据交换与指令沟通。各子系统之间的操控相对独立，可通过集成系统的高级控制逻辑和业务逻辑实现联动控制和业务关联，但每个子系统的故障均不会影响其他子系统的正常工作。子系统之间的数据共享通过统一协议转换完成，最大限度地减少数据流通的中间环节，分离故障、分散风险、便于管理。

7.4.2 运维管理优化

BIM 模型数据积极对接物联平台，助力穗腾 OS2.0 在横沥站、市广路站的示范应用。

大数据平台可汇聚广州地铁所辖范围内的所有生产型数据和管理型数据,可实现海量数据开放共享,真正打破了系统之间的壁垒,实现数据有效流通,降低数据使用成本,减少系统重复建设,为数据的互通带来更多的业务增值。通过大数据平台,建设轨道交通大数据资产,制定轨道交通大数据服务标准,员工、供应商、开发商都可以通过自助服务使用大数据,利用大数据快速创建或挖掘新的智慧业务,实现大数据价值增值。例如设备预测性维修、客流预测和行车优化等。运维阶段 BIM 技术应用场景如图 7-59 所示。

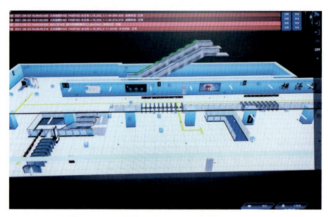

图 7-59　运维阶段 BIM 技术应用场景

7.5　CIM 平台示范应用

7.5.1　CIM 信息管理平台

CIM(City Information Modeling)为城市信息模型,是将 BIM 理念运用至城市建设过程中形成的认知模型,建设的对象从建筑扩展至城市,包含了市政规划、城市规划、道路桥梁建设等多个模型,涵盖了城市建设体系中多个层面的内容,从整体分析表现为 BIM 技术在非构筑类设施项目建设中的应用。

从模型层面分析,CIM 信息管理平台包含了城市建设中所有包括物流特性的相关模型信息。CIM 信息管理平台构建了一个能够提取相关数字信息的数字化运营平台,能够有效存储、提取、更改或者删减城市建设的相关信息,在数据化平台中能够对各类信息进行共享与传递,将其运用于城市化建设项目之中。从具体行为上分析,CIM 信息管理平台能够有效收集城市建设中的相关信息,并将其运用至管理决策之中,以此促进各个相关的经营管理决策。在云平台构建中,提供了数据调阅与协同功能,有效联合了大数据挖掘、物联网、大数据等技术,使得集成性管理系统的构建能够更好地满足城市发展的需求。

7.5.2　CIM 在隧道工程中的应用

CIM 信息管理平台(图 7-60)的核心技术涉及 IoT(物联网)、GIS、BIM 及其集成技术。CIM 信息管理平台作为一个可以存储、提取、更新和修改隧道工程建设相关信息的可视化平台，需要完成数据采集、数据存储、平台协同、信息传递等多项功能。

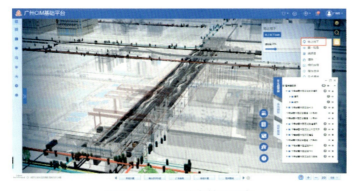

图 7-60　CIM 信息管理平台

（1）CIM 信息管理平台将 BIM 技术应用到隧道工程中，使得隧道项目的设计、施工、运营等过程以信息化的模型呈现出来。

（2）CIM 信息管理平台结合 GIS 技术，采用空间或地理坐标处理数据的信息系统，可以抓取、储存、修改、分析、管理和展示所有地理信息；GIS 中的信息可应用于 CIM 的信息平台中，以数据库技术、三棱柱地层建模技术、实体造型和动态可视化技术为基础，整理隧道的时空数据，实现隧道施工、隧道监测等实时动态数据的规范管理。

（3）CIM 信息管理平台对隧道的时空建模和可视化显示，以及动态展示施工进度、时空查询与分析等问题进行深入研究。在工程建设及运维阶段，将人员、建筑、设备、设施等数据信息在 CIM 信息管理平台中呈现出来。由于这些信息动态变化，IoT 技术可实现完成环境和物质实体动态信息、BIM 静态信息的二者间的关联，最后形成可视化的信息存储、提取、交流平台。这是隧道工程建设 CIM 概念应用的核心理念。

自 2020 年 10 月 1 日起，广州 BIM 报建系统开始试运行。试运行期间开展 BIM 设计的建筑工程项目，建设单位申报工程规划许可技术审查时，需同步提交 BIM 模型进行 BIM 报建试点。

十八号线磨碟沙站实现了 BIM 报建试点应用，并将模型上传至广州 CIM 基础平台，实现琶洲西区 CIM 示范区域整合应用

7.6　本章小结

本章从 BIM 协同设计、智能设计与开发、BIM 在施工和运维阶段应用等方面介绍了数字化地铁设计及全寿命周期应用。

在设计阶段，应用 BIM 技术可以进行站内建筑布局、站外景观设计，实现建筑设计可视化，能丰富建筑信息表达；通过 BIM 技术进行合理的空间设计，能提高人性空间舒适度。

除此之外，通过 BIM 技术进行三维管综设计，可以及时发现管线与结构构件之间的碰撞、各专业的管线碰撞等问题，从而对管线排布进行优化。

在施工阶段，应用 BIM 技术进行三维技术交底，能形象展示施工操作要求，规范现场作业人员的操作流程，提高现场作业效率。施工管理系统的应用，可以实现对施工过程的精细化管理，又可以从多个维度来规范和辅助施工。

在运维阶段，应用运维管理平台，可以提升可视化管理程度，实现空间数据追踪，实现报警信息空间定位。通过数据分析功能，感知分析系统运行状况，制定合理运行策略，提高了管理效率。

BIM 技术在设计、施工、运维阶段的应用，是现代工程施工管理的客观需求，是加强施工过程控制的有效措施，有助于全面把握工程的实施和进展，提高施工项目管理水平和整体效益，大大提高了工作效率，缩短了工期，节省了成本。

第 8 章

精细设计管理

湾区纵贯线　市域新速度
——广州市轨道交通十八号线和二十二号线设计解析

设计管理是指在工程项目设计工作中，对设计资源进行合理的计划、组织、控制、协调，以达到全部设计目标的活动，工程的成功建设离不开良好的设计管理。十八号线和二十二号线是广州首批160km/h全地下敷设的市域快线，具有速度等级高、断面客流大、服务水平高、系统和技术标准新的特点，两线从2017年10月工程全面动工，至2021年9月首通段开通试运营，仅四年时间完成了施工图设计、采购、施工任务，良好的设计管理是工程成功建设及运营的基础。本章将分别从设计管理创新与设计管理效能提升两方面对十八号线和二十二号线工程进行介绍。

8.1 设计管理创新

8.1.1 不同建设模式下的设计管理特点

（1）线网总体管理模式

在线网总体管理模式下，本工程成立广州设计总体部，建立线网总体总包架构，实现"线路总体"到"线网总体"的转变，集中优秀人力资源参与设计总体总包工作，充分利用线网整体规划设计优势，统一技术标准和接口管理，提高了设计管理的效率和质量。

（2）设计总承包管理模式

工程初步设计阶段采取设计总承包模式。由广州地铁设计研究院承担全线初步设计阶段的勘察和设计工作，并承担全阶段的总体总包管理，主要包括：

①全过程和全专业的勘察设计，保障设计方案的衔接和快速推动。

②调派优质人力资源，全力打造高标准、高质量轨道交通示范线。

③全阶段组织设计攻坚集中办公，强化设计管理，保障目标工期实现。

④开展多项专题研究和科研，创建设计创新示范线。

（3）EPC（工程总承包）模式

两线施工图阶段采用EPC模式，这是广州地铁第一次采用EPC模式，广州地铁设计研究院凭借勘察设计综合实力和深耕项目的优势，获得了EPC总承包的勘察设计分包合同。通过EPC总承包架构，采取设计方案评审、总承包例会、设计交底、现场施工配合、关键时期设计驻场等方式，设计与施工开展更加紧密的工作配合和相互衔接。

8.1.2 设计管理的思考

业主方采取建管部模式，打破以往专业分管的方式，成立十八号线和二十二号线建管部，统筹管理两线工程设计和建设，下设多个专业工作模块，实行扁平化的管理方式，加快信息传递、工作事项的处理和联动，强有力地推动工程项目顺利推进。

在EPC模式下（图8-1），设计、采购、施工均由EPC单位总承包，合同结构简单，能有效减少工作接口并降低业主方工程实施风险，总承包方承担的风险相对较大，但获利机会比较多,有利于发挥 EPC 总承包的综合实力并调动其积极性,并使得项目整体效果变好。不同的总承包模式在工程各阶段的责任见表 8-1。

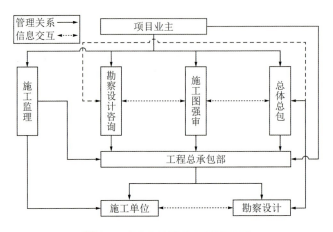

图 8-1 EPC 总承包架构示意图

不同总承包模式在工程各阶段的责任 表 8-1

总承包类型		工程项目建设程序						
		可研	项目决策	初步设计	施工图设计	设备材料采购	施工	试运行
设计采购施工总承包 EPC				√	√	√	√	√
交钥匙总承包 Turnkey		√	√	√	√	√	√	√
阶段性承包	设计-施工总承包 DB			√	√		√	
	设计-采购总承包 EP			√	√	√		
	采购-施工总承包 PC					√	√	
十八号线和二十二号线总承包模式					√	√	√	

十八号线和二十二号线采用施工图阶段 EPC 模式,具体实施过程中,与传统的施工总承包、标段承包模式相比较,其特点体现在两个方面。

(1)对设计工点的管理方式

从合同结构上,十八号线和二十二号线总承包单位对工点设计进行管理,业主对总承包单位进行管理。业主委托设计咨询、总体总包、强审分别对总承包项目的设计质量和服务进行管控。

但在实际执行过程中,EPC 总承包的优势发挥不够充分。设计管理和技术质量控制主要还是基于业主的指导和总体总包、咨询和强审的管控,与传统的施工总承包、标段承包方式并无本质上的变化。例如对设计方案的研究和把关,仅部分设计方案总承包预先组织进行方案审查和联动协同。总承包单位往往是图纸完成总体会签后,在图纸会审、设计交底时,现场施工方才提出意见,后续方案的再调整往往造成出图拖延和设计效率降低,未能最大程度发挥出 EPC 模式的设计和施工联动的高效性。

EPC 总承包单位基本上还是采取相对独立的方式管理设计、施工，主要侧重施工管理，整体设计方案的研究和协调的参与度偏低。EPC 总承包单位在施工图阶段组织的设计、施工的总承包例会，主要聚焦在计划进度、工作衔接的控制和协调，对于工点设计和施工分部在技术方案上的不同意见，协同性和统筹性有所欠缺；施工分部、工点设计各司其职，对技术方案的标准和做法的统一性，未高效发挥出 EPC 总承包优势和综合效益。

（2）对施工图设计变更的运作方式

EPC 模式主要采取的是总价风险包干的策略。总承包单位在批复的初步设计及概算的基础上，保证质量安全标准不降低、功能不降低、工期不突破的原则下，结合现场实施边界条件和因素深化施工图设计。

在实际施工图设计过程中，对比初步设计、招标设计不一致的地方，对于设计方案调整，EPC 总承包单位程序上还是采取既有的集团设计变更管理办法，统一由设计单位先发起变更，再同步发送总体总包单位、咨询单位、总承包单位（施工分部）提出意见，最后再由业主单位开展变更技术评审（合同变更评审另行开展）。

施工图设计变更并非由总承包单位直接启动，对于哪些技术变更不纳入合同变更（合同总价包干）有原则性规定，但未在设计变更启动阶段予以识别和确认，基于风险包干责任并有利于整体投资控制、符合原则的优化变更设计，EPC 总承包单位的综合实力及其积极性未能充分发挥。

8.1.3 设计管理亮点

1）全过程和全专业的勘察设计，保障设计方案的衔接和快速推动

广州地铁设计研究院从项目前期决策阶段即负责编制两线工程可行性研究报告，到初步设计阶段的勘察设计总承包，建设实施阶段的全专业施工图设计和详勘（EPC 单位分包），承担了从初步设计至施工图设计的勘察设计总体总包职责，最大限度地衔接好各阶段的设计相关工作，确保规划、设计意图在设计方案上得到延续和落实，在保障整体设计质量的同时，有效缩短设计工期。

由于两线项目的工程风险多、技术难度大、工期紧，各项目组均承担着巨大的工作压力。为了更好地推动项目，广州地铁设计研究院采取了在政策上、资源上予以倾斜和扶持的策略：以院领导专题协调会的形式检查项目进度和解决工作中遇到的问题；通过技术评审绿色通道加快重大技术决策和研究；通过科研项目支持使项目团队获得科研经费和资源；通过开展劳动竞赛激励项目团队攻坚克难；通过院领导的现场调研和开通前密集下现场，指导项目组快速解决现场问题、提升整体效果，多措并举的方式极大地鼓舞了项目团队。

2）矩阵式管理，设计攻坚保障目标工期的实现

为了保障目标工期，广州地铁设计研究院采取矩阵式管理方式，勘察设计总体总包组

以及工点项目组人员全部来自各生产部门，在项目院级管理层面，由分管院领导对项目进行指导和生产协调，由项目管理部对纳入院控计划的工作进行跟踪和产值分配，由技术质量研发中心对项目重大技术方案进行院级决策和质量抽查。在项目执行层面，由项目主管部门设计总体部管理和保障项目正常运作，由各生产所和项目经理负责具体工点项目的专业设计执行。在项目的初步设计、施工图设计阶段，聚集各专业主要人员集中出图，强力推动项目快速完成阶段设计任务。

投入两线项目的一线人数近200人（不含校审），具有硕士以上学历的人员占比53%，具有中高级以上职称的人员占比79%，具有5年以上工作经验的人员占比56%，具体占比数据详见图8-2。从学历结构分析，人员教育素质普遍较高，具有较强的专业素养、协调和学习能力，满足项目运作的人员基本素质要求。从职称结构分析，高级职称人员占比37%、中级职称人员占比42%、初级职称人员占比21%，项目人员以中高级职称为主，具有较强的技术能力。从人员工作经验分析，具有10年以上工作经验的人员占比26%、5年以上工作经验的人员占比30%，各年龄段人员比较均衡，形成老带新的人员结构，有利于充分发挥出人员的项目经验、技术执行和整合能力以及年青人员的工作冲劲。此外，院里和各部门还配有一批经验丰富、副高级或正高级的审核与审定人员，在整体上对项目的技术方案进行指导和评审、质量把关，有效形成了项目组内技术研究和实现、院内各级技术决策专家团队与院外知名专家专项评审的多层次技术资源综合利用。

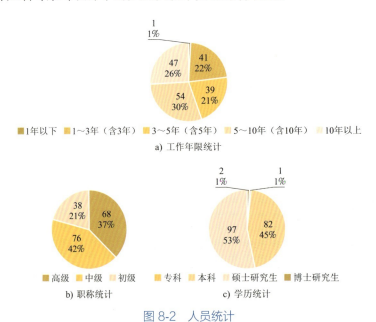

图8-2 人员统计

3) 开展多项专题研究和科研，创建设计创新示范线

为做好两线的技术攻关、指导设计、建设新时代的轨道交通，广州地铁设计研究院在施工图设计阶段开展了多项专题研究工作，如市域快线弓网匹配、长大区间防灾救援、高富水液化砂层盾构施工重大风险防控、CBTC车地通行、市域快线与城市空间融合等

相关专题研究和科研工作。通过研究并寻找社会技术力量合作和支持，聘请专家指导和把关，形成一系列研究成果、专著、专利，指导施工图设计，提高设计质量，创立设计精品。

<u>4）采取多种管理措施，提高管理效能和设计品质</u>

（1）制定图册计划标准

鉴于项目工期十分紧张，设计总承包积极转变思维，加强主动管控力度，梳理和测算了设计出图涉及的内控程序、各环节时限要求、前置条件、工作成果，编制"施工图出图管理实施细则"，规范设计和审查各方的工作要求，做到重点图册提前干预、逐个环节跟踪督办，相比常规方式，每册图纸的生产平均节省 15~20d。

（2）多方联审机制

结合工程进度和现场需求，急需图册采取"多方联审"机制，在方案研究和变更初期，召集勘察、设计、总体、咨询、工区、总承包、监理等单位，集中会议评审，快速推动方案或变更的预评审，为后续审批大大节省时间。

施工图纸评审采取联动机制，安排专人对总体组开展督办、统计和通报，必要时组织集中会签快速完成总体审查。提前将图纸送审和出图计划发送咨询、强审，让各方及时掌握近期评审工作量早做安排。

（3）设计"回头看"

为更好地做好各阶段方案衔接，总体组组织对初步设计、招标设计、施工图设计的方案变化情况进行对比，梳理设计方案变化的时间、变化内容和依据来源，提高设计方案前后衔接和设计质量。通过方案变化的梳理，较好地衔接了各阶段的方案，并清晰反映出方案变化的输入条件和要求，避免了设计遗漏、有效落实各方意见，做到心中有数，指导后续施工图设计的顺利出图，起到较好的效果。建议后续可形成模板式、规范式的内容填报，由各工点项目做好记录和自查，有利于总体评审、会签时的把关，也有利于方案演变的过程记录和跟踪，辅助提高设计方案质量。

为进一步提高设计质量，避免专业接口遗漏或不匹配，对于土建主体施工图及相关重点图册，开展"设计回头看"工作，组织各专业专题会议确认接口，集中评审、集中落实，把好出图前的最后一道质量关。通过设计回头看，集中各专业在出图前对专业接口进行最后一次梳理和协调确认，进一步降低接口遗漏和冲突，提高设计质量，把好设计最后一道关，对于紧急、复杂的项目特别有效和有必要。

（4）前置装修专业设计

初步设计阶段开展装修设计，结合各站点的初步设计方案，落实重点站、标准站的装修概念和标准，前置与各站点的方案深化协同和提资，落实初步的装修方案，前置深化设计保障装修方案在实施阶段的可落地性。在土建施工图设计阶段，进一步深化要求，编制装修通用图和技术要求,指导各工点落实各站的公共区、设备区装修以及地面附属装修,配合总承包单位实施装修样板段,保障全线整体的装修效果。

（5）强化质量和安全管控

组织副总体、咨询、强审,每季度抽查勘察成果、结构设计蓝图的质量情况,检查规范执行的正确性、各阶段评审意见落实情况、设计安全性、出图的合规性等相关内容,并督促对发现的问题做好整改,提高工程设计的本质安全和质量。

5）动态跟踪工程风险

针对设计工作及施工配合中发现的相关的隐患、风险、问题,不断反思和总结,持续发挥设计的龙头作用,有针对性地开展设计安全工作,确保设计文件质量,提升设计本质安全。新一轮线路从设计条件、设计标准、第三方监测、巡检及施工配合等方面出发,做好设计安全风险管控。

每季度梳理当前在施工的安全风险点以及即将开通的安全风险点,辨识并描述当前安全风险,列出设计相关措施,检查安全风险措施执行情况、监测情况、现场进展,以及施工存在的问题,提出相关建议,管控安全风险。对于重大的安全风险,组织工点安排人员值守、值班,配合施工方现场跟踪和解决处理安全风险,直至风险解除。

6）夯实基础资料调查,保障设计质量

加强勘察、勘察总体统一组织与管理,全过程应用勘察信息化手段,应用勘察新技术、新设备;"加密勘察＋物探"提高不良地质的识别率,加强复杂水文地质的研究分析工作;提高管线资料的完整性及准确性,完善成果提资及交底管理,提升调查资料的准确性和真实性。

7）建立概算回归机制,实现投资动态管控

在保障安全与功能的条件下,全面梳理新线设计方案,找出优化关键点。建立完善的概算回归机制,反映概算执行情况,建立施工图预算与变更台账,动态对比分析各阶段数据,建立定期报告制度,落实对投资的动态管控。

8.2 设计管理效能提升

8.2.1 设计管理分析

1）矩阵式管理

从项目特征和人员职责权限上分析,总体总包项目拥有专职且具有相当权限的项目经理和专职总包人员,分管院领导日常予以指导和检查,属于强矩阵模式,有力保证了本项目的平稳推进。工点设计任命了项目经理,并配备能力素质较强的专业技术人员,属于平衡矩阵模式,依托院内成熟的技术管理体系、质量管控体系和相关管理规章,确保工点项目有效开展。

从实施效果上分析，矩阵架构设置符合本项目技术难度大、时间紧迫的特点，具有较好的项目适应性。总体总包项目组统揽全局，在院领导、各职能部门的指挥和监控下，通过专职项目经理（总体）和项目管理人员（总包）的专注工作，能有效推动各类重点、难点事项的解决，应对瞬息万变的信息、多方协调和服务。工点设计项目有赖于配备经验丰富的工点项目经理、能力和素质较高专业技术人员，本项目在各部门以院里"一号工程"的重视程度，形成了技术能力过硬、协调能力较强、执行能力较好的设计团队。

2）管理权责和效能

（1）工点设计内部

各工点项目经理均由高级工程师担任（部分项目配备了副项目经理，协助项目经理进行部分专业分管），负责组织和安排本项目组各专业设计工作。大部分项目经理具有多地、多线项目的历练，具有丰富的项目经验，可保证复杂项目的技术方案、综合协调的控制。矩阵式管理能满足常规项目的需要，但在两线技术难度大、任务重、工期紧的背景下，实际运作过程中存在需进一步优化和思考的地方。项目经理的整体负责和专业负责人的本专业内负责，当"内""外"存在矛盾时，项目经理缺乏足够的权限和可控资源，时常会出现口头投诉和批评情况。

建议下一阶段在重大项目上要加大设计项目经理的权力，赋予更有效的分配权、考核权、激励权，实现更好的团队执行力和团队建设，提高团队凝聚力和向心力，更大程度地发挥团队整体的战斗力和干劲。

（2）总体技术管理

总体在整体层面统筹和协调，对项目负责；总包开展进度督办、项目管理的综合协调，对总体负责。副总体按大专业进行多专业分管，对总体负责。两线根据项目需求，分专业配置了9位副总体，在各自的分管专业内开展技术标准制定、设计方案评审、图纸会签、专业接口协调等技术管理工作，有效支撑了总体总包项目的平稳推进。

总体和总包为专职管理人员，对项目的专注度更高，副总体除了承担本线副总体工作之外，兼任本线路的大项目负责人，并承担其他线路相关工作（前述的工点项目经理情况类似），在常规项目上可以起到较好的工作衔接、提高效率、提高产出的目的。但由于两线时间紧、任务重、标准高、要求严，且工点项目均为多工点的大项目，兼职副总体在时间和精力分配不足以全面满足的项目需要。因此，部分副总体在履职中表现出工作成果提交时有延缓、总体总包催一下动一下、主动思考不够、协作配合不强的现象，执行力有待加强。另一方面，在对接业主团队层面，在设计攻坚阶段阶段（出图高峰期），业主主要联络总体或总包下达各项指令、安排各项工作，副总体主动互动相对偏少，来自业主的外部压力主要集中在总体和总包身上，未能更有效地发挥出团队各司其职的作用和每位成员的工作主动性，在后期开通前（基本完成出图）的设计问题核查和整改此类情况有明显改善。

建议下一阶段在副总体的安排上，进一步充分考虑工程项目的工期急迫性、管理方诉求等，重点平衡好人员的工作负荷、行政岗位资源、团队配合度，并提高工作积极性，进一步发挥出副总体的管理和统筹效能，强化技术牵头和综合协调作用。

（3）总包项目管理

两线共配置 3 位专职总包管理人员，在项目进度、质量、合同、信息、综合协调方面采取了较多的措施，落实业主和总体的指令、协调各方专业人员，组织总体组和设计项目组。依托于院高层领导的持续关注和亲自协调、主要职能部门的有效管理和配合，以及总体和总包之间的相互包容和补位，本项目的总包管理工作为项目目标的实现发挥出有效价值。

专职总包管理人员除承担项目总包管理职责外，同时承担部分设计总承包工点服务职责。总体部总包室为让项目总包集中精力、专职做好本项目，基本未安排本项目之外的部门、室内工作，并持续加大总包人员对技术方案、对项目的跟踪力度，做好各方协调和工作牵头、落实，对设计总体起到较好的配合与分担管理作用，并在较大程度上提高了人员业务能力。但由于本项目各设计项目组、各专业都在负重前行，在完成设计出图外，工作相关的成果提交、信息汇总、事项协调多次出现逾期未完成的情况，造成项目督办工作较为被动和低效。总包一方面需要和业主、总承包、监理等单位协调、解释，以推迟成果提交或争取更加可行的时间，另一方面需要在内部重复强调、反复跟踪督办，请上级领导协调。整体而言，督办效率和令行禁止上存在较多的不尽如人意的地方，同时在项目整体管控上，对指令执行到位和滞后处理还不够有效。

业主方认为总包作为总体项目的管理者，要与总体并列、牵头管好项目，院内对总包的定位为服务总体的督办和辅助协调角色，不完全对应的权责使总包工作开展步履维艰。第一，在总体项目内部，总体赋予总包更大的工作职责、更深的工作介入（对比其他线路），总包日常承接建管部、总工室的业主指令，以及咨询、强审、总承包、监理等外部协调以及院内各部门的内部协调，多重指令和要求落实、多方信息汇集和事项协调，管理和协调工作异常繁重。第二，对内督办项目经理，总包人员为加快协调落实，很多情况下直接协调到各项目专业负责人甚至设计人，形成"管理者"和"执行者"的错位，缺乏足够的方法和考核手段，督办效率较低，形成了院内项目难管、最晚提交和最难落实的不良风气，总包人员担受管理、协调的多方面压力，影响其工作士气和积极性。

建议下一阶段加强总包管理人员对项目的考核权与激励，总包人员也需要进一步熟悉技术，站在更高的项目管控角度，并利用院内的各项制度和措施，借力推动项目进展，并形成项目内协调、总体部干预、项目管理部处理的三级联动机制，更有效地管好项目，为业主和总体做好服务，更有效地管理工点设计。

8.2.2 设计管理体系与流程

接口管理是设计管理体系的核心，通过收集各接口的进展情况进行问题梳理与汇总，针对内外部不同的问题采取不同的解决办法，最后再进行收集，协调处理直至成功出图，接口管理流程如图 8-3 所示。

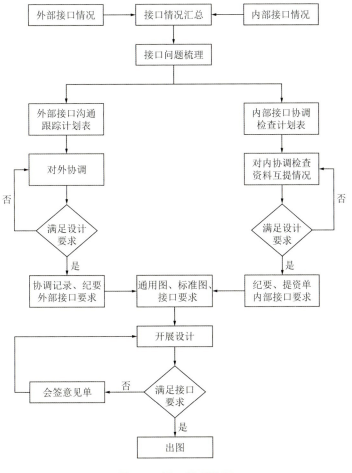

图 8-3　接口管理流程

8.2.3 计划管理

1）计划管理体系

项目按照三级计划管理体系执行，首先是依据工程的总工期策划，编制两线设计项目的整体性计划；然后在此基础上，结合现场施工的年度目标，编制年度一级设计计划，作为进度控制的关键点；最后根据年度一级设计计划，编制详细的出图计划，下发各项目组执行。在计划管理过程中，分阶段、有侧重地做好控制，形成 PDCA（策划—实施—检查—处理）闭环管理。具体在计划执行过程中的内部主要流程如图 8-4 所示。

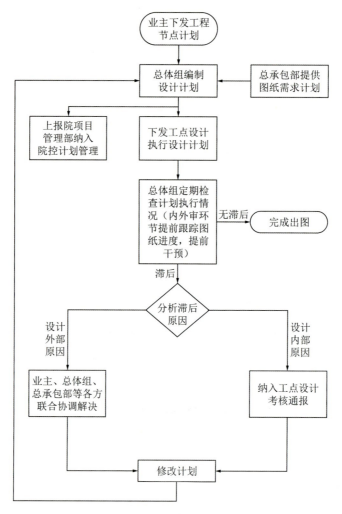

图 8-4　计划管理流程

2）事前控制方法

（1）施工图图册清单

项目事先编制施工图图册清单，并根据已下达或明确的设计计划，标注出图关门时间，并预排倒推前置各评审时间节点，下发各项目组预先查册对照，做到心中有数。

（2）计划预控

对于影响现场实施的关键图册上（如围护结构、主体施工图），项目组应提前了解和掌握影响出图的相关因素、设计方案及变化情况，提前安排和协调勘察、报建、方案协调、变更情况。编制重点图册进度跟踪表，按周统计各环节进展，预判影响到最终出图时间节点予以提前干预。

3）事中控制手段

（1）每周设计攻坚例会

总体总包单位和总承包单位相互协调，每周组织各方（建管部、总体总包、咨询、总承包、工点）召开设计攻坚例会暨总体例会，全面检查设计出图和各项工作任务进展，并由总承包单位收集、汇总和会上反馈现场各分部、工区急需解决的问题，各方共同协调和推动勘察、设计工作按目标达成，并解决现场急需落实的问题。

（2）院控协调

总体总包将设计一级计划及关系到现场施工进度的关键图册纳入院控计划，借助院内生产计划管控流程，加强对出图进度的监控。预判出图可能滞后的情况，提前与项目管理部沟通，开展事中协调和事后处理。

（3）专项协调

对于集中分批出图或阶段性、重要成果提交任务，总体总包组织专项协调会，进一步明确工作目标、时间要求，协调存在的问题和接口事项，予以专门关注和跟踪落实。

（4）评审过程联动

总体总包严控图纸会签时间，将会签图册时限由 5d 压缩为 3d，安排专人对总体组开展督办、统计和通报，必要时组织集中会签快速完成总体审查。提前将图纸送审和出图计划发送咨询、强审，让各方及时掌握近期评审工作量早做安排，在送审过程中，总体总包与咨询、强审保持密切联系，对送审图纸、审查前置条件、过程反馈资料、须落实的问题同步协调各方，按天控制审查时间，避免由于沟通不及时造成图纸审查延迟。

（5）多方联审

结合工程进度和现场需求，急需图册采取"多方联审"机制，在方案研究和变更初期，召集勘察、设计、总体、咨询、工区、总承包、监理等单位，集中会议评审，根据会议精神快速推动方案或变更的预评审，为后续审批大大节省时间，加快推动设计方案稳定和出图。

（6）预警干预

总体总包根据出图节点目标，每周跟踪设计进展，预判不能按期出图的工作项目，了解详情并督促项目负责人、专业负责人采取赶工措施。情况较严重的，直接与专业所所长、室主任协调，说明情况和后果，寻求专业所的行政管理支持。情况很严重或涉及多专业接口责任，报请项目管理部开展院内协调，通过强力干预避免设计延误造成的不良后果。

（7）施工巡检

除每周攻坚例会上由总承包提出现场供图需求外，总体总包根据施工进展以月度为周期开展施工巡检，在现场详细了解各工区、分部的施工进展、图纸需求、需要设计配合的事项，再予以逐项落实并回归、调整出图控制计划，对接新需求、对称信息并加强协调，避免施工等图。

（8）信息系统

总体总包利用院内项目管理系统，筛选和查找与送审、出图、送图有关图册的进展情况，掌握第一手真实进度数据，提高管理效率、做好进度控制，并与咨询、监理、现场反馈的设计进度信息相互印证，动态跟踪和督办。

4）事后处理和改进

（1）出图进度分析

对于业主、监理、施工、咨询、强审反馈设计出图或送审的进度问题，总体总包予以专项梳理和全面分析，一方面消除由于信息不对称造成的重大误解（比如设计方案变化、报建原因、评审滞后原因、图纸发送过程脱节、不合理的要求等等），对非设计自身范围内的问题撇清责任。另一方面找出设计方存在的问题、尚未关注到影响出图的因素，抓紧协调、做好整改和弥补，以履约服务的态度做好设计管理。

（2）总体例会通报

对出图滞后、工作任务完成滞后、屡次拖沓延迟情况，总体总包应在例会上予以通报批评并纳入设计考核项。事后做好与业主、相关方的沟通解释工作，说明滞后的原因、采取的改进措施、后续提交时间等，争取获得对方的理解和同意，尽量消除不利影响。

（3）院内扣罚

项目管理部根据院里计划进度管理办法相关规定，对于院控计划滞后的项目组和相关部门采取全院通报和扣罚措施，警示计划刚性。

5）进度管理分析

本项目在实施过程中采取了较多的事前、事中控制措施：集中办公、限定各环节工期、设计攻坚例会、多方联审等措施是保证设计进度的前提；总包提前熟悉和了解设计方案变化和前置条件、高频率多任务跟踪督办、多方协调和调动资源是整体推动设计进度可控的必要条件；院内各部门的重视是本项目重大节点目标实现的关键因素，项目管理部的密切支持和配合，使得关键图册、关键工作进度可控，与各专业所较为顺畅的协调和沟通，也是保证出图赶工和进度干预的非常有效的措施；各设计项目组、总体组目标一致、有效组织、攻坚克难是确保项目进度的内在动力。

在项目推进过程中，进度管理也存在一些不足，主要体现在以下几个方面。

（1）日常安排的临时性工作任务经常性延迟完成

对于总体例会以及日常性工作安排，各项目组成果提交或配合资料提交经常性拖沓，需要总包和总体反复督促、催交，方能滞后提交。临时性工作较多涉及业主要求、总体组的设计相关安排、工程设计相关表格和数据填报等内容。特别是在各在建线路的相关技术数据、工作文件统一汇总提交时尤为明显，对比其他由外院做设计工点的线路，十八号线和二十二号线相关文件的提交时常较晚或滞后，反映出工点的配合度和纪律性不足，"拖后腿"式的工作表现一方面严峻考验总包人员的督办效率，另一方面也会造成业主满意度的下降。

造成上述的原因包括：第一，项目组涉及出图压力大且业主临时性的各类数据/表格/文件安排事项较多，疲于应对；第二，项目组内部的执行力不够，项目经理对指令安排的传达不到位或组内的专业人员消极应对；第三，总包对于此类临时性工作的督办考核缺乏有效的手段。

建议在后续工作中，要赋予总包、项目经理更有效的考核权，整治院内人员的拖沓和应付思维，为线网各设计单位做好工作配合表率。此外，应利用信息化手段，将与工程项目有关的常用设计文件（总平面图、线路平纵断面、专篇、各类批复等）、数据信息（建筑面积、车站层数、出入口数量和位置、结构工法、上穿下跨、风险点等）分类存储在系统平台上，并根据需要定期更新，提高文件和信息收集、汇总效率；建立系统的日常工作督办跟踪清单，线上发布工作任务、记录提交时间、形成汇总台账，作为工点日常设计配合和服务的数据，提高督办效率和考核有效性。

（2）装修、机电、系统出图衔接

机电系统涉及的专业划分细、接口多，设计联络分批多次开展，现场情况和各专业方案变化相互影响，部分涉及提资、接口的图册出图出现延迟和被多点投诉现象，主要原因在于设备确认、接口确认、现场变化确认未能全面衔接，协调不够及时，一项工作延迟导致后续多项工作推进受阻。

建议在下一阶段，总包和总体需要更细致的管控和协调，策划和跟踪好标准和通用图下发、接口提资计划和出图安排衔接，以及协调设计联络的及早安排和确认。

（3）系统支持

两线的计划督办较为频繁，图册流转环节跟踪十分细致，总包的工作量异常繁重，每册图纸设计内审、送签、送咨询、送强审、最终出图各环节均需要监控，院内的项目管理系统只能记录到院内环节，批量查询不便，因此在项目前期阶段，总包人员大部分时间通过人工落实+系统查询相结合的方式，效率低、工作量大，占用了大量精力，及时性、准确性存在不足。2020年底上线了总包计划管理模块，与项目管理系统对接，相对提高了图册进度跟踪信息查询和督办效率，后续应进一步完善总包计划管理和相关模块，通过系统自动记录和搜集相关信息，并支持图册计划预警、滞后标识、统计报表等功能，解放总包计划管控的事务性工作，更及时、精准进行干预和控制。

8.2.4 质量安全控制

两线项目严格按照院内ISO质量管理程序和相关质量管理办法执行。质量控制程序详见如图8-5所示。

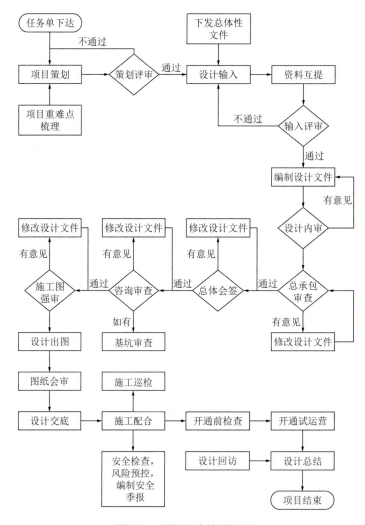

图 8-5 质量安全控制程序

1）项目策划

根据院里标准化相关要求，项目启动后，各项目组对具体项目目标、项目人员、工作计划、质量策划、知识和风险管理等内容进行策划和评审，并在项目开展的前期，对全线的设计重难点和工程风险点进行梳理，采取相关措施。

2）技术要求和通用图

院内项目应编制各阶段"总体技术要求""文件组成与内容""机电对土建的要求""文件编制统一规定"，并下发执行。除按院里发布的各专业标准图、通用图外，十八号线和二十二号线在设计过程中，项目组也编制和发布执行相关参考图、通用图、技术要求，例如公共区楼梯布置参考图、公共区装修通用图、设备区装修通用图、公共区卫生间及母婴室装修通用图、特殊衬砌管片参考图、人防通用图、建筑墙体圈梁/构造柱/配筋带设置要求、导则方案标准通用图等，统一设计方法，提高设计效率。

由于两线均由院内承担工点设计工作，因此通用图、标准图的宣贯效率较高、响应速度快、执行差错率较少，并且在图纸会签中对具体的设计做法进行各工点的横向对比，能够及时下发补充的技术要求，在设计具体方案的统一性、标准化方面得到提高。

3）设计评审

（1）方案演变梳理

为更好地做好各阶段方案衔接，总体组组织针对初步设计、招标设计、施工图设计的方案进行变化情况的对比，梳理设计方案的变化时间、变化内容和依据来源，提高设计方案前后衔接和设计质量。

方案变化的梳理较好地衔接了各阶段的方案，并清晰反映出方案变化的输入条件和要求，避免了设计遗漏，有效落实各方意见，让各项目组做到心中有数，对于指导后续施工图设计的顺利出图起到积极作用。建议后续可形成模板式、规范式的内容填报，由各工点项目做好记录和自查，有利于总体评审、会签时的把关，也有利于方案演变的过程记录和跟踪，辅助提高设计方案质量。

（2）方案院审

重大技术方案应按照院内质量控制程序，上报院总工、副总工开展技术评审，并根据评审意见落实修改、完善设计方案。设计人员完成图纸后，按院内质量程序完成内部校审，未提交校审的设计文件，不得送总体会签、送咨询审查、送施工图强审。

对送审前置工作检查从程序上有效把控了图纸质量控制的合规性。重大方案由院内专家把关，有效指导和提高了设计方案的质量。

（3）总承包评审

十八号线和二十二号线工程属于EPC模式，设计文件需经过总承包单位的评审确认。设计出图后，相关设计文件提交总承包单位审查，由总承包确认后体提交图纸会签。但在实际项目执行过程中，仅部分设计方案在设计过程中，设计和施工开展预先的对接和协调。总承包按照常规施工总承包的管理方式，对设计出图的前置评审不够主动和及时，对分部、工区的组织不够，往往是图纸完成总体会签后，在图纸会审、设计交底时，现场施工方才提出意见，后续方案的再调整，造成出图拖延和设计效率降低，未能最大程度发挥出EPC模式设计和施工联动的高效性。

（4）图纸会签

确认设计完成内审后，按出图计划提交会签图纸，组织总体组及相关专业对图纸开展总体会签，审查和确认专业接口、总体技术要求及相关技术要求、规范、做法的适当性。会签人员完成各专业的会签意见，二次送签时由送签工点附上对会签意见的回复，直至各专业均无意见，完成图纸会签程序。

建议未来的项目可施行网上会签，提高总体会签的工作效率，并有效衔接前后两次会签的意见、意见落实情况，跟踪图册最终出图情况，有效进行全过程图册评审的监控。

（5）设计回头看

为进一步提高设计质量，避免专业接口遗漏或不匹配，本项目对土建主体施工图及相关重点图册开展"设计回头看"工作，组织各专业专题会议确认接口，集中评审、集中落实，把好出图前的最后一道质量关。

通过"设计回头看"，各专业在出图前对专业接口进行最后一次梳理和协调确认，进一步降低接口遗漏和冲突，提高设计质量，把好设计最后一道关，对于紧急、复杂的项目特别有效和有必要。

（6）咨询评审和施工图强审

在常规情况下，总体一签完成后再送咨询审查；特殊和紧急情况下，总体与咨询沟通后同步送签送审。总体根据咨询意见对图纸进行完善并对意见进行回复，在提交总体会签无意见单、咨询意见回复后，设计图纸送施工图强审。设计根据强审的初审意见进行落实和回复后提交强审确认无误后，由各方盖章正式出具施工图。

（7）外部专家评审

本项目对关键阶段、复杂技术方案、专项设计，按程序开展外部专家评审，如初步设计文件评审、初步设计概算评审、风险专项论证评审、抗震专项评审、消防专项评审、车站重点方案评审等，各方案按照专家评审意见进行落实修改，并编制专家意见落实回复表，根据专家指导意见完善设计方案，跟踪意见落实情况，保障设计质量。

4）质量跟踪控制

（1）施工巡检

总体组根据施工现场的进度、安全风险情况，定期组织全线施工巡检（高峰期每月组织，常规期每季度组织），及时了解现场的供图诉求、需设计解决的问题、按图施工情况、在现场发现的安全隐患；及时发现现场的变化情况，组织设计予以调整、优化设计方案。同时，督促工点设计每周赴现场开展施工配合，指导施工，并留有施工配合记录，提交业主和监理，督促施工单位整改，提高施工质量。

（2）质量抽查

本项目组织副总体、咨询单位、施工图强审单位，每季度抽查勘察成果、结构设计蓝图的质量情况，检查规范执行的正确性、各阶段评审意见落实情况、设计安全性、出图的合规性等内容，并督促对发现的问题做好整改，提高工程设计的本质安全和质量。

（3）安全管控

本项目在初步设计阶段开展风险、抗震等涉及安全的专项设计，并组织专家评审，落实评审意见，在施工图设计中贯彻和落实各项安全防控设计措施，建立风险清单台账，跟踪现场实施情况和进展。每季度梳理当前施工的安全风险点以及即将开通的安全风险点，辨识并描述当前安全风险，列出设计相关措施，检查安全风险措施执行情况、监测情况、现场进展，以及施工存在的问题，提出相关建议，管控安全风险。

对于特别重大的安全风险、或遇施工险情，本项目组织工点安排人员职守、值班，配合施工方现场跟踪和解决处理安全风险，直至风险解除。

（4）开通前检查

线路开通前，本项目密集开展多次现场巡检，查漏补缺并对现场实施的不到位、未按图施工情况予以记录，督促和指导施工单位尽快整改，满足各项验收、开通的要求。

8.2.5 强化施工配合管理

（1）总体总包施工巡检

总体总包组定期开展施工巡检，前往现场详细了解各工区、分部的施工进展、图纸需求、需要设计配合的事项，从施工实际需求出发，督促工点设计逐项落实，避免"施工等图"；重点检查施工重大风险应对情况，督促施工单位落实风险控制措施，防范施工风险。

（2）工点设计施工配合

强化设计源头的安全风险管理，本项目要求工点设计根据工程进展的需要提供施工配合服务，每周不少于 2 次，每次半天。每次施工配合服务做好记录。

（3）设计驻场、值班

对于重大的安全风险或集中施工阶段，项目组组织工点安排人员值守、值班，配合施工方现场跟踪和解决处理问题，有效提高施工质量和效率。

8.3 精细化设计

8.3.1 土建

十八号线和二十二号线土建工程建设过程中有地质和周边环境复杂、建设工期紧、前期工程难、建设规模大、设计标准高等特点。两线土建工程在施工过程中，结合勘察、征拆、周边环境、工筹等变化，主动开展精细化设计，动态进行设计施工联动，为两线如期高质量开通提供了重要保障。

广州地铁设计研究院设计总体总包牵头，各工点、系统设计单位深入建设一线，通过对建设客观条件、现场环境的充分了解和把握，不断完善施工图设计方案，并及时根据现场变化及时动态调整，既保证了土建工程建设的可行性，也保证了工程安全风险、质量和投资可控。以下分别为车站和区间的典型案例。

（1）番禺广场站

番禺广场站根据详勘资料和工效优化围护结构支护形式，由连续墙 + 内支撑调整为吊脚连续墙 + 内支撑 + 锚索。

初勘报告揭示基坑范围内地层依次为〈1〉填土层、〈4-2B〉淤泥质土层、〈3-2〉中粗砂层、〈5H-2〉硬塑状砂质黏性土层、〈6H〉侵入岩花岗岩全风化带、〈7H〉侵入岩花岗岩强风化带、〈8H〉侵入岩花岗岩中风化带。基底主要位于〈8H〉花岗岩中风化带，其饱和极限抗压强度标准值25MPa。

如图8-6a）所示，初步设计时，车站围护结构方案采用1200mm厚连续墙＋5道混凝土内支撑支护体系，连续墙嵌固深度4.5m（兼抗拔），连续墙在中风化花岗岩地层中采用双轮铣成槽。

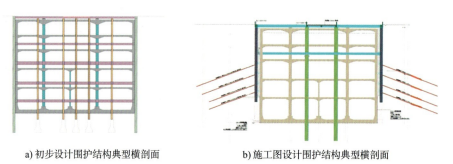

a) 初步设计围护结构典型横剖面　　　　b) 施工图设计围护结构典型横剖面

图8-6　围护结构初步设计和施工图设计典型横剖面

详勘报告揭示基坑范围内地层依次为〈1〉填土层、〈4-2B〉淤泥质土层、〈3-2〉中粗砂层、〈5H-2〉硬塑状砂质黏性土层、〈6H〉花岗岩全风化带、〈7H〉花岗岩强风化带、〈8H〉花岗岩中风化带、〈9H〉花岗岩微风化带，局部揭示〈8H-1〉安山岩中风化带、〈9H-1〉安山岩微风化带。基底主要位于〈9H〉花岗岩微风化带，局部位于〈8H〉花岗岩中风化带，中风化岩面埋深12.4～49m，微风化岩面埋深15.3～52m，其中〈8H〉花岗岩中风化带的饱和抗压强度平均值为20.3MPa,〈9H〉花岗岩微风化带的饱和抗压强度平均值为65.8MPa，最大值为114MPa。双轮铣在高强度微风化层中成槽效率低，施工难度大，按原连续墙施工工期无法满足开通要求。考虑到勘察资料变化，为满足现场工期要求，需对围护结构连续墙深度进行调整，局部采用吊脚墙的方案。

基坑中间段采用1200mm厚吊脚连续墙，考虑微风化岩面埋深为15.3～52m，平均约20m，岩面起伏较大，吊脚墙终孔原则按照进入9号微风化岩不小于1.0m且进入负四层楼面板下2m控制，在负四层楼板完成后可固定墙角，控制基坑风险。吊脚连续墙外放1m，吊墙段留一定宽度岩肩，同时为锁脚锚索的设置留出空间。在岩面较高的范围采用吊脚墙形式施工，能满足总工期的控制要求。另一方面，〈9H〉花岗岩微风化带抗压强度高，有足够的自稳性，能满足垂直开挖要求且节约投资。

因详勘资料变化，车站围护结构调整为连续墙吊脚方案，需相应调整车站支护方案为内支撑＋锚索的形式，可优化出土空间，提高出土效率；另因取消中山支线预留，调整了车站标准段宽度，内支撑长度相应减少；同时为控制施工风险，取消纵向施工栈桥，横向施工栈桥根据现场需要由3道增加为5道。

基坑中间段5～19轴临近基盛总部经济商贸中心，该段基坑采用三道内支撑＋锚索方案，避免对地块建筑物造成影响，基坑竖向石方范围内采用锚索体系，临时立柱最小间距12m×12m，石方空间可满足相关机械要求。基坑中间段19～51轴基坑采用两道内支撑＋锚索方案，基坑竖向石方范围内采用锚索体系，临时立柱最小间距12m×12m，石方空间可满足相关机械要求。结合支护方案调整，取消纵向施工栈桥，该栈桥非施工必需，取消可减小基坑施工风险；横向栈桥增加两道，满足基坑横向交通需求。

（2）番禺广场—市广路区间（番市区间）

二十二号线番市区间首次引入在超小净距扩挖洞室内盾构解体破解工程建设难题。

番禺广场站是一座双岛四线的地下明挖车站，如图8-7所示，十八号线左、右线位于车站两侧，二十二号线左、右线位于车站中部，实现十八号线和二十二号线的同站台换乘功能。

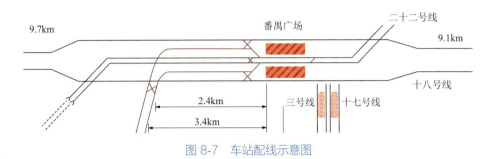

图 8-7 车站配线示意图

二十二号线位于两个站台中部，按最小列车限界的线间距铺设，线间距为6m，二十二号线番市区间在番禺广场站北端设置矿山法隧道，作为将线路线间距逐步拉开的展线段。

按常规做法，展线段将线间距拉开至符合盾构隧道接收要求时（线间距通常为1.5D～2.0D，D为管片外径），设置盾构井后改为矿山法隧道铺设。如图8-8所示，番禺广场站北端设置矿山法展线段隧道，双线长约565.4m；矿山法隧道起于番禺广场站北端，终于平康路北侧及东平路东侧空地处1号盾构井。区间出番禺广场站后垂直清河东路往北下穿三号线市桥—番禺广场区间，在清河东路北侧设置1号施工竖井，往北后下穿番禺区政府番禺大厦，然后下穿平康路，在路北侧及东平路东侧空地到达1号盾构井。

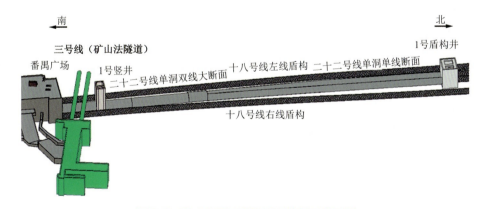

图 8-8 矿山法展线段隧道三维深化设计图

二十二号线出番禺广场站后，线间距由6m逐步拉大到15m，到达1号盾构井，采用矿山法隧道设计，其中单洞双线大断面长152m，之后左右线分别采用单洞单线标准断面（图8-9），长348m。

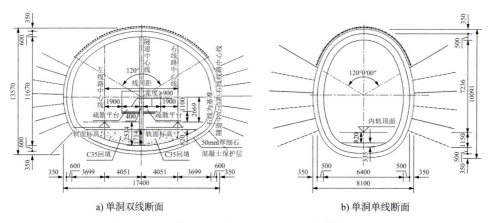

a) 单洞双线断面   b) 单洞单线断面

图 8-9 隧道单洞双线及单线断面图（尺寸单位：mm）

根据详勘报告（图 8-10），地质从上至下依次为：〈1〉填土层、〈3-3〉砾砂层（局部）、〈4N-2〉粉质黏土层、〈4-2B〉淤泥质土层（局部）、〈3-1〉粉细砂层（局部）、〈3-2〉中粗砂层（局部）、〈5H-2〉砂质黏性土层、〈6H〉全风化花岗岩层、〈7H〉强风化花岗岩层、〈8H〉中风化花岗岩层、〈9H〉微风化花岗岩层，其中〈6H〉～〈7H〉遇水易软化崩解。

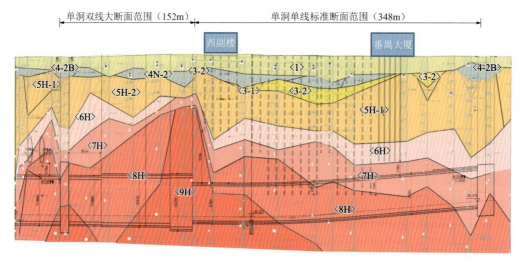

图 8-10 地质纵断面图

如果按上述原方案实施，将面临大范围、大规模地在番禺区政府办公楼下方采用矿山法施工，工程实施风险大、工期长。因此，经项目组研究后，本工程采用盾构洞内解体技术解决上述难题。

盾构洞内解体指盾构机完成区间隧道掘进到达指定接收位置后，当地面不具备吊出条件时，在地下空间（洞内）进行拆机解体的设计施工技术。为实现该构想，需要对隧道线路、限界、结构、系统重新协同设计，充分符合盾构洞内解体的施工空间和后续运营需求。

本区间采用的是外径 8.5m、内径 7.7m 的盾构管片，盾构机刀盘外径 8.9m，经研究，洞内拆机需求如下。

①扩大洞室长宽高不小于：19500mm×11500mm×12500mm。

②单个吊点承载力不小于：50t；吊装采用30t手拉葫芦，根据尺寸，吊点距离盾体高度不小于2.5m。

③盾体大件最宽6500mm，建议土建宽度不小于6800mm；扩大段平移后，盾体两侧各预留1m作业空间。南端小断面衬砌要预留，在盾构机拆机完成后施工，否则不满足运输空间要求。

④需要铺设4根吊装轨道，吊点中心距：顶块吊耳中心距2557mm，边块吊耳中心距6925mm。

本工程采用盾构洞内解体技术将番市区间左线在单洞双线大断面隧道接口外设置过渡段和扩挖洞室，将洞室以北的原矿山法隧道改为盾构隧道，在扩挖洞室内解体盾构机后运出。但该技术将面临精细化设计超小净距暗挖隧道难题，项目组研究在展线段矿山法隧道中其中一条线采用盾构隧道，在展线段中部洞内解体，从隧道两端均可拆机解体后分块运出，可大幅度减少矿山法隧道的开挖，加快工期、降低工程风险，减少隧道开挖对城市主城区的不利影响。洞内解体工程设计平面、纵断面与施工工艺分别如图8-11～图8-13所示。

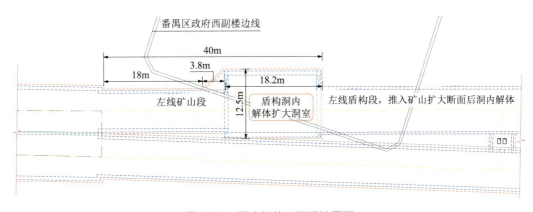

图8-11 洞内解体工程设计平面

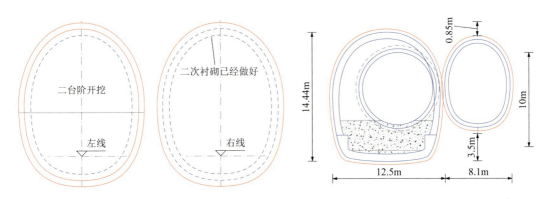

图8-12 洞内解体隧道设计断面

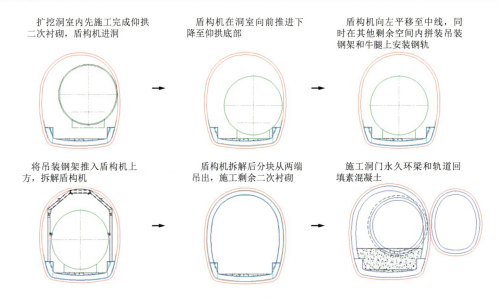

图 8-13 盾构洞内解体施工工艺

如按常规设计思路，番市区间左线共计 325.1m 均为标准单洞单线断面的矿山法隧道，采用小净距洞内解体方案后，将其改为盾构法隧道和设置矿山法隧道扩大洞室用于洞内解体盾构机（图 8-14）。

a) 盾构机洞内解体施工现场　　b) 盾构机解体

图 8-14 盾构机解体图

整体技术分析和实施效果如下：

①左线 307.4m 标准单洞单线断面的矿山法隧道下穿番禺区政府办公区，地质和周边环境复杂，改为盾构法隧道后工效和工期可控。虽然局部需改造的节点有一定的难度和风险，但总体风险可控，具备可实施性。

②左线 17.7m 标准单洞单线断面的矿山法隧道改为毛洞宽度为 12.5m，高度为 14.4m

的扩大洞室，并在洞室内解体盾构机后从1号竖井和1号盾构井井口吊出。该扩大洞室设置在区政府西副楼下，洞身均位于中微风化花岗岩中，矿山法施工有一定的风险和难度。通过加强支护措施，做好信息化施工总体技术方案可行。

③在扩大洞室内解体盾构机具有较大的施工难度。总承包单位和设计单位的反复研究，细化模拟施工工序与细节，通过构筑一个净长度17m、断面面积为139m^{2}的空间可以满足解体需求，同时通过定制专用龙门架并利用仰拱作为其基础后，可以满足洞内吊装需求。

实施效果：矿山法零间距扩挖洞室顺利开挖成型，隧道拱顶、地面和番禺区政府西副楼变形和沉降满足设计要求。洞通关键线路工期满足预期目标，建成后隧道顺利铺轨并贯通运营，累计节省工期大于3个月，受到业界和地铁集团业主一致好评。

8.3.2 机电

（1）通风空调系统

本工程通风空调系统致力于建设成"先进轨道交通绿色智能型系统"，采用全变频风水联动能耗最优自动控制，并对能耗提出明确要求，在各阶段（设备试运行阶段及设备质保阶段）经国家级第三方评测，空调系统制冷性能系数不应低于3.5，总冷量≤2326kW的车站和集中冷站的制冷机房全年平均综合制冷性能系数不应低于5.0，总冷量>2326kW的车站制冷机房全年制冷性能系数不应低于5.2。

十八号线和二十二号线按照《城市轨道交通通风空调系统精细化节能设计导则》进行精细化设计，对负荷计算、管路设计、水力计算及运行模式等全方位优化，在满足系统功能和最大节能效果的前提下，更有利于设备安装集成化，加快了安装进度。

①风系统管路优化设计。风管流速标准及连接要求见表8-2，风管连接要求见图8-15。

钢制风管流速设计标准（单位：m/s）　　　　表8-2

风管类型	风速	风管类型	风速
大系统机房内主风管	6～8	大系统不开风口支风管	5～8
大系统机房外主风管	6～9	大系统开风口支风管	5～6
小系统机房内主风管	≤7	小系统支风管	3～5
小系统机房外主风管	6～8		

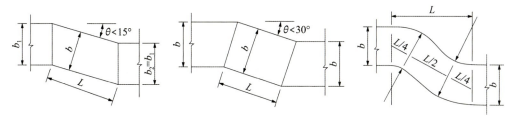

图8-15　风管连接要求

b-风管边长；L-来回弯长度；θ-风管连接角度

②水系统管路优化设计。水系统管路布置尽量顺、平、直,尽量减少直角弯头和三通,优化后三通、弯头可分别减少 66% 和 50% 的阻力损失,如图 8-16 所示。

③通风空调系统精细化安装调试。在完成通风空调系统安装后,本项目根据《通风与空调工程施工质量验收规范》(GB 50243—2016)相应要求进行设备单机运转及调试、系统非设计满负荷条件下的联合试运转及调试;并根据节能控制系统要求的节能目标及运行要求,进行精细化调试,包括但不限于以下内容:冷冻与冷却水泵的精细化调试、冷却塔的精细化调试、冷水主机的精细化调试、冷源机房系统的精细化调试、末端系统精细化调试、通风空调系统综合调试、精细化调试时间要求。通风空调系统精细化施工安装示意图见图 8-17。

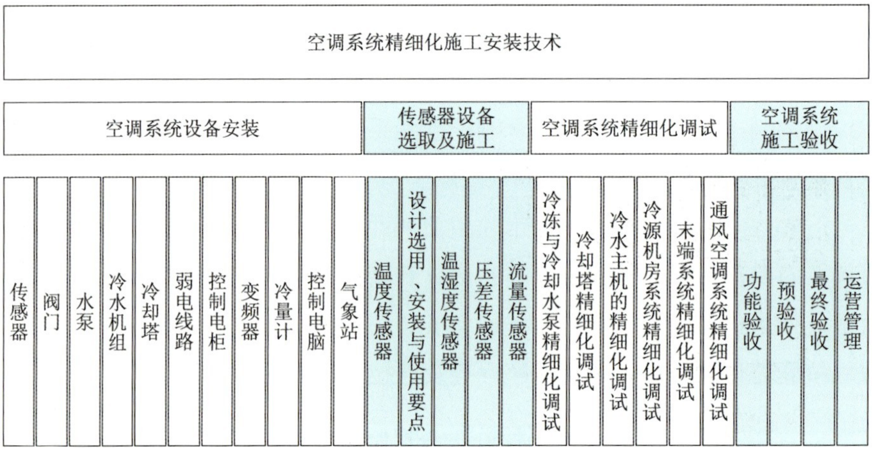

图 8-16 水系统管路

图 8-17 通风空调系统精细化施工安装示意图

(2)低压配电

在低压配电专业优化设计中,本工程进行了配电箱标准化的工作,将相同类型的配电箱进行统一的精细化设计。配电箱标准化覆盖不同车站的不同配电需求,具备多项优点,包括提高设计效率、减少配电箱批量生产时间、减少运维人员备品备件种类、优化配电间布局布置等。

车站配电箱作为低压配电系统承上启下的关键设备,需要满足不同的末端负荷配电需求。在既有线设计中,配电箱深化后仅满足一种负荷的配电需求,而且不同的设计工点,对负荷特点的理解不一,往往造成同一类负荷,在不同的车站中,配电箱的尺寸布局有所相异。针对不同类型配电箱的深化工作复杂而烦冗,造成设计效率偏低,并在生产阶段降低生产效率,维护阶段增大维护工作量。

既有线配电箱未经过标准化设计，配电箱尺寸数量可多达 35 种。本工程经精细标准化设计后，配电箱尺寸数量大幅缩减，仅用 8 种尺寸便可满足全线各站的配电箱需求。

本工程针对末端负荷特点，从以下三个方面对箱体系统图、箱体外观进行标准化整合：

①规整馈线数量。本工程通过分析末端配电负荷的容量与数量，将配电箱馈线回路数量规整。例如二级小动力、三级小动力、集水泵配电、自助设备配电、室内机配电、设备区照明配电等配电需求不一，经规整后，可使用同等大小的配电箱。

②优化柜内元器件布置。本工程通过将配电箱的进线区域与馈线区域分离设置，并统一配电箱的下进下出原则，可有效解决柜内空间，并优化柜内走线，为后期运营维护提供便利。

③站内合理位置布置配电箱。由于大型车站的负荷更为分散且数量较多，为统一大型车站与标准车站的配电箱尺寸，项目组将原有大型车站集中大型非标配电箱优化为分散的两个或多个的标准配电箱（图 8-18 与图 8-19）。将标准配电箱就近布置在分散负荷的附近，既满足了配电箱标准化，也避免了大型配电箱线缆密集造成施工困难的情况。

配电箱标准化工作提高了设计效率、减少了生产时间、减少了运维难度，向建设科学合理的低压配电系统迈出了坚实的一步。

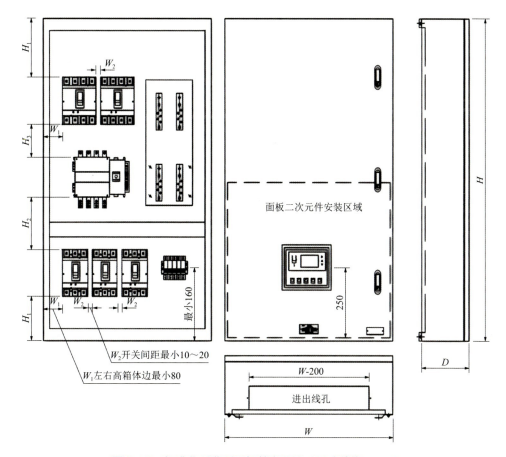

图 8-18　标准化后典型双切箱布置图（尺寸单位：mm）

H-双切箱高度；H_1-箱内断路器距箱边缘高度；H_2-箱内断路器高度；D-双切箱深度；W-双切箱宽度；W_1-箱内断路器距箱边缘宽度；W_2-箱内断路器间宽度

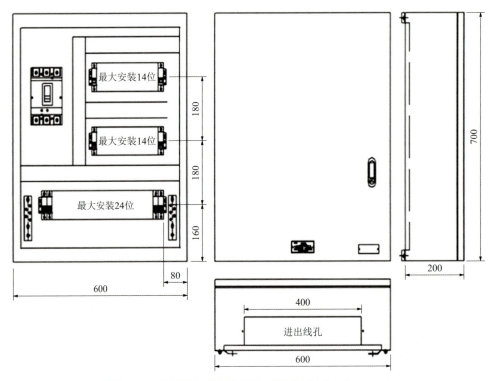

图 8-19　标准化后典型动力箱布置图（尺寸单位：mm）

8.3.3　投资

1）总则

强化设计管理，遵循投资控制程序。项目组以高度的责任感和健全的管理制度进行勘察、设计全过程的投资控制，从设计源头将各阶段投资纳入可控范围，并满足政府、业主对各阶段投资控制的要求。

投资控制的目标：投资估算符合项目规划，设计概算在投资估算控制范围内，招标设计概算、施工图预算不超设计概算。

2）设计阶段投资控制

（1）工程可行性研究投资估算

①控制原则：投资估算的编制深度应满足工程可行性研究阶段投资控制的需要。估算的内容完整、准确。设计方案必须达到规定的设计深度和要求，科学确定建设规模和技术标准，推荐的主要技术条件明确，影响投资的因素考虑全面，优化选择技术方案并合理核定项目投资估算。

②控制目标：估算反映工程实际，投资可控。确保顺利通过审查，作为下一步控制投资的依据。

③控制方法：投资应根据具体方案采用类似工程指标进行估算，通过与广州市在建及同期建设的城市轨道交通项目比较，确定估算指标。

(2)初步设计概算

①控制原则：前期工程概算要以稳定的设计方案为前提，避免后期变更引起投资失控。采用的概算指标（定额）、工、料、机单价、各项费用的取费标准符合有关规定。概算文件能完整反映工程项目初步设计的内容。概算编制以图纸为依据，依据图纸进行工程量的计算和审核。若设计边界条件变化，必须进行详细方案比较，优化设计方案、控制投资。在初步设计阶段，统一概算编制范围、概算编制依据、概算采用定额、工、料、机单价及设备概算价、直接费的取费标准、间接费的取费标准、概算表格格式、概算编制软件。

②控制目标：概算尽量在投资估算控制范围内。确保顺利通过审查，作为最高限额对下一阶段进行控制投资。

③控制方法：根据业主的要求、项目工程特点以及国家相关政策、法规，编制项目"初步设计概算编制办法"，对全线工点、系统的概算编制及概算文件作出统一的规定。保证总概算、综合概算、册概算、个别概算及单元之间编制组成深度，采用的指标、标准、定额一致。

④控制流程：项目组完成"初步设计概算编制办法"后，报设计咨询和业主审批。经业主审批后，发至各工点、系统设计单位按统一的编制办法执行。各工点、系统设计单位必须在规定的时间提交相关概算文件（包括电子文件）给设计总体审核、汇总。工点概算需经总体、设计咨询审查，检查设计概算的编制是否按照编制办法的有关规定执行，审查概算文件的组成是否完整、工程项目是否齐全、各项技术经济指标是否合理。设计总体在认真审核各工点概算，并确认修改符合要求后，进行概算的汇总，构成总概算，呈报设计咨询单位审查，根据设计咨询单位审查意见进行修改后，上报业主审查，最后呈送政府部门审查，设计总体负责审查汇报和解释工作。

(3)招标设计概算

①控制原则：确保工程内容与分劈概算的一致性，避免概算分劈过程中的"差、错、漏、碰"现象。概算文件参照初步设计概算编制办法进行编制。

②控制目标：招标设计概算控制在初步设计概算限额范围内，投资可控。

③控制方法：招标阶段根据标段划分及业主指令，对概算进行分劈。总体下发业主要求的概算分劈原则，各工点设计单位结合实际情况进行分劈，概算费用反应对应招标的实际情况。若出现由于边界条件变化，出现投资超过限额。概算文本必须附超限说明，同时送各级校审。

3）施工配合阶段投资控制

(1)施工图预算

①控制原则：施工图预算的编制深度满足施工图阶段投资控制的需要。施工图预算完整、准确，确保符合工程实际情况。

②控制目标：施工图预算应控制在招标设计概算范围内。

③控制方法：通过制定统一预算办法和编制原则，采用定额和取费标准，以保证施工

图预算的全面、准确。对于施工图预算，各设计单位还需与批复后的概算作比较。

（2）施工图变更预算

①控制原则：对于设计变更的方案比选，项目组提交相应深度的技术经济比较，以实现投资的控制。严格控制设计变更及其流程，对设计变更的请示进行必要评估。转变工程造价控制的观念，将经济专业由被动控制转换为主动控制，避免不负责任的设计变更现象。避免出现未经批准擅自修改设计图纸的情况。加强各专业之间的配合与协作，加大控制与监督力度。提高勘测水平和设计质量。严格控制设计变更的计价程序。

②控制目标：尽量减少设计变更带来的投资增加风险。合理优化设计、控制投资。

③控制方法：加强工程变更的规范管理，制定设计变更管理办法。采用专家评审和倾听多方面意见等方式，努力促进设计变更方案优化，使项目的设计变更概算能够符合实际情况，合理确定设计变更会带来的对工程造价、工期的影响。

④控制流程：根据业主批准的设计变更管理办法，总体审查各工点单位设计变更情况，并进行投资控制。审查意见作为对各分包单位的考核指标之一，并进行奖惩措施。

8.4 本章小结

在设计管理创新方面，本项目初步设计阶段采取设计总承包模式，确保规划、设计意图在设计方案上得到延续和落实，在保障整体设计质量的同时，有效缩短设计工期；施工图阶段采用 EPC 模式，采取设计方案评审、总承包例会、设计交底、现场施工配合、关键时期设计驻场等方式，设计与施工开展更加紧密的工作配合和相互衔接。

在设计管理效能提升方面，本项目采取矩阵式管理模式，符合本项目技术难度大、时间紧迫的特点，具有较好的项目适应性；接口管理有效解决了设计管理中面临的内外部问题；项目的计划管理按照总工期策划、年度一级设计计划、出图计划三级计划管理体系执行；质量安全控制严格按照院内质量管理程序和相关质量管理办法执行；实行总体总包施工巡检、工点设计施工配合、设计驻场与值班，强化施工配合管理。各管理效能提升方法有效保障的设计工作的有序推进，同时也良好控制了工程的投资管理。

第 9 章

总结与展望

湾区纵贯线　市域新速度
——广州市轨道交通十八号线和二十二号线设计解析

随着国内各大城市群和都市圈的快速发展、区域内城市间合作交流的扩大以及部分超大城市都市圈的建设，引导城市空间布局优化、提供组团间快速联系、具备通勤客运服务功能的市域快线成为规划和建设的热点，各地需要积极构建都市圈快速轨道交通线网。

广州市轨道交通十八号线和二十二号线工程致力于建立兼具高速度等级、大运量、高密度地铁运输服务能力的都市圈快速轨道交通系统工程，填补国内都市圈快速轨道交通网络层级体系和系统制式空白，将为粤港澳大湾区轨道交通一体化、后续国内各大城市群和都市圈快速轨道交通线路建设发挥以点带面的示范作用。

9.1 总结

广州市轨道交通十八号线和二十二号线作为中国城市轨道交通协会批复的市域快线示范工程，为全国首批满足地铁服务水平的全地下 160km/h 市域快线，定位为南沙快线，实现南沙新区到广州中心城区 30min 通达的快速轨道交通联系，支持南沙新区、南沙自贸区发展，实现粤港澳大湾区综合交通规划发展战略，打造"轨道上的大湾区"。

十八号线和二十二号线工程在设计全过程中贯穿落实高品质绿色地铁设计，打造绿色地铁、低碳地铁、品质地铁、人文地铁；高水平智慧地铁设计，打造智慧地铁、高效智慧运维系统、智慧监测系统；全生命周期数字地铁设计，在设计全过程全专业推动 BIM 数字化应用。

十八号线和二十二号线工程设计从设计标准、系统技术、土建技术、车辆技术、施工技术、环保技术、服务能力、系统安全性与可靠性等多方面进行了集成创新，设计成果丰富，亮点纷呈，创造了多个"首次"，填补了国内都市圈快速轨道交通网络层级体系和系统制式空白。

（1）工程设计以目标需求为导向，在实现高标准时空目标的同时，与城市轨道交通线网紧密结合，匹配地铁高密度服务水平，是国内首批 160km/h 全地下市域快线，实现了都市圈快速轨道交通系统高速度等级、大运量、高密度地铁运输服务等多重功能，同时满足城市中心区及台风多发地区的全天候运营需求。

（2）国内首次采用兼顾高速度等级、地铁服务模式的 160km/h 市域快线车辆，具有载客量大、快速乘降、高密度服务等特点。

（3）国内首次采用适应 160km/h 市域快线的钢弹簧浮置板轨道减振系统。

（4）国内首次在兼顾高速度等级、地铁服务模式的 160km/h 市域快线工程中应用基于 LTE-M 车地通信标准的 CBTC 系统，实现高密度追踪、局部共线运营条件下的大站停与站站停组合运营的灵活运输组织模式。

（5）国内首次在 160km/h 市域快线全线全地下采用刚性接触网供电系统和单相组合式同相供电技术，试验速度达到 176km/h，提高供电可靠性及牵引网服役能力。

（6）国内首次在市域快线中采用基于工业互联网与物联网的轨道交通操作系统——穗腾 OS2.0。

（7）突破解决了 26km 超长地下隧道区间的疏散救援问题，保障市域快线地下隧道运营故障和紧急状态下的救援功能。

（8）国内首次在轨道交通工程中综合应用大带宽光传送网络、EUHT（超高速移动通信技术）车地通信技术，基于云计算技术搭建线网—车站的扁平化的综合视频监控平台，综合运用实时语音、视频、数据挖掘技术为乘客及运营人员提供多维度、全息化的通信服务。

（9）国内首批按线路级建设及能效目标考核的线路。采用智能环控设备监控系统，首次在全线车站提出总冷量≤2326kW 的车站，制冷机房全年平均综合制冷性能系数不应低于 5.0；总冷量＞2326kW 的车站，制冷机房全年平均综合制冷性能系数不应低于 5.2；空调系统制冷性能系数不应低于 3.5 的能效目标。

（10）国内首批自带泄压功能，实现地下车站 160km/h 越行的线路。首次将地下越行车站的活塞通风系统设置与减缓压力措施结合，车辆在不降速的前提下，有效降低气动效应影响；不需采取额外的泄压措施，节省土建空间，同时也减少对地面环境的影响。

（11）国内首创车隧智能同步排热系统的线路。车站隧道排热系统采用左、右线分设排热风机，匹配大站停＋站站停组合运营模式，根据列车进出站信号控制该侧风机启停及频率，避免无列车停靠时排热风机的无效运行及过度运行，最大限度地节能降耗；且取消了传统轨顶、轨底风口处的插板阀，通过风口的开孔大小差异化设置使各风口的排风量基本保持均匀。

（12）国内首次在轨道交通工程中建设基于云计算技术的智能客服系统，实现远程音视频交互、乘客信息可视化、乘客问询数据挖掘等智能化乘客服务功能。

（13）国内首次在轨道交通工程中全面建设设备设施智能运维系统，包括车辆运行状态实时感知、轮轨关系和弓网关系实时监测、供电设备远程在线诊断、通信信号设备运行状态综合分析、自动扶梯远程集中监测与预警、风机运行振动检测与预警等多专业的运维管理系统，助力运营安全保证、降低运营检修工作强度、提升设备服役状态评价科学性。

（14）国内首次实现车站光环境整体设计，完成复杂光源在多场景下智能调控功能，实现对灯具的颜色、色温、亮度等参数自动调节，并通过 VR 手段对重点车站整体光环境进行了近乎 100% 光环境还原的仿真模拟，光环境还原度为全国领先水平。

（15）国内首创全线采用站台门顶箱活动盖板嵌入式 PIDS 乘客信息显示屏技术，进一步提升车站乘客信息显示效果，优化车站公共区空间布局。

十八号线和二十二号线工程设计在深入分析城市规划需求和客流出行特征的基础上，秉承"绿色节能、智慧智能、站城一体、以人为本、艺术美观、经济合理"的高品质设计理念，通过优化设计不断提升轨道交通服务品质以满足市民的需求。

十八号线和二十二号线以高速度、快速乘降、高舒适性的乘坐体验以及高密度的公交化出行服务打造智慧列车、绿色列车、舒适列车；以大空间大气象的车站空间为基础辅以出色的车站内外装修与便利的交通衔接打造高品质车站；通过对照明系统、导向系统、服务设施、乘客信息系统以及针对乘客和员工的多种类人性化设施实现人文情感关怀；构建智慧运维系统，对安检、票务、客服以及智慧信息人脸识别系统进行有效试用和管理，建立高效的安全预警系统、可视化应急系统和智慧监测系统；将海绵城市和节能减排的理念融入到线路整体设计当中，实现绿色地铁、低碳地铁。

9.2 展望

目前，国内城市开通了一些市域快线，但其发展模式尚未清晰、服务质量有待提升、发展理念和体制机制尚不完善。既有"铁路+城市轨道"体系难以适应高强度、多样化、高频次、强时效的都市圈交通需求特点。市域快线将是继干线铁路、城际铁路和城市轨道交通之后最有发展前景的轨道交通制式。

广州市轨道交通十八号线和二十二号线工程是全国首条满足地铁服务水平的全地下160km/h的市域快线工程，是在粤港澳大湾区轨道交通一体化发展的背景下，适应大湾区及城市群区域出行、介于传统城际铁路制式和地铁制式层级之间的一种全新应用。在互联互通、智慧地铁、品质地铁、数字地铁以及精细设计管理等方向上，后续线路仍有广阔的发展空间。

1）互联互通技术标准体系

市域快线进入城市中心后具备商务及通勤功能，对工程规模和投资控制、公交化运营、与城市轨道交通融合发展等方面要求高，推进"四网融合"涉及设施互联、票制互通、安检互认、信息共享、支付兼容、公交化运营等系列技术问题，需要以"统一规划、统一标准、统筹运营"为原则，构建多层次轨道交通互联互通技术标准体系，实现轨道交通互联互通、网络化、公交化和一体化管理。市域快线的规划与建设需进一步践行轨道交通"规划一张网、出行一张票、联通一串城"发展理念，推进轨道交通互联互通、互运互维新发展格局，达到以人为本、安全可靠、功能合理、运行高效、融合创新、经济适用、节能环保、技术先进、资源共享的高质量发展目标。

后续需要全面总结以往线路的建设经验，继续发挥设计的龙头作用，认真反思和总结轨道交通设计中的问题与不足，通过不断积累设计实践经验，广泛调查研究，吸收既有的科研成果，编制新一轮《广州市轨道交通新线工程设计标准》《城际铁路互联互通技术规范》等相关国家、行业及企业标准，同时各城市可根据自身轨道交通实践特点，编制相关技术指引和标准文件，指导设计人员规范、科学、安全地开展设计工作，全面提升精细化设计水平。

2）智慧地铁

十八号线和二十二号线从智慧乘客服务、智慧行车组织、智慧调度指挥、智慧车站管理、智慧运营维护、安全保障及应急处置等六大方面，构建智慧地铁线路。在智慧地铁运营平台、基础设施运维管理平台方面需对乘客服务、地铁网的指挥调度、地铁运营的安全保障和应急处理做到优质化管理,打造地铁设施智慧监测系统,充分展示运营平台的可视化管理,全方位保障轨道交通的安全高效运营。

后续需要秉持"适度超前"的理念进行智慧设计,围绕轨道交通智能运行平台和智慧乘客服务、智能运输组织、智能能源系统、智能列车运行、智能技术装备、智能基础设施、智能运维安全和智慧网络管理八大体系,开展工程实践。

在智能运维方面,建议以各机电系统在线监测系统和"城轨云"与大数据平台为核心,建立面向城市轨道交通车辆、轨道、供电、通号、机电等专业的设备全生命周期维护管理服务功能,实现修前预测、修中监控、修后评定效果,以达到提升检修质量,降低运维成本的目的。

3)品质地铁

十八号线和二十二号线采用高品质、高质量、高水平的设施设备,辅以充分的人文关怀与低碳绿色设计,打造以服务社会为核心、以乘客为中心的优质轨道交通出行服务。车辆速度160km/h,8节编组(6动2拖),中间车设4对门,座椅横纵结合,给乘客带来高速度、快速乘降、高舒适性的乘坐体验。营造大空间大气象车站空间、精致优雅的车站内外装修、人性化的导向标识系统、便利的交通衔接共同打造高品质车站。

在高品质地铁设计理念引导下,后续将积极探索新技术、新工艺在轨道交通领域的应用,不断提升轨道交通产品的运营服务能力。通过在产品技术上持续不断地创新和提升,满足市民乘客不断提升的需求。需要进一步增加轨道交通绿色低碳技术储备,保持轨道交通绿色低碳技术竞争力处于行业优秀水平,推动绿色三星轨道交通建设,以节能降碳、提效降耗、采用清洁能源作为主攻方向,积极探索推进光伏发电、光储直柔技术、储能等相关技术的研究及应用,推进绿色轨道交通设计、评价标准的编制,引领行业节能创新发展。

在建筑功能布局优化及标准化成果应用方面,建议全面梳理既有线路车站功能、规模、服务设施,提升"地铁+城际"线网一体化运营背景下的设计标准,优化车站功能布局,实现乘客界面安检管控空间、综合服务空间、交通集散空间"三个空间"、员工界面办公生活区、智慧系统区、机电设备区"三个分区"的模块化标准化品质化车站,建设品质地铁。

4)数字地铁

十八号线和二十二号线首次采用了勘察设计施工总承包EPC模式,自主开发基于BIM技术的项目全过程管理平台,打造全过程管理"数字地铁"。以BIM技术为核心,以物联网、可视化技术、大数据、移动互联等新兴信息技术为支撑,全线全专业在施工图设计(包括勘察)、深化设计、项目施工、工程竣工数字化交付直至运营维护的全过程应用BIM技术,助力工程项目管理和运营维护管理,实现全周期可视化、实时化、高效化与精确化的智慧项目管理。

后续建议重点着力于BIM技术和数据互联互通研究,实现生产过程和生产管理过程的数字化；推动 BIM 标准化、参数化设计，提升生产效率；参与工程及运维数字化建设，为建设及运维提供数字化服务；推动轨道交通工程融入数字城市、智慧城市建设。

5）精细设计管理

十八号线和二十二号线在设计管理创新和设计管理效能提升方面践行了精细设计管理的理念。在设计管理创新方面，初步设计阶段采取设计总承包模式，施工图阶段采用 EPC 模式，在保障整体设计质量的同时，有效缩短设计工期，设计与施工开展更加紧密的工作配合和相互衔接。在设计管理效能提升方面，项目采取矩阵式管理模式，各管理效能提升方法有效保障了设计工作的有序推进，同时也良好控制了工程的投资管理。后续建议通过以下几方面进一步精细设计管理。

（1）编制工作指导文件，提升设计管理规范化水平。

编制对外工作指导文件，对自然生态、地保管线，报建审批等涉及政府、外部权属项目的相关文件的编制内容及深度进行统一，做到合法合规设计、合法合规建设。

编制内部工作指导文件，包括专业工作及成果清单、文件要求、计划管理、质量安全管理、设计及施工巡检、设计考核等内容。通过对内部工作指引的贯彻执行，全面提升精细化管理水平，有效保障接口统一。

（2）夯实基础资料调查，保障设计质量。

加强勘察、勘察总体统一组织与管理，全过程应用勘察信息化手段，应用勘察新技术、新设备；"加密勘察 + 物探"提高不良地质的识别，加强复杂水文地质的研究分析工作；提高管线资料的完整性及准确性，完善成果提资及交底管理，提升调查资料的准确性和真实性。

（3）动态跟踪工程风险，强化设计本质安全。

针对设计工作及施工配合中发现的相关的隐患、风险、问题，不断反思和总结，持续发挥设计的龙头作用，有针对性地开展设计安全工作，确保设计文件质量，提升设计本质安全。新一轮线路从设计条件、设计标准、第三方监测、巡检及施工配合等方面出发，做好设计安全风险管控。

（4）建立概算回归机制，实现投资动态管控。

在保障安全与功能的条件下，全面梳理后续线路的设计方案，找出优化关键点。建立完善的概算回归机制，反映概算执行情况，建立施工图预算与变更台账，动态对比分析各阶段数据，落实对投资的动态管控。

十八号线和二十二号线的规划、勘察、设计、建设与运营，是在 160km/h 速度等级基础上，实现市域快线公交化运营的探索。本书通过对两线设计和管理的技术与经验进行总结沉淀，希望可以让大家有所启发，推动和促进后续市域快线线路设计质量与水平的提升。